湖南省科技厅省级科技计划项目（2016ZK2006）

湖南省普通高校教改项目（2014064）

岳麓史学

——湖南大学岳麓书院本科生优秀论文集（第二辑）

肖永明　余　露　杨代春　主编

湖南大学出版社·长沙

内 容 简 介

岳麓书院在制定本科生教育培养模式过程中，努力探索学业导师、班导师、兴趣导师和生活导师的"四维本科生导师制"，注重实践，力求实效，积累了相关的经验。本书收录了部分本科生的科研成果，包括优秀学位论文、获奖论文、项目论文、课程论文，每篇文章后都附有学业导师或论文指导教师的评语。本书作为岳麓书院创办历史学本科教育和从事本科生人才培养的文字成果，亦可以作为岳麓书院千年弦歌不绝的重要见证。

图书在版编目（CIP）数据

岳麓史学：湖南大学岳麓书院本科生优秀论文集·第二辑/肖永明，余露，杨代春主编.—长沙：湖南大学出版社，2020.12
ISBN 978-7-5667-1902-7

Ⅰ.①岳…　Ⅱ.①肖…　②余…　③杨…　Ⅲ.①史学—研究　Ⅳ.①K0

中国版本图书馆 CIP 数据核字（2019）第 295315 号

岳麓史学

——湖南大学岳麓书院本科生优秀论文集（第二辑）

YUELU SHIXUE

——HUNAN DAXUE YUELU SHUYUAN BENKESHENG YOUXIU LUNWENJI（DI-ER JI）

主　　编：肖永明　余　露　杨代春
责任编辑：饶红霞　**责任校对**：周文娟
印　　装：湖南省众鑫印务有限公司
开　　本：787 mm×1092 mm　1/16　**印张**：16.25　**字数**：422 千
版　　次：2020 年 12 月第 1 版　**印次**：2020 年 12 月第 1 次印刷
书　　号：ISBN 978-7-5667-1902-7
定　　价：58.00 元

出 版 人：李文邦
出版发行：湖南大学出版社
社　　址：湖南·长沙·岳麓山　　邮　编：410082
电　　话：0731-88822559（营销部），88821594（编辑室），88821006（出版部）
传　　真：0731-88822264（总编室）
网　　址：http://www.hnupress.com
电子邮箱：749901404@qq.com

编辑委员会

序　言

　　为本科生编选优秀论文集并正式出版，此前一些高校院系曾经也有过个别先例，但是如同岳麓书院这种认真、严谨，充分显现师生们"教""学"合作的形式，我却是第一次见到。这种努力，很有可能对于学生的学术进步产生非常重要的影响。我想，这部本科生优秀论文集，将是年轻作者们青春体验中的一个光辉的亮点。

　　岳麓书院是在思想史、教育史、学术史上享有极高声誉的文化圣地。这部论文集以"岳麓史学"为名，可以说是志向高远，气派宏大。这一迹象表明岳麓书院非常重视本科生的培养。

　　现在的一些一流大学已经认识到本科生培养质量是大学的生命线，是造就优秀人才的根本保障。对于学生来说，迈入大学校门，走进比较陌生的学习环境中，开始全新的学习生活，是人生的一个转折点。告别高中的学习方式，不少同学可能会有一些不适应。新的更自由、更自主、更自觉、更讲究自励和自律的学术远行正式启航，而最初的航段往往是艰难的。我们相信不少同学早已开启了高度自觉的自学模式，就此我们深感欣慰。也有一些同学可能面临从高中到大学学习生活程式的必要转换，就此老师们是愿意给予鼓励和帮助的。有的同学跨入大学校门，就松懈下来，甚至陷入泛娱乐迷失或纯文凭追求之中，这是不应该出现的现象。我们很高兴地看到，去年下半年，教育部印发了《关于深化本科教育教学改革全面提高人才培养质量的意见》，旗帜鲜明地提出"让学生忙起来"。

　　当我看到这部论文集（而且是"第二辑"）时，立刻有一种超出一般成见的"厚重感"。这种"厚重"首先来自学生的勤奋。可以想象，岳麓书院早已"让学生忙起来"了。否则，怎么可能在短短几年时间内，先后遴选出两部本科生优秀论文集。这种"厚重"也来自岳麓书院把传承优秀文化的重任，寄托在青年学子身上，这是最深远的寄望。论文集收入了学生本科阶段不同形式、不同名目的学术成果，有"学位论文""获奖论文""项目论文"，当然，还有"课程论文"。可以看出，岳麓书院是想尽一切办法，调动一切因素，利用一切机会"让学生忙起来"。从另一个角度看，岳麓书院的学生是幸福的，只要肯下功夫，就一定有展示成果的舞台，从而在大学阶段有满满的获得感。

　　九十五年前，1925 年 9 月 9 日，同样是这样的清秋季节，在清华国学研究院开学典礼上吴宓先生发表了题为《清华开办研究院之旨趣及经过》的讲话。他在介绍研究院的地位和性质时强调：一是研究高深之学问，二是为中国养成通才硕学。"高深之学问""通才硕学"，也许应该作为进入学术生活的年轻朋友们的学术目标和人生目标。

陈寅恪先生为"海宁王静安先生纪念碑"撰写碑文，也已经九十一年了。待疫情缓解，希望同学们到北京清华园看看这座纪念碑。在碑文中，陈寅恪先生希望"普告天下后世"的王国维的心志——"独立之精神，自由之思想"，当然是我们应当永远坚持的理念。现在"初心"这两个字的出现频率非常高，其实，"独立之精神，自由之思想"，正是20世纪初期较早觉醒的中国知识分子的"初心"。无论从学术宗旨、社会追求，还是从文化导向、政治态度上而言，"独立之精神，自由之思想"，都应当是永远"不忘"的原则。

初览《岳麓史学——湖南大学岳麓书院本科生优秀论文集（第二辑）》，可以推知论文的选题无论是学生自己独立设定的，还是参考了老师的建议，都体现出了学术"自由"的追求。只有在学术进程中倡导"独立之精神，自由之思想"，才能够激发年轻作者们的学术热情，调动学术自主性，充满活力地投入学术实践。

学术研究并非所有人未来的职业选择，但岳麓书院仍以学术研究的严苛标准要求每一名学子，对他们进行专业化训练。无论学子们将来从事何种职业，这种训练都将是其引以为豪的宝贵财富，而《岳麓史学》则将是照亮学子前程的第一盏明灯。

我从论文集感受到的新意，还表现于论文的"点评"。乍看形式本身，可能并不新颖，但只要认真披览具体内容，就一定能感受到其"新意"之所在。每篇论文后所附老师的"点评"意见，都各有其丰富内涵，往往可以给读者以启示。老师的"点评"有两种，一种是论文指导老师对论文的点评，一种是学业导师对学生的综合点评。这些点评文字，体现了师生间的深入交流和学术训练过程的艰辛，是岳麓书院实践本科生导师制的生动再现和重要成果。这部论文集是岳麓书院实施本科生导师制的成果，是岳麓书院创办历史学本科教育的成果，也是岳麓书院千年文脉弦歌不绝的重要见证。

近年来，岳麓书院的本科生导师制颇有影响，相关报道屡屡见诸各大报刊。这种导师制在实践中不断完善，最终形成了学业导师、班导师、兴趣导师和生活导师四维合一的导师制，名为"四维本科生导师制"。这种导师制真正做到了以全方位、全过程，甚至全员（学长担任生活导师）的形式来辅助本科生成长。目前，国家正在大力提倡"三全育人"，岳麓书院虽然没有提出这个概念，但毫无疑问，他们一直在向这个目标前行，并且走在了全国的前列。

早在2005年，教育部就提倡有条件的高校和院系实施"本科生导师制"，但真正落到实处的恐怕不多。岳麓书院自2009年创办历史学本科教育伊始，即以笃实创新的态度探索、推行并不断完善富有自身特色的"本科生导师制"，为此还专门成立了人才培养办公室。岳麓书院的负责人一直把"本科生导师制"的实施视为中心工作，书院教师也已达成本科生教育与学术研究同等重要的共识。本科生教育是一项需要长期投入的潜移默化的工作，"研究高深之学问"，"为中国养成通才硕学"，都要通过细致入微的工作，一步一步努力。我国的高等教育受功利主义影响，往往重视各种评估指标，无论对高校主体，还是对教师个人来说，都倾向于以数据为形式的科研考核。在这种背景下，能够花那么多时间和精力来抓本科生教育，非常令人敬佩。岳麓书院学者有一种非常朴素的看法，那就是身处这座千年学府之中，要恢复其活力，就必须培养人才；要传承其文脉，就必须挖掘教育教学方面的历史资源为现代高等教育所用。就传统与现代相结合而言，岳麓书院是一个非常理想的文化交汇点。实际上，岳麓书院的"四维本科生导师制"，正是传统的书院教育制度在人才培养方面的现代运用。据悉，最近教育部也大力提倡在高校实行"书院制"。现在看来，岳麓书院又一次走在了时代的前列。

从论文集的遴选内容看，很多题目富有前沿性，立意体现出鲜明的创新追求。作者志在解决专业难题，而且多篇论文确实对若干方面的学术研究有一定的推进，学术方法的运用也相当熟练。如果没有导师的严格督促、精心指导，恐怕很难呈现如此高的学术水准。岳麓书院很早就实施了"本科生治学能力提升计划"，通过这些论文可以看到其明显功效。

有学者对清华大学图书馆收藏的民国毕业论文进行了整理与研究，发现"其作者和指导教授不乏知名学者"，其选题、内容、写作方式都体现出"独特的文献价值"（尹昕、蒋耘中、袁欣、刘聪明：《清华大学图书馆收藏的民国毕业论文的整理与研究》，《大学图书馆学报》）。可知类似的学术创获，终将在学术史上存留时代的深刻印记。岳麓书院安排、指导、评价本科生学术论文的努力，作为对新的教育形式的一种富有创意的探索，也将在中国现代教育史上留下成功的纪念。希望这样的事业能够坚持下去，也希望岳麓书院在学子们的人生历程中，永远提供积极的、温暖的、清洁的学习环境，在知识获得和学术探索方面充分发挥劝学、励志和向导的功能。

师生共同的学术努力，一定能够推动学术进步，促成岳麓书院的学术复兴。

谨以上感想，寄语这部论文集的各位作者和导师。既作祝贺，也满怀对今后更多更优秀学术成果的期待。是为序。

王子今

2020 年 10 月 10 日

目　次

一、优秀学位论文

教会购地案中地方政府的"夹缝"困局

——以 19 世纪 80 年代济南购地案为中心的考察

2014 级　可云舒

　　摘　要：1887 年美国北长老会传教士李佳白在济南为教会购置地产，遭到当地士绅激烈抵制，后演变为一起民教纠纷。李佳白和美国驻华公使为解决此案，与总理衙门以及各级地方政府展开了长达四年多的交涉。地方各级官员作为主要负责人，因自身固有的抵制情绪及思想，在案件处理的初期抱有消极拖延的态度，致使案件的解决一再延缓。但在不同群体陆续涉入案件后，他们的态度逐渐发生转变，从消极回避转向在民教双方中调节处理，最后案件以教会一方获益而告终。在案件处理中，美国驻华公使的压力、总理衙门的妥协态度、地方绅民的强烈抵制，使地方官员陷入了一种进退两难的"夹缝"困局。这种困局不仅反映了不同群体在此类纠纷案中的利益争夺，更体现出时代背景下，列强在中外交涉事件中的侵略本质，以及清政府国势衰微下的弱势外交。

　　关键词：弱势外交；地方政府；教会购地案；李佳白

绪　论

　　第二次鸦片战争后，随着《天津条约》和《北京条约》的签订，传教士们获得了进入内地开展传教活动及"购地建堂"的权利，随之而来的是各地层出不穷的民教纠纷。1887 年，美国北长老会传教士李佳白因在济南购地，引发了一起置产纠纷案。此纠纷因历时较长，涉及传教士、地方绅民、地方官员、总理衙门、美国驻华公使等多个不同利益群体，具有一定的代表性。但目前学界对此案件关注较少，仅有简要概述。胡素萍对此案的发生经过进行了简单的介绍，并论证了其中几个具有争议性的问题，提出应以客观的态度来考察此类民教纠纷案件。[①] 冯高峰主要以此案所涉及的不平等条约，分析

---

　　① 胡素萍. 李佳白与清末民初的中国社会 [M]. 广州：中山大学出版社，2009.

了美国如何逐步地在华谋求超条约的权利。① 在对案件的发生及交涉经过进行整理归纳之后，笔者认为可将地方官员在处理案件中的态度及采取的措施，作为重要关注点进行考察。地方各级官员作为此次案件的直接处理者，在案件的处理过程中需要与地方绅民、传教士、总理衙门以及美国驻华公使等多个群体进行直接或间接的交涉往来，必然会受到来自各群体不同程度的影响。因此，以地方官员为视角，将案件的发生及解决过程作为主线，通过展现地方官员在案件不同阶段的具体处理措施，不仅可看出他们在处理此类案件中所固有的态度及立场，更能通过比较不同阶段的态度及行为，来考察地方官员办案受到不同群体所带来的影响。同时，分析地方官员在处理此类置产纠纷案中所陷入的"夹缝"困境，亦能反映出在清末特殊的时代背景下，清政府面对中外交涉案件时所面临的外交困局及其实质。

1887 年济南美国北长老会置产纠纷案

（一）案件发生

鸦片战争后，各国教会及传教士陆续进入中国内地开展传教活动，外国各差会的传教活动在山东也逐渐增多。1861 年，美国基督教北长老教会进入登州，开始了该会在山东的传教活动。1871 年，北长老会传教士文璧自北京至济南设立传教点。随后，隋裴士牧师夫妇和莫约翰夫妇等传教士先后来到济南，在东门里搭棚布道，扩大其传教范围。至 1873 年，北长老会在山东陆续设立了八个传教点，并发展至胶州、崂山等地。1884 年，正式在济南建立教会。此后，北长老会逐渐形成近代山东境内势力最大的西方差会。② 为更好地开展传教活动，北长老会开始在山东各地谋求地产租置或购买，以建立学校、医院等教会设施。1881 年，美国北长老会济南教会传教士便开始着手在济南寻求适宜地产进行租置，但最后未能成功。1885 年冬，传教士李佳白来到济南，开始了新一轮的地产购置活动。

鉴于此前在济南发生的几起教会置产纠纷案，李佳白认识到"想要得到关于教会以及教士个人安全的保障和利益的谋取，起决定作用的就是当地官员和士绅阶级的态度以及行动"③。为了和地方官员建立起一种良好的关系，获取他们的好感和认可，自 1886 年夏天李佳白便多次试图与新任山东巡抚张曜会面，并就当时山东面临的洪灾积极向张曜提出治理建议，并多次进行书信往来、互换礼物。1887 年初，李佳白又在与济东泰武临道道台王作孚会面中，表达了在济南城内购置地产以建立医院的愿望。此次会面，道台表现出了对教会医疗工作的兴趣，并表示"地方官不应帮助置地，亦不能强令

---

① 冯高峰. 论美国在华超条约权利的获得——以 1887 年济南美置产纠纷案为例 [J]. 档案与社会，2013（4）：75-79.

② 山东省地方史志编纂委员会（编）. 山东省志·少数民族志·宗教志 [M]. 济南：山东人民出版社，1998：722-724.

③ Gilbert Reid. *The Duty of Christian Missions to the Upper Classes of China* Question-Does A Duty Exist [J]. The Chinese Recorder And Missionary Journal Vol. 19. Shanghai：Presbyterian Mission Press，1888（8）：363.

居民卖给房间，如系两厢情愿，教士置妥房地，倘于印契后遇有事故，地方官自应为之弹压"①。同年（1887年）七月间，李佳白又将设立医院一事向山东巡抚禀明，张曜谕令："只要卖主情愿，中证明白，自向地方官盖印税契，倘若契后再有人阻拦，地方官代为弹压。"② 由此看出，对于李佳白购置地产一事，地方官员的态度较为客气，视此为一起正当的交易事件，认为可按规定进行处理。八月间，得到地方道署的支持和口头承诺后，李佳白在济南城外西南置办房地一处，在九月初一将契据送呈道署请求盖印。道台当面对历城知县李毓珍嘱示，表示如查询无碍，即为李佳白办理。次日，李佳白和业主同往历城县署请求盖印，县令查明该房购置并无违碍之后，"谕业主须于两个月限内交房"③。但对于盖印之事，则表示"须回明道宪，方能办理"④。数日后，县令又一次传讯左右二邻，并亲自出城勘验，邻舍对教士购房一事表明均无不愿，但县令仍未盖印。后县令又传讯该处邻人，询问对李佳白置办房地一事是否愿意，限三日内来县禀明，并表明若于限内不行禀明，即准教士购置应用。"限内并无一人县禀，然县尊犹不印契。"⑤ 面对县令对于盖印一事一再拖延，李佳白又一次将契据等递交道署。道台则回复此事还须送至县令处办理。三日后，李佳白又携契据赴县令处请求盖印，却仍被县令回绝，称需要到两个月后业主完成迁移，方能盖印。

从这一时期道台和县令对此起房屋购置交易的处理措施看，地方官员们起初十分谨慎，但后期却表现出了拖延态度。根据中美条约相关规定，"如无碍民居，不关方向，照例税契用印外，地方官不得阻止"⑥。因此县令在接到李佳白的呈禀和道台的指示后，多次对左右邻人进行传询，确认对此次房屋交易有无意见。地方官行为本在情理之中，也符合条约规定。但需要注意的是，根据条约规定，美国公民所享有的租赁房屋以及租地建楼的权利只限于通商口岸，并没有扩大至内地。但在后期的具体操作过程中，美国传教士往往援引最惠国条款，将此前中法《柏德美协定》中法国传教士所获得的置产建堂权利扩大至美国教会⑦，认为可以在中国的任意地方租赁或购买产业。总理衙门为了限制传教士在内地置产，在房屋交易的具体过程中设置了诸多规定，以冀对教士的置产

① 广西师范大学出版社（编）. 中美往来照会集（1846—1931）：第6册·济南因教士置房滋事请设法办理 [M]. 桂林：广西师范大学出版社，2006：505.

② 广西师范大学出版社（编）. 中美往来照会集（1846—1931）：第6册·济南因教士置房滋事请设法办理 [M]. 桂林：广西师范大学出版社，2006：505.

③ 广西师范大学出版社（编）. 中美往来照会集（1846—1931）：第6册·济南因教士置房滋事请设法办理 [M]. 桂林：广西师范大学出版社，2006：506.

④ 广西师范大学出版社（编）. 中美往来照会集（1846—1931）：第6册·济南因教士置房滋事请设法办理 [M]. 桂林：广西师范大学出版社，2006：506.

⑤ 广西师范大学出版社（编）. 中美往来照会集（1846—1931）：第6册·济南因教士置房滋事请设法办理 [M]. 桂林：广西师范大学出版社，2006：506.

⑥ 王铁崖. 中外旧约章汇编：第1册 [M]. 北京：生活·读书·新知三联书店，1957：91.

⑦ 中法于1860年签订《北京条约》，法国在翻译时，偷偷将"并任法国传教士在各省租买田地，建造自便"一句加入条约中译本第六款中，以欺骗的手段将置产建堂权利由沿海扩大至内地各省。随后法国又利用1865年发生在浙江会稽县的一场教案中关于此条约引发的置产纠纷，迫使总理衙门做出妥协，发布《法国教堂入内地买地照会》（即法方所称《柏德美协定》），规定"嗣后法国传教士加入内地置买田地、房屋，其契内写明'立交契人某某（此系资产人姓名）卖于本处天主教堂公产字样，不必专列传教士及奉教人之名'"。此条实质上使法国教会在内地置产建堂的权利合法化。

交易加以限制，这也使地方官员在批准民教之间的此类房屋交易时，往往采取谨慎的态度，反复核实交易是否符合规定。然而，在查明李佳白的房产购置属于中证明白，并无违法之处，符合地方官员先前规定，在经过县尊的再三询问，四处邻人均无不愿之意的情况下，县令仍以需要禀明道台，等待业主腾房等理由，一再将房契盖印一事拖置，使得本在情理之中的谨慎行为增添了拖延意味。

而在两月之期将满时，事件突然发生转折。房产邻人李万贵以业主刘梦奎"盗卖房典"为名，将其呈控至县署。此时以前河南巡抚李庆翱为首的省内士绅也联名控告，以李佳白"背约典房，有碍风水"为由，拒绝将房地卖给教会。面对来自绅民的强烈反对，县令在勘察地基之后，表示刘梦奎"房屋前后两院均与庙基毗连，实系有碍风脉"①。因此与李佳白相商，告以"邻佑众绅既不愿意，未便相强，致生事端"②。望能再候三十日，将另觅房间置换。此后县令将经手中人和业主均带至县署关押调查，并令房主刘梦奎交出此前李佳白已支付的房款，命李佳白前往县署领回，以将交易作废完结。但李佳白因另觅房间置换一事未能解决，拒绝到县署领回房款。此后，觅房互换一事也一直无果。面对此种情况，李佳白又呈禀道台，说明县令并未按照道台的吩咐来办理此案，请求道台能按照此前承诺，在两个月期满时县令契据盖印，并将被关押的业主和中人释放。但这一请求并没有得到道台的回复。

可以看出，这一时期购房交易发生的突然转折，来自以士绅为首的绅民群体对此次房屋交易的强烈反对。士绅作为封建社会地方的重要势力，以其亦官亦民的身份，受到地方民众的尊敬和官府的倚重，在地方事务的决策上具有引导作用。"以社会权威而不是以法定权利资格参与封建政权的运作，绅士阶层便集教化、治安、司法、田赋、税收、礼仪诸功能于一身，成为地方权力的实际代表"③。然而自教会与传教士逐渐进入内地之后，地方士绅的权力和地位受到了严重的挑战。"在地方一级，除了绅士以外，传教士是唯一的一批被允许以平等的社会身份和社会当局往来的人，而且他们享有治外法权，而绅士阶层却从未享受过这么多免遭中国法律处分的权力。"④ 传教士在地方上所享受的种种"特权"使得士绅感到了在身份和地位上的不平等。随着教会传教活动的展开，越来越多的地方民众加入教会，也使得士绅认为其在地方上的"独尊"地位受到了冲击。同时，传统儒家文化和西方基督教信仰在思想观念上的不同，也使得士绅群体对传教士往往抱有强烈的反感和抵制心理。在山东省独特的文化环境中，这一冲突就更被放大。而传教士在地方进行的地产购置活动，更使士绅认为此种行为是对地方经济利益的侵犯。在士绅群体介入此次购地案并提出明确反对之后，地方官员随即倾向于士绅一方，顺势借此拒绝达成此次交易。

在这种情况下，李佳白采取了贸然行动。同年（1887 年）十一月廿八日夜晚，在

---

① 黄嘉谟（主编）. 中美关系史料：光绪朝二·总署收山东巡抚张曜文 [M]. 台北："中央"研究院近代史研究所，1988：1267.

② 黄嘉谟（主编）. 中美关系史料：光绪朝二·总署收山东巡抚张曜文 [M]. 台北："中央"研究院近代史研究所，1988：1267.

③ 王先明. 中国近代社会文化史论 [M]. 北京：人民出版社，2000：15.

④ 柯文. 在中国发现历史——中国中心观在美国的兴起 [M]. 林同奇，译. 北京：中华书局，1989：33.

未取得契据盖印的情况下，李佳白声称已获得业主及其家属的同意，来到房屋内要求居住，后与当地民众产生冲突。在骚乱发生时，寇德满、柏尔根教士前往道署求见道台请求保护李佳白，但未能成功。随后二人又到县署，声称李佳白在冲突中被人殴打，请求知县前往平定，知县承诺先由他们二人前往该处，即亲赴该处勘验。但后因中途遇地方郑全报称："并无殴打情事，已将李教士劝回。"[①] 知县并未到达现场。次日，李佳白以被人殴打以及购置房屋未果一事前往面见道台，道台却只以"绅士既不愿意，本道不能弹压绅士，房债现存县署，教士只可将房债收回"[②] 为由，草草结束了此次会面。知县在经过调查之后，认为此次冲突是李佳白擅闯民居所致，其受伤"委系推拉所致，实无被殴伤痕"[③]。因此只应"将追出房价交还教士，另行托人置买房屋，并妥为抚慰"[④]。

地方官员在这起冲突过程中以及冲突后所表现出的处理态度，使得李佳白认为在自身的权益受到了严重侵害之时，中国官员对此态度冷漠，并不积极处理解决，而是以种种借口回避推脱。这一行为加剧了李佳白的不满情绪，同时也致使美国方面在随后的交涉中频频以此为由，认为地方官员没有切实保护传教士的安全，使其权益受损。可以看出，地方官员在此阶段的不重视态度以及不甚妥当的消极处理方式，使案件在初期并没有得到妥善地处理。同时也给美方留下"把柄"，在随后的交涉中陷于被动局面。而从道台"绅士既不愿意，本道不能弹压绅士"的态度中，既可看出士绅对地方官员处理此案件的影响力，也可窥见地方官员与士绅所保持的立场上的一致性。李佳白也指出，在面对置产纠纷案时，"高一级的官员认为教会会首先找低一级的官员解决，而低一级的官员又等着听高一级的指示和态度，然而他们都服从地方士绅"[⑤]。"在士绅提出反对后，地方政府对洋人的态度立即发生了转变，寻找各种借口进行拖延"[⑥]。在交易被地方士绅以种种理由强烈反对后，地方官员此前暗含的抵制态度也顺势明显化，在另觅房屋一节上一直含糊拖延，迟迟不成。地方官员在民教冲突爆发后并没有积极解决，而在处理民教两方的矛盾时，又采取了极为明显的偏向性态度，加剧了李佳白的不满，也使案件陷入僵局。在此种情况下，李佳白转而寻求美国驻华公使田贝的帮助，中美双方随后展开了长期的交涉。

（二）展开交涉

美国驻华公使田贝在接到李佳白的求助之后，立即致函美国国务院，表达对此次置产纠纷案的态度。与李佳白看法不同，田贝认为此次置产纠纷案中，李佳白的行为存在

---

① 黄嘉谟（主编）. 中美关系史料：光绪朝二·总署收山东巡抚张曜文 [M]. 台北："中央"研究院近代史研究所，1988：1267.

② 广西师范大学出版社（编）. 中美往来照会集（1846—1931）：第6册·济南因教士置房滋事请设法办理 [M]. 桂林：广西师范大学出版社，2006：507.

③ 黄嘉谟（主编）. 中美关系史料：光绪朝二·总署收山东巡抚张曜文 [M]. 台北："中央"研究院近代史研究所，1988：1267.

④ 黄嘉谟（主编）. 中美关系史料：光绪朝二·总署收山东巡抚张曜文 [M]. 台北："中央"研究院近代史研究所，1988：1267.

⑤ Gilbert Reid. *The Difficulties of Intercourse between Christian Missionaries and Chinese Officials* [J]. The Chinese Recorder And Missionary Journal Vol. 20. Shanghai：Presbyterian Mission Press，1889（5）：211.

⑥ Gilbert Reid. *An Experience of Missionary Troubles in the Interior of China* [J]. The Chinese Recorder And Missionary Journal Vol. 23. Shanghai：Presbyterian Mission Press，1992（6）：279.

着不妥之处。首先，他认为李佳白不应该在被明白告知不允许占用土地后，仍然擅作主张，强行进占，提出李佳白在冲突当晚进入业主家的做法是鲁莽且不合理的。其次，田贝针对教士们认为可以援引中法条约以及中美最惠国条款，从而取得在中国内地任意置产建堂权利的做法，也持反对态度："我的政策一直是不鼓励在内地冒险寻找定居场所，实际上明确宣布本使馆不认为条约赋予教士在内地租、买土地的不受限制的权利。"① 这一态度也与美国官方一贯所持态度相符，在中法《柏德美协定》签署后，美国官方一直对法国的此种行为表示否定，并同样认为条约并未赋予美国公民在中国内地不受限制地租、买土地的权利。然而面对李佳白的要求，以及美国国务院随后做出的保护教士权益的指示，田贝在明知李佳白的行为属于违反条约的情况下，还是向总理衙门发出照会，叙述此案经过并提出了四项要求：查拿惩办滋事犯人；批准李佳白此前所置之房地；或者觅别处相宜之房地换给；立即释放被抓的业主和中人。

面对田贝的要求，总理衙门于同年（1887年）十一月转饬巡抚张曜，令其调查办理该案，并且强调："现惟有将教士善为抚慰，并为设法另觅地方，俾其建立医院，妥为保护，弹压居民，勿任滋生事端，是为至要。"② 同时向田贝回复："本署已将上述事件咨行该省巡抚，催促该省官县妥予办理。"③

然而直至次年（1888年）一月十二日，巡抚张曜一直未有回复。在此情况下，总理衙门又再次发文，强调此事的重要性，"现在法国因兖州民教不合，业已哓哓不休，济南民人再与美国搆衅，必至多烦口舌"④。再度要求"即饬属持平妥办，总期民教相安，是为至要，并即声复本衙门"⑤。直到二月十七日，张曜终于向总理衙门回信，将此案件向总理衙门进行了详细说明，认为根据道台和县令的回复，地方官员在该案的细节上与李佳白存在两点矛盾。一是认为李佳白在冲突发生当晚进入业主房屋并未事先得到其家属许可，属于擅闯，并因此导致妇女幼孩惊惶失措，以致引发冲突，因此责任应该归于李佳白一方。二是认为并无李佳白声称的殴打致伤一事，"教士有擦搕伤处，实无被殴伤痕，并无殴打情事"⑥。同时张曜表示，道台和县令均表示业主和中人已经释放，但是在购置房屋一事上仍持之前态度，提出因士绅反对，无法批准原房屋的购置，李佳白应领回原先交付的房款以完结此案。至于另觅房屋互换一事，则表示"可随时与

① 中国第一历史档案馆，福建师范大学历史系（编）. 清末教案：第5册·田贝致叭嘎函（摘录）[M]. 北京：中华书局，2000：187.
② 黄嘉谟（主编）. 中美关系史料：光绪朝二·总署收山东巡抚张曜文 [M]. 台北："中央"研究院近代史研究所，1988：1253.
③ 中国第一历史档案馆，福建师范大学历史系（编）. 清末教案：第5册·田贝致叭嘎函（摘录）[M]. 北京：中华书局，2000：201.
④ 黄嘉谟（主编）. 中美关系史料：光绪朝二·总署收山东巡抚张曜文 [M]. 台北："中央"研究院近代史研究所，1988：1253.
⑤ 黄嘉谟（主编）. 中美关系史料：光绪朝二·总署收山东巡抚张曜文 [M]. 台北："中央"研究院近代史研究所，1988：1254.
⑥ 黄嘉谟（主编）. 中美关系史料：光绪朝二·总署致美使田贝照会 [M]. 台北："中央"研究院近代史研究所，1988：1268.

地方官妥商办理"①。根据地方官员的回复，总理衙门于同年（1888 年）二月廿五日向田贝致函，与地方官员保持了一致的说法，表示李佳白进入居民房屋属于擅闯，并且其受伤属于推拉所致，并无殴打情事。如果李佳白希望另觅地方互换，可与地方官员协商，总理衙门也会督促地方官员办理此事。但如果一时未能办成，也要宽限时日，不能性急。

面对总理衙门的此种说法，田贝于三月间再次向总理衙门发函，提出李佳白无论提出互换何地，总会遭到士绅抵制，而这属于"刻意为难"。同时也将矛头直指地方政府，提出李佳白愿意接受换地的安排，但是"地方官实不用力相助"②。田贝还对地方官所声称的李佳白并未受伤一事表示不满，认为是地方官事前未尝用力保护所致。此次来函的最后，田贝向总理衙门提出，由于李佳白所寻找的房地屡屡被士绅以"有碍风水"为由反对，因此应由地方官员先将无关风水之处指明，选择一个合适的地方换给李佳白。

面对田贝的强硬态度，总理衙门只得立即谕令巡抚张曜，表示田贝提出的方法尚属和平，并指示在李佳白回到山东后，"即为之觅一地方，以此了事"③。从这一做法中可以看出，在处理此类牵涉外国教会的纠纷时，总理衙门即使在一开始能够与地方官员保持说法和态度一致，但是在田贝的强硬态度下，也只能转向"抚慰教士，曲求和局"的妥协态度，催促地方官员按照田贝提出的要求，尽快了结此案。同时总理衙门还向张曜说道："洋人购买房地建立医院，为条约所允行。"④ 完全没有意识到李佳白在内地购置地产的行为实际已经违背了条约规定。而正是清政府的此种弱势的"默许"态度，使得传教士一再根据自身需求将其权利扩大。田贝向美国政府的致函中也曾提到"我满意地注意到总理衙门并没有提出不许租房的问题"⑤。实际上，根据 1858 年中美《天津条约》所订立的相关内容⑥，美国教会的置产建堂权利本就仅限于"五港口"，并未扩大至内地。教会在内地频繁发生的地产购置行为，实则是在教会及传教士片面援引最惠国条款下进行的，严格说来并不符合条约要求。美国方面显然也注意到了这一点："条约并未赋予美国公民在中国内地不受限制地租买土地的权利，这是没有争论余地的。"⑦ 但李佳白却指出，中美条约里虽然只有最惠国条款，但有了它，再加上中国政府默认的和公开允许的就够了，而且清政府有着对基督教和传教士的宽容态度。⑧ 总理衙门的此种妥

---

① 黄嘉谟（主编）. 中美关系史料：光绪朝二·总署致美使田贝照会 [M]. 台北："中央"研究院近代史研究所，1988：1268.

② 黄嘉谟（主编）. 中美关系史料：光绪朝二·总署致美使田贝照会 [M]. 台北："中央"研究院近代史研究所，1988：1269.

③ 黄嘉谟（主编）. 中美关系史料：光绪朝二·总署收山东巡抚张曜文 [M]. 台北："中央"研究院近代史研究所，1988：1272.

④ 黄嘉谟（主编）. 中美关系史料：光绪朝二·总署收山东巡抚张曜文 [M]. 台北："中央"研究院近代史研究所，1988：1264.

⑤ 中国第一历史档案馆，福建师范大学历史系（编）. 清末教案：第 5 册·田贝致叽嘎函（摘录）[M]. 北京：中华书局，2000：192.

⑥ 美国《天津条约》第十二款："大合众国民人在通商各港口贸易，或久居，或暂住，均准其租赁房屋，或租地自行建楼，并设立医馆、礼拜堂以及殡葬之处。"

⑦ 中国第一历史档案馆，福建师范大学历史系（编）. 清末教案：第 5 册·叽嘎致田贝函 [M]. 北京：中华书局，2000：191.

⑧ 中国第一历史档案馆，福建师范大学历史系（编）. 清末教案：第 5 册·李佳白致叽嘎函 [M]. 北京：中华书局，2000：197.

协态度无疑与此时特殊的时代背景密切相关。由于国家实力日益衰落，总理衙门在与外国政府进行交涉时往往处于弱势地位，在处理各种民教纠纷时，尽管最初希望秉持"持平办理"的态度，公平办案，甚至希望对教会进行限制，但在具体的处理过程中往往还是转向了妥协，对教会的要求妥协退让。清政府的此种既希望限制，但碍于国家实力又不得不妥协的矛盾心理也影响到了地方官员，使其在处理案件时同样陷入尴尬境地。作为案件交涉的双方，传教士以及教会往往能获得来自本国政府的支持和帮助，以替其谋得权益，而地方官员背后的总理衙门，却往往由于自身弱势而在对外交涉中不得不委曲求全，与西方势力一起向地方官员施压，不断催促地方官员"速为断结""勿滋生事端"。

但是，李佳白回到山东后，张曜却拒绝了其提出的会面要求。道台和县令也没有与李佳白直接会谈，而只是让下属官员与其进行磋商。而此时原置办房屋又被反对购房交易的士绅强行赎回，这更令李佳白感到不满。可以看出，从巡抚到道台，再到知县，对于李佳白希望通过会面协商以解决案件的要求都保持了一致的拒绝态度，并不积极于案件的解决，这导致了双方无法进行直接有效的沟通。这种存在于教士和官员之间的交涉困难，也一直是各地类似案件得不到有效解决的普遍原因。李佳白在《教务杂志》上曾发表一篇名为《基督教教会和中国官员之间的沟通困难》的文章，其中提道："各级政府官员，都有一种强烈的想法，即认为无论是天主教还是新教，都是用武力进入内地的，并且都是怀揣恶意的，他们当中绝大部分人认为基督教以及基督教徒是一种带来麻烦、暴力，导致法律纠纷的存在。"[1] 此种对于教会以及传教士的固有偏见使得官员们在面对传教士时普遍带有不满心理和抵制态度。尤其在牵涉到此类购地案时，更会认为传教士的这种房屋购置行为是对地方资源和利益的侵占，因此更不愿为之办理。教会人员希望见到地方官员的请求，总是被忽视和冷漠回绝。向地方官员求助往往是无效的，已经成为教会人员之间的共识。地方官员在办理此类案件中，之所以有此种态度，除了其自身思想中固有的抵触之外，也由于购地案涉及外国传教士，而使得此类购地案与一般地方性事务相比更具有复杂性。而这一时期外交思想、手段及体系的不成熟使得地方官员在处理此类中外交涉事件时，往往缺乏经验，并容易受传统心理束缚，在视野和思维上存在局限性。方濬师在其致友人的信件中曾说道："州县一遇中外交涉之事，茫然无措其手足。自命理学者，睥睨而不屑与谈，畏葸无能者，敷衍而任职凌肆。是非曲直，从未了然，迨事将决裂，具一禀请示，以塞责上司。"[2] "在地方官员看来，任何与教会有关的商业贸易都将不可避免地带来麻烦，他们自然会感觉，为什么我要浪费时间或者给自己招致危险呢？"[3] 在此种心理的作用下，地方官员面对此类购地案时，便容易采取消极拖延的处理办法，一再回避与传教士直接接触。

但李佳白将此事上报给美国驻华公使寻求帮助后，原本仅限于地方的民教纠纷又上

① Gilbert Reid. *The Difficulties of Intercourse between Christian Missionaries and Chinese Officials* [J]. The Chinese Recorder And Missionary Journal Vol. 20. Shanghai：Presbyterian Mission Press，1889（5）：210.

② 吕实强. 中国官绅反教的原因（1860—1874）[M]. 台北："中央"研究院近代史研究所，1994：157.

③ Gilbert Reid. *The Difficulties of Intercourse between Christian Missionaries and Chinese Officials* [J]. The Chinese Recorder And Missionary Journal Vol. 20. Shanghai：Presbyterian Mission Press，1889（5）：210.

升成中美政府之间的交涉，给地方政府带来了更多的外部压力，同时也容易加剧地方官员的抵触心理。美国驻山东传教士狄考文曾说道："万一发生麻烦，他（传教士）应该直接与地方官打交道，而不是与领事（这会引起排外情绪），也不要到上级官吏（这会在官场中侮辱他）。应该以中国人的是非观直接求助于知县的正义感，而不是诉诸条约权利。"[①] 出于对传教士以及教会固有的抵触心理，以及对于其所求权利的抗拒态度，地方官员并不想满足教会的置产建堂要求，因此一再拖延不愿为之解决。但此时来自外国公使的压力，以及总理衙门在求全思想下的多次催促，使得地方官员又不能将此种抵制公开展现。因此在自身抵制思想与现实压力的矛盾中，地方官员便选择采取消极处理的方式，回避传教士的会面和沟通要求，将其抵抗意图暗含于拖延之中。

随后李佳白又一次向驻华公使田贝以及美国政府方面发出求助。在田贝的多次催促以及总理衙门的不断施压下，山东巡抚也"屡饬泰武临道督饬府县帮同妥为觅屋，以柔远人。"1888 年 8 月，在上级压力下，道台王作孚与李佳白会见，并表示府县已多次设法对绅民进行开导，但是"无奈济南城厢地窄人稠，加以连年黄水为灾，附近居民纷纷迁避城关，以致更无隙地"[②]。同时表示由于此时正值乡试，士子云集，人满房少，易滋生事端，因此需等乡试结束再设法办理。对于李佳白提出的惩处滋事者的请求，地方官员因认为并无殴打情事，以及冲突系由李佳白擅闯引发，并未予以回复。巡抚张曜向总理衙门表示，现因地方民情以及黄河水患导致无地可觅，认为士绅对于房屋的赎回符合情理，并将无法觅房的责任推给了李佳白，其举动乃属于"藉此挟制，必欲另为觅房"[③]，以致加深绅民不满，不愿出售房屋。同时，也表示了地方官员的为难之处："府县屡向绅民设法开导，实已舌敝唇焦，众所共闻，并非不实力相助。"[④] 认为应等乡试完毕，再为李佳白解决此事。

可以看到，面对美国驻华公使的介入施压以及总理衙门的屡次催促，地方官员的消极态度有所改变，逐渐开始采取行动。但是地方士绅的反对以及山东地窄人稠又遇连年洪水，受灾严重的现实情况，致使地方官员在另觅房屋时确有困难，导致案件的办理再次陷入搁置。

（三）寇德满医生购地案

面对地方官员的此种态度以及案件在 1888 年 9 月乡试之后依旧没有得到解决的现状，田贝又接连向总理衙门发出照会，表明了自己态度和解决意见。首先，是对地方官员的强烈不满，认为案件已经发生了十个多月，与总理衙门也进行了多次交涉，道台虽然在总理衙门的催促下与李佳白进行了一次会面，但是地方官员仍然没有拿出有效的解决方法，也没有将滋事者拘押治罪。这些地方官员所说的"房间难觅"的情况实际上是

---

① Hyatt Jr. *Our Ordered Lives Confess: Three Nineteenth-Century American Missionaries in East Shantung*, The United States: Harvard University Press, 1976: 206.

② 黄嘉谟（主编）. 中美关系史料：光绪朝二·总署收山东巡抚张曜文 [M]. 台北："中央"研究院近代史研究所, 1988: 1285.

③ 黄嘉谟（主编）. 中美关系史料：光绪朝二·总署收山东巡抚张曜文 [M]. 台北："中央"研究院近代史研究所, 1988: 1285.

④ 黄嘉谟（主编）. 中美关系史料：光绪朝二·总署收山东巡抚张曜文 [M]. 台北："中央"研究院近代史研究所, 1988: 1285.

其推脱，不愿处理此次案件的借口，当地居民之所以不愿卖房屋于教会，也是因为害怕被地方官员为难，还有他们对总理衙门要求"妥办"的谕令并未听从。其次，若要解决，应由地方官员先告知百姓，如果将房屋卖与教会，他们必不会为难。地方官员还应"从权容李教士进见"，以便于商谈。同时，田贝以强硬的态度继续向总理衙门施压，表示如果案件不能得到合理快速的解决，那么"难保民教不再生他故"，总理衙门不应该只是泛泛地催促地方官员办理此案，而应"严行咨饬"①。从而借总理衙门给地方官员施加了更多的压力。

面对田贝对地方官员的指责，总理衙门一面对其进行安抚，表示"中国士民不信西教居多，其于西国教士不能与贸易之洋商视同一律"②，即地方官员并无推诿之意，而是在办理过程中确有为难之处。一面再次对地方政府进行催促，令妥速办结。

1888年末，李佳白又向田贝提出，由于此前的置产购地一直未取得成功，同时教会内部对此事意见不一，导致问题复杂化，因此其决定辞去对本案所负的责任，由寇德满医生接替。1889年初，寇德满医生致函驻华公使田贝，表示其在济南城城西通过协商所购置的一块土地又一次被地方官员以士绅反对为由拒绝盖印，并且将中人拿押，同时屡述其遇到的困难和中国政府的拖延。这可以看作是李佳白购地案并未完结时又另起的一场纠纷。田贝为此于四月间向总理衙门发出照会，要求批准寇德满医生的这一次租置，并将此次购地和前次李佳白案相结合，提出"情愿接受地方当局认可的任何相宜的一块地"③。表现出寇德满医生此次购置的地产，是用来完结李佳白教士购地案。田贝还指出此案（指李佳白购地案）已久悬未决，催促总理衙门能够尽早给予明确答复。田贝此番言论不仅将案件久未解决的责任归咎于地方政府，还将此上升到"地方官员有破坏教会在济南开展传教活动"的高度，并搬出美国政府向总理衙门施压。总理衙门随后向山东巡抚发文，询问案情，并再次表示"美使办法尚属和平"，希望地方官员能够尽快办理，避免再生事端。

至1889年5月29日，张曜终于做出回复，称根据道台禀复，自1888年11月接到寇德满医生上报案情之后，道台随即命令时任县令程方德进行解决。县令称因交易有托名盗卖之嫌，而人证质询未齐，案件详情尚未调查清楚，因此不能为之盖印。道台表示，因案件实情复杂，将再饬该县"赶紧勒集人证秉公研讯确情，妥速办结"④。然而在随后的几个月里，地方官员并未就此案的进展向总理衙门做出进一步汇报。田贝又于1889年8月向总理衙门去函，指出李佳白一直在山东帮助赈灾，但巡抚却在此案上迟迟不愿为其进行办理。对此，总理衙门只得再度催促山东巡抚，希望其加快了结。

至1889年12月，寇德满医生购地案终于得到解决。新任历城县县令程兆祥在到任

---

① 黄嘉谟（主编）. 中美关系史料：光绪朝二·总署收美使田贝照会 [M]. 台北："中央"研究院近代史研究所，1988：1289-1290.

② 黄嘉谟（主编）. 中美关系史料：光绪朝二·总署收美使田贝照会 [M]. 台北："中央"研究院近代史研究所，1988：1291.

③ 中国第一历史档案馆，福建师范大学历史系（编）. 清末教案：第5册·田贝致总理衙门照会 [M]. 北京：中华书局，2000：204.

④ 黄嘉谟（主编）. 中美关系史料：光绪朝二·总署收山东巡抚张曜文 [M]. 台北："中央"研究院近代史研究所，1988：1344.

后便着手接管此案，传集相关人员进行质询。因认为若使教会无地可觅，会再生枝节，便亲自带同差役、地保以及邻人等前往查验，了解该地详情。并传集当地绅耆以及邻人对其再三开导。可以看出，在总理衙门的一再催促以及历城更换县令的情况下，新任官员的处理态度有了积极转变，开始设法查明案件以及开导反对的士绅和民众。但此时地方士绅对于寇德满医生置地的"一再控争"[1]，给地方官员的办理又增添了困难。程兆祥在处理该案时表示："伏念洋人等买房置地，原为设立医院，然妥筹办理，本费周章。况从中阻挠者有之，煽惑撺嗾者有之，事关地方大局，在洋人固当保议，而舆情亦须尤治，方免滋生事端。"[2] 李佳白也指出"我们面临的最大阻力和困难，来自于地方士绅和官员"[3]。可见，地方士绅的强烈反对以及其在民众之间的影响力致使县令在处理案件时面临着难以调和的实际困难。历城作为山东省省会济南府的下辖县区，其县令既要面临地窄人稠的矛盾，又要克服当地民众所固有的传统保守思想以及对洋人的排斥心理，在办案中确实遭遇了巨大的阻力。面对田贝对于地方官员"推脱责任"的指责，程兆祥也无奈地向总理衙门表示："卑职身任地方，有碍大众者，固未便涉于迁就，而力所能为者，又何敢稍事透延。"[4] 同时表示，在处理此案时，"与两造人等日久相持，幸而设法劝谕，始各允从"[5]。可以看出，地方官员在处理案件时往往被夹在民、教二者之间，难以调解二者的矛盾。而传教士们不断通过驻华公使来催促地方官员的做法，又给其带来更大压力，使地方官员陷入为难境地。然而由于此时地方官员的解决态度逐渐发生了转变，开始努力调解双方矛盾，以促成此次交易，从而推动了案件的解决。最后双方达成一致，寇德满医生以及教会可以拥有此处地产。

（四）最终解决

在寇德满医生的购置房屋要求得到满足之后，地方官员认为李佳白另觅房屋互换的要求已经得到解决，当前往县署领回房款，以此结案。但李佳白又突然提出，寇德满医生置地案与前次购地案并无关系，此前的案件还一直悬而未决，要求地方政府在城内或城外关厢之处为教会觅地，以解决之前案件。田贝在收到李佳白的来信后，对其请求不满，认为此前寇德满医生所取得的城西之地，应该看作是对李佳白前次购地未果的互换，即教会接受了城西之地，就是放弃了对最初那块土地的权利要求。而济南教会集体致函田贝，表明了山东教会的立场，在信中提出了三点要求：对李佳白先生的损失进行赔偿；惩处闹事者；占用原先立契的那处房地或调换另一块地段。教会表示已于1889

---

① 黄嘉谟（主编）. 中美关系史料：光绪朝二·总署收山东巡抚张曜文 [M]. 台北："中央"研究院近代史研究所，1988：1411.

② 黄嘉谟（主编）. 中美关系史料：光绪朝二·总署收山东巡抚张曜文 [M]. 台北："中央"研究院近代史研究所，1988：1407.

③ Gilbert Reid. The Duty of Christian Missions to the Upper Classes of China（Question1-Does A Duty Exist）[J]. The Chinese Recorder And Missionary Journal Vol. 19. Shanghai：Presbyterian Mission Press，1888（8）：363.

④ 黄嘉谟（主编）. 中美关系史料：光绪朝二·总署收山东巡抚张曜文 [M]. 台北："中央"研究院近代史研究所，1988：1407.

⑤ 黄嘉谟（主编）. 中美关系史料：光绪朝二·总署收山东巡抚张曜文 [M]. 台北："中央"研究院近代史研究所，1988：1407.

年12月在年会上达成一致并做出决议，反对放弃"取得已订立过契约的那一产业的目标"①，寇德满医生所购得的土地并不能用来代替李佳白先前未能成功获取的地产，应当由地方政府继续解决李佳白购地案，批准其之前所购置的房地或者另觅一处合适地产进行互换。"如果我们能既克制又不屈不挠，强迫他们答应用一块适合的产业同原先的产业相交换的要求，我们倒可希望也许能够得到一处合宜的产业，我们的权利能受到维护，同时有意义的先例也可以因之而得到确立。"② 同时教会表示，已经恢复李佳白对此案的职责，并且在寇德满医生购地案完结之后，教会已经开始继续催促地方官员解决原先的案件，希望能够得到驻华公使以及美国政府的帮助。可以看出，此时济南教会已经在此事上达成一致，支持李佳白寻求地产。面对教会的强硬坚持，以及来自美国国务院负责人布莱恩"只要有一线希望，便不应该轻易放弃"的指示，田贝立即转变态度，对李佳白表示，其将毫不犹豫地以最强硬的形式，向总理衙门提出要求。随后，田贝向总理衙门发出照会，希望其能指示地方官员帮助李佳白另行租置，并需要由地方官向教会保证："嗣后不准人有所难为，遇有事务，必即为之极力弹压。"③ 需要注意的是，田贝曾对李佳白在此案中的行为以及处理措施感到严重不满，对于此前李佳白就其被殴一事索求赔偿的行为，田贝就曾经在向布莱恩的信函中表示，认为李佳白实际上成为一个侵犯他人土地的人。因此不应该期待中国政府满足其要求。然而在后来田贝致总理衙门的多次照会中却仍理直气壮地替其索求赔偿。可以看出，从李佳白到美国驻华公使再到美国政府，无论他们对于条约以及案件事实的最初态度和看法如何，但在最终做法上，都采取了庇护性的偏袒态度，一步步地谋求超额权益。这实际上为教会及传教士提供了强大的支持，使得后者在民教纠纷中往往借助其政府在中外交往中的优势地位来实现自己的利益要求，甚至提出超额的权利。而对于地方官员而言，这种偏袒性的支持不仅使其在处理时面对压力，更使地方官在心目中固化了教会及传教士多为"仗势欺人"的印象，认为其依仗国内政府进行施压，攫取利益，加剧了官员内心的排斥厌烦感，不利于案件的妥善解决。

在此情况下，巡抚张曜表示，在寇德满医生租地一事上，地方政府已经煞费苦心，经多方开导，才使教会拥有土地，而美国驻华公使之前也多次表示，李佳白非必定于某地某处租房租地，惟于地方官所愿准者是从。今租地已成，希望田贝能够"饬令李佳白速将原立典契送县查销，领回原价完案"④。道台及知县也表示，对于李佳白仍欲在关厢租房一事，官员已"邀集城厢绅耆，明白谕知，妥商办理"⑤。但是由于历城地窄人

---

① 中国第一历史档案馆，福建师范大学历史系（编）. 清末教案：第5册·各教士致田贝函 [M]. 北京：中华书局，2000：225.

② 中国第一历史档案馆，福建师范大学历史系（编）. 清末教案：第5册·各教士致田贝函 [M]. 北京：中华书局，2000：225.

③ 广西师范大学出版社（编）. 中美往来照会集（1846—1931）：第7册·济南案请饬行知使教士得于城内或关厢租房并给伤费 [M]. 桂林：广西师范大学出版社，2006：144.

④ 黄嘉谟（主编）. 中美关系史料：光绪朝二·总署收山东巡抚张曜文 [M]. 台北："中央"研究院近代史研究所，1988：1411.

⑤ 黄嘉谟（主编）. 中美关系史料：光绪朝二·总署致美使田贝照会 [M]. 台北："中央"研究院近代史研究所，1988：1617.

稠，加上多年遭遇水灾，地方官已多方寻觅，但实难以迅速觅得空地，表现地方官员所面临的现实困难。并认为当前"应饬洋务委员知会李教士将原典刘梦奎房契，送交历城县验明，缴销其房价京钱"①。

然而田贝于来年六月再次向总理衙门致函，仍坚持要地方官员为李佳白寻觅适宜地产进行互换。并提出地方官员在处理此案时，曾将原房业主多次传押刑责，勒令其交付罚款。而该业主在被释放回家后便病重身故，则被认为是由于地方官员虐待所致。田贝表示，"惟不意国家有所依赖治理之官，竟不能使无辜之人得免被虐也"②。面对田贝的指责以及其一再提出的超额要求，总理衙门也表示地方官对于李佳白租房一事，"数年以来，实已煞费苦心，不遗余力"③。同时指出，李佳白的要求实为强人所难，诚恐地方百姓闻之义愤不平，再使租定之地另生枝节。可以看出，对于美国方面不断提出超额要求的行为，总理衙门也表现出了厌烦的态度。但是碍于国家实力的落差和外交上的弱势地位，其最终还是向田贝表示，将再次致函山东巡抚，督促其妥速办理。

在总理衙门的指示下，济东道道台也开始采取行动。1891 年 1 月，道台主动致信教会，提出在近郊寻找一块合适的地产提供给教会。其后，李佳白在城东郊处取得了一块土地的三十年租置权，并得到了道台和县令的同意。但在准备动工之时，以吴梦龄为首的地方士绅又以"有碍风水"为由提出反对。鉴于此种情况，道台要求李佳白同意士绅于四个月内，在城郊范围内寻找一个合适的地点互换。然而士绅提出的地方均被李佳白以"低矮潮湿"为由拒绝。李佳白再次向道台请求，坚持希望得到城东的那块土地。此时，驻华公使田贝也再向总理衙门去文，指出李佳白得此地距今已有八月，然而一直未能获得同意在此建房，并继续施压，以强硬的态度表示："望贵王大臣即准该教士在该处建房，严禁有人难为教士，如不照办，此案总不得作为完结。所有四年来因此案往来文函，均可作废也。"④ 同时田贝还向总理衙门提出，应该对地方官员的办案限定时日，如不能在限内设法完结，应该对其记过。面对驻华公使的强硬态度，新任道台张尚达开始接手此案，并给地方士绅半月期限，令其再寻一块合适地点，否则就要批准李佳白拥有城东土地。最终，通过道台和县令的从中调解，士绅和李佳白达成协议，在许诺不得建造高层楼房，不许挖沟破坏地方风水的前提下，李佳白可以拥有此块地产。同时地方官员也做出承诺，将由士绅和官员负责，保证不再有滋事情况出现。虽然随后县署仍然拖延盖印以及发布公告，但在各方的不断施压下，历时四年多之久的济南美国北长老教会置产纠纷案终于在 1891 年年底完结。

---

① 黄嘉谟（主编）. 中美关系史料：光绪朝二·总署致美使田贝照会 [M]. 台北："中央"研究院近代史研究所，1988：1618.

② 黄嘉谟（主编）. 中美关系史料：光绪朝二·总署收美使田贝照会 [M]. 台北："中央"研究院近代史研究所，1988：1462.

③ 黄嘉谟（主编）. 中美关系史料：光绪朝二·总署收美使田贝照会 [M]. 台北："中央"研究院近代史研究所，1988：1464.

④ 黄嘉谟（主编）. 中美关系史料：光绪朝二·总署收美使田贝照会 [M]. 台北："中央"研究院近代史研究所，1988：1635.

结　语

从此次李佳白购地案的解决结果可以看出，教会不仅获得了比原先所纷争地产面积更大的一块地皮，还在寇德满医生购地案中获利，可谓是此起纠纷案中的获益者。与1881年同发生在济南美北长老会中的一场相似的置产纠纷案的处理结果相比，地方官员在最终的处置结果上显得更为妥协。纵观整个置产纠纷案的交涉处理过程，地方各级官员在案件各阶段的处理中所表现出的行为和态度，前后经历了明显转变，从中不仅可看出地方官员在处理此类民教纠纷时内心的纠结排斥情绪。更能看到由此案牵涉到的几大利益群体：教会及传教士、清廷总理衙门、美国驻华公使、地方绅民，分别从不同程度上对地方政府办理此案带来的影响。

地方绅民作为购地案中最主要的反对者，往往会与传教士发生直接冲突。起领导作用的士绅通过在地方事务中的权威以及对地方官员的影响力，成为案件解决过程中最大的阻力。李佳白购地案中，士绅就曾多次以"有碍风水"为由对李佳白和寇德满的地产购置提出反对，并在办案过程中也一再向地方官员进行抗争，拒绝配合地方官员为教会寻求适宜地产以进行互换的要求。李佳白后来表示："士绅于1887年5月始，以各种形式持续不断地反对。共发生了三次闹事和三次威胁。"[①] 思想和利益上的一致性使得地方官员在初期处理案件时通常向士绅靠拢。士绅对教会的强烈反对使得地方官员认为可以借此实行一种隐蔽的反教会策略，在办案中倾向士绅一方，利用并顺势支持地方士绅的反教行为。可谓"明护与暗防"[②] 相结合，自然会在案件开始倾向于士绅阶层，因此在案件初期的处理上显得消极抗拒，致使民教矛盾激化。后面解决过程中，虽然地方官员的办案态度开始转变，但是士绅在办案过程中的不断反对，又使地方官员往往陷入民教二者的矛盾之中，处于左右为难之境地。

作为冲突另一方的教会及传教士，则希望通过在内地置产建堂以扩大其传教范围，开展传教活动。但其在内地寻求购置地产的行为严格说来本已超出条约规定，而在受到地方绅民的强烈反对导致购地失败，又与地方官员直接交涉无果之后，往往会将此类案件递交于本国驻华公使，使地方性事务上升为中外交涉事件。此时外国驻华公使出于对本国利益的维护，往往对传教士采取庇护态度，代替其向清廷施压。"传教士依赖各国炮舰政策的支持和保护，而各国政府则利用教案进行交涉，扩大事态，从中谋取更多的政治经济权益。"[③] 教会及传教士利用不平等条约所获得的特权以及来自各国政府的支持，给地方官员的办案施加了巨大的压力。同时教会和传教士在解决过程中不断进行超条约利益谋取的行为，又使地方官员在思想上将教会和传教士视为地方利益的"侵略者"，致使地方官员不愿与传教士进行有效的沟通协商，并且由于内心的抵制感更拖延

---

① 中国第一历史档案馆，福建师范大学历史系（编）. 清末教案：第5册·田贝致布莱恩函 [M]. 北京：中华书局，2000：243.

② 刘元. 晚清湖北教案研究——以官绅民为中心的考察（1890—1911年）[M]. 北京：人民出版社，2014：124.

③ 罗伟虹. 中国基督教（新教）史 [M]. 上海：上海人民出版社，2014：243.

为传教士办理案件。而驻华公使通过总理衙门对地方官员的一再施压也使地方官员处境艰难。在李佳白购地案中，美国驻华公使田贝便在给总理衙门的去函中一再指责地方官员办事不力，要求总理衙门对其进行严饬，忽视地方官员在办案中所遇到的实际困难，将案件迟迟未能解决的责任全数推向地方官员。此种做法虽然在一定程度上迫使地方官员转变态度，加速了案件的处理，但也使其在交涉中处于弱势地位，面临着巨大压力。

清政府作为地方官员的直接领导者，在此类纠纷案中所采取的处理措施往往会直接影响到地方官员的办案态度。这一时期由于综合国力的衰弱以及一系列不平等条约的签订，清廷在对外关系中处于弱势。因此在民教纠纷中，朝廷往往也只能无奈地采取倾向于教士教会，曲求和局的求全措施，以避免事件上升为外交争端，损失更多权益。在此次购地案中，总理衙门在给山东巡抚的谕令中多次要求"妥速办结"，以避免再滋生事端。同时对于田贝提出的种种要求，也总是表示"美使所拟方法尚属和平"，要求地方官员按此办理。面对田贝逐渐强硬的交涉态度以及对地方官员的一再指责，总理衙门也只能一面对田贝进行安抚，一面将压力传递给山东巡抚，催促地方官员办理案件。受到总理衙门"和局"思想影响的地方官员，即使内心带有对教会的抵制情绪，但在办案中也不得不遵循朝廷谕令，实则处于为难境地。而随着地方行政级别的逐渐下降，越是低级的官员与地方教会的直接交涉越是频繁，抵制心理也愈加深重，同时朝廷谕令对低级官员的控制力又逐渐减弱，因此便会出现在案件初始时，地方政府不愿遵循"上意"，消极处理的情况。这也是此类民教纠纷案在地方上往往历时较长，难以解决的重要原因之一。

山东作为儒家文化的发源地，较之内地其他各处，受到传统儒家思想的影响更为深重，其特殊的社会状况及思想环境，使地方官员首先在心理上便对教士怀有抵抗情绪。同时又因购地案往往牵涉到地方经济、地产利益以及民教关系，更为地方政府所反感。此种情绪对地方官员的案件处理起到了根本性的影响，因此往往最初抱有消极态度，在处理案件时敷衍搁置，对于总理衙门的来函询问不积极回复，并拒绝与李佳白进行沟通，使双方矛盾激化，导致本身并未具有极大复杂性的地产纠纷案难以从速解决。但在其他群体介入后，地方官员又逐渐迫于各种压力发生态度转变，寻求解决措施。可在处理过程中又不得不面临现实困难，民教之间的冲突矛盾，以及上级官员的催促和压力等难题，地方官员在办案时陷于进退维谷的"夹缝"境地。商约事务大臣吕海寰曾说道："教案之宕延亦非尽由地方官员办理不善有意迟回，实限于权力不足以制外人。强之不能，听之不可，不得不暂事敷衍，徐图转圜之策。迨久而别生枝节，又非初意所及料矣。"① 而案件最终的解决结果实则又是几方利益群体之间的实力角逐，最终的结果往往是教会达到了其要求成为获益者。从地方官员在民教纠纷案中的处理措施及态度转变可以看出地方官员在办案时所囿于的困境。而在最终结果中所流露出来的妥协态度，其实质更是源于19世纪后半期列强侵略的加剧以及国家实力的衰弱，清廷在不平等条约体系下所无奈采取的弱势外交。在这种弱势外交主导下的"和局"思想，软弱的外交手段和不成熟的外交体系，使得这一时期的种种涉外事件最后多以清廷的妥协而告终。可

---

① 中国第一历史档案馆，福建师范大学历史系（编）. 清末教案：第3册 ［M］. 北京：中华书局，2000：832.

以看到，地方官员在此次地产纠纷案中所面临的"夹缝"困局，也正是此种弱国外交在实际案件操作中的具体诠释。

>> 老师点评

此文为可云舒同学的毕业论文，获得湖南大学 2018 届优秀本科毕业论文一等奖。

可云舒是河南洛阳人，蒙古族，2014 年进入湖南大学岳麓书院历史 1401 班读书。我曾为该班讲授过"中国近代史""中华人民共和国史"和"近代中西文化交流史"等课程，与他们接触的时间和机会比较多，故而对他们每个人的情况大致有所了解。

大三第二学期结束时，她得知自己可能获得推免资格，就联系我，希望我能在论文的撰写上加以指导。我的专业为中国近现代史，当时正在阅读《中美关系史料·光绪朝》。云舒对世界史尤其是世界近代史有兴趣，英语水平较高。基于此，我便让她去关注一下 19 世纪 80 年代美国北长老会在济南的一场地产购置事件。同时告诉她，此案中的关键人物为李佳白，胡素萍已出版一本学术著作——《李佳白与清末民初的中国社会》，建议她仔细阅读。此外，该事件需要查阅的相关史料，除《中美关系史料·光绪朝》外，其他如《美国对外关系文件》（*Foreign Relations of the United States of America*）、《中美往来照会集》、《清代军机处电报档汇编》、美国北长老会山东差会年会记录及年度报告、美国北长老会海外差传部年度报告、李佳白的著作以及《申报》《教务杂志》等，也一一加以开列，送交给她。

云舒很勤奋，那年暑假一直待在学校里，不仅阅读了《中美关系史料·光绪朝》有关该事件的史料，查阅了胡素萍发表的论文及出版的著作，而且还构思了文章的大致框架。这期间我们多次沟通、讨论。我反复强调，论文一定要梳理清楚该事件发生、交涉的过程及其最后的结局。在分析交涉过程时，必须注意到中美双方之间的互动，尤其是山东地方政府与清总理衙门、总理衙门与美国驻华公使、美国国务院与美国驻华公使之间的互动。此外，事件当事人李佳白如何表现，其隶属的美国北长老会山东差会、美国北长老会海外差传部又是何种态度，也须加以考虑。

论文完成后，云舒先后以此篇文章参加了推免生的面试和"饶宗颐国学奖"的评选，均获得通过。毕业论文选题时，她仍然选择我作为其指导教师，并在原来的基础上，扩大史料阅读的范围，并将题目改为《教会购地案中地方政府的"夹缝"困局——以 19 世纪 80 年代济南购地案为中心的考察》。

论文对 1887 年美国北长老会传教士李佳白在济南为教会购置地产并因此而引发的一系列交涉展开了研究，认为在此案的处理过程中，地方各级官员作为主要负责人，出于自身固有的抵制情绪及思想，在案件处理的初始阶段抱有消极拖延的态度，致使案件的解决一再延缓。但在不同群体陆续涉入案件之后，其态度也随之逐渐发生转变，从消极回避转向在民教双方中调解处理，最后案件以教会一方获益而告终。在这其中，美国驻华公使的压力，总理衙门的妥协态度，地方绅民的强烈抵制，使地方官员处理案件时陷入了一种进退两难的"夹缝"困局。此种困局不仅反映了各不同群体在此类纠纷案中的利益争夺，更体现出了在该时代背景下，列强在中外交涉事件中所表现出的侵略实质，以及清政府在国势衰微下的弱势外交。

文章指出，纵观整个置产纠纷案的交涉处理过程，地方各级官员在案件各阶段的处理中所表现出的行为和态度，前后经历了明显转变，从中不仅可看出地方官员在处理此类民教纠纷时内心的纠结排斥情绪，更能看到由此案牵涉到的几大利益群体：教会及传教士、清廷总理衙门、美国驻华公使、地方绅民，分别从不同程度上对地方政府办理此案带来了影响。

总体而言，论文对教会购地案件中涉及的中美双方之间的互动关系进行了一定程度的剖析，某些方面较为深入，是一篇比较优秀的本科毕业论文。但若能结合美国北长老会山东差会及海外差传部在这次事件中的态度及表现进一步以分析，则更能展现山东地方政府在此次交涉过程中的"夹缝"困局。

论文指导老师　杨代春

>> 老师点评

可云舒是湖南大学岳麓书院历史学专业 2014 级本科生，我从其入学以来即担任其学业导师。从第一次会面谈话，我就了解到，她有比较明确的学习目标，学习的自觉性较高，自主能力较强，入学考试的成绩也在年级名列前茅。我对其因势利导，要求她认真学好学校要求的必修课程，以及完成必要的选修学分，学有余裕时则按照自己的兴趣进行自主学习。按照书院学业导师制的要求，我与她每两周进行一次见面谈话，了解其学习动态，有时也给她布置一些阅读任务，要求她按时读完，并口述或书面汇报读后心得，发现她果然读书得间，开卷有益。

她的社会活动能力也比较强，在校时积极参加班级院内活动，曾担任历史 1401 班生活委员，组织班级日常查寝工作，并协助组织 2017 年班级赴西安历史资源考察活动。同时，还曾在院学生会担任生活部部长，协助组织院内各项活动。并获得 2016 年院级"五四优秀志愿者称号"，以及校内"优秀心理委员"称号。我曾担心她将这么多时间用于社会活动，会影响学业，谈话中要求她恰当处理好专业学习与社会实践之间的关系，但她对此很有信心，我也就顺其自然。可幸的是，她的课程学习也进行得不错，在书院就读期间成绩良好，专业课平均成绩 88.41，年级排名第四，并以综合成绩年级第三名获得推免资格，保送至中山大学世界史专业继续攻读硕士研究生。她在书院学习的四年中，曾获得 2015—2016 学年以及 2016—2017 学年湖南大学单项奖学金，毕业论文《教会购地案中地方政府的"夹缝"困局——以 19 世纪 80 年代济南购地案为中心的考察》获得了院级"优秀毕业论文"，和湖南大学"优秀创新论文一等奖"，以及 2018 年"饶宗颐国学奖"。

可云舒进入岳麓书院时，是一棵比较优秀的苗子，她在湖南大学和岳麓书院优越的学习环境里如鱼得水，在岳麓书院全体老师的关心爱护下茁壮成长。作为其学业导师，我有几点心得：一是要培养出一位比较优秀的学生，学生自身的素质基础是很重要的。这些素质基础，包括中学时打下的学业基础和养成的良好学习习惯，以及与时俱进、随遇而得的学习方法和技能。二是导师因势利导是学生顺利成长的助推器。三是适当的社会活动，是可以与专业学习相得益彰的，有利于学生的全面发展。

学业导师　陶新华

灾荒的地域化：

清道光十一年江夏、江都两县水灾及其政府应对

2015 级　李陆鹏

　　摘　要：道光十一年（1831）六月，位于长江中游地区的江夏县与长江下游的江都县几乎同时发生了严重的水灾。但是在赈灾过程中，两县的灾荒却有着十分明显的地域化特点。江夏县进行的赈灾工作更为系统和灵活；而江都县的赈灾主要集中在粮食的供应方面，且民间组织的自赈成为赈灾的主要力量。但江都县所在的江南地区的总督、巡抚等高级官员在应对灾情时所考虑的因素要远多于江夏县所在的两湖地区，前者最终实际所起到的赈灾效果也远远好于后者。个中缘由，除因为地方官员不同的素质、经验和执行力对实际赈灾工作的关键影响外，以道光皇帝为核心的朝廷对两地的灾荒所持有的不同态度和应对措施也不容忽视。这彰显出灾荒的地域化差异，为考察历史上的灾荒提供了一个有意义的视角。

　　关键词：灾荒；江夏县；江都县；赈灾；政府应对；地域化

绪　论

　　20 世纪 80 年代以来，我国灾荒史研究取得了丰硕的成果，已有学者对此进行了评析，在此不再赘述[①]。但学界对于道光十一年（1831）江夏县与江都县的灾荒研究却相

---

　　①　如南开大学余新忠教授的文章《1980 年以来国内明清社会救济史研究综述》（载于《中国史研究动态》1996 年第 9 期），就通过备荒、救荒和社会慈善事业三个大的角度总结了学术界在 1980—1996 年之间最重要的研究成果并进行了简单的述评。同时也指出了灾荒史研究的一些特点，如问题逐渐深入、研究薄弱且不平衡的现状、区域灾荒史的兴起以及研究的封闭性问题。中国人民大学清史研究所教授朱浒的文章《20 世纪清代灾荒史研究综述》（载《清史研究》2003 年第 2 期）则将时间线向前延伸到整个 20 世纪，并将研究成果分为三类：第一类是专项研究方面的论文论著，这部分占比是最多的；第二类是工具书性质，如李文海等编著的《近代中国灾荒纪年》（湖南教育出版社，1990 年）；第三类是灾荒资料汇编，如水利水电部主持编纂的《清代海河滦河洪涝档案史料》《清代淮河流域洪涝档案史料》《清代珠江韩江洪涝档案史料》《清代长江流域西南国际河流洪涝档案史料》和《清代黄河流域洪涝档案史料》等。在专项研究的论文论著方面，又可以再分为三大类：其一是对灾荒本身的研究，即对灾荒成因、灾荒的实际发生情形及其规律等方面的考察；其二是关于灾荒应对问题的探讨，主要是指针对救荒、备荒、防荒等方面的研究；第三类则主要探讨灾荒的社会影响，即灾荒与政治、经济、文化和社会之间存在的深层关系。在这样的框架下，朱浒教授才将整个 20 世纪灾荒史的研究成果放进去进行评述，可以说是目前对灾荒史研究最为系统而精细的分类了。这之后，随着灾荒成果的大量涌现，对灾荒史不同范围的研究综述也层出不穷，如时代性的灾荒史综述、地域性的灾荒史综述等等。除此之外，还有吴滔的《建国以来明清农业自然灾害研究综述》（载《中国农史》1992 年第 4 期），阎永增、池子华的《近十年来中国近代灾荒史研究综述》（载《唐山师范学院学报》2001 年第 1 期），胡刚的《清代民国灾害研究综述》（载《防灾科技学院学报》2015 年第 4 期）等等相关的研究综述，均对灾荒史的成果进行了各自的梳理，并对灾荒史的研究做出了新的展望。

对较少。对于道光十一年（1831）江夏县的灾荒研究，学界主要依托时人周存义的《江邑救荒笔记》进行研究，如周荣的《明清社会保障制度与两湖基层社会》就对该笔记进行了全盘摘录，并对其中折射出的传统救荒理论的发展进行了研究，但是并未详加分析①；夏明方从文献的角度将其归类，并与其他同时代的著作一起作为荒政文献发展的一个重要阶段②。对于道光十一年（1831）江都县的灾荒研究，主要有韩晓的《道光十一年苏皖救灾述评》，虽然集中点在于江苏、安徽两省的灾荒情况，但也部分提到了江都县③；蔡泽亚则对此次江都县的灾情描绘得较为详细，但是他主要注重民间的灾赈情况，而对中央与地方间的信息互动关注较少④。当然也有和本文一样试图通过不同地区间的灾荒治理对比来进行研究的，如陈业新的《道光二十一年豫皖黄泛之灾与社会应对研究》⑤，但是其讨论的主要是黄河流域，不同于本文两县所在的长江流域，且其主要讨论救灾的共性而忽视了不同的特点，因此从这个角度来说本文所运用的研究方法也具有一定的探索意义。

由于明清两代距离现代相对较近，流传至今的关于明清时期自然灾害的记载比较详细，与之相应，荒政文献的发展也处在了一个繁荣的阶段。道光时期虽是荒政文献发展的顶峰，"官方的救荒理论和规章制度达到了前所未有的系统化程度"⑥，但是这个时期却与康乾盛世渐行渐远。在这样的时代背景下，地方官如何结合荒政文献的理论和经验进行实际救灾，便是本文需要考察的一个方面。另外，灾荒的地域比较尚未见学界有充分的讨论。虽然位于湖北省武昌府的江夏县和位于江苏省扬州府的江都县相隔五百多公里，但是两地在同一年几乎同时发生重大的水灾实属罕见。加之两地虽然同时濒临长江，但是两地的地理特点又不尽相同，因此救灾所采取的方式可能会有地域性的差别，这也正是本文所要探讨的核心内容。在此之前，学界或多集中于具体区域的案例研究，或集中于救灾理论的研究，或集中于荒政文献的文本研究，但是极少有对不同区域的灾荒应对进行对比研究的，同一年的则更为少见。本文将立足于从江夏县和江都县两县的赈灾应对去探讨灾荒的地域化差别，从而对我国古代社会的赈灾工作有一个全面而系统的认识，并从学界长期以来的灾荒史研究方法上尝试去进行突破和创新。在展开这个话题之前，首先要梳理一下两县从灾害发生到应对以及最终解决的全过程。

一、江夏县与江都县灾情比较

（一）江夏县灾情概况

江夏县位于湖北东部，清代属武昌府，为附郭县。据《清代长江流域西南国际河流

---

① 周荣. 明清社会保障制度与两湖基层社会 [M]. 武汉：武汉大学出版社，2006.

② 夏明方. 救荒活民——清末民初以前中国荒政书考论 [J]. 清史研究，2010 (2)：21-47.

③ 韩晓. 道光十一年苏皖救灾述评 [J]. 南阳师范学院学报（社会科学版），2003 (4)：43-46.

④ 蔡泽亚. 地方灾赈与家族变迁——以道光十一年淮扬大水与江都县大桥镇徐氏为中心 [D]. 厦门：厦门大学，2010.

⑤ 陈业新. 道光二十一年豫皖黄泛之灾与社会应对研究 [J]. 清史研究，2011 (2)：90-101.

⑥ 魏丕信. 18 世纪中国的官僚制度与荒政 [M]. 徐建青，译. 南京：江苏人民出版社，2003：16.

洪涝档案史料》记载，江夏在清代频繁遭受水灾的侵袭，清中后期（1736—1911）水灾共达 77 次之多①，可见此地水灾发生的频率之高。

道光十一年（1831）江夏水灾发生的直接原因是自五月中下旬持续不断的大雨，据《清史稿·灾异志》载："（道光）十一年五月……江夏霪雨弥月。"② 另据《江夏县志》载："（道光）十一年……夏大水，霪雨弥月，城西北隅民居皆没于水。"③ 知江夏城西北的灾害应是最为严重的，而长江经江夏时正好呈东北—西南走向，且县城西北临近岸边，受灾最严重也在情理之中。除江夏外，武昌本身的受灾情况也较为严重。时任湖广总督卢坤向道光皇帝清晰地描述了省城的受灾情况："滨江临河堤塍尽被漫溃，田亩俱沉水底……江水已至城根，询诸耆老，金称数十年来未有之事。"④ 时任湖北巡抚杨怿曾也在其《杨介坪先生自叙年谱》中重点提及了武昌与汉阳二地的灾情："六月楚省骤被水灾，武、汉一带江流泛滥尤甚。"⑤ 从二人当年的记载中可见此次灾情为数十年未见，其严重性不言而喻。当然，据后续的调查，除江夏县所在的省府境内灾情比较严重之外，汉阳、黄州、安陆、德安、荆州、襄阳、郧阳、宜昌等府从五月下旬开始，"得雨自四五次至八九次、十次不等"⑥。持续不断的大雨致使江水的满溢与堤垸的垮塌，严重影响了当地百姓的生产生活。卢坤在六月初九日向道光皇帝第一次上奏灾情时也提到了部分原因：

> 自入夏以来，雨水过多，复于五月中旬以后，连日大雨如注，不独江湖同时盛涨，而山水亦因久雨骤发，无从宣泄，以致水势弥漫，高过堤面。⑦

在卢坤看来，这次水灾发生无外乎是因"连日大雨"而导致的"江湖盛涨"与"山水无从宣泄"。不过，随着两湖各地灾情的陆续上报，他发现与邻省湖南省相比，湖北省的灾情"多而且重"，湖南省因地处上游，"被水较轻，消涸尚易"，而湖北省则"因江西、安徽、江苏各下游江流异涨，处处顶阻，不能宣泄"，导致"一月以来水势未见甚消，……民田积水深者尚有一丈有余，浅者亦尚有八九尺至四五尺不等"⑧。也就是说，此次灾情之严重，不仅要归因于连日不断的强降水，同时也有长江下游地区水势上涨不利于江水正常下流导致水位难以下降的因素。除此之外，卢坤还要求下属地方官再

---

① 清代长江流域西南国际河流洪涝档案史料［M］//水利电力部水官司科技司、水利水电科学研究院（编）. 清代江河洪涝档案史料丛书. 北京：中华书局，1991：20.

② 清史稿·灾异三［M］. 北京：中华书局，1977：1585.

③ 同治江夏县志：卷8·杂志［M］//中国方志丛书（华中地方·第三四一号），台北：成文出版社有限公司，1975：1119.

④ 清代长江流域西南国际河流洪涝档案史料［M］//水利电力部水官司科技司、水利水电科学研究院（编）. 清代江河洪涝档案史料丛书. 北京：中华书局，1991：727.

⑤ 杨怿曾. 杨介坪先生自叙年谱［M］. 清道光间六安杨氏刻本，1821：95.

⑥ 清代长江流域西南国际河流洪涝档案史料［M］//水利电力部水官司科技司、水利水电科学研究院（编）. 清代江河洪涝档案史料丛书. 北京：中华书局，1991：718.

⑦ 清代长江流域西南国际河流洪涝档案史料［M］//水利电力部水官司科技司、水利水电科学研究院（编）. 清代江河洪涝档案史料丛书. 北京：中华书局，1991：731.

⑧ 清代长江流域西南国际河流洪涝档案史料［M］//水利电力部水官司科技司、水利水电科学研究院（编）. 清代江河洪涝档案史料丛书. 北京：中华书局，1991：727.

次积极查明此次水灾发生的深层次原因，如他派候补知府前往沿江各地，查勘水道的通塞情况，并四处采集民间言论，分析之前有可能忽视的成灾因素。很快，经过调查，又一个结论引起了卢坤的重视：

> 昔江面宽阔，支河深通，涨水容纳易消，滨江州县少有水患。迩因上游秦属各处垦山人民日众，土石掘松，山水冲卸，溜挟沙行，水缓沙积，以致江河中流多生淤洲，民人囿于私见，复多挽筑堤垸，占碍水道。……每遇大雨时行，汛水涨发，上有建瓴之势，下有倒灌之虞，常致激流泛溢。民修堤岸率多单薄，一处溃口即数处带淹。一经漫淹，河高垸低，水无所泄，粮田沉水不下数十百垸。……此所勘频年致患之缘由也。①

这个结论将水灾发生的原因归结于人祸，而这人祸正是我们现在所说的水土流失。清代由于人口的大量繁殖，原有耕地已不能满足人们的生存需求，因此大量的森林、荒地被开垦，植被的破坏和土地的利用不当，导致土质松散，雨水不能下渗反而顺势带走了土壤。回到卢坤的分析，这些山水裹着泥沙前行入水，使得泥沙沉积并在河中形成淤洲。人们在这些淤洲上长期垦殖、修建圩垸，使得正常的水道被侵占，最终河流不能正常下泄，洪水到来之后便迟迟无法退去；加之这些圩垸又不坚固，极易被冲垮，从而极易造成巨大的人员和财产损失。因此在卢坤看来，如果这个问题得不到有效解决，那么只要未来某一年再度达到当年（即1831）的降水量，那么所造成的灾害只会增加，不会减少。

随着时间的推移，各地的受灾情况和成灾等级陆续被查明。以江夏为例，卢坤在七月廿八日上奏中提到的情况为：

> 江夏等州县先后禀报，民田、庐舍俱被淹渍，堤塍间有漫溃，并有淹及城垣、仓廒、监狱、衙署及浸倒民房之处。……查勘江夏县之北岸等里屯……等垸，均属被淹较重，业已成灾。……伏查被灾较重之江夏等十六州县，因江河水势壅滞不能宣泄通畅，现仍汪洋一片，测量水深均有一丈一二尺及七八尺不等，一月有余未见消退，节候已迟，不能补种，秋收失望。②

两个月后，江夏县的成灾等级也已评定出来，巡抚杨怿曾在九月廿四日的上奏中描述的情况为：

> 虽勘得江夏县被淹各里屯内三城等五里，地势稍高，续经补种，尚获薄收，不致成灾。惟北岸等一百三十里屯，地势低洼，未能一律涸复补种，情形较重，实已成灾七分。③

---

① 清代长江流域西南国际河流洪涝档案史料［M］//水利电力部水官司科技司、水利水电科学研究院（编）. 清代江河洪涝档案史料丛书. 北京：中华书局，1991：728-729.

② 清代长江流域西南国际河流洪涝档案史料［M］//水利电力部水官司科技司、水利水电科学研究院（编）. 清代江河洪涝档案史料丛书. 北京：中华书局，1991：734.

③ 清代长江流域西南国际河流洪涝档案史料［M］//水利电力部水官司科技司、水利水电科学研究院（编）. 清代江河洪涝档案史料丛书. 北京：中华书局，1991：734-735.

由此可知，江夏受灾最严重的地区在北岸的一百三十里屯，与县志中记载的县城西北部距离并不是很远。另外，按十月初一日的上谕所说，成灾五分及以下只照例赏给一月口粮，并不会进行加赈。而在杨怿曾的奏折中注明了江夏县成灾等级为七分，因此符合蠲缓和加赈所需的条件。经过评定，江夏县内"应征本年银米各蠲免四分"，江夏县北岸一百三十里屯则蠲免二分，且所有税务"一体缓征"，而且要求地方政府查明受灾房屋总数，然后"复给修费"。① 最后，在十月底，水势逐渐缓和，"江水日渐消落，秋汛已庆安澜"②，但相对应的赈灾工作还远远没有结束。

（二）江都县灾情概况

江都县位于江苏中部，隶扬州府，亦是附郭县。江都的地理位置则更为特殊，位于两大河流——长江与淮河之间，又是淮河的入江口，周围水系环绕，河流纵横交错。《江都县志》曾简略记载道光十一年（1831）洪灾的相关情形："（道光）十一年（1831）……五月大雨，江溢洲，民疫。"③ 江都这年夏季水灾的情况记载在时任两江总督陶澍于道光十一年（1831）六月初八日附奏的《江省被水大概情形折片》中：

> 再，本年五月以来，阴雨连绵……江水泛涨异常，汹涌东注。兼之二十七、八、九等日夜大雨如注，江潮陡涨，势若建瓴。江宁、上元、六合、江浦、仪征、江都等处，圩埂猝被淹漫，水深丈余不等。④

虽然五月中下旬以来的大雨逐渐停止，出现了一段短暂的晴天，"连日以来，天气晴明"⑤，但是最迟在六月十四日，江都以北的马棚湾突然发生了漫溢的情形，且在十八日，陶澍突然接到扬河厅奏报，江苏的水灾情形再度恶化——不仅"前报被水各地方，续又多有淹没，堤圩尽溃"⑥，同时洪泽湖和高邮湖水位猛涨，"高邮湖河漫马棚湾及十四堡，湖河连为一"⑦，"为从来未有之水"⑧。洪泽湖和高邮湖分别位于江苏北部和

① 中国第一历史档案馆（编）. 道光朝上谕档：第36册［M］. 桂林：广西师范大学出版社，2000：420-422.

② 清代长江流域西南国际河流洪涝档案史料［M］//水利电力部水官司科技司、水利水电科学研究院（编）. 清代江河洪涝档案史料丛书. 北京：中华书局，1991：719.

③ 光绪江都县续志·大事记第二［M］//中国地方志集成·江苏府县志. 南京：江苏古籍出版社，1991：18.

④ 陈蒲清（主编）. 陶澍全集：第2册·附奏江省被水大概情形折片［M］. 长沙：岳麓书社，2010：385-386.

⑤ 陈蒲清（主编）. 陶澍全集：第2册·续报沿江涨势添长湖河危急情形折子［M］. 长沙：岳麓书社，2010：393.

⑥ 陈蒲清（主编）. 陶澍全集：第2册·续报沿江涨势添长湖河危急情形折子［M］. 长沙：岳麓书社，2010：393.

⑦ 清史稿·河渠二［M］. 北京：中华书局，1977：3787.

⑧ 陈蒲清（主编）. 陶澍全集：第2册·续报沿江涨势添长湖河危急情形折子［M］. 长沙：岳麓书社，2010：393.

中部，其稳定与否将严重影响到下游地区的安危。① 这次洪泽湖的开坝泄洪首先是由于洪泽湖水位的上升，当地官员为了泄洪不得不开放仁、义、礼三河和智、信二坝，从而使得下游与其连接且"向无工程，地势稍高"的马棚湾漫溢，而十四堡"因水大风猛，人力难施，致有漫塌"，最终导致"下河被淹必多……运河迤西各境，早已寸土俱淹，老幼男妇，猬集堤身，极为危苦。"② 其中，江都县正好在下游，完全处在漫溢范围之内。时任江苏巡抚程祖洛在六月十四日的奏折中提及：

> 惟查江宁、上元、六合、江浦、仪征、江都各县境内，濒临江河处所，因上游江河涨发，山水又复下注，近水圩田禾苗尽淹。③

除此之外，在总督陶澍的奏折中也有所体现：

> 沿途所勘江水形势，圩田均已淹没，江水仍未消落，且有增长。所有上元、江宁、句容、高淳、江浦、六合、江都、仪征等县，沿江被水各处，一片汪洋，仅存屋脊树梢，荡漾于波涛万顷之中。……以目前情形而论，江淮并涨，湖河一片，险急异常。扬州一府最为吃重。④

面对如此重大的灾情，陶澍和程祖洛都认为这次的灾情，已经大大超出地方所能承受的赈济能力，因此他们在六月十八日一同向道光皇帝上奏"恳请抚恤"的奏折。从他们汇报的情况来看⑤，江都几乎全境都受到了水灾的侵袭，可见此次受灾范围之广。正如陶澍在历次上奏此次灾情的奏疏中所提到的那样，这次的灾情既是连日的大雨所造成的"江水泛涨"，同时也是上游马棚湾的突然漫溢所致。当然，最后经过地方官员的不懈努力，随着水势的平缓和马棚湾堤坝的最终合龙，江都的灾情也逐渐得到了解决。

（三）两县灾情对比分析

江夏与江都的受灾状况大致已如前文所述。为了看起来更加直观，笔者暂且把两县一些相关的地理要素和这年灾情的基本概况放在表1中进行简单对比：

---

① 曾任陶澍幕客的著名学者包世臣在其著作《闸河日记》中对洪泽湖和高邮湖的水文、水利及其沿岸城市的地理情况有过简单介绍："高邮之西堤外即为湖面，稍涨即与河通，盛涨则漫堤破饿，堤面与城墙略平，故高邮所畏者在高堰开坝。高家堰下为白马湖、氾光湖、宝应湖、高邮湖、邵伯湖，水落分五，涨则合一。……白马等湖，俱为下湖，以洪泽独为上湖也。……高邮既与湖平，故西门外有通湖桥，引湖入河，而于南门外十五里之中，设南关、五里、中坝、车逻四滚水坝咸湖涨入下河，引归于海。……昭关等五下坝，本与高堰之仁、义、礼、智、信五上坝相应，而下坝下之引河，年久湮废，一经启放，则七邑顿成巨浸。"包世臣同时还列举了从嘉庆七年（1802）到道光七年（1827）之间由于高邮湖水利荒废及地方官监管不力所造成的下游水灾，据此可知洪、高二湖对于江苏沿岸及下游地区汛期防洪的重要性。包世臣. 包世臣全集 [M]. 李星，点校. 合肥：黄山书社，1993：157-158.

② 陈蒲清（主编）. 陶澍全集：第2册·续报沿江涨势添长湖河危急情形折子 [M]. 长沙：岳麓书社，2010：394.

③ 清代长江流域西南国际河流洪涝档案史料 [M] //水利电力部水官司科技司、水利水电科学研究院（编）. 清代江河洪涝档案史料丛书. 北京：中华书局，1991：739.

④ 陈蒲清（主编）. 陶澍全集：第2册·查勘灾地水势暨续报被淹应行抚恤情形并将府州撤任另委办灾折子 [M]. 长沙：岳麓书社，2010：395-396.

⑤ 陈蒲清（主编）. 陶澍全集：第2册·沿江各属同时被水恳请抚恤折子 [M]. 长沙：岳麓书社，2010：386-389.

表1　江夏县与江都县相关地理情况和道光十一年（1831）灾情比较

环境及灾情 / 县名	江夏县	江都县
海拔	20—50 米	10 米以下
地理位置	汉江与长江交汇处附近	淮河与长江交汇处附近
地理特征	多湖泊	多河流
成灾等级	七分	六分以上
道光十一年（1831）灾情发生时间	六月初九	六月初八
道光十一年（1831）灾情结束时间	十月廿四日	九月廿一日
道光十一年（1831）赈灾时间段	六月廿三日至次年三月十九日	六月廿二日至次年二月十二日之后
道光十一年（1831）受灾主要原因	持续降雨＋河道堵塞	持续降雨＋上游马棚湾满溢
道光十一年（1831）赈灾救活人数	十余万人	全活甚众

　　资料来源：谭其骧《中国历史地图集》、《清代长江流域西南国际河流洪涝档案史料》、陈蒲清主编《陶澍全集》、光绪《江都县续志》、同治《江夏县志》、中国第一历史档案馆编《道光朝上谕档》等。

　　江夏与江都相隔五百多公里，前者在长江中游地区，后者在长江下游地区，但均靠近长江，并同样是在两条河流的交汇之处。就海拔而言，江都县由于处在长江下游的冲积平原，海拔更低一些，加上河流纵横，其遭受内涝的可能性更大。而江夏境内则有梁子湖、斧头湖、汤逊湖等大大小小一百三十多个湖泊。但由于明清时期湖区的不断萎缩，湖泊的调蓄功能不断被削弱，江夏遭受洪灾的概率明显加大。因此综合来看，两县虽然地理位置不同，地理特征也有差异，却都几乎连年遭受洪涝灾害，不是没有道理的。另外道光十一年（1831）恰好两地几乎同时受灾，正如陶澍所说"各省水发，同时并涨，长江千里，几与淮连，不独湖河涨满为然"①，卢坤也抱怨下游的灾害严重影响了长江中游地区的排涝，由此也可以一定程度上印证两地受灾的关联性。

　　受灾面积方面，由于数据缺乏，无法进行详细对比。但是在两地督抚奏疏中对灾情有一个成灾等级的描述，如上奏中对江夏境内灾情最严重的北岸十三屯的描述为"实已成灾七分"。而江都虽然没有明确指出成灾等级，但是同时列举的成灾州县均在六分以上：

---

　　①　陈蒲清（主编）. 陶澍全集：第 2 册·附马棚湾漫溢情形片 [M]. 长沙：岳麓书社，2010：396-397.

兹据该道、府，督同印委各员勘覆，核计：……江都……二十四州、县、厅、卫，被淹较重，成灾十分、九分、八分、七分、六分不等。①

不过，两地受灾有一个共同的原因，那便是自五月中下旬开始的连日不断的降雨，上文已有所提及，不仅时间很接近，而且连两地督抚第一次汇报灾情的时间也仅仅隔了一天，因此上表暂时把督抚汇报时间列为灾情发生时间，而结束时间以奏疏中出现水位下降及"安澜"等语为准。受灾不同的原因是，江夏由于上游地区的水土流失严重，河道堵塞不通，洪水难以散去；而江都则是由于上游马棚湾堤坝被冲毁，突然满溢，从而遭受了洪水的二次侵害，且这两次不同的受灾原因分别使得两地的灾情进一步扩大。从结束时间来看，江都的灾情结束时间要比江夏早一个多月，很有可能是下游水位下降后中游地区的洪水得以顺利下泄，而这也进一步证实了卢坤之前的猜想。另外有一点值得注意的是，虽然洪水逐渐退去，但是灾民的生活与安置并未立刻恢复，所以赈灾的时间与灾情发生和结束的时间并不完全一致，大多要延长将近半年，且大多以河堤竣工的奏报为结束，因此上表以此为赈灾最后结束的时间点。

总而言之，两地虽然地理特征不尽相同，但是很多不同的因素叠加起来，最终导致了道光十一年（1831）这年同时发生了重大的洪涝灾害。不过，虽受灾程度大体相似，但是地方官的赈灾行动在一定程度上也能影响灾情的大小。按理说，作为荒政文献的存世量已经十分丰富且流传于更为广泛的道光时期，地方官的赈灾行动自然离不开对过去救灾理论的继承，但地方官也必须要同时兼顾不同的时间、地点等实际情况而做出相应的调整。

二、江夏县与江都县的救灾举措

道光十一年（1831）江夏与江都的灾情概况与对比分析已经大致讨论完毕，但是不同的主体在赈灾过程中的应对更值得我们去深入探讨，尤其是州县官、督抚、道光皇帝与民间力量四者之间在灾荒下的决策部署与态度互动，事实上也引导着救荒工作的具体走向和实际效果。下面将会以这四个主体为中心来展开论述，尝试讨论四者在应对灾害过程中更多的历史细节。

（一）两地州县官的一线救灾与临场调整

在江夏，水灾发生后不久，县衙便正式提出办赈条例。条例共有八条：第一是查明户口，并核实受灾轻重，分别进行赈灾；第二是尽早设置赈灾期限；第三是应在乡镇村庄的附近地带设厂赈济，并对钱米的发放进行严格规定；第四是鼓励劝捐；第五是鼓励富户赈济贫户、富保赈济贫保，同时不得让胥吏处理私赈事宜，防止克扣勒索；第六是安辑流民；第七是严缉盗贼，重惩匪徒；第八是从《周官》中吸收"恤狱讼""宽用刑"等荒政的相关思想。

与此同时，江都多是由县衙来发布告示。如在抑制米价上涨方面，六月廿一日发布《江都县分别谕禁领批买米示》：

① 陈蒲清（主编）.陶澍全集：第 2 册·查明被水歉收各属吁请赈缓折子［M］.长沙：岳麓书社，2010：452.

毋许外来船只在境搬运米麦出境。该商牙将务市卖价值公平，余巢不许任
意抬价居奇，有害民食。倘有不遵，许该地保查明指实，禀县以凭拿究，从重
详办。如守口兵保庇徇隐，一经访闻，或被告发，一并究治。[①]

这一批示正是对那些不良米商在灾害发生之后大肆购买米麦以囤货居奇的行为的处
置。可以说，这一批示起到了相当重要的作用，江都内不仅米麦充足，甚至还有赈济省
城的余额，这在六月廿九日江宁布政使司给袁玉成的采买执照上可见一斑：

兹据江都县商民袁玉成自搞资本，赴江都产地买米麦豆谷，约一百九十
石，赴司呈请给照，前来合行颁给执照。……沿途经过关津隘口，验明，免收
米税，并免船料，迅速放行。[②]

当然，江都县衙依旧鼓励米商积极向本县调运粮食，一方面是进一步抑制米价，另
一方面也是希望进一步做粮食储备，这极有可能与当地的预备仓赈灾作用功能减弱有极
大关系。除上文提到的鼓励袁玉成从外地购米外，县衙还积极响应督抚的赈灾建议，免
去所有将运往江都县灾区的米麦的税收，"其饼豆、糯稻、酒米杂粮，均照例收税。所
有运往灾地米麦二项过关，给票免税。持票赴被灾地方，官验盖印信，回空缴关销号，
以杜绕越、偷运之弊"，如果不是运往灾区，则依旧按例纳税，但不得"藉端阻挠"，一
旦发现有不运往灾区的米商想趁机偷税，则口岸衙役需要"禀县详办"[③]。

江夏的办赈条例集中体现了地方官员在赈灾时的主要思想，但是在具体运用过程
中，却会因为种种情形需要变通处置。新任负责办理江夏县赈务的周存义正是为此做出
了部分变革的尝试。周存义于道光十一年（1831）七月由黄州府通判任上到江夏办理赈
务。在他到来之前，江夏知县庞大奎已经"搭盖棚厂，散给粥米"[④]。周存义主要负责
亲历县境各个地区，区别应赈与不应赈的人群。虽然周存义在道光十二年（1832）正月
离开江夏"随军节营"，但是他在任期间事事尽善，后来还将其赈灾举措与其后继任者
的赈灾举措一起编写成《江邑救荒笔记》以为之后的赈灾活动提供参考。

首先，按照赈灾时间的先后，周存义将赈灾过程分为急赈、查勘、加赈抚恤三部
分，其次在这三部分之中，主要以开仓、煮粥、弥盗、安辑、施物、捐输为内容进行。
在急赈期间，周存义首先雇下了二百余艘小船，"分派亲信家丁资送干粮，以谋拯
救"[⑤]，然后雇佣大船九十艘，用来拯救被困灾民，并设法安置。在查勘期间，周存义
区别应赈不应赈人群，并将灾民等级分为次贫和极贫两类，分别对应应抚应赈、应加

① 蔡泽亚. 地方灾赈与家族变迁——以道光十一年淮扬大水与江都县大桥镇徐氏为中心［D］. 厦门：厦门大学，2010：24.

② 蔡泽亚. 地方灾赈与家族变迁——以道光十一年淮扬大水与江都县大桥镇徐氏为中心［D］. 厦门：厦门大学，2010：30.

③ 蔡泽亚. 地方灾赈与家族变迁——以道光十一年淮扬大水与江都县大桥镇徐氏为中心［D］. 厦门：厦门大学，2010：25.

④ 周存义. 江邑救荒笔记［M］//李文海，夏明方（主编）. 中国荒政全书：第二辑·第四卷. 北京：北京古籍出版社，2004：561.

⑤ 周存义. 江邑救荒笔记［M］//李文海，夏明方（主编）. 中国荒政全书：第二辑·第四卷. 北京：北京古籍出版社，2004：563.

赈。为防止有胥吏以及地保冒捏索诈，周存义亲力亲为，"不假手胥役"，并与廉干委员和公正的乡绅一起下乡查勘。在加赈抚恤期间，周存义将道光皇帝下旨抚恤的一月口粮按足时价兑换成钱文，在四大汛口（鲇鱼、浒黄、金口、山坡）共设八厂来发给次贫和极贫的灾民。同时，又加赈极贫灾民两月口粮，次贫灾民一月口粮，并依旨缓征灾民今年的钱粮。

除此之外，周存义还着重提到了煮粥的事宜。煮粥所用的米食多来自当地富户捐输的钱粮，而煮粥事宜则全权交给公正的乡绅办理。除设厂煮粥之外，周存义还使用了"担粥之法"，即每天早晨分挑白米给郊外不能行走的灾民做口粮。对设立的粥厂位置，周存义也做了详细考虑，即"以厂就民，凡集镇大村皆可设厂"①。从道光十一年（1831）九月初十日到次年的三月廿九日，近七个月的粥赈共全活数十万人，这离不开周存义的正确决策。

在安辑流民方面，周存义提出了"留养之法"，即大县收养流民一千人，小县收养流民五百人，在城外寺院搭盖棚席进行安置。这项举措得到了卢坤的肯定，并饬令各县按照留养之法安辑流民。虽然此时江都县也面临着流民的问题，但是江都依旧严格按照道光皇帝和上司督抚的指示，"令其暂为栖止，计口给赈"，同时尽可能发给路费将他们遣送回乡，以免灾民流离失所，错过受赈的机会，也可使临境"不致无端受累"②。在弥盗方面，周存义选派能干的丁役把守各隘口，对借灾情闹事、阻碍赈务的棍徒窃匪进行严厉打击，使得"宵小莫不敛迹，地方极为安堵"③。江都则在七月十四日发布《江都县严禁阻截滋扰示》，严厉打击大桥镇不法棍徒"藉灾滋扰，为害闾阎"的行为。

在施物方面，官府主要进行施棺、施药和施棉衣的工作。在捐输方面，地方官员以身作则，捐出自己的养廉银赈济灾民，如巡抚杨怿曾"捐廉二千两，自司道以下各有捐施"④。当然，周存义还记录了一些区别灾民的办法、粥厂设置的条例等，限于篇幅，此处不再展开。

综上来看，在州县的层面上，江夏由于有周存义的领导，其主张更为具体，调整也更为实际，而江都县更多的是按照督抚的指令严格采取平粜、劝谕等措施赈灾。两县虽然都同样面对了米价上涨、盗贼频发、流民安置等灾后的社会问题，但是也有不同的应对措施。如施粥方面，江夏主要为官府主导，而江都则很少提及官方煮赈事宜；江夏的赈灾措施更为全面而具体，江都则主要集中在粮食的供应方面。这极有可能是由于江都的水系更为发达，不断有船只驶过县境，因此加强粮食管理也在情理之中。总体而言，江夏更像是赈灾，而江都则偏向管理，这在一定程度上与官方和民间在救灾过程中的力量对比有一定关系。

---

① 周存义. 江邑救荒笔记［M］//李文海，夏明方（主编）. 中国荒政全书：第二辑·第四卷. 北京：北京古籍出版社，2004：573.

② 中国第一历史档案馆（编）. 道光十一年苏皖赈灾史料选：上·著被灾各省督抚妥善安置流民并著户部严杜赃款报销弊端上谕［M］//历史档案. 1997（3）：28.

③ 周存义. 江邑救荒笔记［M］//李文海，夏明方（主编）. 中国荒政全书：第二辑·第四卷. 北京：北京古籍出版社，2004：578.

④ 杨怿曾. 杨介坪先生自叙年谱［M］. 清道光间六安杨氏刻本，1821：95.

（二）两地督抚的章程制定与灾情奏报

湖广总督卢坤在接到灾情之后，首先做的是命令地方散给钱粮，加紧抚恤，"酌动司库地丁银……妥为散放"①。相较而言，两江总督陶澍首次考虑的赈灾措施更多。他将江苏省各地的灾情如实上报之后，先简单总结了各地的应急救灾举措，如"照例先行给予抚恤一月口粮……即由司库地丁项内酌发银两，委员赉往各处，随查随放，赶紧办理，妥为安抚"。然后附上需要朝廷帮忙调动或批准的救灾举措：首先是解决粮食问题，他一方面恳请道光皇帝将江都等九县"先行抚恤一月折色口粮，以应急需"②。另一方面在全国范围内购买粮食，"请旨酌借藩库银两，先赴河南地方，采买米麦七八万石"，同时"仍一面委员赴川、湖两处，酌量采买米十数万石，续后运回，以备冬春接济"。如果仍然不够，陶澍还计划从东北调粮，只是不再借助官府，而是依靠民间船户，"又上海船户，向赴关东交易，岁以为常，往来较便。亦即发银交领，购买米豆，酌数给票，随时咨会奉天办理"，甚至在万不得已之时动用兵米。③ 其次，陶澍向道光皇帝建议，所有运往江省灾区的米船照例免除纳税，这样不仅能加快官船的往来速度，同时也可以使得民间商贩的米船争相前往灾区，大大提高救灾效率。最后，在粮食运回后，立即"分路平粜"，等到"米多价平"，便"照常征税，归还库款"。

卢坤则向道光皇帝建议先动用常平仓的粮食进行减价平粜，然后按照成例，对途径灾区的邻省米船免税并给予印票，用这些粮食赈济灾民，同时也可起到降低粮食价格的作用。这样便可做到双管齐下，解决短期内粮食短缺的问题。由此可见，陶澍和卢坤都提到对过往的米船实行免税的方案，以此来缓解灾区的粮食压力，而这一方案正来源于道光元年（1821）被旱、三年（1823）被水时期实行的免税政策。

奖惩官吏是卢坤用来稳定人心所采取的重要举措。在赈灾的过程中，许多官吏尽心尽职，积极赈灾。如九月廿二日上谕交部引见多次惩处盗犯、维护稳定的黄州府通判周存义，十月廿四日上谕奖励新修堤岸出工最多的湖北公安县知县焦家麟、江陵县知县陶洽和平民李煦。但也有官吏赈灾不力，怠忽职守。如布政使额腾伊，办灾迟缓，在查勘受灾各县的命令下达十五天之后才启程，最后禀报督抚时只汇报了汉阳等三个州县的受灾情况。卢坤上奏皇帝禀明情况，因此道光皇帝在七月廿三日的上谕中将额腾伊降为江苏按察使，而原江苏按察使衍庆升任湖北布政使。除此之外，蒲圻县知县丁周因杨林湖新堤被洪水冲垮，被道光皇帝"摘去顶戴"；湖南省龙阳县知县刘国彬因赈济灾民不力被革职；湖北兴国营守备徐伟烈、云骑尉李殿扬因缉捕私盐不力也被革职。

在奖惩官吏这一点上，陶澍与卢坤采取的方式是一模一样的。对于表现良好的官员，陶澍请求皇帝给予奖励，如对河库道李湘莛、徐州道余霈元、常镇道张岳崧、护淮海道王廷彦、淮徐游击封绍"交部议叙"，桃北同知窦汝钧"赏加知府衔"，宿南通判沈镐、外北通判祝豫、高家堰通判黄宗保、扬粮通判陈□天、署铜山县知县王文炳"赏加

---

① 清代长江流域西南国际河流洪涝档案史料［M］//水利电力部水官司科技司、水利水电科学研究院（编）. 清代江河洪涝档案史料丛书. 北京：中华书局，1991：731.
② 陈蒲清（主编）. 陶澍全集：第2册·沿江各属同时被水恳请抚恤折子［M］. 长沙：岳麓书社，2010：388.
③ 陈蒲清（主编）. 陶澍全集：第2册·附请援照成案拨银采买米石运至灾区售卖并商贩米船请免纳税折片［M］. 长沙：岳麓书社，2010：389-390.

同知衔"，山盱营守备蔡天禄"加部司衔"，署盱眙县知县候补知县王焯"尽先补用"等等。随后陶澍在两个月后河道工程完竣时也上奏奖励了出力最多的官员。但是对于表现不佳的官员，陶澍也绝不手软，时任扬州知府恩龄办灾不力即被陶澍奏请撤任，由镇江府知府王青莲"调署扬州府篆务"①，道光皇帝认为"所办亦是"②。另外马棚湾漫溢事件的失察人员也被处理，如署扬河厅通判、清河县知县张心渊、扬河营守备王拱寿均革职并留工效力，前署高邮州知州光谦"交部议处"，永安汛千总李明岚革职，护淮扬道外南同知王贻象、河营参将张兆、河营游击薛朝英"照例议处"。虽然一个多月以后由于人手紧缺，部分革职的官员被暂缓处理，但是这也体现了陶澍惩处官员雷厉风行的特点。

同时，卢坤和陶澍也采取了加固河堤的举措。十月廿四日，卢坤上奏请求朝廷向湖北地区派遣一位熟悉水利的干员，协助处理水利等相关事宜。道光皇帝调赴了陶澍的幕员、原署两淮运司王凤生前往协助。在水灾发生半年之后的十二月二十七日，卢坤在奏折中提及了江夏的堤岸修建进度：

> 据武昌府知府……督同署江夏县知县……勘得荞麦湾月堤一道，计长一千二百八十丈五尺。又接连老堤十四段，长五千零一丈，其冲溃残缺之处，除补还外一律加高二尺……又据汉阳府知府……江夏县知县……汉川县知县……勘得襄河南北两岸，彭公、裙带、香花、姚光、麻埠、江西、太安、（柴）子、谢家九垸堤塍，……③

但是这次堤岸修得并不牢固，尤其是在之后的道光十二年（1832）、十三年（1833）江夏再次发生了水灾并冲垮了新修的堤岸，王凤生也因此引咎辞职，归还乡里。而江苏在马棚湾漫溢之后也进行了修筑堤坝的工作。陶澍详细查明了马棚湾的漫口情形，分析了相关原因并追责了失察官吏：

> 臣查河堤之有闸坝，原以借资蓄洪。一遇水患，则坝上之民惟恐保守之过坚，诅怨时形；坝下之民，又虞启放之太早，拼命阻挠，往往归咎于官。而地方官与河员又复互相推诿，实为恶习，必应整饬。④

由此可见，马棚湾其实很大程度上是由人祸导致的，百姓之间由于利益不同影响决策、地方官员相互推诿责任，均是这场灾害发生的重要原因。之后，陶澍带领大量官员，昼夜施工，冒险抢修，终于在十二月十二日成功将堤坝合龙，解决了漫溢的难题。

与卢坤不同的是，陶澍更倾向于用发告示的形式去开展赈灾工作。在江苏受灾期间，他一共向全省发了三个告示。在第一个告示中，陶澍突出救灾的紧迫性，因此"不

---

① 陈蒲清（主编）. 陶澍全集：第2册·查勘灾地水势暨续报被淹应行抚恤情形并将府州撤任另委办灾折子 [M]. 长沙：岳麓书社，2010：396.

② 中国第一历史档案馆（编）. 道光朝上谕档：第36册 [M]. 桂林：广西师范大学出版社，2000：291.

③ 清代长江流域西南国际河流洪涝档案史料 [M] //水利电力部水官司科技司、水利水电科学研究院（编）. 清代江河洪涝档案史料丛书. 北京：中华书局，1991：737.

④ 陈蒲清（主编）. 陶澍全集：第2册·确查马棚湾迤南等处漫口情形折子 [M]. 长沙：岳麓书社，2010：416.

得不借资群力，共相凑助，以期推广皇仁，益宏赒济。……务各慷慨输将，或捐助银钱，或赒施米谷，或买米减粜，或折给口粮，悉听举行，务归实济"①。当然，愿意捐资赈灾的人也会有一定的奖励，即"事竣之后，由各董事将捐施数目报明地方官，转报本部堂查核银数，自当分别恳请旌奖"②。在第二个告示中，陶澍强调需要商贩、行户的米麦来急赈，并提醒他们注意沿路匪徒"藉灾索诈，截阻留难，勒掯短价"③。在第三个告示中，陶澍严厉谴责了一些匪徒猖狂违法的行为，提醒灾民注意安全，切不可同流合污。如果"藉灾滋扰，为害地方，为害商旅，并且贻害灾民"，那么必当"照例知罪"，"定当请旨，即行正法，绝不饶恕"④。事后证明，陶澍的三个告示起到了十分显著的效果，尤其对灾民的安全安置起到了关键的作用。

不仅如此，陶澍还积极为兵丁借支饷银。灾情发生之后，地方上驻扎的军队也受到了影响。由于米价上涨，各处兵营兵丁的月饷已经无法支付。因此陶澍建议江宁城各营"照道光三年（1823）成案，每兵皆给米价银二两"，从第二年三月开始用十个月扣还；狼山营则"照道光六年（1826）、十年（1830）成案，每兵借给两月饷银"，从第二年春季开始，分六个季度扣还；青山营则每兵、每舵手各借银三两，以示体恤。除此之外，江宁八旗各营也应照道光三年（1823）和四年（1824）的成例借给两月米折银两，溧阳营每名兵丁也借支米价银二两，均用十个月来还，此旗营和绿营的供给从司库地丁银里发放。道光皇帝也都同意了这些建议。

当然，办赈章程在救灾过程中还是必不可少的。到了八月份，距离灾害发生已经过去了两个月的时间，各灾区水位虽然已经下降了四到六尺左右，但是并未完全消退。此时大家都认为需要考虑的是长期的赈灾方案。因此在林则徐八月初六日抵达江苏省城江宁之后，陶澍便立刻与他以及江苏巡抚程祖洛、江苏布政使梁章钜、盐巡道葆谦商议最终的救灾章程，最终形成了"陈明救灾措施十二条事"⑤，并在八月廿六日上报给了道光皇帝。这十二条章程分别是：第一，"倡率劝捐以赒贫民也"；第二，"资送流民以免羁留也"；第三，"收养老病以免流徙也"；第四，"劝收幼孩，以免遗弃"；第五，"劝谕业户以养佃农也"；第六，"殓瘗尸棺以免暴露也"；第七，"多设粜厂以平市价也"；第八，"变通煮赈以资熟食也"；第九，"捐给絮袄以御冬寒也"；第十，"劝施子种以备种植也"；第十一，"禁止烧锅以裕谷食也"；第十二，"收牧牛只以备春耕也"。

在这十二条章程中，劝谕的部分占了五条，分别是第一、四、五、十、十二条，官府主导的部分占了五条，分别是第二、三、八、九、十一，二者皆有的占了两条，分别是第六、七条。可以说这十二条章程既是赈灾形式精细化、多样化的体现，也是官方赈济与民间自赈结合的典范。一个多月之后，鉴于十二条章程在实施过程中出现的一些问题，林则徐又在此基础上提出了十条新章程，并附在十月初九日程祖洛递送给道光皇帝

① 陈蒲清（主编）.陶澍全集：第6册·沿江被水成灾劝捐告示一 [M].长沙：岳麓书社，2010：316.
② 陈蒲清（主编）.陶澍全集：第2册·沿江被水成灾劝捐告示一 [M].长沙：岳麓书社，2010：316.
③ 陈蒲清（主编）.陶澍全集：第2册·沿江被水成灾劝捐告示二 [M].长沙：岳麓书社，2010：317.
④ 陈蒲清（主编）.陶澍全集：第2册·沿江被水成灾劝捐告示三 [M].长沙：岳麓书社，2010：317-318.
⑤ 中国第一历史档案馆（编）.道光十一年苏皖赈灾史料选：上·两江总督陶澍等为陈明救灾措施十二条事奏折 [M]//历史档案.1997（3）：32-34.

的奏折中：

第一，报销查赈官吏的开支；第二，改革各衙门的陋规；第三，责令查赈官吏严加约束书役、地保；第四，印官和临时差委的官员应当互相稽查；第五，详细区分受赈的灾民；第六，严惩闹赈；第七，对外地流落于此的灾民给予一定的资助；第八，对流落在外的灾民回来领赈的行为要及时登记和限制；第九，地方官应选择银钱兑换利率较高的地区进行兑换；第十，禁止随同查赈官吏下乡的随从人员索要赏赈票，如被发现应当给予严惩。

显而易见，与陶澍十二条章程不同之处在于，这十条章程更倾向于是对查赈官吏以及地方官提出的严格要求，而且十二条章程像是对多年赈灾经验的继承，十条章程则更有针对过去赈灾过程中存在的问题进行解决的倾向。我们可以预见到，在两条章程发布之间的一个月内甚至更早时候，地方官以及基层官吏在办赈过程中必然存在着贪污、克扣或者不作为的问题，甚至是部分灾民也会有冒赈、骗赈的不良行为，这样的情况肯定不止江苏一地，全国范围内也普遍存在着。林则徐在吸取了过往的经验教训之后，针对以上问题修订章程，约束不法行为，净化查赈风气，使得查赈工作能够最大限度地实施，足可见其卓越的治理能力。因此，在其仅仅上任三个多月后的十一月初五日，林则徐就被简放为河东河道总督，全力负责苏北地区的赈务和水利工作，这也正是道光皇帝对其工作能力的重要肯定。

综上来看，卢坤和杨怿曾在湖北的赈灾工作只能算中规中矩，因此成效并不显著。而陶澍、程祖洛和林则徐在江苏的赈灾工作中则考虑了多方面因素，既有完整的对灾民安置的章程，又有对兵丁的抚恤，而且堤坝修得也较为牢固，总体而言较为出色。

（三）道光皇帝的布局指挥与情报掌控

作为当时最高的统治者，道光皇帝同时掌握着两地最为丰富的信息。但是从其与地方督抚乃至其他官员互相之间的通信来看，他对江南地区的灾情更为重视一些。据不完全统计，在赈灾的同一时间段内，道光皇帝发布的与江苏地区灾情相关的上谕有将近七十条，与湖北地区灾情相关的上谕只有二十五条左右，两者相差将近三倍。当然，江苏地区有更多的官员接到了道光皇帝的上谕（除两江总督陶澍、江苏巡抚程祖洛外，还有江南河道总督张井，以及朝廷派去江南地区查赈的左都御史白镕、工部尚书朱士彦、穆彰阿等人），而湖北地区则只有湖广总督卢坤与湖北巡抚杨怿曾接到过上谕，因此数字悬殊如此之大也在情理之中。从上谕内容来看，道光皇帝发湖北地区的上谕大多为赈灾的常规内容，如蠲免赋税、赈济口粮、查明户口、奖惩官员、开仓平粜等等，而且大多是由督抚提出来之后，道光皇帝同意其所提意见从而批准施行。上谕的格式都相差无几，都是皇帝先批准或反对督抚奏议，然后再由皇帝向督抚指派任务。这是皇帝掌握灾情的第一条信息渠道。但是在江苏地区，道光皇帝则拥有第二条信息渠道，他认为"江南河务灾赈事宜关系紧要"，因此在七月廿九日特命工部尚书穆彰阿、朱士彦驰往江南查办赈务①。这些朝廷派去的官员主要处理的还有一些地方上的具体案件，如江苏沛县平民唐儒恂指控户书刘步洲、仕维诚冒报灾民数目并侵用赈钱的案件，就由当时的左都

---

① 清史稿·宣宗本纪二 [M]. 北京：中华书局，1977：652.

御史白镕去负责查办，并随时跟踪案情进展：

> 道光十一年（1831）八月十六日奉旨：此案著交穆彰阿、朱士彦、白镕亲提人证、卷宗，秉公严讯，按律定拟具奏。原告唐儒恂，该部照例解往备质。钦此。①

除了负责一些具体事件之外，穆、朱、白三人最重要的任务还是负责监督地方官的赈灾进展，连督抚也在监督范围之内。如七月十九日，道光皇帝以不知灾情处置如何为由，令刚刚由江苏学政升为都察院左都御史的白镕沿途留心查访途经的灾区情况，并给予白镕直接参奏之权：

> 如该督抚有办理未能周妥之处，即将该督抚参奏，地方官有不实心查勘或从中侵蚀者，即行指明严参。倘有胥吏营私舞弊，虚冒克扣，以致实惠不能及民，并著据实奏明，以便从严惩办。②

随后穆、朱、白三人多次向道光皇帝上奏相关情形，如九月初五日道光皇帝接到三人对河库道沈淳彝、宿南通判范玉琨的评语："言语虚浮，难望其实心任事……声明本属平常，恐于皇帝公事无裨"，因此道光皇帝命令陶澍对沈、范二人严加惩处。再如九月十四日的上谕中，道光皇帝根据朱士彦的汇报向地方官分派工作任务：

> 据朱士彦等奏：淮扬两府并州县各官多系调署，于地方情形未能熟悉，官兵与民亦不相习，该尚书等无从访问。大赈在□，恐有办理不妥之处。所关匪细，著陶澍传谕江宁布政司林则徐、常镇通海道张岳崧，饬令总司江北赈抚事宜，即行亲往各灾区周历履勘，体察情形，酌量办理。地方官有不实心勘办或从中侵蚀者，即行指名严参，其吏胥人等，查有营私舞弊，虚冒克扣，以致实惠不能及民，并著据实奏明，从严惩办。倘意存徇隐，不行具奏，别经发觉，惟林则徐、张岳崧是问。
>
> 其高邮马棚湾一带，据朱士彦奏：灾民搭棚居住，挑土趁工，以资糊口。惟其中老幼妇女不能工作，环绕求赈。著林则徐等即饬该地方官作速查勘给赈，毋使一夫失所至。
>
> 白镕奏：行至高邮，有兴化灾民迎递呈词五纸，委员讯问，供词闪烁。……该左都御史已面饬扬州府王青莲带回严讯。著该督即饬林则徐等言切根究，将唆使之书差同伙人等一并按律惩治，以杜弊端。……
>
> 将此谕知陶澍并传谕林则徐、张岳崧知之。钦此。③

从这份上谕中我们可以很清楚地看到，道光皇帝通过朱、白两位特派大臣对灾情的汇报来对地方督抚指派任务，然后再一层一层地施行命令，形成了一套完整的信息网络。在这套网络中，道光皇帝将自己放在了中心的位置，他不仅可以发号施令，统筹大局，还可以通过特派官员对地方督抚的工作进行实时监督，并得到一些督抚容易忽视掉

---

① 中国第一历史档案馆（编）. 道光朝上谕档：第 36 册 [M]. 桂林：广西师范大学出版社，2000：358.
② 清宣宗实录·道光十一年七月下 [M]. 北京：中华书局，1986：1043-1044.
③ 中国第一历史档案馆（编）. 道光朝上谕档：第 36 册 [M]. 桂林：广西师范大学出版社，2000：398.

的灾情细节。之后朱士彦、白镕等人连续两次向道光皇帝汇报灾赈情形也是同样的道理。除他们三人之外，七月初三日从河南布政使转为江宁布政使的林则徐也被给予越级上报灾情的权力。如林则徐在八月初七日的奏疏中向道光皇帝汇报河堤的修复情况，"十四堡已觉平缓，易于堵合"，而马棚湾的情况较为复杂，林则徐收集了部分舆论，认为应该先堵西岸，而东岸较为省事；他还汇报沿途灾民的安置情况，"多有灾民于沿堤搭棚栖止，亦有乘坐小舟逃荒外出者……姑先就地安顿"①。道光皇帝在接到林则徐的奏疏后，在八月二十三日连续两次通过军机处廷寄向陶澍传达旨意，第一份旨意是关于马棚湾大堤如何修筑的问题，道光皇帝将林则徐的建议告知陶澍，让他查明情况后拿出具体解决办法；第二份旨意是关于灾民安置问题，道光皇帝询问陶澍林则徐奏折中逃荒的灾民的相关问题，如其"所办抚恤是否一律散放""灾民等系于何处支领""如何设法遣回令各归乡土就食"② 等，让陶、程、林三人迅速拿出解决方案并及时汇报。

除以上两条信息渠道之外，道光皇帝还会通过中央给事中和地方监察御史官员的上奏来给地方督抚的赈灾工作提供建议，如八月廿八日江南道监察御史裴元俊根据自己的所见所闻所思，上《为请除赈务积弊并筹民食事》一折，并提出了"户口宜核实清查""赈币藩司宜按实数给发""严禁给赈需索使费""请酌留豫东两省豆麦以资接济"四点建议，道光皇帝第二天就转发给受灾各省的督抚参照，"著各该督抚各于所属体察情形，将所奏各条查明是否可行，酌量办理"③。除裴元俊外，工科掌印给事中邵正笏也曾上两道奏折，道光皇帝同样将其立刻转发各省督抚查阅，对实际的办赈工作均有很大的参考价值。

（四）民间力量的自发救济与地区差异

赈灾方式从救灾主体来分，有官赈和民赈两种形式。官赈具有规模大、赈济时间长的优点，却有迟缓失时的缺点；民赈也叫自赈、义赈，具有赈灾及时、迅速的优点，但是规模小、赈济时间短也是不可避免的缺点。就江夏与江都来说，官赈与民赈两种形式都有存在。在官府救济的同时，民间力量所进行的自赈也在赈灾活动中起到了至关重要的作用。其中，江都大桥镇的民间自赈行为就很具有代表性。

大桥镇位于江都县城东南，距离县城大约二十多公里，跨白塔河东西岸，是江都县的大镇之一，经济也较为发达，曾一度有"小扬州"之称。大桥镇在道光十一年（1831）的水灾中也受灾严重，"大桥西南数十里村落悉没于水"④，"田稼尽没，饥民盈野"⑤。在陶澍第一份奏折发出去八天之后（六月十六日），大桥镇的乡绅徐亮、袁国璜

---

① 林则徐全集编辑委员会（编）. 林则徐全集：第1册·接任江宁藩司日期并陈沿途灾情折［M］. 福州：海峡文艺出版社，2002：44.

② 中国第一历史档案馆（编）. 道光朝上谕档：第36册［M］. 桂林：广西师范大学出版社，2000：368.

③ 中国第一历史档案馆（编）. 道光十一年苏皖赈灾史料选：上·著苏皖赣湘鄂各督抚将御史裴元俊所奏赈务积弊认真体察查办上谕［M］//历史档案. 1997（3）：35.

④ 民国江都县续志·列传第七下［M］//中国地方志集成·江苏府县志. 南京：江苏古籍出版社，1991：757.

⑤ 光绪江都县续志·列传第六［M］//中国地方志集成·江苏府县志. 南京：江苏古籍出版社，1991：302.

等发布《带桥捐局同人公启》①，率先设局公捐，并号召乡绅一起捐资救灾。由于当时其他乡镇仍在等待官府救济，大桥镇乡绅的"设局公捐"行为，成为各个乡镇自发组织救灾的楷模和风向标，"遂为一邑倡"②。这里的设局公捐正是陶澍在十二条章程里第一条所提出的不由地方官吏经手而由地方乡董负责劝捐的形式，然后利用这些捐款举行"义赈"，或设厂煮赈，或按口给钱，或买米散放，等等。在捐资救灾的乡绅中，经营万和油麻店的徐亮率先捐钱一千五百缗，其后米商袁国璜也捐出一千五百缗，谢元礼则捐出千金，由此"镇人感之，踊跃施舍"③，很快全镇筹集到的资金就已经达到万元以上。大桥镇的乡绅们不仅捐款，还通过其他形式来赈灾，如六月十八日，徐亮、袁玉成（袁国璜之子）、周陆兴、谢德丰四人便联名张贴《给散麦饼小启》，通过制作面饼来救济灾民。据《江都县劝捐示》④，他们要求各大粮行紧急调运小麦、面粉，并动员全镇二十余家烧饼店和茶食店全力以赴，日夜加班加点赶制面饼，"每日先备面饼十余石，约计饼两万有余个，每口面饼四枚"，然后徐亮亲自驾小船分发给灾民，"以舟载饼饵分饷之"，如果路途较远，便交给各村庄老成持重的人分发下去，并保证公平公正，"更望同镇诸公，共体患难相助之意，以补我等力薄不周之处"。在徐亮等人的努力下，大桥镇的灾民得以"全活甚众"，并且对这些及时赈灾的乡绅感恩戴德，"镇人戴其德，至今不衰"⑤。除徐亮外，另一米商袁玉成则在七月十四日从外部运粮来赈济家乡灾民，"境内被淹较重，尽藏漂淌，秋收无望，以致乏米济食，迫不可待，商等挟资外出采买，运回接济"，只是担心沿途被土匪恶棍抢劫，因此向县里申请给予一定保护。江都县衙也满足了他的要求，批复"路过关津隘口，验批放行，如有不法棍徒藉端扰阻，并纠众扒窃情事，许赴经过地方具禀，照例究办"，但同时也要求袁玉成"不得越贩外境"，尽可能提升救灾效率。

从江都县衙与袁玉成的互动可知，地方政府希望借助乡绅的力量来赈济灾民，从而提高赈灾效率，同时也减轻政府的赈灾压力。在乡绅们发布《带桥捐局同人公启》六天之后，时任江都知县郑祖经向全县发出《江都县劝捐示》，鼓励"郡城乡绅商士庶铺户人等，务各眷怀桑梓，共敦化恤之风，亟拯溺饥之苦，出有余以瞻不足，行大惠而兆藩。倡力劝输，趋善踊跃，互相奖披，弗稍推诿"，并答应等灾情过去之后，"自当分别多寡，详情恩奖"⑥。在劝捐示发出之后，各地士绅纷纷响应号召，用自己的力量去救济灾民。如嘶马镇的王步瀛"尽出仓庚积粟散之，全活甚众"；施家桥刘绍义"散麦于

---

① 蔡泽亚. 地方灾赈与家族变迁——以道光十一年淮扬大水与江都县大桥镇徐氏为中心 [D]. 厦门：厦门大学，2010：29.

② 徐榕. 辛卯水灾歌行赠访陶别驾 [M] // 蔡泽亚. 地方灾赈与家族变迁——以道光十一年淮扬大水与江都县大桥镇徐氏为中心 [D]. 厦门大学，2010：29.

③ 民国江都县续志·列传第七下 [M] //中国地方志集成·江苏府县志. 南京：江苏古籍出版社，1991：757.

④ 蔡泽亚. 地方灾赈与家族变迁——以道光十一年淮扬大水与江都县大桥镇徐氏为中心 [D]. 厦门大学，2010：29-30.

⑤ 光绪江都县续志·列传第六 [M] //中国地方志集成·江苏府县志. 南京：江苏古籍出版社，1991：303.

⑥ 蔡泽亚. 地方灾赈与家族变迁——以道光十一年淮扬大水与江都县大桥镇徐氏为中心 [D]. 厦门大学，2010：29.

乡里，以赈饿者，又尝督筑施家桥以南数十里堤岸，居民赖之"，张明燿则"施棺木、置义冢、给棉衣"；塘头村于迁春"置义冢数十亩，遇水旱偏灾竭力输赈"；虹桥乡刘允中则制中药救治疫情；等等。① 一时间整个江都县都投入自赈的运动上来，"乡镇义赈可谓一时之盛"。灾民得到了及时的赈济和妥善安置，乡绅们则获得了官府的奖励，树立了声望。如徐亮、谢元礼在县志中便被单独列传并详细介绍了他们的赈灾事迹，甚至得到了督抚"上事于朝"的待遇，而徐亮的家族则趁此机遇发展壮大，进而整合家族，进一步介入地方公共事务，逐渐成为地方公共权力架构的有机组成。② 总而言之，江都地方官与地方乡绅共同投入此次的赈灾活动中，使得灾民得到了及时而且充分的赈济，地方官在赈灾之后得到了政绩，而地方乡绅则建立了声望，归根结底是一场三方共赢的局面，可谓是官民合作的重要典范。

相较而言，在民间力量积极参与赈灾方面，江夏的表现远不如江都。虽然在卢坤的上疏中有"江夏、汉阳二县绅商捐资尚属充裕，可以展办至来春二月，无庸另筹协济"③ 之语，但是在当地的县志中，只记载了一个世代义赈的家族：

> 张应渭，字特清，乐施予，邻里族党皆恃为缓急，每年家出谷千余石，照时值减价百文，又于里中修庙建桥，计捐银数千两，乾隆五十年倡建宗祠，遇纷难排解，辄自出赀，寝事不计偿。子德夏、德周亦善体父志，道光辛卯大水，捐谷百余石赈济，家族咸赖之。④

这是县志中记载的唯一一个在这次灾害中实施义赈的家族，从中我们可以得知这个家族是当地的大户，且至少从乾隆年间开始就有义赈的传统，张德夏、张德周兄弟二人继承父亲张应渭的义举，在道光十一年（1831）的水灾中捐出百余石谷物来赈济灾民，并成功成为家族领袖。既赈济了灾民，又给自身带来了声望。但是除张德夏、张德周兄弟二人之外，竟再也没有其他义赈人员的相关记载，这使得我们不得不怀疑江夏县民间的义赈风气是否兴盛。而江都除有着徐亮、谢元礼、刘绍义、王步瀛等人的相关事迹的描述外，还有一些在其他年份"慷慨好义"的人士，如张培、张明燿、张熙、刘溥、周疏、黄承训、张焘、徐国振、尹德佩、徐兆裕、毛梦阳、尹德坤等等。

至于为何会有如此大的差距，笔者认为跟两个因素有关。首先，两县的政府救济力度不同。通过前文对两县地方官救灾措施的描述来看，江夏在周存义等人的组织下，各项救灾工作的开展井然有序且卓有成效，地方上的富户仅需要响应号召捐输钱粮即可；而江都的救灾措施多承袭督抚的指令，与江夏相比显得应急反应略慢一些，因此这部分时间只能靠民间的力量去弥补，当然也是因为徐亮等人自赈的意识比较强，并间接通过县里宣传的示范带头作用促进了全县义赈风气的兴盛，可以说是偶然因素与必然因素的

---

① 光绪江都县续志·列传第六 [M] //中国地方志集成·江苏府县志. 南京：江苏古籍出版社，1991：300-303.
② 蔡泽亚. 地方灾赈与家族变迁——以道光十一年淮扬大水与江都县大桥镇徐氏为中心 [D]. 厦门：厦门大学，2010：34.
③ 中国第一历史档案馆（编）. 道光朝上谕档：第36册 [M]. 桂林：广西师范大学出版社，2000：542.
④ 同治江夏县志：卷8·杂志 [M] //中国方志丛书（华中地方·第三四一号）. 台北：成文出版社有限公司，1975：833.

结合。

其次，两地民间的经济力量不同。江都所在的江南地区正是当时全国最富裕的地方，而江夏虽位于湖北省城武昌的周围，但是华中地区的经济中心其实是在刚刚兴起的汉口镇，而罗威廉的研究也证实在19世纪汉口镇的人员构成中，江夏人的比例非常高，若是从人口流向的角度分析，江夏经济实力是在汉口之下的。因此，从这个角度来说，江都极有可能要比江夏富裕一些。不过，我们也发现，这些捐输的人大多以捐米或捐物居多，真正捐钱的人并不多。周存义在《江邑救荒笔记》中记载江夏"典商所捐之典平色银折实库平足纹九千一百一十四两零，其余绅士富户等乐输，合计存银尚有三万二千一百七十五两"①，其实也是一笔不小的数目，足可放至来春。而江都的捐钱总额虽然没有数字流传下来，但是从陶澍多次请求朝廷统筹协拨赈需银两，甚至不惜截留藩、道、官、库银两来看，江南地区收到的捐输银两也十分有限。因此从长远来看，依靠民间力量的义赈只能起到短期急赈的作用，并不能长久解决赈灾所需的大量钱粮。当然，官赈与民赈并没有孰优孰劣的区别，只有官赈和民赈互相补充，相得益彰，才能最大限度地实现"救荒活民"。

结　语

道光十一年（1831）江夏和江都几乎同时发生了较为严重的水灾。当我们再次回顾灾情的原因时，发现两县既有天灾的因素，也有人祸的因素。江夏的人为原因多是由于上游大面积的垦荒导致的水土流失，以及对境内湖泊进行围湖造田，破坏了湖泊的调蓄功能，同时堤垸也并不坚固，很容易被洪水冲垮酿成大灾；江都的人为原因则是上游马棚湾地区上下游百姓之间利益不同从而影响决策以及地方官员相互推诿。尽管灾情逐渐稳定，但是灾民的生活还未得到安置，赈灾工作也远远没有结束。

通过对两地地方官员的救灾措施的考察，我们可以发现地方官员的素质高低和执行力的强弱是一个地区灾情能否快速得到缓解的关键因素，甚至一定程度上能够决定灾情的走向。

从官员的素质来看，官员丰富的赈灾经验绝对不可或缺。由于当时的交通通信并不发达，因此地方官不能完全指望中央的调度。根据陶澍的上奏日期与内阁接到上谕的日期进行折算，我们可以发现：从江宁到京城，一封奏折最快可以在七天左右到达，而经过道光皇帝的批阅，再发回来，一共要近半个月的时间，最慢的甚至一个月之后才能在江宁接到京城发来的上谕。从武昌到京城由于要走陆路，因此所用时间更久。这些上谕极有可能影响着地方办赈的方向与实际效果，而救灾抢险根本等不及如此长的时间，因此地方官快速的反应能力和临场调度会对实际赈灾效果起到决定性的影响。如上文中提到的扬州知府恩龄，大灾来临之际拿不出救灾措施，此时如果没有一个领导核心，那么对于无依无靠的灾民来说则是生理和心理上的双重打击；再如马棚湾漫溢的失察官员，

---

① 周存义. 江邑救荒笔记 [M] //李文海，夏明方（主编）. 中国荒政全书：第二辑·第四卷. 北京：北京古籍出版社，2004：572.

相互扯皮，导致堤坝决口，给下游无数民众带来毁灭性打击，这同样是无法原谅的。但是我们看到，两地更多的官员接受住了考验，陶澍、林则徐、程祖洛、卢坤、杨怿曾、周存义等都在这年的水灾中发挥了重要而关键的作用，其素质和经验自然是不容置疑的。

这其中，江苏地区的督抚官员赈灾经验更为丰富。陶澍在江南地方任职超过十五年，并先后担任过安徽巡抚、江苏巡抚和两江总督等地方一把手，其经验丰富。作为江苏巡抚的程祖洛，曾在道光二年（1822）担任过河南巡抚，并在任内先后导治过漳水、卫水、洹水。无独有偶，林则徐也在上任江宁布政使之前有一定的阅历，如他在嘉庆年间便出任杭嘉湖道，并在那里修海塘、兴水利，道光四年（1824）署理江苏布政使时曾有过赈灾的经验，到了道光十年（1830）补授湖北布政使时正好遇上荆州一带的水灾，而此时暂时替林则徐署理布政使官职的正好是湖北按察使栗毓美。林则徐在栗毓美处理荆州水灾时也向他学习过治理河道和赈济灾民的经验。因此在道光十一年（1831）江苏发生水灾时，程祖洛向时任河南布政使的林则徐购买粮食时，林则徐在回信中就顺便向刚刚上任江苏巡抚不到一年的程祖洛提供了一些赈灾经验。而林则徐在赴任江宁布政使的路上，没有选择以往通过安徽进入江宁的道路，而选择直接从徐州南下，并顺道察看灾情，以节省路上时间并尽快投入救灾工作中。虽然这不是严格意义上的救灾举措，但是此举确实是突出了林则徐的办事反应能力和为官智慧。相比起来，湖北地区的督抚和地方官员的赈灾经验就略微逊色一点，甚至大灾已至，全省都拿不出赈灾方案，只能拿河南的办赈章程发行："而湖北向无办赈成案，因由豫省檄调文卷，详请抚恤"①，这对政府进行正常的赈灾工作绝对有消极的影响。

从官员的执行力来看，两地督抚以及中央特派官员大体都秉承了皇帝的旨意，不管是从事赈灾、监督还是建言献策，都能较为出色地执行并完成。两地州县官员虽大多也能及时赈灾并被上谕加赏，但是仍有个别执行力较差的官员遭遇降职或革职，说明清代中后期的州县官员水平参差不齐。不过，两县的查赈官吏同时提到要提防基层地保和书吏的贪腐行为，宁愿选择公正的乡绅，也不选择这些地方胥吏，说明在那个时代，基层的执行力已经不能再被国家指望，而这些与民众直接接触的贪腐行为，势必会激发矛盾，造成更大的社会风险，从而动摇王朝的社会根基。

综上，尽管两地灾荒有着很多相同的特征，但是我们也可以感觉到灾荒实际上有着很明显的地域化差别。因此我们只有将灾荒放到具体的空间场域中去理解，才能了解灾荒背后复杂的关系，从而更为客观地评估其实效，有利于我们对历史上的灾荒有一个更为全面的认识和理解。

>> 老师点评

李陆鹏同学给我留下了比较深刻的印象。2018 年上半年，我给他们班讲授中华人

---

① 张壬林（编）. 栗恭勤公年谱：卷上［M］//北京图书馆（编）. 北京图书馆藏珍本年谱丛刊：第 135 册. 北京：北京图书馆出版社，1999：656.

民共和国史课程。他作为学习委员在课内课外帮助我做了些工作，表现得一丝不苟。再一个，就是与其学业导师陈力祥老师较熟。有时候与陈老师碰面也会聊到他的一些学习情况。可能也是因这两方面因素，他才找我指导毕业论文。为这事在办公室见面，我劈头就问有没有经自己导师同意，交代他这个必须沟通好，否则不便指导。不掠人之美是我做人做事的原则。经他一番解释，我勉强答应下来。

接下来是选题问题。他对灾荒史感兴趣，并且发现了道光十一年（1831）江都与江夏两县水灾问题。我想做个比较研究倒是有一点意思，鼓励他先从研究现状与史料两方面下手，看是否可做，并推荐了些灾荒史资料。不久后他给我的反馈是，有关这次水灾的研究不多，而史料则比较丰富，应当够做毕业论文的。于是，便定了这个题目。后续进展比较快，我基本上没怎么费心。初稿比较长，史料很扎实。我看后，觉得作为本科毕业论文算相当厚实的，只要学术规范、格式上没问题就不打算再折腾了。

过后，他突然跟我说要参评"饶宗颐国学奖"，并且截止日期就快到了，这让我感到很意外，责备他怎么不早说。我想这个论文凑合毕业应该没问题，但要评奖恐怕还得费力。马上重看了一遍论文，从标题、结构、观点、材料、文字表述等方面提出了比较具体的意见。他可能是熬夜修改的，速度很快，表现出一股很强的冲劲，这让我很是欣喜。最后他如愿以偿，也是天道酬勤吧！

就其毕业论文来说，选题是较有新意的，对同一次水灾的不同区域进行对比性研究在学界尚不多见，对于探讨灾情演变、救灾举措、救灾效果的地域性影响因素有一定的意义。从史料上看，是比较扎实的，引用了不少相关荒政书、地方志，以及官员的奏议等，显现出较强的史料搜集与利用的能力。从结构上看，简单明了，思路非常清晰，论证也比较充分。最后，用灾荒地域化的概念对整个研究进行了理论上的提炼，对全文有点睛的作用，是最大的亮点。

作为论文指导老师，我为李陆鹏同学的顺利毕业与获奖感到由衷的高兴，也祝愿他在学术道路上不忘初心，继续前行，勇攀高峰！

论文指导老师　刘志刚

>> 老师点评

岳麓书院的本科生导师制，近几年来在本科生的培养方面取得了丰硕的成果，从所培养的学生论文的优秀程度可管窥一二。李陆鹏同学作为岳麓书院历史专业 2015 级本科生，从当时对论文的一无所知，到后来逐渐走上写作之路，与岳麓书院多维的本科生导师制密不可分。李陆鹏作为岳麓书院优秀的毕业生，他可谓是本科生导师制受益者之一。

李陆鹏来自河北省，2015 年考取湖南大学之时，和我的另一个学生陈劲舟一样，均是通过自主招生选择了他们所喜好的历史学专业。由于是自主选择，因此，从一开始他们就对历史学有着浓厚的兴趣。兴趣是最好的老师，李陆鹏同学在四年的大学生活中，学习刻苦努力，并多次获得了本年级专业成绩第一的好成绩，多次斩获了本年级励志奖学金、"饶宗颐国学奖"等。李陆鹏在 2015 级历史系一直担任着学习委员一职，由于学习好，在班上起到了重要的表率作用。

在学习方面，作为学业导师，我根据陆鹏本人的兴趣与爱好以及他的个性特点，对他实施了因材施教。陆鹏对历史学有着特殊的情感，因此，对他的培养，我秉持"兴趣是最好的老师"这一理念，着力于培养他的兴趣与爱好，并跟他拟定了长期目标与近期目标：在长期目标层面，根据他的意愿，我与他商量，争取攻读历史学博士学位；在近期目标层面，争取保送攻读硕士学位。"凡事预则立，不预则废"，李陆鹏在我的指导之下，一直朝着进校以来的目标而不断努力奋斗，最终修成正果，获得了保送到武汉大学攻读硕士学位的资格，圆满完成了入校以来我和他所定下的目标。因此，作为学业导师，我认为确立目标并让学生为之而努力奋斗最为重要。

确立目标固然重要，平时导师的敦促不可或缺。每两周一次的导师见面会，陆鹏总是如期参加。在交谈的过程中，我谈及最多的是他的学习情况，但我往往会从日常生活入手，如以是否习惯湖南的生活为题，逐渐切入我所要谈及的指导意见。在指导的过程中，我会有意识地谈及他们2015级整个班级的学习、生活情况，其目的是了解他在班上的学习成绩的位置：如果他学习情况不理想，则鼓励之；如果已经相当好了，亦嘉勉之。由于我对他连续四年的鼓励，加之网状式的导师制的激励、鼓劲、加油、敦促，以及他自己的努力奋进，他最终取得了不菲的成绩。

要言之，反窥李陆鹏同学四年所取得的优秀成果，我觉得在如下两个层面非常关键：其一，陆鹏自己的兴趣选择；其二，岳麓书院完善的导师制的合力影响。班导师的宏观指导，使其合群；学业导师的人生规划，使其人生合理；生活导师的悉心指导，使其人生合性；辅导员老师的敦促指导，使其人生增色。一言以蔽之，完善的导师制是李陆鹏取得成功之基石。

学业导师　陈力祥

浅论汉代为官吏立祠现象

2015 级　况梁城

摘　要：为官吏立祠的现象起源于汉代。通过整理史书中关于汉代为官吏立祠的记载，可以发现两汉时期官吏祠的数量东汉远多于西汉，死祠远多于生祠。根据立祠者的身份，可以将当时的官吏祠划分为官方立祠、民间立祠和官民共同立祠三类，其立祠的原因不尽相同。汉代为官吏立祠具有祭祀、教化、表彰功绩、寄托民众追思、维系宗教信仰、影响地方行政等功能，但也在一定程度上加重了民众负担。

关键词：汉代；官吏；祠堂

绪　论

为官吏立祠的现象起源于汉代。近年来，围绕着汉代民间信仰、祭祀、祠庙、祖先崇拜、循吏治理等主题及对这些主题间相互关系的探讨性论著，往往会提到当时为官吏立祠的现象。

对于汉代为官吏立祠的原因，部分学者主要从循吏施政为民、受百姓爱戴的角度进行解释。如杨静婉指出："汉代循吏以其好为民兴利除弊、执法公允、处事得宜、廉洁自律等实际行动，得到百姓的尊敬与爱戴。乃至生为立祠，死为祭祀。"[1] 沈刚概述了汉代民间祠祭循吏的情况，也指出循吏积极有为，政绩必然突出，立祠祭祀就是百姓表达对循吏爱戴的方式。[2] 也有学者强调神力的因素。如台湾学者蒲慕洲认为：包括为官员在内的个人所立的祠祀，"是由于人们相信其个人的某些神术可以为祈福禳灾的对象……其背后的心态则是对某些死者所具有的神力的信仰"[3]。何文凤则主要从升仙角度来分析汉代祠庙的功能，认为如果官员具有神通，百姓就会为他立祠祭拜。[4] 更多学

① 杨静婉. 汉代循吏的治民原则、措施及其实施效果 [J]. 湘潭大学学报（哲学社会科学版），1995（4）：33-37.

② 沈刚. 民间信仰与汉代地方行政 [J]. 吉林大学社会科学学报，2006（2）：129-134.

③ 蒲慕洲. 汉代之信仰生活 [C] //林富士（编）. 礼俗与宗教. 北京：中国大百科全书出版社，2005：29-32.

④ 何文凤. 汉代祠庙功能探索——从升仙的角度来分析 [J]. 世界宗教研究，2012（5）：72-75.

者认为汉代为官吏立祠是多个因素共同作用的结果。如宋燕鹏提出民众有可能出于怀念清官的心理、对失败者的怜悯心理以及对神仙的崇拜心理而为官吏立祠。①

对汉代为官吏立祠原因的认识,也决定了对汉代为官吏立祠功能的理解。沈刚指出,民间祠祭循吏的现象反过来会对地方官行政起到激励作用。而蒲慕洲认为,官方祭祀所强调的是政治性的功业,而民间祠祀所在乎的是比较个人化的利益。贾艳红认为:"人们奉祀地方名人一方面是纪念其功,不忘其恩,另一方面也是希望神灵有知,继续保佑一方乡民,使百姓得到如其在位时的恩惠和好处,亦体现出实用主义的倾向。"②李丹则指出祠庙具有祭祀和教化功能,其中先贤类祠庙所提倡的价值标准,实际上就是当时社会所提倡的价值标准,祠主的事迹和言行就是当时整个社会所应该追求的标尺。③

汉代为官吏立祠有生祠与死祠之别。李彦楠分析了汉魏六朝官吏生祠的分布范围与祠主事迹,强调两汉时官吏生祠具有明显的方术色彩。同时,为官吏立生祠举动很大程度上是民间自发行为,并未得到朝廷正式承认。魏晋以后,官吏生祠的方术色彩受到极大削弱,而教化色彩逐渐浓厚。南北朝时,为官吏立生祠行为受到朝廷限制,但这种限制也意味着官吏生祠取得了正式身份,得以彻底同地方"淫祠"相区别。④

对于汉代为官吏立祠的现象,目前的研究多夹杂于对汉代循吏政治、民间信仰、祠庙的研究之中,尚没有论著针对汉代为官吏立祠现象做全面而系统的梳理。本文试图在前人研究的基础上,通过对《史记》《汉书》《后汉书》《水经注》等文献的搜集,掌握汉代为官吏立祠的状况,在此基础上,分析汉代为官吏立祠的原因以及官吏祠的功能,以有助于对汉代为官吏立祠现象的理解。

一、汉代为官吏立祠现象概况

(一)汉代为官吏立祠情况表及相关说明

本文的分析对象是汉代的官吏祠,但祠的含义在历史中是有一个演变过程的,所以有必要对此做一个说明。关于"祠"字,《说文解字》上说:"春祭曰祠。品物少,多文词也。从示,司声。仲春之月,祠不用牺牲,用圭璧及皮币。"⑤《礼记·祭义》郑氏注:"春禘者,夏殷礼也。周以禘为殷祭,更名春祭曰祠。"⑥在周代,祠是指宗庙春季的祭祀。秦汉以降,祠已由宗庙之祭变为神祇群祀的通称。钱大昕在《钱氏祠堂记》中写道:"祠本宗庙之祭,秦汉以降,神祇群祀通称焉。故祠于坛,谓之祠坛;祠于城,谓之祠城;祠于堂,谓之祠堂。典祠之官曰祠官,太常有祠曹,其仪式则曰祠令。祠

① 宋燕鹏. 试论汉魏六朝民间建立祠庙的心理动机 [J]. 社会科学战线,2011 (3):93-98.
② 贾艳红. 论汉代民间信仰的基本特点 [J]. 齐鲁学刊,2010 (4):42-46.
③ 李丹. 汉代祠庙研究 [D]. 陕西师范大学,2018:63.
④ 李彦楠. 从方术到教化:汉魏六朝官吏生祠意义的转化 [J]. 国学学刊,2018 (3):72-78.
⑤ 许慎. 说文解字 [M]. 段玉裁,注. 上海:上海古籍出版社,1981:5.
⑥ 礼记正义·祭义 [M]. 北京:中华书局,2009:3455.

者，祭之名，而非祭之所。"① 常建华据此指出："祠本指宗庙之祭，秦汉以后神祇群祀的通称，最初的祠堂一词指祠于堂。后来祠由祭之名变为祭之所，祠堂也就成了祭祀祖先的场所。"② 司马光《文潞公家庙碑》称"汉世公卿贵人多建祠堂于墓所，在都邑则鲜焉"③，也可佐证汉代建祠堂祭祀祖先之普遍。

但是祠在汉代未必都是祭祀祖先的场所，也用于祭祀天地神祇、日月山川、巫鬼神仙以及历代先贤。见于记载的有五帝祠、后土祠、西王母祠、玉女祠、白虎祠、屈原祠等等。其中也包括为当时的官员立祠，如《汉书·循吏传》载："文翁终于蜀，吏民为立祠堂，岁时祭祀不绝。"④ 赵翼指出官员立祠的现象始于西汉，其《陔余丛考》"生祠"条称："官吏有遗爱，既殁，而民为之立祠者，盖自文翁、朱邑始。《汉书》：文翁终于蜀，吏民为立祠堂，岁时祭祀不绝……此皆死后立祠者也。其有立生祠者，《庄子》：庚桑子所居，人皆尸祝之。盖已开其端。《史记》：栾布为燕相，燕、齐之间皆为立社，号曰栾公社。石庆为齐相，齐人为立石相祠。此生祠之始也。"⑤ 赵翼认为民众为官吏立死祠的情况自汉代文翁、朱邑始，立生祠的情况在战国时已有端倪，但到了汉朝为栾布和石庆立生祠才算是立生祠之始。赵翼虽然在其论述中列举了一些有代表性的汉代为官吏立生祠或死祠的例子，但仍显单薄。为了更直观地展示汉代为官吏立祠的情况，这里搜罗了文献中一些关于汉代官吏祠的记载，如表1所示。

表1　汉代为官吏立祠情况表

祠主	立祠时间	立祠地点	祠堂类型	官职	立祠缘由	立祠者	史料来源
栾布	汉文帝	燕、齐	生祠	燕相	有治迹	燕、齐百姓	《史记·季布栾布列传》
石庆	汉武帝	齐地	生祠	齐相	举齐国皆慕其家行，不言而齐国大治	齐国人	《史记·万石君列传》
文翁	汉武帝	蜀地	死祠	郡守	仁爱好教化，起学官于成都	蜀地吏民	《汉书·循吏传》
李广利	汉武帝	匈奴	死祠	贰师将军	单于屠贰师后灾难不断，单于恐惧	单于	《汉书·匈奴传》
于公	汉武帝~汉昭帝	东海郯县	生祠	狱史	郡决曹，决狱甚明，理法者皆无恨	东海郡百姓	《汉书·隽疏于薛平彭传》

---

① 钱大昕. 潜研堂集 [M]. 吕友仁，点校. 上海：上海古籍出版社，2009：342.
② 常建华. 宗族志 [M]. 上海：上海人民出版社，1998：87.
③ 李之亮笺注. 司马温公集编年笺注：第6册 [M]. 成都：巴蜀书社，2008：20.
④ 班固. 汉书·循吏传 [M]. 北京：中华书局，1962：3627.
⑤ 赵翼. 陔余丛考 [M]. 北京：中华书局，1963：690.

续表

祠主	立祠时间	立祠地点	祠堂类型	官职	立祠缘由	立祠者	史料来源
胡建	汉昭帝	渭城	死祠	渭城令	治甚有声，得罪上官氏而自杀	渭城民	《汉书·杨胡朱梅云传》
朱邑	汉宣帝	庐江郡舒县桐乡	死祠	大司农	故为桐乡吏，受民爱敬	桐乡民	《汉书·循吏传》《汉纪·孝宣皇帝纪》
霍光	汉宣帝	茂陵	死祠	大司马大将军	秉政二十余年，有功于社稷	宣帝	《汉书·霍光金日磾传》
张安世	汉宣帝	杜陵	死祠	卫将军	忠信谨厚，勤劳政事，尊立宣帝	宣帝	《汉书·张汤传》
召信臣	汉元帝	九江南阳	死祠	少府	劝民农桑，去末归本，郡以殷富	九江郡、南阳郡吏民	《汉书·循吏传》
段会宗	汉成帝	西域	死祠	中郎将	西域敬其威信，平叛乌孙	西域诸国	《汉书·傅常郑甘陈段传》
张禹	汉成帝	肥牛亭	生祠	丞相	年老，自治冢茔，起祠室	张禹本人	《汉书·匡张孔马传》
贾萌	西汉末	豫章	死祠	豫章太守	被害后，灵见津渚	民众	《水经注·赣水》
岑彭	汉光武帝	武阳	死祠	征南大将军	持军整齐，秋毫无犯，被人刺杀，蜀人怜之	蜀民	《后汉书·冯岑贾列传》
樊重	汉光武帝	湖阳	死祠	三老	世祖之少，数归外氏，及之长安受业，赍送甚至	光武帝	《后汉书·樊宏阴识列传》《水经注·比水》
侯霸	汉光武帝	临淮	死祠	大司徒	保固自守，卒全一郡	临淮吏人	《后汉书·伏侯宋蔡冯赵牟韦列传》
刘赐	汉光武帝	不详	死祠	前大司马	力劝更始帝立刘秀为大司马，忠心有恩信	光武帝	《后汉书·宗室四王三侯列传》

续表

祠主	立祠时间	立祠地点	祠堂类型	官职	立祠缘由	立祠者	史料来源
文齐	汉光武帝	不详	死祠	镇远将军	不降公孙述，而迎光武帝	光武帝	《后汉书·南蛮西南夷列传》
陈众	汉光武帝	灊山县	生祠	扬州从事	说降李宪余党淳于临等	灊山人	《后汉书·王刘张李彭卢列传》
任延	汉光武帝	九真	生祠	九真太守	移风易俗，道德教化	九真吏人	《后汉书·循吏列传》
许杨	汉光武帝	汝南	死祠	都水掾	邓晨收其下狱，而械辄自解	汝南郡守邓晨	《后汉书·方术列传》
周嘉	汉光武帝	零陵	死祠	零陵太守	零陵颂其遗爱	零陵吏民	《后汉书·独行列传》
卓茂	汉光武帝～汉桓帝	密县	死祠	太傅	教化大行，道不拾遗，蝗不入境	密县民众	《水经注·洧水》
祭肜	汉明帝	辽东	死祠	太仆将	守辽东三十余年，边境安宁	辽东吏人	《后汉书·铫期王霸祭遵列传》
姜诗	汉明帝	江阳县	死祠	江阳令	所居治	乡人	《后汉书·列女传》
王乔	汉明帝	叶县	死祠	书郎	有神术	百姓	《风俗通义·叶令祠》《后汉书·方术列传》
邓训	汉和帝	乌桓	死祠	护羌校尉	待羌胡以恩信	羌胡人	《后汉书·邓寇列传》
王涣	汉和帝	弘农安阳亭西	死祠	洛阳令	有惠政	民众	《后汉书·循吏列传》
许荆	汉和帝	桂阳	死祠	谏议大夫	移风易俗，教化一方	桂阳人	《后汉书·循吏列传》
张翕	汉和帝	安汉	死祠	巴郡太守	政化清平，得夷人和	朝廷	《后汉书·南蛮西南夷列传》

续表

祠主	立祠时间	立祠地点	祠堂类型	官职	立祠缘由	立祠者	史料来源
王子香	汉和帝	枝江县	死祠	荆州刺史	有惠政，死后有三白虎出入人间，送丧逾境	民众	《水经注·江水》
王堂	汉安帝	巴、庸	生祠	巴郡太守	驰兵赴贼，斩虏千余级，巴、庸清静	巴、庸吏民	《后汉书·郭杜孔张廉王苏羊贾陆列传》
韦义	汉顺帝	广都	生祠	广都长	政甚有绩，官曹无事，牢狱空虚	广都吏民	《后汉书·伏侯宋蔡冯赵牟韦列传》
荀淑	汉桓帝	当涂、朗陵	死祠	朗陵侯相	莅事明理，称为神君	当涂、朗陵二县民众	《后汉书·荀韩钟陈列传》
扬厚	汉桓帝	广汉新都	死祠	侍中	修黄老，教授门生，精于灾害预测	门人	《后汉书·苏竟杨厚列传》
张奂	汉桓帝	武威	生祠	武威太守	平均徭赋，移风易俗	百姓	《后汉书·皇甫张段列传》
王吉	汉灵帝	不详	死祠	沛相	以罪被诛，故人亲戚莫敢至者	桓典	《后汉书·桓荣丁鸿列传》
田丰	汉献帝	中牟县	死祠	冀州别驾	嘉其诚谋，无辜见戮	民众	《水经注·渠水》

　　表中祠主限于在汉朝廷曾担任过官职的人员，不包括汉代为诸侯王立祠或者为有仙术但无官职的人立祠的例子。刘景纯指出，"祠"与"庙"由于都有祀神或有才德的人的处所这一意义而出现互称，即祠可称庙，庙亦称祠，索性又称祠庙。[①] 本表所列包括文献中记载为立"庙"的官员。表中于公祠、卓茂祠立祠时间没有明确记载。《汉书·于定国传》载："其父于公为县狱史，郡决曹，决狱平，罗文法于公所决皆不恨。郡中为之生立祠，号曰于公祠。"[②] 又载："定国少学法于父，父死，后定国亦为狱史，郡决曹，补廷尉史，以选与御史中丞从事治反者狱，以材高举侍御史，迁御史中丞。"[③] 于定

---

①　刘景纯.《水经注》祠庙研究 [J]. 中国历史地理论丛, 2000 (4)：194-196.
②　班固. 汉书·隽疏于薛平彭传 [M]. 北京：中华书局, 1962：3041.
③　班固. 汉书·隽疏于薛平彭传 [M]. 北京：中华书局, 1962：3042.

国在其父去世后任狱史，昭帝去世时已经升迁御史中丞。昭帝在位共 13 年，故而东海郡为于公立生祠当在武帝后期或昭帝即位初期。《水经注·洧水》载：卓茂"迁密令，举善而教，口无恶言，教化大行，道不拾遗，蝗不入境，百姓为之立祠"[1]。《后汉书·循吏列传》载："延熹中，桓帝事黄老道，悉毁诸房祀，唯特诏密县存故太傅卓茂庙，洛阳留王涣祠焉。"[2] 卓茂去世在光武帝建武四年（28），卓茂祠的立祠时间最可能是在光武帝时，但因为没有明确记载，谨慎起见，这里定为光武帝至桓帝期间。

需要指出的是《水经注》中还提到不少汉代官吏的祠堂，如陈平祠、司马迁祠、东方朔祠、董仲舒祠、朱鲔祠、桥仁祠、鲁恭祠、张伯雅祠、盛允祠、李刚祠等。这些汉人祠堂大多应该也是立于汉代，但并不能确定。《水经注·河水》载："永嘉四年（310），汉阳太守殷济瞻仰遗文，大其功德，遂建石室，立碑树桓。"[3] 可见，司马迁祠即是建于西晋末年。也有祠堂可能是家祠。《水经注·比水》载：胡著之子胡珍，"骑都尉……庙堂皆以青石为阶陛，庙北有石堂。珍之玄孙桂阳太守场，以延熹四年（161）遭母忧，于墓次立石祠"。[4] 因此，对于《水经注》中不能确定在汉代的立祠时间或者不能确定立祠人的汉人祠，表中均不收入。

（二）汉代官吏祠的类型与时间分布特点

表 1 所列必然只是汉代为官吏所立祠堂的一小部分，由于绝大多数的汉代官吏祠在史书没有记录或者已经散失，我们已经无法知晓。但据此，可以大致了解汉代官吏祠的类型与时间分布特点。

由表 1 可知，汉代为官吏立祠存在生祠和死祠两种类型。所谓生祠就是人还活着的时候就为之立祠，所谓死祠就是人死后而为之立祠。为了更加直观地展示汉代各朝为官吏立生祠和死祠的情况，可根据表 1 "汉代为官吏立祠情况表"列出"汉代各朝立生/死祠表"，如表 2 所示。

表 2　汉代各朝立生/死祠情况简表

	皇帝	在位年数	生祠（单位：座）	死祠（单位：座）
西汉	汉文帝	23 年	1	—
	汉武帝	54 年	1	2
	汉昭帝	13 年	—	1
	汉宣帝	25 年		3
	汉元帝	16 年	—	1
	汉成帝	26 年	1	1
	汉武帝～汉昭帝		1	
西汉总计			4	8

① 陈桥驿. 水经注校证 [M]. 北京：中华书局，2007：518.
② 范晔. 后汉书·循吏列传 [M]. 北京：中华书局，1965：2470.
③ 陈桥驿. 水经注校证 [M]. 北京：中华书局，2007：105.
④ 陈桥驿. 水经注校证 [M]. 北京：中华书局，2007：693.

续表

	皇帝	在位年数	生祠（单位：座）	死祠（单位：座）
东汉	汉光武帝	33 年	2	7
	汉明帝	18 年	—	3
	汉和帝	17 年	—	5
	汉安帝	19 年	1	—
	汉顺帝	19 年	1	—
	汉桓帝	21 年	1	2
	汉灵帝	22 年	—	1
	汉献帝	31 年	—	1
	汉光武帝～汉桓帝			1
东汉总计			5	20
汉代合计			9	28

从表 2 中可知西汉为官吏立生祠 4 座，死祠 8 座，合计 12 座；东汉为官吏立生祠 5 座，死祠 20 座，合计 25 座。汉代为官吏立生祠的数量远远少于立死祠的数量，这应该与祠堂起初主要是祭祖的场所有关。祭祀祖先不可能是祖先仍然健在的时候就为之立祠，因而为官吏立祠一般也应是在其去世之后。《汉书·循吏传》载：王成、黄霸等循吏"所居民富，所去见思，生有荣号，死见奉祀，此廪廪庶几德让君子之遗风矣"①，可见死后立祠才应该是常态。李彦楠认为汉代为官吏立生祠很大程度上是受到神仙方术的影响，他的逻辑是汉代为官吏立生祠的如燕、齐、巴郡、蜀郡、武威郡等都是巫术盛行的地区，而且汉代生祠祠主的主要事迹如军事、决狱及移风易俗与方术密切相关。② 那么，立生祠是否出于与立死祠不同的原因，即立生祠主要是受方术影响呢？情况似乎并非如此。张禹的生祠是他自己为自己立的。《汉书·张禹传》载："禹年老，自治冢茔，起祠室。"③ 此事显然与方术无关。很多死祠祠主事迹同样有浓厚的方术色彩。如《后汉书·荀韩钟陈列传》载荀淑"莅事明理，称为神君"④，同书《方术列传》载王乔"有神术，每月朔望，常自县诣台朝。帝怪其来数，而不见车骑，密令太史伺望之。言其临至，辄有双凫从东南飞来。于是候凫至，举罗张之，但得一只舄"⑤，他们都是在死后得以立祠。移风易俗、决狱、军事跟方术不能说没有关系，但认为这些行为与方术密切相关，似乎也有夸大的嫌疑。在笔者看来就立祠动机而言，民众为官员立生祠或死祠并没有明显的不同。

① 班固. 汉书·循吏传［M］. 北京：中华书局，1962：3624.
② 李彦楠. 从方术到教化：汉魏六朝官吏生祠意义的转化［J］. 国学学刊，2018（3）：74-76.
③ 班固. 汉书·匡张孔马传［M］. 北京：中华书局，1962：3350.
④ 范晔. 后汉书·荀韩钟陈列传［M］. 北京：中华书局，1965：2049.
⑤ 范晔. 后汉书·方术列传［M］. 北京：中华书局，1965：2712.

　　另外值得关注的一点是有为官吏立祠记载的朝代，一般皇帝的在位年数 13 年以上，例外的情况是西汉在位 16 年的汉景帝和东汉在位 13 年的汉章帝。一般来说，皇帝在位时间越长，立祠数量也会更多。但是西汉文帝、武帝时期正是为官吏立祠刚刚开始的时候，故而虽然在位时间很长，但立祠数量却不多。像汉景帝也在位 16 年，但在这一朝却没有为官吏立祠的记录，这都是因为为官吏立祠才刚刚兴起的缘故。而到了汉光武帝时，在位 33 年，仅仅就这一朝就有 9 座官吏祠的记载。当然汉献帝虽然在位 31 年，但时局动荡，天下不安，战争频仍，在这种情况下确实不太可能出现为官吏立祠的现象。而汉章帝虽然也在位 13 年，但是由于汉明帝有遗诏："无起寝庙，藏主于光烈皇后更衣别室。帝初作寿陵，制令流水而已，石椁广一丈二尺，长二丈五尺，无得起坟。万年之后，扫地而祭，杅水脯糒而已。过百日，唯四时设奠，置吏卒数人供给洒扫，勿开修道。敢有所兴作者，以擅议宗庙法从事。"① 因为明帝这一遗诏，张酺还特意告诫他的儿子："显节陵扫地露祭，欲率天下以俭。吾为三公，既不能宣扬王化，令吏人从制，岂可不务节约乎？其无起祠堂，可作槁盖庑，施祭其下而已。"② 因此汉章帝这一朝没有官吏祠的记载也是可以理解的。

二、汉代为官吏立祠的原因

　　在探讨汉代为官吏立祠的原因时，我们很容易想到由于官吏的事迹不同会导致立祠的原因也不同。但是，我们还需注意不同的立祠者为汉代官吏立祠的原因也可能是不同的。如百姓为张奂立祠是因为他"示以义方，严加赏罚，风俗遂改"③，而光武帝为樊重立祠则是因为他对年少时的光武帝"赍送甚至"④。因此，我们有必要区分一下不同的立祠者为官吏立祠的原因。从前面所列的"汉代为官吏立祠情况表"中我们不难归纳出这些官吏祠的立祠者无非是皇帝、官员、吏民和百姓这几种。因此从立祠者的身份来看可以将官吏祠划分为官方立祠、民间立祠和官民共同立祠三类。为了直观展现不同身份的立祠者为官吏立祠的原因，可以根据前面的"汉代为官吏立祠情况表"将相关内容整理如表 3 所示。

表 3　汉代为官吏立祠原因表

原因归纳	立祠原因	官方立祠	民间立祠		官民共同立祠	合计
民众得官吏行为之利	治理有方，移风易俗，教化一方	张翁	栾布 胡建 王涣 张奂	石庆 姜诗 许荆 卓茂	召信臣 文翁 任延 祭彤	22

① 范晔. 后汉书·显宗孝明帝纪 [M]. 北京：中华书局，1965：123-124.
② 范晔. 后汉书·袁张韩周列传 [M]. 北京：中华书局，1965：1533-1534.
③ 范晔. 后汉书·皇甫张段列传 [M]. 北京：中华书局，1965：2139.
④ 陈桥驿. 水经注校证 [M]. 北京：中华书局，2007：693.

续表

原因归纳	立祠原因	官方立祠	民间立祠	官民共同立祠	合计
	善决狱	—	于公	韦义	
	于郡有功	—	陈众	侯霸　王堂	
	有遗爱	—	朱邑	周嘉	
	有恩威	—	—	段会宗	
	待羌胡人以恩信	—	邓训	—	
拥立有功	废刘贺，立宣帝，秉政有功	霍光			5
	忠信谨厚，勤劳政事，尊立宣帝	张安世	—	—	
	不降公孙述，而迎光武帝	文齐	—	—	
	世祖之少，赍送甚至	樊重	—	—	
	力劝更始帝立刘秀为大司马，忠心有恩信	刘赐	—	—	
宗教信仰色彩	—	许杨李广利	王乔荀淑扬厚贾萌王子香	—	7
立祠者个人原因	不怕惹祸上身，为以罪被诛的王吉立祠	—	王吉	—	1
时人怜惜	持军整齐，秋毫无犯。被人刺杀，蜀人怜之	—	岑彭	—	2
	袁绍官渡之战失败而杀之，时人嘉其诚谋，无辜见戮	—	田丰	—	
	合计	8	20	9	37

从表中的数据可知，汉代为官吏立祠的原因相当多样化，不仅不同立祠者为官吏立祠的原因存在差异，而且相同身份的立祠者为官吏立祠的原因也存在主次之分。下面试根据表中数据略加分析。

（一）民间为官吏立祠的原因

表 3 中民间单独为官吏立祠合计 20 座，占总数 37 座的 54.05%，从立祠者身份分类，这是比重最重的一类。民间为官吏立祠原因包括：

其一，官吏在位时的措施给百姓带来了实实在在的好处。如王涣，《后汉书·循吏列传》载：王涣为洛阳令，施政为民。去世归葬，"道经弘农，民庶皆设槃桉于路……咸言平常持米到洛，为卒司所抄，恒亡其半。自王君在事，不见侵枉，故来报恩……民思其德，为立祠安阳亭西，每食辄弦歌而荐之"。[①] 由于王涣在任施行的措施与前任不同，使得百姓们"持米到洛"不用担心"为卒司所抄"，于是百姓在王涣死后为他立祠。因类似原因，得百姓立祠的官员有 12 人，占民间立祠总数的 60%，可见这是民间为官吏立祠的主要原因。

其二，受宗教信仰色彩影响。例如民间为叶令王乔立祠就是因为他有神术。《后汉书·方术列传》载："乔有神术，每月朔望，常自县诣台朝。……后天下玉棺于堂前，吏人推排，终不动摇。乔曰：'天帝独召我邪？'乃沐浴服饰寝其中，盖便立覆。宿昔葬于城东，土自成坟。其夕，县中牛皆流汗喘乏，而人无知者。百姓乃为立庙，号叶君祠。"[②] 尽管对于这一记载不无质疑，但应劭在《风俗通义·正失》中却认为叶君祠的祠主非王乔，而是春秋时期的沈诸梁，称沈诸梁"忠于社稷，惠恤万民，整肃官司，退而老于叶。及其终也，叶人追思而立祠"。[③] 但汉代民间因宗教信仰影响而为官吏立祠是具一定普遍性的。表中因此原因而得百姓立祠的官员有 5 人，占民间立祠总数的 25%，可见这也是民间为官吏立祠的主要原因。

其三，对官吏的怜惜心理。像岑彭持军整齐，不骚扰百姓，却被人刺杀，百姓怜惜之，于是为他立祠。《后汉书·冯岑贾列传》载："（岑）彭首破荆门，长驱武阳，持军整齐，秋毫无犯。邛谷王任贵闻彭威信，数千里遣使迎降。会彭已薨，帝尽以任贵所献赐彭妻子，谥曰壮侯。蜀人怜之，为立庙武阳，岁时祠焉。"[④] 还有田丰也是因为民众怜惜他因无辜为袁绍官渡之战失败所牵连而被杀，从而为他立祠。《水经注·渠水》载："渠水又东径田丰祠北，袁本初惭不纳其言，害之。时人嘉其诚谋，无辜见戮，故立祠于是，用表袁氏覆灭之宜矣。"[⑤]

其四，立祠者的个人原因。桓典敢于以身试险，为以罪被诛的王吉立祠，要知道王吉的亲朋好友都唯恐避之不及。《后汉书·桓荣丁鸿列传》载："居无几，会国相王吉以罪被诛，故人亲戚莫敢至者。典独弃官收敛归葬，服丧三年，负土成坟，为立祠堂，尽礼而去。"[⑥] 这是桓典个人性格使然，很再找到与此相似的立祠原因了。

因原因三和原因四得民间立祠的官员在表中分别只有两人和一人，合计才三人，可视为民间为官吏立祠的次要原因。

---

① 范晔. 后汉书·循吏列传 [M]. 北京：中华书局，1965：2469.
② 范晔. 后汉书·方术列传 [M]. 北京：中华书局，1965：2712.
③ 王利器. 风俗通义校注 [M]. 北京：中华书局，2010：85-86.
④ 范晔. 后汉书·冯岑贾列传 [M]. 北京：中华书局，1965：662.
⑤ 陈桥驿. 水经注校证 [M]. 北京：中华书局，2007：528.
⑥ 范晔. 后汉书·桓荣丁鸿列传 [M]. 北京：中华书局，1965：1258.

（二）官方为官吏立祠的原因

表 3 中官方单独为官吏立祠合计 8 座，占总数 37 座的 21.62%，从立祠者身份分类，该类占比远小于民间为官吏立祠。官方为官吏立祠的原因包括：

其一，拥立有功。宣帝为霍光和张安世立祠主要是他们二人拥立自己为帝。以霍光为例。《汉书·霍光金日䃅传》载："光遂复与丞相敞等上奏曰：……孝武皇帝曾孙病已，武帝时有诏掖庭养视，至今年十八，师受《诗》《论语》《孝经》，躬行节俭，慈仁爱人，可以嗣孝昭皇帝后，奉承祖宗庙，子万姓。臣昧死以闻。"皇太后诏曰："'可。'""光遣宗正刘德至曾孙家尚冠里，洗沐赐御衣，太仆以軨猎车迎曾孙就斋宗正府，入未央宫见皇太后，封为阳武侯。已而光奉上皇帝玺绶，谒于高庙，是为孝宣皇帝。"① 正是霍光等人的活动，宣帝才得以登上皇位。

光武帝刘秀为文齐、刘赐和樊重立祠，也是因为他们的行为有力地支持了自己的帝业。文齐在公孙述的威逼利诱之下仍然不投降，反而迎立光武帝。《后汉书·南蛮西南夷列传》载："及公孙述据益土，齐固守拒险，述拘其妻子，许以封侯，齐遂不降。闻光武即位，乃间道遣使自闻。蜀平，征为镇远将军，封成义侯。于道卒，诏为起祠堂，郡人立庙祀之。"② 刘赐力劝更始帝以刘秀为大司马，使得刘秀得以建立自己的功业以致最终登帝位。《后汉书·宗室四王三侯列传》载："更始欲令亲近大将徇河北，未知所使。赐言诸家子独有文叔可用，大司马朱鲔等以为不可，更始狐疑，赐深劝之，乃拜光武行大司马，持节过河。"③ 樊重在刘秀年少的时候就对他资助有加。《水经注·比水》"世祖之少，数归外氏，及之长安受业，赍送甚至。世祖即位，追爵敬侯。诏湖阳为重立庙，置吏奉祠。巡祠章陵，常至重墓。"④ 总结而言，上述例子表明皇帝为这些人立祠，是为回报他们。官方为此五人所立祠堂数量即占官方总立祠数量的 62.5%，可见这是官方为官吏立祠的主要原因。

其二，受宗教信仰色彩的影响。邓晨为许杨立庙以及单于为李广利立祠就是受宗教信仰色彩的影响。单于为李广利立祠的原因见《汉书·匈奴传》："……于是收贰师，贰师（怒）（骂）曰：'我死必灭匈奴！'遂屠贰师以祠。会连雨雪数月，畜产死，人民疫病，谷稼不孰（熟），单于恐，为贰师立祠室。"⑤ 单于以为连月的风雪、牲畜死亡、人民得病以及庄稼不成熟都是因为杀了李广利，所以为他立祠。因此原因而官方为官吏立祠有两例，占官方立祠数量的 25%，也可视为是官方为官吏立祠的主要原因之一。

其三，官员治理有功，教化一方。《后汉书·南蛮西南夷列传》载：张翕为巴郡太守，"政化清平，得夷人和。在郡十七年，卒，夷人爱慕，如丧父母。苏祈叟二百余人，赍牛羊送丧，至翕本县安汉，起坟祭祀。诏书嘉美，为立祠堂"。⑥ 实际上，民间多因官员治理有功为官吏立祠，但是汉代官方因官吏治理有功而为官吏立祠，文献中确切记

① 班固. 汉书·霍光金日䃅传 [M]. 北京：中华书局，1962：2947.
② 范晔. 后汉书·南蛮西南夷列传 [M]. 北京：中华书局，1965：2846.
③ 范晔. 后汉书·宗室四王三侯列传 [M]. 北京：中华书局，1965：565.
④ 陈桥驿. 水经注校证 [M]. 北京：中华书局，2007：693.
⑤ 班固. 汉书·匈奴传 [M]. 北京：中华书局，1962：3781.
⑥ 范晔. 后汉书·南蛮西南夷列传 [M]. 北京：中华书局，1965：2853.

载的目前所见仅有此例。因此，该原因是官方为官吏立祠的次要原因。

（三）官民共同为官吏立祠的原因

表 3 中官民共同为官吏立祠合计 9 座，占总数 37 座的 24.32%，与官方为官吏立祠数量占比相接近。表中官民共同为官吏立祠的原因，全部是由于官吏的施政措施或行为使得吏民共同受益。以文翁为例。《汉书·循吏传》载："文翁为蜀郡守，见蜀地辟（僻）陋有蛮夷风，文翁欲诱进之，乃选郡县小吏开敏有材（才）者张叔等十余人亲自饬厉，遣诣京师，受业博士，或学律令。减省少府用度，买刀布蜀物，赍计吏以遗博士。数岁，蜀生皆成就还归，文翁以为右职，用次察举，官有至郡守刺史者。数年，争欲为学官弟子，富人至出钱以求之。繇是大化，蜀地学于京师者比齐鲁焉。"① 正是文翁在蜀地选吏送至京师学习，这些人归来之后还能做大官，由此带动更多的蜀人争相进入学官学习，使得蜀地大化，吏民都深受其益。因此，蜀地吏民才为文翁立祠。

三、官吏祠的功能

官吏祠作为一种社会文化的物质载体，承载了汉代的风俗习惯、民间信仰、祭祀方式以及时人的价值取向等等，具有不同的功能。对于官吏祠的功能我们不妨以其效果进行分类，由此可将官吏祠的功能分为积极功能、消极功能和隐性功能。

（一）官吏祠的积极功能

祭祀功能。本文开篇就对祠的含义演变做了说明，由此可知祠堂在汉代的时候就是祭祀的场所，而官吏祠就是百姓们祭祀官员的地方，而且祠堂往往建在墓地旁边。以朱邑为例。《汉书·循吏传》载："初邑病且死，属其子曰：'我故为桐乡吏，其民爱我，必葬我桐乡。后世子孙奉尝我，不如桐乡民。'及死，其子葬之桐乡西郭外，民果（然）共为邑起冢立祠，岁时祠祭，至今不绝。"② 桐乡民不但为朱邑立祠，而且还每年祭祀朱邑，甚至持续了好几代人之久。这说明官吏祠为民众提供了一个祭祀官员的场所，具有祭祀功能。

教化功能。在前面关于汉代为官吏立祠的原因分析中我们已经知道许多官吏祠之所以被立，是因为这些官员的治理措施和施政行为使得民众受益。因此百姓为他们立祠，一来是为了对这些官员进行报答，二来也表明百姓确实认同他们的一些施政措施和治理原则，而且为官吏们立祠后，每年都要进行祭祀，更加强化了对官吏们的教化措施的认同。以前面所引文翁为例：文翁为蜀郡守，在蜀地设立学官，由此蜀郡风俗大变，以至于班固评价道："至今巴蜀好文雅，文翁之化也。"③

表彰官员功绩的功能。不管是官方立祠还是民间立祠都具有表彰官员功绩的功能。像汉宣帝为霍光立祠就彰显了霍光拥立宣帝，秉政二十年，为社稷做出突出贡献的功绩。还有民间为栾布、石庆、文翁等等官吏立祠也是彰显了他们在任时治理有方的功绩。

---

① 班固. 汉书·循吏传 [M]. 北京：中华书局，1962：3625-3626.
② 班固. 汉书·循吏传 [M]. 北京：中华书局，1962：3637.
③ 班固. 汉书·循吏传 [M]. 北京：中华书局，1962：3627.

寄托民众追思的功能。由于官吏在任时的治理措施使民众受益，人们就为这些官吏建起祠堂，岁时祭祀。除了祭祀之外，祠堂也寄托着民众对这些官吏的追思。如《后汉书·独行列传》载：周嘉任零陵太守，"视事七年，卒，零陵颂其遗爱，吏民为立祠焉"①。

（二）官吏祠的消极功能

官吏祠的消极功能就是容易导致民众负担加重。《汉书·食货志》载："今一夫挟五口，治田百亩，岁收亩一石半，为粟百五十石，除十一之税十五石，余百三十五石。食，人月一石半，五人终岁为粟九十石，余有四十五石。石三十，为钱千三百五十，除社闾尝新春秋之祠，用钱三百，余千五十。衣，人率用钱三百，五人终岁用千五百，不足四百五十。不幸疾病死丧之费，及上赋敛，又未与此。"② 从这段记载中我们很容易看到农夫一年下来入不敷出，而如果每年还要去祭祀这些立了祠的官吏，就更加重了他们的负担。

另外，建造祠堂花费也不小。虽然史料中没有详细记载建造一座官吏祠要花费多少，但是从有些官员出于节俭的目的，不愿意子孙为自己建祠来看，建祠所需费用应当不小。如《后汉书·袁张韩周列传》关于张酺的记载："酺病临危，敕其子曰：'显节陵扫地露祭，欲率天下以俭。吾为三公，既不能宣扬王化，令吏人从制，岂可不务节约乎？其无起祠堂，可作稿盖庑，施祭其下而已。'"③ 从这段话中可以看出不立祠堂可以起到节约的作用。由此可见，为官吏立祠一定程度上会加重民众的负担。

（三）官吏祠的隐性功能

维系信仰的功能。我们在分析汉代为官吏立祠的原因时就发现有些官吏祠在被建立时是受到宗教信仰色彩影响的。以许杨为例。《后汉书·方术列传》载：许杨为都水掾，为百姓起塘四百里。"初，豪右大姓因缘陂役，竞欲辜较在所，杨一无听，遂共谮杨受取赇赂。晨遂收杨下狱，而械辄自解。狱吏恐，遽白晨。晨惊曰：'果滥矣。太守闻忠信可以感灵，今其效乎！'即夜出杨，遣归。时天大阴晦，道中若有火光照之，时人异焉。后以病卒。晨于都（官）〔宫〕为杨起庙，图画形像，百姓思其功绩，皆祭祀之。"④ 郡守邓晨为许杨立庙，不是因为许杨的功绩有多大，而是其事迹颇有神异色彩。当时的人们面对自己无法解释的现象，很容易就归结到神灵身上。许杨的刑械自解很有可能就是狱吏念想着许杨的功绩而帮他解开的，邓晨以为是忠信感灵罢了，道路中若有火光无非是心理暗示罢了，以强化之前的判断。邓晨为许杨立庙后，百姓们就祭祀他。一是许杨的建塘的功绩，二来也是受当地神灵信仰的影响。而当民众每年为之祭祀这一种形式，就起到了维系当地这样信仰的一种功能。当然，当时的人们是意识不到这一点的，因为这就是他们的文化生活环境，对他们来讲神灵的存在是无可置疑的。

影响地方行政的功能。前面在分析官吏祠的积极功能时我们知道官吏祠具有寄托民众追思的功能。民众追思的是官吏，具体来说是官吏在任上施行的一些对他们有益的措

---

① 范晔. 后汉书·独行列传 ［M］. 北京：中华书局，1965：2676.

② 班固. 汉书·食货志 ［M］. 北京：中华书局，1962：1125.

③ 范晔. 后汉书·袁张韩周列传 ［M］. 北京：中华书局，1965：1533-1534.

④ 范晔. 后汉书·方术列传 ［M］. 北京：中华书局，1965：2710.

施。一般来说，民众追思的这一类官吏正是当地的行政长官。这些官吏也是具有感知和思考能力的人，也会受外在环境的影响。而当他们意识到自己在任时如果多施行对民众有益的措施民众就有可能会为他们立祠的话，他们会不会更多地施行对民众有益的措施呢？当然会。在汉代受别人奉祀是一件很值得庆贺的事。就像前引《汉书·循吏传》朱邑对他的儿子所说的那样："我故为桐乡吏，其民爱我，必葬我桐乡。后世子孙奉尝我，不如桐乡民。"朱邑对他儿子说的这番话似乎略有责备子孙之意，其实是在向儿子夸耀自己。可见，官吏要是能预料到自己的施政措施可能导致民众为之立祠而官吏又希望民众为之立祠的话，该官吏是很有可能施行对百姓有益的措施的。由此，可以看出官吏祠一定程度上的确会影响到地方行政。

结　语

本文以汉代为官吏立祠这一现象为研究对象，详细阅读文献中关于汉代为官吏立祠的记载，并制作了汉代为官吏立祠表。但必须说明的是，由于汉代很多官吏祠的记载并没有保存下来，甚至有的官吏祠可能根本就没被记录下来，所制之表肯定是不完整的。另外，汉代子孙为祖先立祠很普遍，其中当然有很多祠主是担任过官职的官员，但是本文并没有将其列入讨论之列。

在对比两汉官吏祠的分布情况及其原因时，我们可发现西汉为官吏立祠数量远远少于东汉为官吏立祠数量，官吏生祠数量远远少于官吏死祠数量。其中，关于生祠数量远远少于死祠数量似乎不能以受宗教信仰色彩的影响来解释，最大的可能是祠堂在汉代主要是用来祭祖，而为祖先立祠是在祖先死后。受此影响，为官吏立祠也多是在官吏死后才为之立祠。

在分析汉代为官吏立祠的原因时笔者发现其原因是多种多样的，而且不同的立祠者立祠原因也不同。民间为官吏立祠的原因主要在于官吏在任时的治理措施使民众受益，其次则是受到神仙方术一类宗教信仰的影响。官方为官吏立祠主要是官吏有功于国家，重点是拥立之功。而官民共同为官吏立祠，目前所见的都是从功用的角度来考虑，因为官吏在任施行的政策有利于吏民，与民间为官吏立祠的主要原因一致。

在分析官吏祠的功能时，笔者以官吏祠的效果将官吏祠的功能分为积极功能、消极功能和隐性功能三类。由此得出的结果是官吏祠的积极功能是具有祭祀的功能、教化的功能、表彰功绩的功能和寄托民众追思的功能。官吏祠的消极功能主要是加重了民众的负担。而官吏祠的隐性功能则是维系了人们的信仰和影响地方行政。当然，我们必须清楚官吏祠的不同功能之间具有重叠，将它们分门别类主要是为了便于分析。像官吏祠的祭祀功能和维系宗教信仰功能就有重合的地方，因为祭祀也是维系宗教信仰方式的一种。

>> 老师点评

  况梁城同学是位脑子很灵活的学生，但进入书院之初，对于自己的学业并没有明确规划。历史不是他的第一志愿，他没有转专业的打算，却也没有把心思聚焦在本专业的学习上。做为他的学业导师，我们之间的交流，除了专业知识，起初其实更多的是要求他尽早明确目标，从而更快更好地进入学习状态。大二的时候，他跟我表达了学习社会学的想法。我觉得学生培养，重点是让他们的才智和个性得到充分发挥，不应该限定其发展方向，所以尽管也希望他能继续本专业的学习，但仍然对他的决定表示了支持。我曾经提醒他，对社会现象的研究必须考量到历史因素，历史学足以给社会学的思考提供独到的东西。他应该是认同这种看法的，在自学社会学课程的同时，并没有放松本专业的课堂学习。他后来报考南京大学社会学专业研究生，面试成绩名列前茅，将笔试成绩的第十二名抬升到总成绩的第四名。我猜想，他的历史学科背景以及面试时表现出的历史思维能力，应该是他获得社会学导师们认可的重要因素。

  《浅论汉代为官吏立祠现象》是况梁城同学的毕业论文。他起初跟我商量选题时，受到李彦楠《从方术到教化：汉魏六朝官吏生祠意义的转化》（《国学学刊》2018 年第 3 期）一文启发，想研究汉代为官吏立生祠的现象。考虑到关于汉代官吏生祠的材料不多，而且仅有的几则史料李文中已都有罗列，我建议他将研究范围扩大到汉代的官吏祠。由于材料比较集中，这个选题尽管范围扩大了，史料搜集的难度并不是很大。选题确定后，论文提纲主要是他自己根据所搜集的材料构思的，我只是协助他理了理思路，并且在初稿拿出后，指出了一些史料理解跟学术规范上的问题。这篇论文的突出特点，是对社会学研究中常用的统计分析方法的运用。论文对汉代官吏祠的类型、立祠时间、立祠者身份、立祠原因等分别做了统计分析，进而在此基础上分析汉代官吏祠的功能。论文研究的是社会现象，采用的是社会学的研究方法，都是他专业上比较熟悉的东西，尽管论述的深度不是太够，整体完成度还算不错。

  况梁城同学极有毅力，下定决心便能持之以恒。他报考的南京大学社会学是名列全国前三的 A 级学科，跨专业报考难度相当大，而且备考期间又面临毕业论文写作，压力之大可想而知。我做为他的论文指导老师，尽管担心他的论文完成情况，却也不敢催促他的写作进度。好在他自己将时间安排得相当妥善，既顺利考取了研究生，也按期高质地完成了论文。有迎难而上的勇气，而且有解决困难的能力，我相信他一定会有美好的未来。

论文指导老师、学业导师 王 勇

清末预备立宪时期的平"满汉畛域"问题

2015 级　万乾益

摘　要："满汉畛域"是清朝满汉民族关系的基本特征。它具体表现在满汉两族在聚居区域、管控方式和经济交往等方面的隔离，政治、经济和司法等方面的不平等以及生活方式、礼仪习俗等方面的区别。随着时局变化，满汉畛域给清廷带来了很大的管理和舆论压力。因此，清廷在清末最后十余年间采取了一些措施以化除满汉畛域。本文即关注于清末预备立宪时期关于化除满汉畛域的讨论、建议和措施，并重点通过时论的评价考察清朝化除满汉畛域改革的成效。相较于朝野讨论的内容，清朝采取的改革措施非常有限，而且即便是这些有限的措施，它们的执行效果也未达预期。未能妥善化除满汉畛域，是导致清朝最终覆灭的一个重要原因。

关键词：清末新政；预备立宪；满汉畛域

绪　论

作为异族征服者，满族入主中原，建立政权后，采取了一系列满汉隔离的措施以保证自己居高临下的统治者地位，防止自身被汉化而失去民族特征。由此形成的"满汉畛域"也成为清代满汉民族关系的基本特征。所谓"畛域"，即界限、分割的意思。"满汉畛域"指的便是满汉两族在政治、经济和社会等多个方面地位和待遇的不同。由满汉畛域引发的矛盾，在清末最后十余年这一政局动荡、风起云涌的时期，逐渐成为朝野上下政治斗争和舆论斗争的焦点之一。革命党利用满汉畛域宣扬汉族民族主义，大阐革命的合理性和必要性；而清政府在内忧外患之下，为了维系自身统治，虽然确曾付出过一定努力以消弭满汉畛域，但直到其覆灭，也未能取得多少建树。种种证据显示，未能妥善处理满汉民族关系，消除满汉畛域，是清朝最后分崩离析的一个重要原因。

目前关于满汉畛域的研究，不但数量众多，而且层次丰富、视角多样。迟云飞开创性地引出了对清末满汉畛域问题的专题研究。他的文章简要勾画了清末平满汉畛域的来龙去脉，归纳了清廷采取的措施，并且重点考察了旗人编入民籍和旗人生计的问题。最后，他得出了满汉通婚和满汉司法同一得到较好贯彻，而高层官员任免不分满汉和旗人入民籍与生计问题，都未能取得多少成绩的结论，是谓"下层平而政权中枢不平"①。李细珠通过发掘未刊军机处档案，全面详细地展示了光绪三十三年（1907）群臣奏议讨论平满汉畛域的各种观点，并展现清廷在朝议之后政策的变化。他还简要分析了清廷平满汉畛域措施成效不尽如人意的原因。在他看来，首先，摄政王载沣在慈禧死后对其政策的改变，是满汉矛盾再度激化的最重要的原因；其次，则是旗人生计未得妥善解决。② 迟、李二人的研究为当下平满汉畛域的专题研究提供了坚实稳固的框架和史实基础。在他们二人之外，张继格、刘大武对清廷化除满汉畛域的原因进行了专题研究，革命者对满族特权的不满、旗人的腐化堕落、清廷的内外压力都是推动清朝改革的重要原因；③ 苏钦从近代法权概念的视角，在回顾清廷平满汉畛域的过程与朝议的同时，关注了当时如近代宪政民主思想和革命排满思想对清廷行动的推动。④ 潘崇通过研究吴樾炸弹案、五大臣出洋考察和徐锡麟刺杀恩铭案三个事件以及社会围绕于此展开的舆论，展现了几个关键事件对清政府化除满汉畛域的层层推动作用。⑤ 上述研究均重在从官方视角对清廷确定平满汉畛域政策的考察，而诸多学者则从不同角度出发，使得对这一问题的研究越来越丰富完善。与上述几篇以事件为中心的视角不同，赵可、翟海涛和王建华选择以人物为中心，分别研究了张之洞和端方在这一过程中的关键作用，展现了核心人物对于推动清朝改革的作用；⑥ 郭培培和崔志海分别以《东方杂志》以及《民报》和《新民丛报》间的论战为研究对象，考察了不同刊物对满汉畛域问题的不同看法，展现了他们背后不同群体代表的政治观点和思想倾向；⑦ 李静宜则以满人群体为对象，考察了满人眼中的"满汉畛域"，既显示这一群体的共识，即意识到改革满汉畛域势在必行，又展现他们内部在对具体问题的认识和改革措施上的分歧。她的研究弥补了当前研究多以汉人视角为主的不足。⑧ 在上述专题论文之外，还有一些专著和博士论文，采取了范围更大、时段更长的视角，如将清末满汉畛域问题纳入对整个清代满汉民族关系、清朝八旗制度乃至近代民族建构的大框架中考察。⑨ 他们的研究清晰地展现了清朝满汉畛域产生的前因后果，有助于人们深入理解它们对清末预备立宪时期的改革造成了阻碍。

　　虽然前人对于清廷化除满汉畛域的原因、过程和结果，已有视角多样且深入的探

① 迟云飞. 清末最后十年的平满汉畛域问题 [J]. 近代史研究, 2001 (5)：21-44.

② 李细珠. 清末预备立宪时期的平满汉畛域思想与满汉政策的新变化——以光绪三十三年之满汉问题奏议为中心的探讨 [J]. 民族研究, 2011 (3)：35-50.

③ 张继格, 刘大武. 试析清末化除满汉畛域原因 [J]. 江苏科技大学学报（社会科学版）, 2007 (2)：62-65.

④ 苏钦. 清末预备立宪活动中"化除满汉畛域"初探 [J]. 法律文化研究, 2006：74-89.

⑤ 潘崇. 清政府立宪化除满汉畛域策略确立过程之考察 [J]. 江苏社会科学, 2013 (2)：230-236.

⑥ 赵可. 张之洞调停满汉畛域的努力与晚清政局的演变 [J]. 四川师范大学学报（社会科学版）, 2004 (2)：111-116；翟海涛、王建华. 端方与清末的满汉政策 [J]. 江南社会学院学报, 2003 (1)：53-56.

⑦ 郭培培. 清末《东方杂志》认识满汉关系的历史语境 [J]. 吉林师范大学学报（人文社会科学版）, 2015 (5)：60-64；崔志海. 辛亥时期思想界关于满汉关系问题论争的再考察——以《民报》和《新民丛报》为中心 [J]. 清代满汉关系研究, 2011 (4)：492-506.

⑧ 李静宜. 清末满人眼中的"满汉畛域"[J]. 吕梁学院学报, 2014 (4)：62-65.

⑨ 薛伟强. 晚清满汉矛盾与国政朝局 1884—1912——以统治阶级上层为中心的考察 [M]. 北京：中国社会科学出版社, 2017；路康乐. 满与汉：清末民初的族群关系与政治权力（1861—1928）[M]. 北京：中国人民大学出版社, 2010；常书红. 辛亥革命前后的满族研究 [M]. 北京：社会科学文献出版社, 2011；方宇. 满汉平权改革与清末民族国家构建 [D]. 上海：华东政法大学, 2015.

讨，但仍可通过考察当时舆论以评估改革成效的新视角，来更深入地研究该主题。因此本文将以此为创新点，努力发掘当时围绕改革满汉畛域的报刊舆论资料，较为全面地反映时人对改革的看法，在已有研究成果的基础上，或补充现有观点，或提供新的观点，以评价改革效果。

一、清末平满汉畛域的背景

如绪论所述，满汉畛域是清代满汉民族关系的基本特征，由此引发的矛盾在清末最后十余年间遽然上升，它也成为革命党否定清朝合法性，宣扬革命的重要依据。而清政府却直到灭亡都未能有效化除满汉畛域。要想理解满汉畛域为什么成为这一时期的焦点问题，以及它为何如此难以被化除，就有必要理解清朝满汉畛域的根源何在，有哪些具体的表现形式，以及它的存在对于满汉两族产生了什么样的影响。

满汉畛域的根源，与努尔哈赤和皇太极创设发展的八旗制度密不可分。八旗是满洲独特的社会军事组织，满洲的各个部落都被纳入其中，组织严密有序。八旗子弟"出则为兵，入则为民，耕战二事，未尝偏废"[①]。八旗在清初经历过多次扩张，最后形成了满洲八旗、蒙古八旗和汉军八旗，一共二十四旗的规模。八旗子弟的身份是世袭的，构成了与汉人相对的旗人，或戊戌变法之后被泛称为满人的群体。满汉畛域，即是这一群体与汉人之间的界限。由此可见，所谓"满人"，并不局限于女真人，还包括了一部分蒙古人和汉人。他们作为"满人"群体，同样享有统治者给予的特权和福利。鉴于在这一历史语境下，"旗人"和"满人"内涵上具有高度的一致性，故本文如无特殊说明，"旗人"和"满人"被视作同义词使用。

美国学者路康乐（Edward J. M. Rhoads）在论述清朝满汉关系时，以"隔离与不平等"为题，这即是满汉畛域的主要特征。所谓隔离，具体表现在"旗民分治"的管控体制和满汉两族在居住地、职业、地产交易和彼此通婚等的限制上。满人作为"旗人"，受其所属各旗的长官管理，而汉人则被称为"民"，由各级地方政府管辖；满人驻防于京师及重要城市周围，聚居在专门设置的满城，与汉人分开聚居；满人只可当兵、当官和务农，不能从事其他职业，而汉人则无所限制；满人不能向汉人售卖田产，而不限制向汉人购买田产。除了上述几点明文规定，还有一不成文却同样被严格贯彻的限制，即满汉不通婚。[②]

满汉畛域由隔离起，继之则以政治、经济和司法等地位的不平等。政治上，满人比汉人更易入仕，也更易获得高级职位。首先，高层的官缺有满缺、汉缺等分别，仅占中国很小一部分的满人拥有一半的中央和地方的高级职位；其次，相比于汉人科举的激烈竞争，满人可以通过参加单独的"翻译"科和"笔帖式"考试入仕。这种为满人特设的考试难度远较正式科举要小，而功名的效果却不逊于前。经济上，旗兵享受朝廷每月发放的粮饷以供养家人，在部分地区，旗兵还能得到土地。司法上，满人与汉人同罪不同

---

① 清实录：第2册·太宗实录 [M]. 北京：中华书局，1987：98.

② 路康乐. 满与汉：清末民初的族群关系与政治权力（1861—1928）[M]. 北京：中国人民大学出版社，2010：32-39；常书红. 辛亥革命前后的满族研究 [M]. 北京：社会科学文献出版社，2011：27-49.

罚，满人犯罪受罚较汉人明显为轻。① 此外，清廷还有一项针对汉人迁徙的限制政策，即不准汉人进入东北地区。禁令直到清末的世纪之交时才有松动。

除了满汉政策上的隔断，满汉两族的一些外部区别也得以保留。如满人名字较汉人繁复，汉人通常以姓名称呼，满人则常常只称名；满汉传统服饰有明显区别；满臣上奏称"奴才"以示亲近，而汉人则称臣；满人女子不缠足，而汉人女子要缠足……② 种种风俗、传统上的区别与前述制度性的"分割与不平等"一同构成了清朝满汉畛域的具体表现形式。

虽然满汉畛域有诸多明显的隔离与不平等，但它在清中叶及之前总体是隐而不显的。然而随着清中后期政治形势的变化，满汉畛域引发的矛盾也日益凸显。清当初之所以能定鼎中原，依靠的是八旗兵丁的悍勇。然而承平日久，到了清中后期，八旗军队的斗志早已消磨，军事技能也逐渐荒废。太平天国和捻军的兴起沉重打击了八旗军队，清廷只能仰赖汉族官僚及湘军、淮军等汉族军队，这也是清末汉人实力急剧上升的基本背景。在军事上，八旗已经无法保卫清朝的安全，他们失去了存在的最大价值。在经济上，八旗"生齿日繁"，一方面，为了供养他们，朝廷的财政负担越来越重；另一方面，八旗子弟既受到职业限制，无法自谋生计，又因好逸恶劳而生活日益贫困。八旗制度在军事和经济上的困局，是满汉畛域在清末成为矛盾焦点，以及阻碍对其进行有效改革的重要原因。

二、预备立宪之前的平满汉畛域

清末政治局势的剧变使得满汉畛域问题也日益凸显。郑观应在 1895 年《盛世危言》第二版中，增刊《旗籍》一文，提出"二百余年来，久应域全销矣，顾满、汉之名犹别，旗籍之生未遂，甚非所以示宽大图久远也"，并提出解散旗籍，使旗人量才器使的建议。③ 梁启超在 1896 年写下的《变法通议》中，也专列一章《论变法必自平满汉之界始》。在这篇文章中，梁启超提出文明的优胜劣汰就是"争种族"，认为平满汉之界是变法的重要部分，呼吁"合种必自支那始"④。两年后的 12 月，变法失败而流亡日本的梁启超还在《清议报》创刊号社论中节录这段文字，继续自己的呼吁。⑤ 他们的文字，是满汉畛域在清末由隐到显的重要信号。

在短暂的戊戌变法时期，有两位大臣上奏请平满汉畛域。1898 年 9 月 5 日，时任总理各国事务衙门章京的张元济上书请融满汉之见。在陈述了平满汉畛域的必要性与合理性之后，张元济提出几点措施建议：内地满蒙各旗（汉军八旗早先已被下令出旗为

---

① 路康乐. 满与汉：清末民初的族群关系与政治权力（1861—1928）［M］. 北京：中国人民大学出版社，2010：39-47；常书红. 辛亥革命前后的满族研究［M］. 北京：社会科学文献出版社，2011：39-40.

② 路康乐. 满与汉：清末民初的族群关系与政治权力（1861—1928）［M］. 北京：中国人民大学出版社，2010：48-59.

③ 郑观应. 盛世危言［M］. 王贻梁，评注. 郑州：中州古籍出版社，1998：217-219.

④ 梁启超. 论变法必自平满汉之界始［M］//饮冰室合集：第 1 册. 北京：中华书局，1989：77-83.

⑤ 梁启超. 论变法必自平满汉之界始［N］. 清议报，1898（1）：7-12.

民），除皇族宗室外，一律编入民籍，归地方官管辖；准许满汉通婚，放开对旗人经商和居住、出行的限制；同一官职分了满缺与汉缺的，裁去冗职，任人唯贤；暂时仍发给旗民钱粮；在京师及地方八旗驻防处，开设勤工学堂，教以旗人谋生；内外蒙古与新疆青海的一切制度暂不变更。[①] 另一位则是太常寺卿袁昶，他上奏请筹八旗生计。虽然他奏折中的具体内容今已不见，但皇帝在谕旨中说"现当百度维新，允宜弛宽其禁，俾得各习四民之业，以资治生。著户部详查嘉庆道光年间，徙户开屯，计口授田成案，重订新章"[②]。然而，随着变法的迅速失败，这些措施并未在实际上生效。

虽然改革措施并未生效，但以戊戌变法为节点，满汉畛域的问题得到了越来越多的关注，越来越多的人也敢谈及此。检索《孙宝瑄日记》，戊戌之前的内容占全书的 20% 左右，但他直到戊戌变法结束之后的 1898 年 12 月 2 日才首次论及满汉畛域："日本当明治初，能振变诸政，较易于支那者，其故有四：……一国一家中，无满汉之别也……"[③] 以此为始，全书论及满汉的内容共有 16 条。同样，在"全国报刊索引"全文数据库中检索"满汉"一词，最早实际论及满汉畛域的文章，除了前述 1898 年《清议报》社论外，还有 1899 年《亚东时报》中的《论满汉不平之实在》。[④] 由上述两例可见，戊戌变法虽然失败了，却使越来越多的人敢于谈论这一从前的禁区。

1901 年是满汉畛域问题的另一个重要时间点。这一年，中国先后经历了义和团运动带来的混乱和《辛丑条约》带来的羞辱。以慈禧为代表的皇族高层在这些事件中的表现，极大地加剧了社会上满汉对立的情绪。无论刚毅等皇族保守派是否真的说过"宁赠友邦，不予家奴"或"汉人强、满人亡"之类的话，只要社会舆论普遍接受，或认为这是他们所说的话，那满汉之间的冲突加剧也就不意外了。在《辛丑条约》签订后，社会舆论对于满汉畛域乃至满人群体的言论越来越激烈，"革命排满"的思想也甚嚣尘上。邹容、陈天华和章太炎是其中的代表人物。邹容在写于 1903 年的《革命军》中以极为激愤的语言，历数满人欺压、奴役汉人之罪过，直呼"诛绝五百万有奇被毛戴角之满洲种，洗尽二百六十年残惨虐酷之大耻辱"。[⑤] 陈天华的《警世钟》和章太炎的《释仇满》等文章也表达了同样激愤的思想。创办于 1905 年的革命党中国同盟会，把"驱除鞑虏"作为其纲领。其机关刊物《民报》则成为其宣传"革命排满"的舆论阵地。革命党越来越利用满汉畛域来鼓动人心，宣传革命，甚至还与立宪派就满汉畛域问题打了很长时间的笔战。[⑥]

对于此时的清政府来说，化除满汉畛域已成为政治、经济和舆论等多个方面的要求。在此背景下，满汉官员也越来越多地在奏议中谈及平满汉畛域的问题。1901 年 4

---

① 张元济. 总理各国事务衙门章京张元济折 [M] //国家档案局明清档案馆（编）. 戊戌变法档案史料. 北京：中华书局，1958：44-45.

② 清实录：第 57 册·德宗实录·谕内阁军机大臣等议覆袁旭条陈请筹八旗生计等语 [M]. 北京：中华书局，1987：587.

③ 孙宝瑄. 孙宝瑄日记 [M]. 中华书局编辑部整理，童杨校订. 北京：中华书局，2015.

④ 孤愤子. 论满汉不平之实在 [N]. 亚东时报. 1899：7-9.

⑤ 邹容. 革命军 [M]. 北京：华夏出版社，2002：7.

⑥ 崔志海. 辛亥时期思想界关于满汉关系问题论争的再考察——以《民报》和《新民丛报》为中心 [J]. 清代满汉关系研究，2011（4）：492-506.

月，满人巡抚端方上奏建议"民旗杂居，耕作与共，婚嫁相联，可融满汉畛域之见"①。他更"以身作则"，将女儿嫁予袁世凯第五子袁克权。7月，两江总督刘坤一和两广总督张之洞联奏《遵旨筹议变法谨拟整顿中法十二条折》。在所列"筹八旗生计"条中，他们提出旗人可自愿离开京师或驻防地，出旗为民，而应发粮饷则暂不变动；出旗自谋生计者，则"其钱粮即行开除，不必另补"；再将省下来的钱粮，专用以为八旗"广设学堂之费，士、农、工、商、兵五门，随所愿习……"，最后实现"五年以后，省饷日巨，学堂日增，十年以后充兵者可以御侮，则不患弱，改业者各有所长，则亦不患贫矣"②。

面对危局，清政府在这段时间确实采取了一定措施。早在 1901 年 1 月，意识到盲目对列强宣战，铸成大错的慈禧，尚在"西狩"途中便下旨改革："总之，法令不更，固习不破，欲求振作，当议更张。"③ 4 月，清廷又下旨设立督办政务处，奕劻、荣禄、昆冈、李鸿章、王文韶、鹿传霖六位大员被任命为督办政务大臣，职务满汉均分。④ 1902 年 2 月，慈禧下旨，允许满汉通婚。清廷将过去满汉不通婚归因于风俗有别，但及至今日，"则风同道一，已历二百余年，自应俯顺人情，开除此禁，所有满汉官民人等。著准其彼此结婚，毋庸拘泥"⑤。在接下来的几年中，清廷还采取了诸如新设官职不分满汉等措施，然而这些措施大多较为局限，于化除满汉畛域全局仍然不够。⑥

另一值得一提的事件是 1905 年的吴樾炸弹案。该年 9 月，吴樾怀揣炸弹，伪装成仆人，登上被任命出洋考察预备立宪的五大臣专列，对五大臣发动自杀性的暗杀。学者潘崇认为其虽然任务失败，但推动了清廷内部化除满汉畛域的进程，或者至少展现了这种倾向。⑦ 然而本文却更认同路康乐"吴樾的暗杀活动并没有对满汉关系造成任何直接影响"⑧ 的说法。仍如前文般检索数据库，显示 1900—1906 年，每年直接与化除满汉畛域相关的报刊言论，数目区别不大。虽然《申报》评论道："爆裂弹之一掷，实不啻以反对党之宗旨大声疾呼于政府，俾知立宪之有大利于皇室，而不可不竭力以达成之。"⑨ 但详查其文意，可知该文强调的是立宪，而非满汉畛域，更没有任何反满的种族色彩。由此可见当时吴樾等人的反满宣言，确实未曾广为舆论所知。但这种相对的和缓并未持续太久。1906 年 9 月 1 日，慈禧正式下令预备立宪。而 1907 年 7 月，震惊朝野的徐锡麟刺杀恩铭案则将化除满汉畛域的论争推向高潮。

---

① 端方. 端忠敏公奏稿·筹议变通政治折 [M]. 铅印本. 1919：138-156.

② 苑书义、孙华峰（编）. 张之洞全集：第 2 册·遵旨筹议变法谨拟整顿中法十二条折 [M]. 石家庄：河北人民出版社，1998：1421-1422.

③ 清实录：第 58 册·德宗实录 [M]. 北京：中华书局，1987：274.

④ 清实录：第 58 册·德宗实录 [M]. 北京：中华书局，1987：346.

⑤ 清实录：第 58 册·德宗实录 [M]. 北京：中华书局，1987：504-505.

⑥ 路康乐. 满与汉：清末民初的族群关系与政治权力（1861—1928）[M]. 北京：中国人民大学出版社，2010：93-121.

⑦ 潘崇. 清政府立宪化除满汉畛域策略确立过程之考察 [J]. 江苏社会科学，2013（2）：232.

⑧ 路康乐. 满与汉：清末民初的族群关系与政治权力（1861—1928）[M]. 北京：中国人民大学出版社，2010：116.

⑨ 论五大臣遇险之关系 [N]. 申报. 1905-9-28（2）.

三、1907 年关于平满汉畛域的论争

1907 年 7 月初，发生了带有强烈仇满反满色彩的徐锡麟刺杀安徽巡抚恩铭案。与两年前的吴樾炸弹案不同，这一次徐锡麟煽动反满的供词很快就被广为传播，极大引发了满人的惶恐不安。不但清廷大为惊骇，"近日颐和园中又添驻陆军两营，严为警备"[①]。即使对于一般民众，对仇满情绪的感知也是很明显的。事件发生二十余日，《申报》评论："自革命军起，而满汉之见日甚；自暗杀事起，而满汉之见又日深。我国自去年七月十三以来，预备立宪之声，既腾达于中外，而革命之风潮不息，暗杀之手段所以日加烈者，其第一之争执，在于满汉之不平等。……是以政府不欲实行立宪则已，果欲实行立宪，非先平满汉之界。其道未由政府不欲消除革命之风潮则已，果欲消除革命，非先除满汉之界，无由着手。故早一日实行立宪，即早一日弥革命之祸；早一日平满汉之界，即早一日成立立宪之局。"[②] 在这种局势下，化除满汉畛域已成为清廷延续统治的必然要求，这也随后引发了一场关于如何化除满汉畛域的大讨论。

1907 年 7 月 28 日，袁世凯奏预备立宪改革十条，其中之一便是"满汉必须融化"。他说："为今之计，惟有仍遵行皇太后勘定发捻各逆之成规，整饬内政，因时制宜，不分满汉，量才授事……臣工内如有满汉意见较深者，亦须量予裁抑，以杜猜防之渐，而消祸乱之萌。"[③] 三天后，端方也代安徽贡生李鸿才上奏，请平满汉畛域，并提出八条建议："满汉刑律宜归一体，满臣不宜称奴才，满汉通婚宜切实推行，满汉分缺宜行删除，满洲人士宜姓名并列，缠足宜垂禁令，京营宜改混成旗，驻防与征兵办法宜归一体。"[④] 在日益紧张的环境和重臣的建议下，慈禧在 8 月 10 日下令征求平满汉畛域的意见：

> 我朝以仁厚开基，迄今二百余年，满汉臣民从无歧视。近来任用大小臣工，即将军、都统亦不分满汉，均已量才器使。朝廷一秉大公，当为天下所共信。际兹时事多艰，凡我臣民方宜各切忧危，同心挽救，岂可犹存成见，自相分扰，不思联为一气，共保安全。现在满汉畛域应如何全行化除，著内外各衙门各抒所见，将切实办法妥议具奏，即予施行。[⑤]

得到了朝廷的鼓励，满汉大臣关于化除满汉畛域的意见也就纷至沓来。据当时估计，仅到该年 8 月末，京外大小官员仅化除满汉畛域折即有"一百七十余件"[⑥]。至于最终的相关奏折的数目，或者是上奏人的身份，现在都已难以准确统计和归纳了。

---

① 徐锡麟刺皖抚余闻 [N]. 大同报（上海）. 1907（20）：30.

② 论消除革命在实行立宪 [N]. 申报. 1907-7-27（2）.

③ 李细珠. 清末预备立宪时期的平满汉畛域思想与满汉政策的新变化——以光绪三十三年之满汉问题奏议为中心的探讨 [J]. 民族研究，2011（3）：38.

④ 故宫博物院明清档案部（编）. 清末筹备立宪档案史料：下册·两江总督端方代奏李鸿才条陈化除满汉畛域办法八条折 [M]. 北京：中华书局，1979：915.

⑤ 朱寿朋（编），张静庐，等校点. 光绪朝东华录 [M]. 北京：中华书局，1958：5712.

⑥ 京外人员条陈消融满汉之踊跃 [N]. 申报，1907-8-3（3）.

在这些奏折中，上奏人从多个方面讨论了如何化除满汉畛域的问题。这是一个系统性的大问题，牵涉很广，本文仅从几个大方向，略陈一些有代表性的意见。这些意见中，讨论最多的是关于旗籍和驻防的改革。正如陕甘总督赵惟熙在奏折中所言："数月以来，内外臣工之应诏陈言者，章凡数十见，虽办法各有不同，而主裁撤旗兵之说，最居多数。"① 前已提及，旗兵战斗力下降，坐吃粮饷，全依赖于八旗体制。他们早已成为军事上的累赘和经济上的负担。因此，要改变这一局面，就必须涉及对八旗制度的改革。南书房翰林郑沅主张将旗兵"即改隶于各省，裁去驻防名目，占籍为民，京师各旗，则分隶于顺天府属一律办理，所有京外将军、都统等官，均应重定制度，酌量变更。"② 御史贵秀则主张仿照旗籍以建立军籍，满汉均可当兵。"近则直省满营，均归督抚节制，似宜于征兵退伍后，听其与汉人杂处，为农工商贾以谋生，等是国民一分子。"③ 民政部右侍郎赵秉钧认为蠲除旗籍不宜太快，应分三步走：首先，"调查京旗各驻防户数及老幼丁壮男女口数，分别食饷与否，务得确数，详细造册，以凭考核。"其次，"户口查清以后，仿唐宋赐中兴功臣、开国功臣、奉天定难功臣等名号。凡隶旗籍，各给予开国功臣名号，或铸银牌赐之，或给予纸券，如诰轴之类，俾传子孙，先世勋荣，永彰不朽。其平世投旗者不给。"最后，"褒赏功勋牌券发后，应将各旗精壮子弟编入陆军，或挑作巡警，或分布宫廷当差，饷项从优支给。"④

考虑到八旗制度为旗人提供了坐食的"铁饭碗"，一旦改革八旗制度，则势必涉及改革后旗人的生计问题。因此筹八旗生计成为紧随裁驻防、改旗籍后的核心问题。黑龙江巡抚程德全提出先化"无形之满汉"，即整顿吏治，再化"有形之满汉"：在撤京旗及驻防后，各处旗人悉归地方官管理，妥为编置；随后"裁撤将军、都统各缺，各计本官仍给养廉银钱。"⑤ 桂林知府杨道霖主张，对除旗兵外的旗人，"听其出外自谋生计，不为限制。其应给钱粮、养赡等项，分别裁减，作为十成，每年递减一成，十年减尽"⑥。吏部文选司员外郎胡潛则主张"清查八旗户口，分等造册"以区分不同层次的满人，身居高层，有稳定收入者则裁去他们薪饷；身居下层，缺乏生产资料或谋生手段的就让他们"或学工艺，或习商务，或课农桑，按年按月，妥为安置"，对他们缓撤钱粮，最后十余年内就解决了满人的生计问题。至于旗籍问题，他提出要"编旗人之籍贯也"，不同地区的驻防可分编入当地的县。"其中倘有窒碍，且仿卫官、卫田之例，设旗官，兴

① 故宫博物院明清档案部（编）. 清末筹备立宪档案史料：下册·陕甘总督升允代奏赵惟熙呈请裁撤旗丁由国家筹办实业为之生利折 [M]. 北京：中华书局，1979：957.

② 故宫博物院明清档案部（编）. 清末筹备立宪档案史料：下册·南书房翰林郑沅奏化除满汉畛域京旗驻防宜占籍为民折 [M]. 北京：中华书局，1979：919.

③ 故宫博物院明清档案部（编）. 清末筹备立宪档案史料：下册·御史贵秀奏化除满汉畛域办法六条折 [M]. 北京：中华书局，1979：921-922.

④ 故宫博物院明清档案部（编）. 清末筹备立宪档案史料：下册·民政部右侍郎赵秉钧奏分期蠲除旗籍并画一旗汉官员称谓升途折 [M]. 北京：中华书局，1979：937-938.

⑤ 故宫博物院明清档案部（编）. 清末筹备立宪档案史料：下册·暂署黑龙江巡抚程德全奏满汉其迹政本其原必尽划弊根而后可言维新折 [M]. 北京：中华书局，1979：948—949.

⑥ 故宫博物院明清档案部（编）. 清末筹备立宪档案史料：下册·桂林府遗缺知府杨道霖请销除旗档统归民籍呈 [M]. 北京：中华书局，1979：93.

旗田，因时制宜，随地而变通也"，最后使满人汉人彼此间无嫌隙。①

如果说程、胡二人考虑的还较为简单的话，那么端方、陈夔龙等人考虑的就更为周详细致了。两江总督端方条陈办法四条："一、旗人悉令就原住地方，如军籍例编为旗籍，与汉人一律归地方官管理；二、旗丁分年裁撤发给十年钱粮，使自谋生理；三、移驻京旗屯垦东三省旷地，或自耕，或召佃取租，以资养赡也；四、旗籍臣僚宜一律报效廉俸，以补助移屯经费也。"② 江苏巡抚陈夔龙在主张"浑融旗籍"，满汉均属民籍，归官府管辖后，还提出要"安插流寓旗员"，"代谋生理，改籍后停发口粮，按照应发口粮酌给一二年，俾可各谋生业，工商军界听其自择，其有老弱病残者拨入养济院一体给恤"，最后还提出要广兴教育，让满汉人员一体入学，犹要"多习实业"③。

值得一提的还有四川补用道熊希龄和陕甘总督赵惟熙的观点。熊希龄认为化除满汉畛域有四难，分别是恩饷、债券、移民和驻防撤销、旗制改革后的八旗生计问题。所谓恩饷、债券和移民，大体都可看做是改革的经济困难，清廷难以对旗人给予经济支持。对此，熊希龄的办法是："广设工场及实业学堂，使子弟之壮者幼者，均有所习，则可各营生业，不致累及于父兄，程功虽缓，后效可期；以所筹恩饷，划其半为银行，发给股票，按年领息，既可励其储蓄，又可赡其日用；以所筹恩饷，专造满蒙各部铁路，凡有饷旗丁各给以铁路股票，岁得息银，亦足数每年所获之半额，则铁路可成，移民可行，旗丁亦不致有到手散罄坐食复贫之虑。"④ 赵惟熙也表达了非常相似的观点。他认为与其把一大笔资金拨给每个旗人，却只是"不得一饱，且授簧鼓者以口实焉"，不如"预给恩饷十年，由国家为之生利，庶上下交相为益。"至于这笔款项如何筹措，他也有办法，即"拟请募集公债以资之，即以此项旗饷做抵，民间归还款有著，自无不解输恐后者，以五厘岁息记，则分摊十五年便可偿清。"而这笔款项则用作生产，"于西北立一大铁路公司，于东南立一大游船公司"，最后达到改革后"库藏自盈，国无窳民，商权渐复，国威即渐振"的成效。⑤

通过上述归纳，不难看出，如果把撤驻防，改旗籍，谋生计看做彼此紧密相连的一大方面，那么当时大小官员的建议大致有三个层次。一是如郑沅、贵秀等人的，只有"破坏性意见"，而无"建设性意见"，即只提出要撤旗籍，而未提及以何种方式弥补此举留下的管制和经济上的空白；二是端方、陈夔龙等人的，他们的建议虽然提到为满人谋生计，但这些措施大体是补偿性的，生活性的；最后则是熊希龄、赵惟熙等人的意见，他们看出对旗人的补偿是无论如何都不能满足其需要的，于是另辟蹊径，提出生产性的方案，以利生利。

---

① 故宫博物院明清档案部（编）. 清末筹备立宪档案史料：下册·吏部文选司员外郎胡潜陈化除满汉畛域办法八条呈 [M]. 北京：中华书局，1979：949-950.

② 故宫博物院明清档案部（编）. 清末筹备立宪档案史料：下册·两江总督端方奏均满汉以策治安拟办法四条折 [M]. 北京：中华书局，1979：928-930.

③ 苏抚陈夔龙条陈化除满汉畛域办法电奏稿 [N]. 申报，1907-9-5（10）.

④ 故宫博物院明清档案部（编）. 清末筹备立宪档案史料：下册·四川补用道熊希龄陈撤驻防改京旗之策并请从精神上化除满汉之厉害呈 [M]. 北京：中华书局，1979：942-944.

⑤ 故宫博物院明清档案部（编）. 清末筹备立宪档案史料：下册·陕甘总督升允代奏赵惟熙呈请裁撤旗丁由国家筹办实业为之生利折 [M]. 北京：中华书局，1979：957-958.

满汉官缺的改革是另一大问题。满汉官缺的不平等，一方面表现在占人口少数的满人拥有跟汉人差不多的职位，且更易受到宠信，得到拔擢；另一方面表现在满人较汉人更容易入仕。1906年预备立宪开始后，清廷改六部为十一部，宣称部员官员不分满汉，但如端方奏称："而军机为枢要之地，其章京满汉分缺如故。内阁翰林院乃清要之班，其学士、中书等官，满汉分缺如故。"可见，满汉官缺的不平等，无论是在制度上还是心理上，都仍未能得到真正的改变。有鉴于此，端方接着提出："嗣后军机、内阁、翰林院，应请一如各部院，简放各缺不分满汉，则无畛域之见矣。"① 宁夏副都统志锐指出："论人才之当不当，一秉大公，满人督抚中不使材（才）望不符者充数，汉人尚侍内不使练达有为者向隅，调剂一平，痕迹自泯，舍是无他术矣。"② 表达类似观点的还有翰林院侍读周爰谞。周爰谞认为："内阁大学士及协办六缺，只宜为国择相，文武兼资，不必拘满三汉三之例，以树消融畛域之先声。"③ 此外，据说庆亲王奕劻也曾表示："所有应设之资政院、审计院暨军谘府、海军部各项要职，宜将去年原订官制草案量为变通，不必定以王公、贝勒、贝子充任首位，但有才具能胜各院长暨各处总理之任者，不论满汉，一律奏请简派，以实行破除满汉界限。"④

除了满汉官缺不平等，还有满汉入仕不平等。对此，贵秀主张改笔帖式为小京官。他说到官制改革虽然要求不分满汉，但"故旧有各衙门暨直省将军、都统各署，仍有笔政名目，似不足以昭划一，惟有改为七、八、九品小京官，合京外与汉人一律登庸，则取材（才）既宽，自无偏颇之患也。"⑤ 此外，还有赵秉钧所陈"旗汉升途亦宜酌改，以免偏歧"。他发现不但满汉升途不一，就是旗人内部和满蒙间也有不同，因此他主张将升途划一，以广开取材（才）之路。⑥

这几点意见显示出，满汉官缺和入仕方式的不平等，一方面，很受关注，是无法绕过的中心问题；但另一方面，这一问题又不像满人生计问题，可以用开源节流的技术性手段去解决。满汉官缺说到底还是一个平等问题，对其改革政策贯彻的好坏，其实就依赖于当权者的态度，而非外部的某些条件。当权者对于官僚群体的任用、选拔，正反映了其内里的真实倾向。

满汉刑律的不同也得到关注。除了宗室的显然与庶民不同刑罚，普通旗人也得益于独立于汉人的管控体制和显然为轻的刑罚标准，如犯下本应出流刑的罪，汉人被流放、徙边，而满人只需要枷号即可，且罪加一等，只需多枷号五日。针对于此，修订法律大

---

① 故宫博物院明清档案部（编）.清末筹备立宪档案史料：下册·两江总督端方代奏李鸿才条陈化除满汉畛域办法八条折［M］.北京：中华书局，1979：916.

② 故宫博物院明清档案部（编）.清末筹备立宪档案史料：下册·宁夏副都统志锐奏黜陟赏罚满汉应视一律折［M］.北京：中华书局，1979：936.

③ 故宫博物院明清档案部（编）.清末筹备立宪档案史料：下册·翰林侍读周爰谞奏内阁翰林院督察院额缺请不分满汉折［M］.北京：中华书局，1979：959.

④ 庆邸实行满汉平权之意见［N］.申报，1907-9-3（4）.

⑤ 故宫博物院明清档案部（编）.清末筹备立宪档案史料：下册·御史贵秀奏化除满汉畛域办法六条折［M］.北京：中华书局，1979：922.

⑥ 故宫博物院明清档案部（编）.清末筹备立宪档案史料：下册·民政部右侍郎赵秉钧奏分期蠲除旗籍并画一旗汉官员称谓升途折［M］.北京：中华书局，1979：938.

臣沈家本奏："拟请嗣后旗人犯遣军流徒各罪，照民人一体发配，现行律例折枷各条，概行删除，以昭统一而化畛域。"① 胡潜也主张满汉刑罚统一，最后"满汉之畛域胥融"。②

另一项被广泛提及的策略是推进满汉通婚。对此，端方和郑沅等都有论及。端方以英国皇室血统的融合为例，主张满汉通婚。③ 郑沅主张发挥高级官员的示范作用，"臣愚拟请嗣后凡京外满汉一、二品大员，其子女几人，皆令先上其籍于朝，限年至若干岁时，准其请旨指婚"，待到风气开后，则普通官员以下也都自然会这么做了。④

最后一个方面是礼仪习俗类。其大致包括满汉大臣上奏的称谓、满人名字问题和满汉礼仪要求。就满汉大臣上奏的称谓而言，是汉人上奏称臣而满人上奏称奴才的问题。虽然清初规定满汉官员上奏均称臣，但满人认为称"奴才"可以体现家臣般的亲密，故一直沿用。对此，端方奏称："我朝汉人官无论大小，自称则曰臣，满人虽以王公之贵，均以奴才自称。……今外人每讥我为奴隶之国，虽非专指乎此，而此亦即其因即曰称谓之间。"端方认为名不正则言不顺，因此奏陈满人也称臣。⑤ 赵秉钧也持此观点，认为"旗汉臣工称谓宜归一律，以免歧视"，具体而言，就是上奏一律称臣。⑥

至于满人名字问题，简单来说，即当时称呼满人习惯直接称其名，而非如汉人般姓名一同称呼。如端方全名"托忒克·端方"，但一般来说，无论是自称还是他人称呼，都只称端方。满人名字问题相较于其他方面，是比较细枝末节的问题，但仍然得到不少关注。如端方就建议："今后列旗籍者，亦应姓名并列，如国姓则用爱新某某，其他大族章佳、马佳诸氏，亦称章佳某某，马佳某某，余皆仿此，适与汉人欧阳、东方等双姓相同矣。其本系汉姓者，并用汉姓，尤为易泯形迹也。"⑦ 郑沅提出，"用旧姓译音合成一字，冠于名上，以昭划一，应请敕议施行。"⑧ 胡潜则主张对满人"或特旨赐姓，或仍用本姓"⑨。

除此之外，婚嫁礼和丧礼的不同也成为时人的关注点。贵秀和端方都认为之所以当

---

① 故宫博物院明清档案部（编）. 清末筹备立宪档案史料：下册·修订法律大臣沈家本奏旗人犯罪宜照民人一体办理折［M］. 北京：中华书局，1979：941-942.

② 故宫博物院明清档案部（编）. 清末筹备立宪档案史料：下册·吏部文选司员外郎胡潜陈化除满汉畛域办法八条呈［M］. 北京：中华书局，1979：952.

③ 故宫博物院明清档案部（编）. 清末筹备立宪档案史料：下册·两江总督端方代奏李鸿才条陈化除满汉畛域办法八条折［M］. 北京：中华书局，1979：916.

④ 故宫博物院明清档案部（编）. 清末筹备立宪档案史料：下册·南书房翰林郑沅奏满汉通婚可由大臣请旨指婚以开风气片［M］. 北京：中华书局，1979：919-920.

⑤ 故宫博物院明清档案部（编）. 清末筹备立宪档案史料：下册·两江总督端方代奏李鸿才条陈化除满汉畛域办法八条折［M］. 北京：中华书局，1979：916-917.

⑥ 故宫博物院明清档案部（编）. 清末筹备立宪档案史料：下册·民政部右侍郎赵秉钧奏分期蠲除旗籍并画一旗汉官员称谓升途折［M］. 北京：中华书局，1979：938.

⑦ 故宫博物院明清档案部（编）. 清末筹备立宪档案史料：下册·两江总督端方代奏李鸿才条陈化除满汉畛域办法八条折［M］. 北京：中华书局，1979：916.

⑧ 故宫博物院明清档案部（编）. 清末筹备立宪档案史料：下册·南书房翰林郑沅奏满人冠姓可否用旧姓译音合成一字以昭画一片［M］. 北京：中华书局，1979：920.

⑨ 故宫博物院明清档案部（编）. 清末筹备立宪档案史料：下册·吏部文选司员外郎胡潜陈化除满汉畛域办法八条呈［M］. 北京：中华书局，1979：951.

前满汉通婚推行情况不太好，满汉间婚嫁礼的不同是很重要的因素。贵秀奏请"礼部开办礼学馆，议定礼制，请饬下该馆订定旗汉通行婚嫁各礼，务取折衷归于一是，以联络之"。端方"拟请饬下礼部纂修通礼之时，议定满汉联姻典礼，务求其简便易行，而不偏倚于满汉，致有窒碍"①，达到"十年以后，满汉婚姻遍于全国"的结果。②

如果说满汉婚嫁礼的不同还仅仅只是习俗问题，那么丧礼的不同就涉及政治问题了。受儒家伦理观的影响，汉族官员们若逢父母去世，需去职丁忧三年（实为二十七个月），而满人则只需守孝一百天。③丁忧涉及官员任职和候补的问题，对汉族官员个人来说，影响仕途；对汉人整体来说，则有损汉族官僚群体在满族宗室权贵面前的利益。

通过对1907年朝廷下旨征求平满汉畛域意见的归纳概括，可以看出朝野奏折中的意见建议大致可分为六大类：撤驻防，改旗籍；筹措八旗生计；统一满汉官缺；统一满汉刑律；推进满汉通婚和改革满汉礼俗。满汉畛域根植于八旗制度，是一个广阔的系统性问题。时人的讨论虽然彼此之间有不同的侧重，但通常仍是于全局中有侧重，而非孤立地谈论其中的方面。此处归纳的几点，是时人在化除满汉畛域讨论过程中最为关注的问题。虽然朝臣针对上面几点的意见各不同，但贯穿其中的精神，即是要改变以往的"隔离与不平等"。他们提出的如同一满汉管控体制、不分官缺、同一任官及同一刑律礼俗等方面问题，都旨在抹去满汉之间的隔阂，最后实现"不分满汉"。后文将叙说清朝为化除满汉畛域而采取的措施，并重点通过舆论视角，分析改革的成效。

四、清廷平满汉畛域的改革

前文已述，早在1901和1902年，清廷已有改革满汉畛域的想法和举措：设立督办政务处时，六位大臣，满汉职务均分；下旨解除满汉通婚禁令，并鼓励满汉通婚。但此后直到1907年的改革，清朝都没有更多举措。但在1907年9月，即下诏征求平满汉畛域意见的一个多月后，清廷正式颁下了改革满汉畛域的第一道谕旨。这道谕旨主要谈了筹八旗生计的问题。各地八旗长官被要求清查户口和附近的田亩产业，"妥拟章程，分割区域，计口授地，责令耕种"。若本身没有田亩产业，则令他们到附近州县，购买田地，按每年约十分之一的旗人分得土地的方式，"授给领种，逐渐推广，世世执业，严谨典售"。以旗人所受田亩为准，逐渐削减他们的粮饷俸禄。旗人归农后，虽未如很多建议那样进入民籍，但"所有丁粮词讼，统归有司治理，一切与农民无异"。置办田亩时，如果碰到地价高低、地力有别的情况，则只以"足敷赡养为度"。至于改革过程中的经费，则由裁停粮饷所存款项和度支部筹措，朝廷可以"酌量协济"④。

① 故宫博物院明清档案部（编）. 清末筹备立宪档案史料：下册·御史贵秀奏化除满汉畛域办法六条折 [M]. 北京：中华书局，1979：921.
② 故宫博物院明清档案部（编）. 清末筹备立宪档案史料：下册·两江总督端方代奏李鸿才条陈化除满汉畛域办法八条折 [M]. 北京：中华书局，1979：916.
③ 路康乐. 满与汉：清末民初的族群关系与政治权力（1861—1928）[M]. 北京：中国人民大学出版社，2010：172.
④ 清实录：第59册·德宗实录 [M]. 北京：中华书局，1987：650-651.

几天后，在了解到上一道谕旨引发了旗人的恐慌后，清廷又下一道谕旨重申了之前公布的举措，并认为朝廷"为旗民广筹生计，授地耕种，并筹办各项实业教育事宜，实属仁至义尽……各该将军督抚等仍当懔遵前旨，实心实力，认真妥办。一面剀切晓喻，宣布朝廷德意，务使旗民人等家喻户晓，尽释疑惧"。① 到了十月九日，清廷再下谕旨公布了其他平满汉畛域的改革措施，要求相关部门人员制定除宗室以外的、通适于满汉两族的、统一的礼仪刑律。"满汉沿袭旧俗，如服官守制，以及刑罚轻重，间有参差，殊不足昭划一，除宗室未有定制外。著礼部暨修订法律大臣，议定满汉通行礼制刑律，请旨施行。俾率土臣民，咸知遵守，用彰一道同风之治。"②

1908 年 8 月 27 日，清廷颁布《钦定宪法大纲》，公布九年预备立宪计划。12 月 17 日，此时光绪和慈禧都已去世，摄政王载沣领导下的清廷发布谕旨设立变通旗制处，并分年办理筹八旗生计，化除满汉畛域等事项。"宣统二年（1910）至四年清理各旗地亩户口，四年至五年筹备生计，五年至六年裁各旗十分之三，六年至七年撤十分之七，七年至八年十成裁尽，无所谓满汉之界限云。"③

1909 年 3 月，礼部终于达成统一满汉礼制的意见。载沣批准了礼部的意见，即此后所有满汉官员的丁忧时长均为二十七个月。④ 1910 年，清廷下旨要求此后满汉官员上奏统称臣，所谓"奴才即仆，仆即臣，本属一体"。⑤ 次日，清廷又就满汉称呼问题下旨："嗣后武职各员引见口奏履历仿文职例，应称臣者称臣，不应称臣者称名。满员仍称阿哈。"⑥ 然而暂且不说上述谕旨措施执行成效如何，清廷对于化除满汉畛域的努力基本就到此为止了。慈禧死前留下了《钦定宪法大纲》，规定了每年化除满汉畛域的计划，但是摄政王载沣却在该问题上首鼠两端，犹疑不决。非但如此，此后他更走上了一条相反的道路，逐步加强宗室在政权中枢的实力，先是罢免袁世凯，并差点将其处死，使汉族官僚胆战心惊；尔后更在 1911 年设立了"皇族内阁"，使清廷彻底丧失民心。一般认为，载沣的种种举措，一定程度上加速了革命的爆发。

五、清廷平满汉畛域改革的成效

当改革开始的时候，舆论对此褒贬不一。《申报》称赞道："盛哉！两宫之洞见症结，而于今日救亡图存之策能规其大也。"⑦ 而《振华五日大事记》则评："……继而疑终而惧。疑者则以朝廷既化除满汉，而明论所及，但为旗人经济问题谋，而不为汉人政治问题谋。惧者则以朝廷既不为汉人政治问题谋，必日挟政治上独占之势力，以扩张旗人经济上之势力，则不平者益不平。借经济上新辟之势力范围，以拥护政治上固有之势

---

① 清实录：第 59 册·德宗实录 [M]. 北京：中华书局，1987：653.
② 清实录：第 59 册·德宗实录 [M]. 北京：中华书局，1987：658.
③ 调和满汉 [N]. 四川官报，1909（34）：62.
④ 论令嗣后丁忧人员无论满汉一律离任终制 [J]. 东方杂志，1909（4）：163.
⑤ 清实录：第 60 册·宣统政纪 [M]. 北京：中华书局，1987：549.
⑥ 清实录：第 60 册·宣统政纪 [M]. 北京：中华书局，1987：550.
⑦ 恭注七月初二日上谕 [N]. 申报，1907-8-12（2）.

力范围，则所欲化者益不化。"①

种种证据显示，清朝化除满汉畛域的改革，不但于整体上很不够，而且即使在已采取的措施方面，其成效也非常有限。在这一部分，我将主要从通过政策执行力度和舆论时评两个角度来分析改革的成效。鉴于清廷改革满汉畛域，很大程度上是为了赢得舆论、消弭革命，因此舆论如何评价清廷的改革，是很能展现清廷人心得失的状况的。

如上一部分所述，清廷下发关于平满汉畛域的谕旨大约有五六条，我在此主要讨论舆论关注较多的方面。首先是最受关注的撤驻防、改旗籍。根据谕旨，显然，清廷没有做出任何努力。至于筹八旗生计，如上奏折所见，清朝让旗人统领清查户口、田产以分配给旗人，若不足，则平价购买附近农民的田地。但这也是不切实际的。清朝人口剧增，人地矛盾空前紧张，除了一直有禁令保护的东三省外，早就没有足够开垦的空地了；至于花钱购买田地，且不说是否有土地以购买，单对于当时贫弱的财政状况来说，也是完全不现实的。按照定制，只要是旗兵，便能领得粮饷，若是贸然破除旗制，则这些旗兵及依赖于他们的家属衣食不保，就直接动摇了清朝特权群体的统治根基。可见，经济上的困难使得改革旗制这一化除满汉畛域最重要的一点，始终无法推行下去。

对于改革旗制，为旗人谋生计的困难，时论也早就认识到了。《竞立社小说月报》评论："驻防有口粮而无生计也久矣，一旦购取民田以授之，则爱之适以害之也。夫工商百业皆可经营，尽归于农，其途既隘，而揆诸执业自由之心理，尤为枘凿不安，此犹浅焉者也。满汉畛域之见，士夫之少数仅存之，今将增益之以蚩氓之多数。政治之问题既有之，今将一变而为生计之问题。近闻广东驻防择取民间膏腴之说，其犹大风起于青蘋之末乎？"②

针对前面提及的，发给旗人十年钱粮，或者发行债票以筹款项的方案，时评指出："夫天下享莫大之权利者，必负相当之义务。满人因不事生业，而致穷困。因穷困而预得十年之口粮。权利义务之不平等，孰有甚于此哉！"针对发行债券的方案，该时评指出列强发行债券，是因为军事需要。中国为了旗人生计，贸然发行债券，是本末倒置，而且其信用本身就不高。后果就是遭遇经济危机时，债票用不出去；若满人依靠政治地位强行兑付，则导致市场的混乱，"于是始而冰炭，继而仇视。满汉之界。将更形分辟矣。……而推本之论，势必归罪满人。分标示帜，阋墙之侮，又何待蓍龟也哉。由此观之，给以十年之口粮。不啻饮以一杯之鸩酒。爱之，适以害之聚六州之铁，铸为大错。犹得谓化除畛域乎？"③

《政论》也对此深表怀疑："夫八旗生计问题久为世人所唱道，其解决之办法无外于使之自由营业而不限于当兵坐食之一途。今夺其数百年来衣食所恃之饷，强以素所不习之农业。旗人之游惰不事事者固不免于怨望而各省之民田正苦于地密人稠，无殖民之余地。今又夺之以与旗丁，其为厉于吾民者，又岂浅鲜。且驻防之制未撤，所谓都统、协领、佐领者犹存，欲使旗人俯首受治于有司不亦难乎？……借拨磅余及美还赔款以筹办

① 寒灰. 筹划八旗生计果为解决满汉问题唯一之条件乎 [J]. 振华五日大事记, 1907 (37)：10-15.
② 驻防生计之代筹 [N]. 竞立社小说月报, 1907 (1)：1.
③ 佩乙. 论发给旗丁十年口粮之害 [N]. 申报, 1907-9-21 (2).

旗丁之生计：夫以庚子年四百兆巨款所余之一部及所还之一部，而以置之不生产之地，供数百万游民之消费。其为旗人计划则得矣，其如天下何哉？"①

对于满汉刑律同一问题。前文提到修订法律大臣沈家本曾上奏请满汉刑律同一，后来他又上奏陈请类似内容，并提出要减轻刑罚。清廷虽然下诏要求礼制刑律划一，但有理由相信，这一举措并未收得太多成效。旗人之所以之前能享受刑律的优待，除了法律条文本身外，还得益于其独立于官府的八旗管控体制。鉴于八旗体制并未得到改变，地方的佐领、都统都还在任，因此满汉刑律统一于政策之外，实际成效不彰。这一点也可由时论佐证。《政论》很早就表达了怀疑："旗人与汉人同一犯罪，而所受之刑罚轻于汉人，此尽人所同知也。今一旦欲整齐而划一之，恐非礼部及法律大臣之所能奏功矣。"②

"达生"评论道："观吾粤都会之警察总局分局之外，又有所谓满洲、汉军者焉。各守疆界，隐若两国。吾不知融和满汉之说何谓也。……前有汉人入居旗街，受欺于旗人，赴警局控告而不为伸理。及由汉界警局照会，乃提案苟且了事。是旗界警察无保护汉人之责也。……况曰照会曰解回，俨如两国之交涉焉。其与融合满汉之旨相违一至于此。"③ 虽然该文写于1908年五六月间，距清朝灭亡尚有三年多，但其所展现的满汉管控有别的森严，足以说明这个问题的严峻。

1907年朝臣上奏时，还主要涉及了不分满汉官缺、推进满汉通婚和满汉礼俗同一等问题。关于不分满汉官缺，应当说清廷的确取得了一定成果，包括1906年官制改革后，中央十一部部员均不分满汉；地方上，东三省也裁汰不少旗官、都统等专满人职，而开放更多职位给汉人。但这一点成果，被后来的庆亲王内阁（即皇族内阁）彻底抹杀。人们只记住了朝廷高层中满族宗室的崛起，而这严重打击了社会对清廷的信任。时论也反映了高层改革的微妙状况："融各满汉之界叠奉明谕宣示，但融和者其名，隔阂者其实也。内阁总理大臣，为全国行政之长官。体制隆重，迥非其他群僚可比。今苟组织内阁，简任总大臣，在枢府必以此而费斟酌者。若任汉大臣。则寄重任于异己，终有难于凭信之处。反之而简满大臣，又不足以表大公无私之心。此中芥蒂，在枢府必不能释然于怀者。组织责任内阁，不能即见诸实行者，是亦从中为梗之一也。"④

至于推进满汉通婚，清廷早在1902年即下旨开放满汉婚姻之禁，但目前并没有太多数据能准确体现推进的结果。时论有云："融和满汉之策，不在形式，而在本原之地。必使心理上消除恶感，而后一切礼式，可迎刃而解。乃某御史急焉，第欲改满洲妇女服式为汉装，以为满汉通婚之计，抑末矣。"⑤ 虽然不少人都通过推行满汉通婚以胥化满汉形迹，但两百多年来生活区域的隔离、习俗礼仪的大异，都使这一政策没那么好推行。

关于礼俗同一，以实际颁行的统一满汉丁忧时长为例，虽然清廷最后下旨要求满汉官员丁忧时间均为二十七个月，但同时对身居要职者保留了豁免的可能。不过被豁免者

---

① 满汉问题 [J]. 政论（上海），1907（2）：123-124.
② 满汉问题 [J]. 政论（上海），1907（2）：123-124.
③ 融合满汉 [N]. 半星期报，1908（16）：5-6.
④ 读吉抚奏请设立责任内阁折书后 [N]. 申报，1910-4-10（3）.
⑤ 是岂融和满汉之本计耶 [N]. 申报，1909-12-12（6）.

多为满人，如军机大臣那桐、京旗步军统领毓朗等。路康乐总结道："除了某些例外情况，大多数旗人官员利用了谕令的例外待遇，基本还是遵循了满人的传统只丁忧 100 天，而大多数汉族官员依然和从前一样，去职丁忧 27 个月。"①

考察清廷化除满汉畛域的成果时，还不能遗漏对专设机构——变通旗制处的考察。《申报》对变通旗制处曾有持续的关注和报道。变通旗制处成立之初，《申报》对其颇有期许，"夫裁籍则混合民籍，平等政权，不至旗人多入宦场，酿成偏枯之积习。裁饷则自由生计，各营能力，不至汉人独担义务，生出排革之恶感。消融畛域之根本，盖在于是。吾亦知变通旗制处为第一年筹备中之要件，千条万绪，非数言所能概括，而此两事实为最要最急者，因略论之"②。等到来年一月，报道就变成了"又如变通旗制处。虽已成立。（第五项）而八旗生计之如何设法。融化满汉之如何入手。仍未议定"③ 和"变通旗制处，或议裁饷，或议不裁饷，尚未解决。所谓筹办八旗生计，融化满汉者，毫无把握"④。言辞之间，于客观叙述之外，透着显而易见的失望。

在清朝灭亡的前夕，《大公报》对于变通旗制处的运作亦有描绘："变通旗制大臣自入年以来，对于旗丁生计仍不甚注意。近忽有清查京外旗丁户口档册之举。此事系因监国日前召见那相时曾提及修正筹备清单，本年尚有续筹八旗生计一事，垂询究应如何办法。那相奏称现正详细会商，仍苦无切实政策等语。退后即晤伦贝子、泽公，密议数次，决定由清查档册入手，然此后之进行毫无端绪，不过聊以搪塞朝廷之咨询与粉饰外间之耳目而已"⑤。按照计划，变通旗制处此时应该处在清理地亩户口的阶段，然而实际上却毫无作为。显然，这一机构的怠政使它并未取得什么实质成绩。它的懈怠散漫，是清朝化除满汉畛域过程的一个缩影。

当然，对于清廷化除满汉畛域的改革持肯定意见的也不是没有。一篇写于 1909 年，总结三十四年光绪朝的论说评道："以言内政，则祖满汉之界綦严。设官用人，分权而治。而今则平满汉之界，沟通婚姻，变异官职。"⑥ 然而详考其文意，它其实是一篇《光绪朝东华录》的读后感。但是《光绪朝东华录》收集的都是官方档案，只听官方的一面之词，只看官方所下的种种谕令，而不去细考其实际效果，当然很容易得出改革颇有成效的观点。而实质上，本文已经揭示出，改革的效果远未达到"而今则平满汉之界"的程度。

改革也不是一点成绩都没有。除了已经提到的，至少以谕旨形式发出来的政策外，地方旗人为自己的生计也付出了不少努力。如，旗人金梁在东三省开设工厂，培养旗人谋生技能，并取得较好成绩；⑦ 东三省由于常年地广人稀，未经屯垦，居住此地的满

① 路康乐. 满与汉：清末民初的族群关系与政治权力（1861—1928）［M］. 北京：中国人民大学出版社，2010：172-173.
② 二十四日上谕谨注［N］. 申报，1908-12-19（4）.
③ 宣统元年之新希望［N］. 申报，1909-1-25（6）.
④ 论宣统元年之筹备立宪［N］. 申报，1909-1-26（4）.
⑤ 修订皇室大典之为难［N］. 大公报（天津），1911-9-4（5）.
⑥ 读续纂光绪朝东华录书后［N］. 申报，1909-8-10（3）.
⑦ 路康乐. 满与汉：清末民初的族群关系与政治权力（1861—1928）［M］. 北京：中国人民大学出版社，2010：171.

人，改以农业为生，效果也远较内地要好。然而这样的成绩只是区域性的，于改善全国之大状况，实在是杯水车薪。

1907 年，时论有评："化除满汉之畛域，必欲求其效果，当以实不以文，以本不以末。每下一次诏书，必有一次奏章，不以虚文搪塞，即以末务敷衍，何能夺革命党人之口而壮中和主义之气也？何谓虚文，如请照救臣工、破除积习、秉公办事等语是也。"① 通过比对清廷后续发出的谕旨，这段话在很大程度上揭示了这场改革的力度是多么轻微。除了制度的惯性与积弊实在积重难返，更严重的，也许是大众对此普遍的隔阂与不信任。是"一班国民，人人心目中且悬一满汉之界限"②，也是"满汉平权实出自梦想立宪之呓语，质诸满人心中，究不降下。如此畛域，欲定平权，似无良法。衮衮诸公，其有以教我乎③？"到了 1910 年，新设立的资政院召开会议，时评仍为议院中关于满汉代表与旗人薪饷问题争执不下而感到无奈，而这篇文章的标题便是《满汉之界终难化》。④

先前促使清廷化除满汉畛域的重要原因，是革命党以满汉畛域为借口，大肆宣传"革命排满"的理论。虽然清廷确实采取措施化除满汉畛域，但考察辛亥革命时期汉人革命军针对满人的暴力，不难看出"革命排满"的思想并未被这些举措消除掉。在新军攻下的诸多有满人驻防的城市，都发生了屠杀满人的暴行。⑤ 二百余年满汉间深深的隔阂，直到清朝灭亡，都未能真正消除。

结　语

满汉畛域是有清一代满汉两族民族关系的基本特征。它具体表现在满汉两族在聚居区域、管控方式和经济交往等方面的隔离，以及政治、经济和司法等方面地位上的不平等。此外，满汉两族礼俗上的不一致，也加剧了彼此间的隔阂。一言以蔽之，满人是明显的特权阶级。汉人对这种隔离与不平等的不满，在很长时间里都被压制，直到清末，因为时局变化，由它引发的矛盾才越发凸显。

清廷为了改革满汉畛域，确实付出了一定努力，如下旨解禁满汉通婚、征求改革意见、为旗人谋生计，并且还设置了专门负责化除满汉畛域的变通旗制处。然而，通过前文的考察，可以看出，清廷采取的措施相比于问题的严重性来说，很不够；而即使是这些已采取的措施，其贯彻成果也非常有限。化除满汉畛域的困难，并不仅在于所谓时局的艰难或国力的衰落，而是一个植根于八旗制度，牵扯方方面面的系统性的困局。而制度的惯性，常常是最难以改变的。清朝化除满汉畛域所冀图换得的所有信任，都随着1911 年"皇族内阁"的出台而烟消云散。未能有效化除满汉畛域，是清朝最后灭亡的

---

① 化除满汉畛域议 [N]. 大同报（上海），1907 (4)：5.

② 满汉 [N]. 竞业旬报，1909 (41)：24.

③ 又拟化除满汉办法 [N]. 半星期报，1908 (3)：23.

④ 满汉之界终难化 [N]. 协和报，1910 (13)：30.

⑤ 路康乐. 满与汉：清末民初的族群关系与政治权力（1861—1928）[M]. 北京：中国人民大学出版社，2010：231-250.

一个重要原因。

>> 老师点评

　　清代以异族入主，满汉关系问题贯串其二百六十余年统治期始终。近年来，兴起于大洋彼岸的新清史俨然是潮流所在。新清史在突破汉族中心观、扩大清史研究视域、把握清王朝和清帝特殊属性方面，具有不可忽视的贡献。同时也存在固执一端、夸大差异的偏弊，尤其对于晚清以来从高层到社会满汉关系的新变化，不能尽意。清末预备立宪时期，政体转变之一发牵动权力格局、君民关系之全身，新的政体规划中，满汉关系如何措置、效果及反响如何，就显得颇为重要。乾益同学勤学好思，本专业学习较为扎实之外，对政治学关注较多（他毕业后前往华盛顿大学修读中国研究专业，兼容历史与政治，可算夙愿得偿），在几次往复的师生探讨中，确定了这一选题。

　　在先行研究的梳理和基本材料的搜集方面，乾益同学都表现出了较好的基本素养，大致明确了前行的空间和实行的依据。文章的具体展开，也算有模有样，大体成型。大四的学生，多数忙于奔前程，或考研、或求职，对毕业论文常常措意不多，甚至似乎默认毕业论文是在帮助老师完成工作，似乎找好下家毕业论文万无不过之理，实在本末倒置，令人惆怅。乾益同学在一定时期内也未能免俗，那段时间里师生之间的对话如同地主催租、佃户躲债。幸好总体来说乾益心中还算有学问，尚知文字之重，虽不奢谈优秀或创新，毕竟历史学基本训练的功夫得以展现，政治学宏阔兴趣的关怀有所依托。对他自己来说，本科毕业论文成为此一阶段的记忆象征，也具有某种承前启后的意味。对别人来说，或许也可以彰显意志与态度，对于本科毕业论文这一并非高不可攀却应理所当然做好的事情，具有十分重要的意义。

　　如今乾益同学处在新的人生阶段，倘若能够仔细揣摩历史学与政治学在见异与求同、事实与理论等方面的联系与分别，在更深的层次和更广的视野下融会贯通之，则义理自故实出的史学妙处将升华成充实而有光辉的学问境界乃至人生境界，岂不美哉。

论文指导老师、学业导师　余　露

5

浅析汉代秦始皇形象的历史书写

——出土简牍与传世文献的对读

2015级　周　璐

　　摘　要：传世文献所见秦始皇形象一般较差，使世人对其形成残暴、独断专行等刻板印象，这与汉代人的书写有很大关联。对于传世文献中关于秦始皇的记述，早有许多学者利用文献互证的方法进行了考证。近年来公布了一大批出土文献，其中记述的内容有许多与传世文献产生了史料抵牾。在此选取其中的"秦始皇立嗣问题"，伐、赭湘山与禁伐湘山，秦代"严刑峻法"等几个问题，结合学界最新的研究成果进行分析。在论述以上几个问题后，分析了这些史料抵牾的产生原因主要与西汉的政治环境、后人对文献的加工有关，探讨了我们应当如何鉴别和利用史料的问题。

　　关键词：秦始皇；历史形象；历史书写；史料鉴别

绪　论

　　关于秦始皇形象以及秦代历史的书写，汉人所著《史记》《汉书》《盐铁论》等均是十分重要的材料。然而，这些文献的记载因其历史的局限性，并非全部符合历史原貌。此前，有不少学者在秦史辨伪方面指出了很多实质性的问题。但是目前的研究主要还是以文献互证的方法为主，近年来大量简牍文书的出土为这一问题的研究提供了新的契机。随着新材料的出现，很多问题还有进一步申说的必要。

　　关于传世文献中记载的秦始皇形象问题，早有学者进行了相关研究。如吕思勉先生在其著作《秦汉史》中指出《史记·秦始皇本纪》和《史记·李斯列传》中关于李斯罪状与死亡时间有不同记载的问题；[①]　钱穆先生在《先秦诸子系年》中对吕不韦、秦始皇、李斯、韩非等人的事迹皆有考证；[②]　此外，国外学者在秦史考证方面也作出了相当

---

　　① 吕思勉. 秦汉史［M］. 上海：上海古籍出版社，2005.
　　② 钱穆. 先秦诸子系年［M］. 北京：商务印书馆，2015.

的贡献，如《剑桥中国秦汉史》第一章《秦国和秦帝国》的附录中，作者便对吕氏代嬴、坑儒、水德、"亡秦者胡"等多项记载做了质疑与考证。①

近年来，李开元先生在秦史考辨尤其是秦始皇的相关问题方面作出了突出的贡献，他先后发表了《说赵高不是宦阉——补〈史记·赵高列传〉》《焚书坑儒的真伪虚实——半桩伪造的历史》《秦始皇的秘密》《秦崩：从秦始皇到刘邦》《楚亡：从项羽到韩信》等著作，接连对秦代一些历史问题做了相当充分的辨析。② 此外，还有王举中、马世年、魏新民等先生也对秦史考证作出了贡献。③

以上对秦代历史的考证都是利用文献互证的方法，而近年来随着大量简牍文书的出土，为我们开展古史研究提供了新的契机，传世文献中的记载不再是"孤证"，我们可以利用出土文献与传世文献进行对读，来考证秦代历史的相关问题。例如邬文玲先生通过考证睡虎地秦简中的相关资料后认为，秦始皇"于是急法，久者不赦"应当是意指秦统一六国之后的十余年间未行赦免，并不是说秦始皇在位的三十多年里不曾颁布任何赦令。④

上述学者在秦史考证，尤其是在对秦始皇的解读上作出了巨大的贡献，但是本文拟以新公布的岳麓秦简、北大汉简等材料，结合学界最新学术成果，对几个与秦始皇有关的史料抵牾问题进行探讨，以期对秦史考证作出一定的补益，不当之处，敬请赐教。

一、秦始皇形象的不同记述

（一）《赵正书》《秦二世元年文书》中的秦始皇立嗣问题

根据《史记》中《秦始皇本纪》与《李斯列传》的记载，秦始皇在东巡途中病死沙丘，李斯、赵高通过篡改秦始皇的遗诏使胡亥得以登基成为秦二世皇帝，《史记·秦始皇本纪》记载：

> 高乃与公子胡亥、丞相斯阴谋破去始皇所封书赐公子扶苏者，而更诈为丞相斯受始皇遗诏沙丘，立胡亥为太子。更为书赐公子扶苏、蒙恬，数以罪，其赐死。⑤

对于《史记》当中关于秦二世篡位的记载，已有学者对此提出质疑。吕思勉先生根据晋献公欲废太子申生而使其将兵伐东山一事，联系秦始皇使扶苏外出将兵，推测秦始

---

① 崔瑞德，鲁惟一（编），杨品泉、张书生译. 剑桥中国秦汉史（公元前221—公元220年）[M]. 北京：中国社会科学出版社，1992.

② 李开元. 说赵高不是宦阉——补《史记·赵高列传》[J]. 史学月刊，2007（8）：22-29；李开元. 焚书坑儒的真伪虚实——半桩伪造的历史 [J]. 史学集刊，2010（6）：36-47；李开元. 秦始皇的秘密 [M]. 北京：中华书局，2009；李开元. 秦崩：从秦始皇到刘邦 [M]. 北京：生活·读书·新知三联书店，2015；李开元. 楚亡：从项羽到韩信 [M]. 北京：生活·读书·新知三联书店，2015.

③ 相关研究参见王举中. 李斯杀韩非原因考辨 [J]. 辽宁大学学报（哲学社会科学版），1981（1）：62-67；马世年. 韩非二次使秦考 [J]. 中国文化研究，2008（4）：81-90；魏新民.《史记》中有关"秦史"的考误 [J]. 渭南师范学院学报，2012（3）：41-45.

④ 邬文玲. 试析秦始皇"于是急法，久者不赦"[J]. 中国古代法律文献研究，2016：132-142.

⑤ 司马迁. 史记 [M]. 北京：中华书局，2014：336.

皇对于皇位的传承并不属意扶苏。① 徐志斌先生认为扶苏好儒术，并非好刑杀的秦始皇心目中的理想继承人，而李斯、赵高也不能预先确定扶苏、蒙恬会不会反抗。② 这二位先生主要是利用现有的传世文献进行逻辑推理，尚缺乏史料的佐证。而随着北大藏西汉竹书中《赵正书》以及湖南益阳兔子山《秦二世元年文书》的出土，为这一问题的研究提供了新的资料。

《赵正书》被认为是西汉初期的作品③，记载了秦始皇病重时尚未立嗣，与大臣商议之后决定立胡亥等内容：

> 丞相臣斯、御史臣去疾昧死顿首言曰："今道远而诏期窘臣，恐大臣之有谋，请立太子胡亥为代后。"王曰："可。"④

益阳兔子山出土的《秦二世元年文书》所记载的相关内容与《赵正书》记载的也存在吻合之处：

> 天下失始皇帝，皆遽恐悲哀甚，朕奉遗诏，今宗庙吏及箸以明至治大功德者具矣，律令当除定者毕矣。元年与黔首更始，尽为解除故罪，今皆已下矣，朕将自抚天下。⑤

这份诏书中"朕奉遗诏"四字，可与《赵正书》中记载的始皇临终前的遗诏作对读。很多学者认为这便可以证明秦二世继位的合法性。姚磊先生认为《赵正书》中"孤弱"一词十分重要，显然长子扶苏并不"孤弱"，所以秦始皇是暗示臣子自己更加属意胡亥，而让臣子主动提出立胡亥为后嗣。⑥ 马瑞鸿先生认为，扶苏与秦始皇政见不和，而陈胜起义时只是听说秦二世是篡位，这也透露出秦始皇并没有立扶苏为继承人，所以《赵正书》与《秦二世元年文书》可证实胡亥继位确实是始皇本意。⑦

但是也有学者对此提出质疑，他们质疑《赵正书》的可信度以及《秦二世元年文书》是否涉及秦二世为自己正名而刻意如此宣称。吴方基、吴昊先生认为，兔子山简中提到的"遗诏"是赵高一手谋划的，真遗诏是立扶苏为皇帝，假遗诏是立胡亥为太子，胡亥通过赵高、李斯矫诏继位一事是毋庸置疑的。⑧ 孙家洲先生认为，越是在乱世，统治者所可以强调的内容越是值得怀疑，而《赵正书》应当属于小说，对其史料价值，我

---

① 吕思勉. 秦汉史 [M]. 上海：上海古籍出版社，2005：20.

② 徐志斌. 秦二世胡亥夺位说质疑 [C]. 司马迁与《史记》学术研讨会会议手册，2007.

③ 北京大学出土文献研究所. 北京大学藏西汉竹书（叁）[M]. 上海：上海古籍出版社，2015：187. 按，但是根据《赵正书》记载的内容，如从对秦始皇的称呼等问题上，可以推测成书年代早于西汉，作者可能为秦末反秦势力.

④ 北京大学出土文献研究所. 北京大学藏西汉竹书（叁）[M]. 上海：上海古籍出版社，2015：190.

⑤ 张春龙，张兴国. 湖南益阳兔子山遗址九号井出土简牍概述 [J]. 国学学刊，2015（4）：6. 此后陈伟先生又提出应当将"流罪"更为"故罪"，此处采用陈伟先生的观点. 陈伟. 《秦二世元年十月甲午诏书》校读 [DB]. 简帛网 http：//www. bsm. org. cn/show＿article. php？id=2259，2015.

⑥ 姚磊. 北大藏汉简《赵正书》中的秦始皇形象 [J]. 历史教学问题，2017（1）：53.

⑦ 马瑞鸿. 秦二世胡亥继位说考辨 [J]. 文化学刊，2017（7）：234.

⑧ 吴方基，吴昊. 释秦二世胡亥"奉召登基"的官府文告 [DB]. 简帛网 http：//www. bsm. org. cn/show＿article. php？id=2025. 2014.

们不应过高估计，所以秦二世的继位，应当是矫诏的结果。①

其实，《赵正书》与《史记》的不同之处还不止于此。《赵正书》中称丞相李斯与御史大夫冯去疾联名上奏，而《史记·秦始皇本纪》记载始皇最后一次出游是"左丞相斯从，右丞相去疾守"，如果按《史记》的记载，两人不可能联名上奏，而且冯去疾也并非御史大夫。究竟孰是孰非，还值得商榷。

综合以上学者的观点，一时之间似乎难以对秦二世继位问题下定论。《赵正书》与《史记》的内容部分存在相似之处，说明《赵正书》的作者极有可能与司马迁接触过同一批史料。但是对于秦二世即位是否具有合法性这一问题，仅仅凭借《赵正书》与《秦二世元年文书》并不能推翻原有的结论，如何解释出土文献与《史记》记载抵牾现象，恐怕需要留待更多的材料出现。

（二）伐、赭湘山与禁伐湘山

在《史记·秦始皇本纪》当中有关于秦始皇伐湘山树的记载：

> 二十八年，始皇东行郡县……始皇还，过彭城，斋戒祷祠，欲出周鼎泗水。使千人没水求之，弗得。乃西南渡淮水，之衡山、南郡。浮江，至湘山祠。逢大风，几不得渡。上问博士曰："湘君何神？"博士对曰："闻之，尧女，舜之妻，而葬此。"于是始皇大怒，使刑徒三千人皆伐湘山树，赭其山。上自南郡由武关归。②

对于这一事件的真实性，《剑桥中国秦汉史》的作者就已经提出了质疑：

> 关于这个事件的虚构性的具体证据虽然还难以确立，但其主要的情节，即秦始皇命 3000 囚犯将山上林木砍伐一空，并把山涂以红色，不但历史上似乎不可能发生，而且这个行动尤其难以用人力来完成。③

新公布的《岳麓书院藏秦简（伍）》中的一条记载似乎可以印证这种质疑：

> 1001-1＋1020：●廿六年四月己卯丞相臣状、臣绾受制相（湘）山上：自吾以天下已并，亲抚晦（海）内，南至苍梧，凌涉洞庭之
>
> 1001-2：水∟，登相（湘）山、屏山，其树木野美，望骆翠山以南树木□见亦美，其皆禁勿伐。臣状、臣绾请：其
>
> 1104：禁树木尽如禁苑树木，而令苍梧谨明为骆翠山以南所封刊。臣敢请。制曰：可。·廿七④

岳麓秦简中的这则记载与《史记》的记载是完全相反的，如何解释这两则史料冲突，是西汉人刻意歪曲抑或是本身两件事都是真实存在的，争议便产生在岳麓秦简的时

① 孙家洲. 兔子山遗址出土《秦二世元年文书》与《史记》纪事抵牾释解 [J]. 湖南大学学报（社会科学版），2015（3）：17-20.

② 司马迁. 史记 [M]. 北京：中华书局，2014：318.

③ 崔瑞德，鲁惟一（编），杨品泉，张书生译. 剑桥中国秦汉史（公元前 221—公元 220 年）[M]. 北京：中国社会科学出版社，1992：113.

④ 朱汉民，陈松长（主编）. 岳麓书院藏秦简（伍）[M]. 上海：上海辞书出版社，2017：56-57.

间记载上。由于简牍的残缺，时间记载上出现了模糊，对此，岳麓秦简的整理者在注释中写道：

> 此简左右拼合后，"六"字稍残笔画，但所见笔画与"六"形完全相合，或疑此形为"九"，但形体不如"六"形吻合。《史记·秦始皇本纪》记载，秦始皇二十八年（公元前219）东巡泰山，经渤海，登琅邪。之后，西南渡淮水，到衡山、南郡，浮江至湘山祠。据此，"六"也可能是"八"之误。此纪年的简文未见文献记载，秦始皇二十六年（公元前221）《史记》载此年王贲攻齐得齐王建，未提该简下文所说的相山受制之事。①

对于这两则史料冲突，秦桦林先生认为，《史记》是对秦始皇形象的恶意歪曲，至于岳麓秦简上残缺的纪年，应当是"六"为"八"之误。他认为始皇二十八年巡狩，到各地的名山进行祠祷活动是一个很重要的目的，如果出现"伐木赭山"，显然与活动主旨不符。岳麓秦简属于律文，如果存在"伐木赭山"的事件，等于欲盖弥彰，自毁形象。②

于振波先生则根据字形，认为此处的年代应为"九"，因为秦始皇二十六年时，始皇并无充足的时间出巡，他认为伐与禁伐两件事都存在过，只是发生在不同的年份。伐湘山树发生于秦始皇二十八年，禁伐之事发生于二十九年（公元前218）。《史记》对于二十九年的记载可能稍有疏漏。③

晏昌贵先生从历史地理的角度对岳麓秦简简文中涉及的地名进行考证，对于简文中的时间争议，他认为岳麓秦简的"廿六年"应当与今本《史记》中琅邪刻石之误一致，将统一年份误作为出巡之年，故"廿八年"应为正确。而对于《史记》和岳麓秦简中表现出秦始皇两个完全不同的形象，他认为《史记》中的记载来自秦帝国东方地区的集体记忆，而简牍文书则代表着秦帝国官方的秦始皇形象。二者都具有重要历史意义。④

对于此处的记载冲突，汇总以上学者的观点，主要分为三种：秦代律令抄录的错误、西汉人的刻意歪曲以及《史记》记载的缺乏。岳麓秦简作为律令文书应当是抄写十分谨慎而不敢随意改动的，极有可能是"伐木"与"禁伐"两件事情都曾发生过，但发生在不同年份。我们虽无法得知司马迁是否阅读过"禁伐树木诏"，但是考虑到司马迁在书写《史记》时采用"过秦"以"宣汉"的手法，所以他可能是选择了反映秦始皇残暴的事件而"忽略"了另外一件，以保持叙事主题的一致性。

（三）"失期，法皆斩"与"失期，赀罚"

《史记·陈涉世家》记载陈胜、吴广起兵：

> 二世元年七月，发闾左适戍渔阳，九百人屯大泽乡。陈胜、吴广皆次当行，为屯长。会天大雨，道不通，度已失期。失期，法皆斩。陈胜、吴广乃谋

---

① 朱汉民，陈松长（主编）. 岳麓书院藏秦简（伍）[M]. 上海：上海辞书出版社，2017：76.
② 秦桦林.《岳麓书院藏秦简（伍）》第56-58简札记 [DB]. 简帛网 http://www. bsm. org. cn/show_article. php? id=3008. 2018.
③ 于振波. 岳麓书院藏秦简秦始皇禁伐树木诏考异 [J]. 湖南大学学报（社会科学版），2018（3）：45.
④ 晏昌贵. 禁山与赭山：秦始皇的多重面相 [J]. 华中师范大学学报（人文社会科学版），2018（4）：136.

曰："今亡亦死，举大计亦死，等死，死国可乎?"①

陈胜起义的原因"失期，法皆斩"一直以来被认为是秦朝的律令之一，但是 1975 年出土的睡虎地秦简却记录国家征发徭役延期的处罚是"赀甲"：

> 御中发征，乏弗行，赀二甲。失期三日到五日，谇；六日到旬，赀一盾；过旬，赀一甲。其得殹（也），及诣。水雨，除兴。②

对于这一问题，学界已有许多研究成果。于敬民先生根据睡虎地秦简《法律答问》以及《徭律》的内容，认为秦对征发徭役失期或者不报到者，处罚都是微不足道的。而秦二世行"督责术"是在陈胜起兵之后的事情。③ 丁相顺先生、霍存福先生认为秦律中失期的处罚对象应当是徒众的率领者、组织者，与戍卒无关。④ 金菲菲先生通过对《睡虎地秦墓竹简·秦律十八种·徭律》和《张家山汉简·奏谳书》的分析和考证，认为秦代法律中"失期"的处罚不可能是"斩"，所谓"失期，法皆斩"并不是秦律的原文，只是陈胜、吴广发动戍卒起义的一种策略手段。⑤

然而也有学者依旧赞同陈胜等人确实是依法该斩。陈伟武先生对银雀山汉简的《兵令》与《尉缭子·兵令下》研究后认为，军法中有"后戍法"，即内地士卒应征戍边，不按期抵达就要定罪服刑。⑥ 庄小霞先生对传世文献进行梳理，认为上古传说时代至秦汉均有"失期当斩"的规定，《张家山汉简·奏谳书》中的毋忧就是根据军法被斩的。⑦

由此可见，学界对于陈胜、吴广起兵的原因有着两种相反的观点，而里耶秦简与岳麓秦简中关于秦代司法文书的公布，为重新解读这一问题提供可能。

《岳麓书院藏秦简（肆）》中《兴律》将"失期"分为"事乏"与"非乏事"两种情况，同样是依据延误的时间给予赀罚：

> 0992：·兴律曰：发徵及有传送殹（也），及诸有期会而失期，事乏者，赀二甲，废。其非乏事【殹（也），及书已具】▱
>
> 0792：留弗行，盈五日，赀一盾；五日到十日，赀一甲；过十日到廿日，赀二甲；后有盈十日，辄驾（加）一甲。⑧

朱锦程、苏俊林先生注意到了这一处记载，并且结合了《里耶秦简》的材料，认为秦汉时期虽然存在着"失期当斩"的军法，但一般只是针对军事行为中的统领者，而不是将整个军队的士卒全部处斩。而从岳麓秦简的案例以及银雀山汉简中可知，即使是军法，也会根据事情的严重程度进行区别对待。他们认为陈胜等人虽然是被征发前往边郡

① 司马迁. 史记 [M]. 北京：中华书局，2014：1952.
② 睡虎地秦墓竹简整理小组. 睡虎地秦墓竹简 [M]. 北京：文物出版社，1990：47.
③ 于敬民. "失期，法皆斩"质疑 [J]. 中国史研究，1989（1）：161-162.
④ 丁相顺，霍存福. "失期，法皆斩"吗 [J]. 政法丛刊，1991（2）：39-43.
⑤ 金菲菲《史记·陈涉世家》"失期"考 [J]. 首都师范大学学报（社会科学版），2011：35-37.
⑥ 陈伟武. 简帛所见军法缉证 [C]. 简帛研究. 北京：法律出版社，1996（2）：93.
⑦ 庄小霞. 陈胜吴广起义之"失期当斩"新论 [C]. 秦汉史学会会议论文集，2009.
⑧ 朱汉民，陈松长（主编）. 岳麓书院藏秦简（肆）[M]. 上海：上海辞书出版社，2015：147.

的戍卒，但是由于其尚在途中，并未被纳入管理系统，因此并不能适用于军法。①

这一争议主要是由于秦代律令材料的缺失引起的，因为缺乏明确的记载，所以存在着多种可能，或许是一些学者主张的，秦代存在着"失期，法皆斩"的法律，但是并不适用于陈胜等人，也可能这样的律令并不存在，只是陈胜、吴广等人借用士伍力量起兵的借口，也可能是陈胜等人因为身处社会下层，本就对律令了解不清，当然亦有可能是司马迁的记载错误，抑或是针对不同的情况，秦代律令存在着不同的规定。这一问题还有待学界进行深入研究。

（四）秦代"严刑峻法"与秦速亡之因

在描绘秦始皇形象时，秦代法律的严酷也是被汉人浓墨重彩的。如陆贾作《新语》十二篇，便指出秦之所以速亡，根本原因在于笃信法家学说，尚刑轻德："秦非不欲治也，然失之者，乃举措太众、刑罚太极故也。"② 贾谊著有《过秦论》，其中也有"秦王怀贪鄙之心……禁文书而酷刑法"的言论。反之，汉人却对汉代初期的法律给予极高的评价，如《汉书·刑法志》中便认为汉初"蠲削烦苛""务在宽厚"的法律原则和"从民之欲，而不扰乱"的政治原则使得"衣食滋殖，刑罚用稀"。

过去由于秦汉法律材料的缺乏，对秦汉法律的研究仅仅依靠传世文献或根据唐律进行推测，但是随着睡虎地秦简、张家山汉简、岳麓秦简等一批秦汉律令文书的公布，我们可以发现西汉初年的律令与秦律相比，从定罪量刑的标准到刑罚的种类及残酷程度，二者并无太大区别。

对于秦律和汉律的关系，清代学者梁玉绳在《史记志疑》中，就对汉高祖入关时的"约法三章"提出了质疑。而随着睡虎地秦简与张家山汉简等出土文献的公布，也有学者将出土简牍与传世文献进行对读，来分析秦汉法律的变迁。于振波先生将张家山汉简《奏谳书》与《史记》、睡虎地秦简《法律答问》进行对比，认为在汉文帝刑制改革以前的汉律，在法律原则、指导思想及其科罪定刑的标准等方面，与秦律是一脉相承的，看不出谁比谁更能体现出"仁政"③。白艳利先生认为，从张家山汉简等简牍中可以看出，汉初的法律基本上继承了秦的法律，所以秦朝吏治败坏才是导致秦速亡的原因。④ 杨玛丽先生将秦汉法律中的盗律、贼律、告律、亡律等进行对比，认为汉初刑法不仅在部分律文上直接承袭秦刑法，而且对盗窃、杀人、不孝、诬告及逃亡等犯罪的处罚原则与秦刑法的呈现出一致性。⑤

不仅秦律与汉初律令所差无几，出土的秦律中甚至体现了秦始皇体恤百姓的一面。在新公布的《岳麓书院藏秦简（伍）》当中一条律令记载泰山守上报：按照以往的律令，父母犯罪其子女也需收押，但是有的年纪较小，在押送的过程中恐怕会出现死亡的情况。之后经过初步的讨论，认为应当"令寄长其父母及亲所"，其后，又经丞相"议"补充了"八岁"这个年龄限制：

---

① 朱锦程，苏俊林. 秦"失期、法皆斩"新证 [C]. 简帛研究 2017（秋冬卷），2018：63.
② 王利器. 新语校注·无为 [M]. 新编诸子集成：第一辑. 北京：中华书局，1986：62.
③ 于振波. "无为而治"时期的汉代法律 [J]. 文史知识，2002：95.
④ 白艳利. 从汉承秦制看吏治对秦亡的影响 [D]. 内蒙古大学硕士学位论文，2005.
⑤ 杨玛丽. 从竹简秦汉刑法的比较看"汉承秦制" [D]. 西北大学硕士学位论文，2004.

1114：●泰山守言：新黔首不更昌等夫妻盗，耐为鬼薪白粲，子当为收，
被（彼）有婴儿未可事，不能自食

0918：别传输之，恐行死。议：令寄长其父母及亲所，勿庸别输。丞相
议：年未盈八岁者令寄长其

1935：父母、亲所，盈八岁辄输之如令。琅邪（琊）郡比①

这条律令虽然没有记载秦始皇的制书意见，但是一定是经过皇帝许可后方能成为律
令，所以秦始皇对这一条律令内容是认可的。还有另一条皇帝直接下达的诏令：

1003：●制诏御史：闻反者子年未盈十四岁，有辠为城旦舂者，或婴儿殴
（也），尚抱负及毚（才）能行，县官

0998＋C10－4－13：即皆令衣傅城旦舂具，其勿令衣傅之。丞相御史请：
诸年未盈十四岁而有辠为城旦舂者（缺简）②

这一条令文中，皇帝通过"制诏御史"的方式提出，对于未年满十四岁因罪为城旦
舂者，可以不使用刑具。由秦始皇主动提出减免刑具是否可以认为在秦始皇的政治理念
中具有"爱民"思想？张分田先生认为在《史记》当中记载秦始皇巡行各地并铭功刻
石，其中"黔首安宁""黔首是富"等语都体现了秦始皇的"民本"思想，他分析指出
"即使秦始皇摒弃诸子百家，单凭法家学说治国，他也会知晓民众为国家政治的基础、
得民心者得天下和施政应爱民利民的道理，也会在一些时期或一定程度上推行重民政
策"。③ 在《赵正书》中，也记录了秦始皇临死之时流露出的温情一面：

> 病即大甚，而不能前，故复召丞相斯曰："吾霸王之寿足矣，不奈吾子孤
> 弱何……吾哀怜吾子之孤弱，及吾蒙容之民，死且不忘。"④

不管是爱怜幼子还是为体恤百姓主动减轻刑罚，这样的秦始皇形象都是传世文献中
不曾出现的。始皇死前怜悯幼子的心情是亲情的体现，对死亡的恐惧是人之常情的流
露，但一向被认为是"暴君"的秦始皇是否具有"爱民"的思想，还需进一步考究。笔
者认为，在律文当中所反映出的秦始皇"爱民""仁政"等思想可能仅仅局限于姿态，
其爱民之心，恐怕还需考证。但是这些法律文献反映出秦朝的律令与汉代初期的律令是
几乎没有差别的，所以不能简单将秦速亡的原因归咎于秦朝法律严苛。论及秦速亡之
因，可能在于法律的执行与吏治，以及秦始皇多次兴修大型工程，如大建阿房宫、兴修
驰道等，工程浩大，徭役繁兴，确实劳民伤财。

---

① 朱汉民，陈松长（主编）. 岳麓书院藏秦简（肆）[M]. 上海：上海辞书出版社，2015：63.
② 朱汉民，陈松长（主编）. 岳麓书院藏秦简（肆）[M]. 上海：上海辞书出版社，2015：70.
③ 张分田. 秦朝统治思想中的民本思想因素——以全社会普遍意识为视角 [J]. 中国社会历史评论，2006：
101.
④ 北京大学出土文献研究所. 北京大学藏西汉竹书（叁）[M]. 上海：上海古籍出版社，2015：190.

二、秦始皇形象记述分歧产生的原因

（一）居下流者，众恶归之

正如人们怀疑益阳兔子山出土的《秦二世元年文书》是秦二世为自己的统治地位正名一样，即使是深埋地底多年未经后人修改的史料，也存在着史料本身就是不实记载的可能，历史上不乏有统治者为了粉饰太平对自己的形象进行美化的事例，也存在着记录者出于各种各样的原因对事实进行歪曲记载的情况。所以我们并不能盲目信任史料，而是要进行仔细的甄别。

而秦始皇被称为暴君，所以汉代历史学家对其记述更倾向于选择反映其残暴的史实。可能史实本身并无问题，但"众恶归之"的倾向影响了史料的选择。例如上文中的"禁伐"与"伐木"两件事，就极有可能都是史实，但史学家在记述时刻意忽略了与"暴君"无关的材料。

（二）西汉的政治环境

西汉政权是经过秦末的混战而建立的。秦帝国开创了辉煌的基业，却在不足十五年内迅速灭亡，对于汉代统治者来说，首先要探讨秦灭亡的原因，以免重蹈秦之覆辙，其次便是要宣扬汉代政权的合法性，确保统治的长治久安。在这样的需求下，汉代兴起了"过秦"思想。所谓"过秦"，内容主要是批判秦之暴政与过失，并且达到"过秦"以"宣汉"的目的。陆贾首发"过秦"之论，此后张释之、贾谊、晁错等一批政论家都有"过秦"的言论。

在这样的政治环境之中，司马迁、班固等汉代史学家不免受到"过秦"思想的影响，司马迁在《史记·秦始皇本纪》中直接引用了贾谊的《过秦论》下篇，同时在《史记·陈涉世家》中直接载录了上篇，这便说明"过秦"思想对司马迁有影响，而这样的思想难免影响史学家的史料选择与问题表述。

（三）后人对文献的加工

《史记》并不是直接的史料，而只是历史学家司马迁根据他所见到的史料编纂而成的一部特别的史书，在《史记》当中，除了比较真实可信的档案资料外，还有不少历史故事和民间传说。

《史记》问世以来，由于当时文字传播困难，故该书的脱漏窜乱现象十分严重，到东汉班固时，《史记》就已有"十篇缺"[①]。而这"十篇缺"还仅仅是完全遗失的部分，后人增补及传抄错误绝不仅仅只有十篇。宋代学者王应麟在《困学纪闻》中论述："《史记》世代年月事多舛错，故班固以文多抵牾""《世本》与《史记》参差不同，书籍久远，事多纰缪，杜违《史记》，亦何怪焉。"[②]

今本《史记》中除了有历代学者为补充史料的善意增补外，还有许多对秦代历史的改窜。我们现在对于秦始皇的研究，《史记·秦始皇本纪》是一个非常重要的资料，根

---

① 班固. 汉书·司马迁传 [M]. 北京：中华书局，1962：2738.
② 王应麟. 困学纪闻 [M]. 孙海通，点校. 沈阳：辽宁教育出版社，1998.

据李开元先生的研究，今本《史记·秦始皇本纪》是由四篇不同作者的独立文章拼凑而成的：一是司马迁所撰写的《秦始皇本纪》；二是贾谊的《过秦论》下中上三篇；三是《别本秦世系》；四是班固著的《评秦始皇本纪文》。其中，贾谊《过秦论》下篇，是司马迁附在《史记·秦始皇本纪》本文后面的。中篇和上篇是魏晋时代添附上去的。《别本秦世系》是有关秦公世系的原始史料，可能是班固发现并附载上去的。《评秦始皇本纪文》是班固根据回答明帝召问写成的《奏事》，在章帝期间写成并附载上去的。①

李开元先生认为今本《史记·秦始皇本纪》的构成与班固的家族有着密不可分的关联。如果这种看法成立的话，那么《史记·秦始皇本纪》当中产生的一些史料冲突可能与班固的家族也有关。

传世文献流传到现在经历了历代很多人的加工，这些加工都掺杂着一些作者的主观因素以及当时的思想政治因素，所以我们对于传世文献的应用更要十分谨慎。

结　语

我们对传世文献的研究是不断推进的，是将文本研究与出土简牍和考古成果不断相结合的过程。在这个推进的过程中，我们发现以《史记》为代表的传世文献在关于秦始皇的历史书写上产生了一些问题。这些问题产生的原因十分复杂，需要留待更多材料的出土进行证明，也为史学工作者的史料选择提出了严格的要求。虽不足以推翻传世文献建构的体系，但是今天秦始皇历史形象的形成也与汉代人的书写密不可分，通过列举以上的史料抵牾可以看出，汉代人对于秦始皇的形象书写多少有一些夸张的成分。

我们现在十分看重出土文献，主要是因为这些文献深埋地下，没有经过历代人的加工，保持了文献较为原始的面貌。但是，这并不意味着所有的出土文献都可用来质疑传世文献。出土文献在产生的过程中，本身可能就经历过制造者根据自己的价值判断加以取舍与改造，又或是存在着各种残缺与疑点。所以研究者应该对出土文献的可信度进行格外严格的鉴定，既不能偏信传世文献的虚假信息，也不能无条件信赖出土文献的以偏概全。

在本文的研究中，笔者认为有些现有论据已较为确凿，如秦和汉初法律并无很大区别，"严刑峻法"并不是导致秦速亡的原因，而有些只能指出现有记载的严重矛盾，对于如何取舍尚不能定论。希望随着出土材料的日益丰富和笔者学业水平的进步，有朝一日能对这些问题进行更深入的研究。

>> 老师点评

周璐同学是一个非常好学而又聪颖的学生。学习成绩始终保持在班级前列，还积极参加书院倡导的学习兴趣小组、提升计划等，以加强专业训练。外语除了通过大学英语四、六级考试外，还自学日语。可以说，在书院的四年大学生活，于她而言，紧张忙碌

---

① 李开元. 解构《史记·秦始皇本纪》——兼论3+N的历史学知识构成 [J]. 史学集刊，2012（4）：48.

而又丰富多彩。她最终以其优秀的学习成绩和良好的专业表现，获得推荐免试攻读硕士研究生的资格，并被中国人民大学国学院录取。

在请学生聚餐及平时与学生面谈，我都喜欢把本硕博不同层次的学生拉到一起。在这一过程中，研究生尤其是博士生起了很好的作用，在某种程度上，他们充当了"助教"的角色。在这方面，苏俊林、朱锦程和齐继伟表现尤为出色。他们本身专业基础不错，研究能力较强，又很热心，赢得了师弟师妹们的尊重和信任，也帮了我很多忙。

这篇论文的选题，最初是周璐同学与我的几位博士生商议提出的。关于秦始皇和秦王朝，简牍资料与传世文献所提供的信息有所不同。已经有几位学者从不同的角度讨论过这一现象，见解各不相同。对本科生来说，阅读理解简牍资料有一定难度，然而，只要他们愿意尝试，我都会积极支持。

这篇论文选取的几个事例比较有代表性，对简牍资料与传世文献中相关史料的收集比较全面，对学界已有研究成果能够很好地吸收利用，对传世文献与简牍资料中互相抵牾之处，能够结合历史背景给出合理的解释，所提出的观点比较客观平实。论文虽略显稚嫩，但对本科生而言，已属难得。

论文指导老师、学业导师　于振波

二、饶宗颐国学奖获奖学生作品

论"高桥轮船案"中清政府对美交涉的得失

——三场争论、两次让步、一次反击

2014级　石　淼

　　摘　要："高桥轮船案"是太平天国战争时期遗留的中美经济纠纷问题，两国间关于此案的交涉长达22年之久。历经清政府各个部门、人员与美国数位驻华公使的争论与协商，双方终于就偿款问题达成一致意见，其结果令双方都较为满意。纵观整个对外交涉过程，清政府在与以驻华公使为代表的美方进行对话时，暴露出了其在外交体制、国力差距、文化观念等方面的种种问题，而清政府最终能够进行反击，则是由于在时代背景下进行的策略转变。此案中清政府对美交涉的得失与中国政治、文化传统的影响及近代以来面临的新形势密切相关。本文中，笔者将试图梳理与分析中美就此案交涉的大体过程，以"三场争论、两次让步、一次反击"为中心，阐述清政府对美交涉的得失，并阐发一定的历史反思。

　　关键词：中美关系；高桥轮船案；清政府；外交得失

绪　论

　　在中国近代史上，出于各种缘由，清政府对西方列强的赔款案不胜枚举。相对而言，历来学者们对于由战争、社会问题（如教案）引发的赔款问题关注较多，[①] 而有关一般经济来往导致的偿款事件则研究较少，且更多地集中于鸦片战争前中英间的"商欠"问题。[②] "高桥轮船案"具有其特殊之处，在于它是由民间商行作中介、与官方发生交易的欠款纠纷，且最终由官方出面协调解决，因经济纠纷的本质与政治因素的结合而更显复杂，其中武力胁迫的色彩较少。此前学者对于其"常胜军"的研究多限于白齐

---

　　① 郭卫东. 鸦片战争赔款研究 [J]. 近代史研究，1998（4）：131-145；谢俊美. 再论中日甲午战争的赔款问题 [C]. 第二届近百年中日关系史国际研讨会论文集，1993：28-36.
　　② 吴义雄. 兴泰行商欠案与鸦片战争前夕的行商体制 [J]. 近代史研究，2007（1）：56-75；郭双林.《南京条约》中的"商欠"问题 [J]. 史学月刊，1986（2）：51-55.

文个人的评价与清政府的外交政策等政治内容，① 鲜有对其与外商之间欠款问题的研究。本文以此为题正是希望转变思路，在现有材料的基础之上，从对政治色彩浓厚的经济纠纷事件中，剖析清政府在对美外交中的"得与失"及其与历史背景之间的联系。②

关于"高桥轮船案"，目前学术界还没有专门的研究成果，只是在少量著作中有所提及。王国华《外债与社会经济发展》③ 中简略地叙述了"高桥轮船案"的过程，但书中着重讲述案件的缘起与最终的解决方式，对案件交涉过程中的困难和转折没有更多涉及。李允俊主编的《晚清经济史事编年》④ 寥寥数语记述了李鸿章最终解决此案的方式和成交款项的数额，徐义生所编《中国近代外债史统计资料》⑤ 中也只是对款项变动的原因和负责人做了简单的标记。至于其他提到"高桥轮船案"的著作，如徐锋华《李鸿章与近代上海社会》⑥、郦纯《太平天国制度初探》⑦、郭毅生《太平天国经济史》⑧ 等，都只是提到了高桥轮船在太平天国运动中的使用和去向，均未涉及中美之间因此引起的经济纠纷。可见有关"高桥轮船案"的研究还有许多值得继续探索之处。

一、高桥轮船案之缘起与初步审理

第二次鸦片战争后，为镇压太平天国运动，清政府于 1860 年 6 月联合英、法、美等西方势力成立了"洋枪队"，后改名为"常胜军"。"这支军队由当时任苏松太道的吴煦督带，候补道杨坊会同华尔管带"⑨，由中国士兵组成，辅以西式的装备和训练方式，先后由美国人华尔、白齐文、英国军官戈登率领，成为清政府对太平军作战的重要力量。常胜军所使用的西洋武器和装备皆由吴煦负责、杨坊⑩经手向外商购买和租置，高桥轮船便是其中之一。

有关"常胜军"使用高桥轮船大致过程的记载，在大约同治二年（1863）至三年（1864）间的诸多史料中都有体现。1862 年四五月间，李鸿章在给李霭堂将军的信函中提到在进攻太仓的战役中，需派轮船在水路行驶以牵制敌军，但"惟高桥轮船尚未买妥，如定妥后，再派员驶赴清阳江应用可也"⑪，可见高桥轮船确为常胜军所置且相当受重视。在 1862 年 10 月杨坊给吴煦的信函中，杨提到"高桥轮船之事，该行中已到弟

---

① 项立龄. 白齐文考 [J]. 上海师范大学学报（哲学社会科学版）》，1981（4）：92-95；张礼恒. 从对常胜军的制约看清政府的对外政策 [J]. 齐鲁学刊，1996（2）：48-51.

② 在战败谈判中，面对列强军事上的压迫，清政府往往只能屈服，完全按对方的要求赔款，因此给人留下的印象多是政府在外交中的失败形象；而在经济纠纷中，由于压力相对较少，因此从中得到的启示也会有所差异。

③ 王国华. 外债与社会经济发展 [M]. 北京：经济科学出版社，2003：120-121.

④ 李允俊（编）. 晚清经济史事编年 [M]. 上海：上海古籍出版社，2000：244.

⑤ 徐义生（编）. 中国近代外债史统计资料 [M]. 北京：中华书局，1962：6-7.

⑥ 徐锋华. 李鸿章与近代上海社会 [M]. 上海：上海辞书出版社，2014：108.

⑦ 郦纯. 太平天国制度初探 [M]. 北京：中华书局，1989.

⑧ 郭毅生. 太平天国经济史 [M]. 南宁：广西人民出版社，1991.

⑨ 罗尔纲. 常胜军考略 [J]. 近代史研究，1990（4）：29-34.

⑩ 杨坊是上海商行杨泰记的主人，是商人出身，候补道的官职由其捐得，常胜军也是由其与华尔共同倡立的，其商人的身份在此后中美之间的争论中也曾引起了欠款该向谁索要的问题。

⑪ 顾廷龙，戴逸（主编）. 李鸿章全集：第 29 册·复李霭堂副将 [M]. 合肥：安徽教育出版社，2008：219.

处索银数次。诚以认租，不如买船"①，此时高桥轮船应已为清政府所用数月。1863 年 8 月，《上海新报》报道"本月十七日有西人将抚台轮船名高桥抢去带往苏州"②；后李鸿章发给吴煦的信函中也提到此前高桥轮船在松江"被白齐文带夷匪数十名将船抢去"③，中方对于高桥轮船的使用在此时应画上了句号。而两个月后，李在回复曾国荃函中陈述了他在与太平军作战时，"杀毙、淹毙万余人，伪纳王已死水中，'高桥'轮船立时烧毁"④。郭嵩焘在三年后置办江浙一带的租船事宜时，在其向总署发送的信函中还曾提及"少荃宫保（李鸿章）所置之高桥轮船为最廉矣，而皆已损坏"⑤。

根据 1874 年末、1875 年初《申报》⑥与《北华捷报》⑦中记载的上海地方对此案的审判过程，可以大致了解本案的概况。

据原告美国商人熙尔供称，他与上海商行杨泰记主人杨坊本是好友，在常胜军军备的购置事项上多有合作。杨为保证从上海到松江等处军火粮饷支援的安全，于 1862 年 5 月向其提出租借一艘火轮，双方商定"每月租银三千两""包租四个月，如有不测，赔银一万二千两。四个月期满之后再要租用，仍照每月三千两计算"⑧，并且立了契据。该船因在高桥开仗得胜而起名为"高桥轮船"⑨。1862 年 9 月常胜军统领华尔阵亡、白齐文接统之后该船仍照旧租用，11 月白齐文因与杨坊发生矛盾被撤职，熙尔与其他外商一同向杨泰记讨还中方在购置军械上的欠款。在杨泰记主人的请求之下，熙尔仅将四个月即在官方报销范围内的租价上报⑩至吴煦处。经由吴与美国驻上海领事西华⑪派调停人公断，判定这部分欠款应由杨泰记偿还，上海官方代为报销。

但此后杨多次以筹款困难为由并未支付任何其余欠款，又商议以先还欠租为前提以 8 500 两的价格购买该船，并立了卖据。后来卖据、契据因故丢失，高桥轮船又于 1863 年 6 月被叛投太平军的白齐文掳走，加之杨坊病重，熙尔与西华多次向杨泰记索欠款未果。而此前吴煦便对美商讨要的诸多欠款颇有疑义，于是要求再次请公证人进行公断，

---

① 太平天国历史博物馆（编）. 吴煦档案选编：第二辑·杨坊致吴煦函 [M]. 南京：江苏人民出版社，1983：372.

② 有西人将抚台轮船名高桥抢去带往苏州 [N]. 上海新报，1863-8-13.

③ 太平天国历史博物馆（编）. 吴煦档案选编：第二辑·杨坊致吴煦函 [M]. 南京：江苏人民出版社，1983：108.

④ 顾廷龙，戴逸（主编）. 李鸿章全集：第 29 册·复李蔼堂副将 [M]. 合肥：安徽教育出版社，2008：257.

⑤ 梁小进（主编）. 郭嵩焘全集：第 13 册·致总署 [M]. 长沙：岳麓书社，2012：185.

⑥ 《申报》中记载本次案件相关内容的有总第 820 期、832 期、834 期、839 期、844 期、848 期，时间上从 1874 年 12 月 28 日至 1875 年 1 月 28 日。

⑦ 《北华捷报》由英国创办，记载本案的相关内容发表日期分别为 1875 年 1 月 14 日及 1 月 28 日，与《申报》中大体相同，但增加了升堂盘问的内容。

⑧ 会审控追租船银案 [N]. 申报，1875-1-11（2）.

⑨ 该船在《美国对外关系文件》《北华捷报》中有多个译名，分别为 *Keorjeor（keorgeor）*，*Kiao Chiao*，*High Brige*。

⑩ 根据《北华捷报》中熙尔对租期表述的原文为 "He said if he paid any of the claims which arose under Burgevine's command，he would not get his money from Woo Taotai"，《申报》中也提到了吴煦认为所有在白齐文统领时产生的欠款都不应由中方偿还，故这四个月应是指 1862 年的 5—8 月，即从租船开始到白齐文接管之时，有可能发生的谎报租价可能也是由此而来的，为何只报四个月租期也成为后来双方辩论的一个焦点。

⑪ George Frederick Seward（1840-1910），1861 年任美国驻上海总领事，1876-1880 年任驻华公使，这个案件的处理几乎贯穿了他在华的整个任期。

在第二次公断中高桥轮船欠款因无凭据而被断为不应由杨泰记偿还。熙尔此后时常使人向杨泰记催还此款，但因个人忙于事务而未亲自前往，直到吴煦、杨坊皆去世之后才将此案向上海地方上诉，要求杨泰记偿还船价 12 000 两，租价每月 3 000 两，计 14 个月，本银共 54 000 两及利息若干。

判官令原、被告律师均召来证人以提供证词。原告的证人均为洋人，从数目上来看远远多于被告。其中人员组成也较为复杂，既有秦镇西、金能亨①等先后评断过此案之人，又有爱喜来、赛门等曾经营过常胜军相关事务之人，甚至西华也为其作证，原告的证词多趋于承认高桥轮船是熙尔之船，有数人肯定熙尔所提出租价为实。而被告的出堂证人仅有三人，分别为美国人庄伯司、中国人傅宜舟和力槐三，且所提之供词多语意模糊、不能肯定。②

虽然仅就证人、证词来看，原告显然占据上风，但判官仍称"奉道宪谕，案无实在证据，碍难断还银两"③，同时又表示同意改期令双方律师进行辩论，但又因道宪官职的交接④而推迟至下一年再行核断，此后继任的苏松太道冯焌光则仍坚持没有凭据不能偿还欠款。

由于被告已经离世，本案的概况仅能通过原告一面之词进行了解，其中细节问题较为复杂，根据现有材料难以作出是非判断⑤，但从处理此案中双方的争论和清政府的表现仍可对清政府外交中的得失进行一定的思考和分析。

二、总署与美使的首次激烈交锋

在上海的长期交涉未能使"高桥轮船案"得到解决，但美方并未因此而罢休。1875年 12 月，美国驻上海领事西华升任为驻华全权公使。次年，他直接赴总理衙门交涉，要求了结此案。

1876 年 7 月，总理衙门收到西华所发照会，后者列明案件五大要点：高桥轮船确为熙尔之船，常胜军曾经雇用数月，双方曾为此立有契据，虽然契据已经丢失，但有多名证人可为其作证，因此要求杨泰记偿还租船欠款及利息。总理衙门随即咨行南洋大臣，令其迅速查办此案。

后南洋大臣咨复，据苏松太道冯焌光称，"查高桥轮船，杨泰记曾否租用，毫无凭据"，并强调其办案"必问凭据之有无，以定应还之与否"⑥，无据取偿实在有违公理，

---

① 吴煦、西华两次请调停人断定此案，第一次吴煦派秦镇西，西华派洛其；第二次吴煦派金能亨，西华派亨百里（汉壁礼）。两次公断结果的差异也成为此案的辩论焦点之一。

② 被告证人中两个中国人几乎没有任何肯定的证词，只有"记不得了""没有看见""亦未知悉"等语。

③ 四次会审熙尔控追船租案 [N]. 申报，1875-1-25 (2).

④ 原审理此案的是苏松太道沈秉成，他于 1875 年 1 月 28 日卸职，而继任的冯焌光则赴江宁办理事务，因而此案被搁置。

⑤ 如《吴煦档案选编（第五辑）》中的《会防处翻译新闻纸选录》中提到高桥轮船船主名为"恩斯"，此人是否与熙尔为同一人不得而知。

⑥ 黄嘉谟（主编）. 中美关系史料：光绪朝一·总署致美使西华照会 [M]. 台北："中央"研究院近代史研究所，1988：155.

美方所提供的证人证言不能作为断案的证据。南洋大臣沈葆桢和总署也表示认同冯焌光的判断。

西华见清政府不肯认账，要求其函询在案发时曾任江苏巡抚、管辖常胜军的李鸿章了解此案的详情，"在同治元（1862）、二年（1863），常胜军曾用过此船十四个月否""此十四个月内，该船为曾发逆所抢否""此船租价及坏船赔价，曾还过若干抑系还清否"①。后又强调"本大臣兹奉命饬向贵国国家索债，实缘此船杨泰记既为贵国租用，本国即想此账不必向杨泰记追偿，须向贵国国家索取也"②，强调此案的索赔是双方在国家层面上的交涉而非单纯的民间交易，对清政府施加压力。

总理衙门向李鸿章询问案情，后者则表明自己其实并不知情，"鸿章抚苏时虽曾调遣防剿，而于该军雇船购器等事从未丝毫过问"，"至于高桥小船何人经手所租，何时雇用，不但事后不能追忆，即当时亦无从知悉"③。他同时表示如果此款应还的话，当初吴煦应当早已偿还。并同样认为此案既然没有凭据，不能凭空索偿，现在吴、杨二道又已逝世，无从对峙，美方不应再行纠缠，支持总理衙门据理辩驳，或者再请南洋大臣来评断此案。

针对案情本身，总理衙门同西华之间就诸多细节问题展开争论，所围绕的核心无外乎是否存在"高桥轮船由杨泰记向熙尔租用"的事实，这直接关乎中方是否应该进行赔偿。而相关的细节问题则相当复杂，包括熙尔丢失契据是否有明确的时间和地点、熙尔是否与杨泰记主人串通勾结导致欠款问题纠葛不清④、吴道归还其他欠款唯独不认此船租价必定有其道理、高桥轮船的最终去向、调停人第二次所断不应还之款为杨泰记之账或是吴道之账等⑤。但由于缺乏真凭实据，双方只是就情理辩驳、各执一词，甚至己方所言亦有自相矛盾之处。如此含混不清的争论看似激烈，但纠缠许久亦均未能说服对方。

而在双方诸多细节问题的讨论上无法达成一致意见的重要原因之一，在于各自在断案原则上的根本分歧——人证与物证在法律上何者更具效力的问题。总理衙门认为"查此案人证则有，凭据则无，若欲以人证即作为凭据，则原告人证系言原告一面之词，被告人证系言被告一面之词，何由定断？"⑥，认为有明确文字的契据是索要欠款唯一决定性的根据。西华则提出"文字之据，是否属真，尤有时待于证人言，方能辨其无伪，今竟以人证之言为不可靠，是直一无可靠也""西国官府在本国办事多多，凡有案件，均

---

① 黄嘉谟（主编）. 中美关系史料：光绪朝一·总署致美使西华照会［M］. 台北："中央"研究院近代史研究所，1988：156.

② 黄嘉谟（主编）. 中美关系史料：光绪朝一·总署致美使西华照会［M］. 台北："中央"研究院近代史研究所，1988：206.

③ 顾廷龙，戴逸（主编）. 李鸿章全集：第29册·复总署：议美使索租船旧欠［M］. 合肥：安徽教育出版社，2008：511.

④ 中方怀疑是熙尔与杨泰记串通多报船价以获取报销之利，而熙尔利用杨泰记不敢声张以此要价。

⑤ 关于调停人的判断结果是双方争论的一个重要焦点，由于两次调停前后结果不一。美方认可秦、洛断定应还之账，而认为金、亨断定不应还的账目属吴煦而非杨泰记。中方则坚持认为调停人已经断定该款项不应还，这一问题在持续的争论中并没有得出结论。实际上调停人所断应不应还的根本还是凭据之有无。

⑥ 黄嘉谟（主编）. 中美关系史料：光绪朝一·总署致美使西华照会［M］. 台北："中央"研究院近代史研究所，1988：225.

系以案中见证之言为可靠"①，更加强调人证在断案中的重要性。②

在双方争论持续近一年仍无果的状况下，西华率先提出解决方法。在1877年5月的照会中，他向总理衙门表示如果中国不愿认账，应请各国驻京大臣甚至专请某国驻京大臣进行评断或调停。这实际上是意图迫使清政府把处理此案的主动权让出，自然未能得到后者的同意，总理衙门回复表示还应当在此两种方法之外另寻其他途径予以解决。

综上所述，在第一次争论之中清政府始终坚持自己的立场，在争论中据理力争，拒绝为此案做出任何赔偿。但美方也丝毫没有退让的意思，其坚决的态度也令总理衙门倍感压力，于是便按照李鸿章之前的建议，提出令管辖事发地上海的南洋大臣沈葆桢重新调查，设法了结此案。

三、南洋大臣折衷处置后争论再起

总理衙门放弃继续与美国公使对峙，转而托付南洋大臣商议，其意无异于令其自行斟酌、做出一定的让步以了结此案，避免因此事恶化中美之间的关系。

南洋大臣沈葆桢就此案向李鸿章征求意见，李向沈发送信函，无奈地表示"该使所欲甚奢，总署虽说明此是了案，并非还债，然不还债，亦不能了案"，"究应如何设法、如何定数，高明自有权衡，乞随时详示为幸"③。这表明经过长期的拉锯战，无论总理衙门还是李鸿章都改变了对此案的最初认识，他们意识到美方不会因中方的坚持不认此账而善罢甘休，惟有承认租船事实、进行还债才能平息纷争。但他们同时显然又不情愿完全按照美国公使的意思行事，偿还来源不明且数额巨大的欠款，于是这难题便落在了沈葆桢身上。

1877年7月，西华直接给沈发出照会，告知派使馆参赞何天爵赴南京与其处理常胜军时期中美双方未解决的经济纠纷，其中便包括高桥轮船一案。他同时强调何天爵全权负责了结此案件，此举"正足显明本大臣有敦重睦谊之意也"④。美方同意总理衙门的建议重新与地方交涉，也体现了其与总署长期交涉不成后，试图另寻他途以求目的之实现。

何天爵此行的目的表面上虽说是商议，然而其实际行动上却毫无好言相商的意思。何抵达上海后，十分骄横地拒绝提取任何文件对此案进行重新调查，只是要求沈葆桢按美方的方案还款，提出"本银分毫不能让，两下只要商量息银若干，便可归结，余事不要提起"，还理直气壮地对沈言明"还钱何必查案？"⑤ 沈葆桢则义正辞严地回复案情不

---

① 黄嘉谟（主编）. 中美关系史料：光绪朝一·总署致美使西华照会［M］. 台北："中央"研究院近代史研究所，1988：236.

② 在此次争论中，西华竟以民众闹事拆教堂、商人交易被骗之类的案件否定文据的必要性，强调人证的作用，显然是偷换概念，总理衙门对此作出了批驳。而在人证证词的作用方面，总理衙门似乎也作出了狡辩，认为原告证词虽多，但令人怀疑，被告证词虽然语意支离，但尚无矛盾之处，前者并不能驳倒后者。

③ 顾廷龙，戴逸（主编）. 李鸿章全集：第32册·复沈幼丹制军［M］. 合肥：安徽教育出版社，2008：44.

④ 黄嘉谟（主编）. 中美关系史料：光绪朝一·美使西华致南洋大臣沈葆桢照会［M］. 台北："中央"研究院近代史研究所，1988：243.

⑤ 沈葆桢. 沈文肃公牍·复李少荃中堂一［M］. 福州：福建人民出版社，2008：507.

查清楚不能结案，否则本可在总署解决又何必前来大费周章？何天爵数次要求速速按其意结案都未得逞。

沈经过实地考察和听取上海官商的证言，对此案原委做了一定的调查和分析，他得出结论，即杨泰记曾向熙尔租用高桥轮船确实是事实，但在欠款数额上存在不实的问题。每月 3 000 两的租金实在过高，该船卖价只不过 8 500 两，显然不合理。他认为该数额是杨泰记与熙尔串通冒销之数，二人的目的是以契据丢失为由提出虚假的欠款数额，向吴前道索要欠款以分赃。在与黎兆堂的信函中，他气愤地指出"如果杨泰记尚在，虽军前正法，尚不足蔽辜"，并且认为案件之所以不能早结是因为上海官员的不称职，"此事实误于历任沪道之徒逞口舌，补究实情。抑知真伪不容掩乎！"①

基于此沈葆桢提出了折衷的处理办法，做出了一定的让步。他向何天爵言明，中方不能照美方要求的数额还款，但可以采取另一套还款方案，即船价按照双方进行买卖交易所规定的价格 8 500 两来计算，船价可以加利，每年每百两按十两计算；而租价则按照民间各类传言中的多者计算，即每月 500 两，计 13 个月，② 租价不能加息。如此方案明显意味着希望双方各退一步，解决此案。

沈葆桢的让步使第一次争论画下了句点，承认租船事实等于放弃了之前清政府坚持的立场，但迫于形势也实属无奈之举；③ 而就其所提方案而言，其规定偿款数额则大大低于美方原来的要求，符合总署的预期，因而总署评价是"沈大臣亦能体本衙门之意"，肯定了他在顾全中美情谊之下的折衷处理。李鸿章虽然认为美方可能不会同意此方案，但对于沈葆桢的处理方式也给予了肯定，称"两案皆允赔偿，已予以转圜之地，仅银数尚有争较，合龙当不远矣"④。

但这次让步却仍然不能令美方满足，何天爵再接到沈葆桢所定还款方案时就表示决不能遵从，后西华亦仍坚持要求按原方案还款，于是便引发了双方的第二场争论——偿款数额之争。清政府的第一次让步使得其在这场争论中不可避免地处于下风，沈的折衷方案在还款数额上多是准情酌理而言，而美方则因此得以用所谓的"证据"来予以反驳。西华认为由于沈已经承认了中方租船的事实，就等于肯定了被告证人证词的有效性，而他同时又以"不合常理"为由否认证词在欠款数额上的真实性，显然不具备说服力。西华抓住这一点向总理衙门展开激烈的攻击，"兹于租价则不肯照三千之数，而于卖价则欲按八千五百之数，岂非以当日所立之卖契为半实半虚耶"⑤？并表示要赴京直

---

① 王庆元，王道成（主编）. 沈葆桢信札考注·复黎兆堂 [M]. 成都：巴蜀书社，2014：535.

② 熙尔提供的租借日期是从同治元年五月初五日到同治二年六月十七日，熙尔和西华算作 14 个月，而沈葆桢提供的方案中船价按照卖价计算，所以租借日期应截止到卖船日（不详），按照 13 个月计算。

③ 沈葆桢在回复李鸿章的信函中也提到"高桥一案，为祟者始自华人，而洋商乘机攫之。不料以租借不符，转成口不能言之苦。褚沪道欲以无契挟之，使作罢论，无怪其心不甘服，一为转圜，则奢念顿生，其无厌之德固然也"何天爵言不由衷，惟利是视。如果杨泰记不论银数多少，彼必幡然改图。系铃解铃，只得听之，无所用悔"。可见他虽查明确有租船一事，中方有过错，但又知道美方必借此贪得无厌，追求巨额还款，因此他让步虽有一定的事实依据，但确实还是迫于形势的无奈之举。引文见沈葆桢撰《沈文肃公牍》，第 507、508、530 页。

④ 顾廷龙，戴逸（主编）. 李鸿章全集：第 32 册·复沈幼丹制军 [M]. 合肥：安徽教育出版社，2008：87.

⑤ 黄嘉谟（主编）. 中美关系史料：光绪朝一·总署收美使西华节略 [M]. 台北："中央"研究院近代史研究所，1988：279.

接同总理衙门再进行交涉。

面对如此诘问，总理衙门难以做出有力的辩驳，只好坦白"此事若据案情而论，实无法可以断结，惟欲顾全交谊"，才令南洋大臣提出折衷方案，并非理屈，并强调"此案若归本衙门办理，还是照旧辩论，仍不能了"①，惟有再与沈进行商议，而总署可致信其再宽让一步。此举引发了西华强烈的不满，他表示自己乃美国驻华公使，秉本国意旨前来商办此案，理应由总理衙门而非地方大臣负责，"不能想中国之一省，较通国犹大"，甚至暗示总理衙门是将美国驻华公使当作"专驻一省之钦使对待"②，要求其及早作出决定，反对再同南洋大臣协商。

总理衙门于是只好重新就偿款数额问题继续与西华争论，并坚持按沈案还款。西华对此感到无奈，只得表示将此事转报本国，在其任上未能了结此案，此次争论也自1877 年12 月之后暂告一段落，几年间双方再无照会往来。下一任美国公使安吉立③上任之后，又于1880 年12 月借中美修约之机再次要求办结此案。安吉立数次以两国之友好关系进行胁迫，要求清政府立即予以答复，态度十分强硬。而总理衙门仍只是故技重施，其多次交涉仍是毫无结果。

四、李鸿章的接手与案件的解决

（一）策略性的让步与第三场争论

屡次进行交涉受挫后，美方终于对顽固不化的总理衙门失去了耐心。1882 年8 月，新任美国驻华公使杨约翰④上任，在试探性地重提还款要求遭到婉拒之后，由使馆参赞何天爵直接出面，给总理衙门发出了最后通牒。何称，"高桥轮船案"只有三个解决办法，"第一如数清还，第二请外国钦差核断，第三可交北洋大臣李中堂想一办法"⑤。总理衙门在回复的照会中表示照数清还欠款令清政府感到为难，难以照办，而此案案情复杂，又经辩论多年，不便烦请各国大臣出面处理，而令曾任江苏巡抚、知晓此案原委的李鸿章出面办理是最为适宜的。双方于是约定由何天爵赴天津与李鸿章再次商办此案。

如前所述，李鸿章与高桥轮船在常胜军中的使用多有渊源，且在之前对此案就有持续的关注。1883 年2 月，经与何天爵商议，李决定将数额较小的常胜军欠洋行的款项先行交付，由清政府从淮军军饷中拨出垫还，而将"高桥轮船案"暂缓办理。如前所

---

① 黄嘉谟（主编）. 中美关系史料：光绪朝一·总署致美使西华照会 [M]. 台北："中央 "研究院近代史研究所，1988：291.

② 黄嘉谟（主编）. 中美关系史料：光绪朝一·总署收美使西华照会 [M]. 台北："中央 "研究院近代史研究所，1988：302.

③ James Burrill Angell，（1829—1916），1880—1882 年任美驻华公使，1880 年曾作为美方代表与中国签订《中美续修条约》，在本案中他也屡以此要挟；另外在此前的交涉中称"高桥轮船案"的利息双方可以再行商议，而自安吉立开始美国公使将利息确定为每年10％。

④ John Russell Young（1840—1899），1882—1885 年任美驻华公使，他于1879 年就与李鸿章结识，并在中美多次交涉中有所联系，美方之所以要求李出面商议此事可能与其私交有关。

⑤ 黄嘉谟（主编）. 中美关系史料：光绪朝二·总署致美使杨约翰照会 [M]. 台北："中央 "研究院近代史研究所，1988：921.

述，"高桥轮船案"是太平天国时期中美遗留的经济纠纷事件之一，洋行欠款案则是双方同时进行交涉的另一大纠纷。此案的辩论点与"高桥轮船案"相似，同样是在欠款问题上缺乏实据，起初清政府坚持不能无据取偿，后经由沈葆桢交涉做出了决定还款的让步，但在款项是否加息上双方仍有矛盾。① 此次经过何、李的协商，美方同意将利息下调一厘先行解决洋行欠款案。

与此同时，李又向美方提出了另一要求，即归还 1858 年《天津条约》中国对美国"广东赔款"的余存和利息，并称惟有美国归还此款本利，中国才能将高桥轮船所欠的款项交付美国，并且要求杨、何二人向议会催还该款。此后李鸿章在与何天爵的商议中并未就还款本银的数额再起争论，放弃了总理衙门之前坚持按沈案结案的立场，做出了第二次让步，第二场争论也因而暂告平息；虽然此后双方在款项加息问题上仍有议论，但已非主要矛盾。②

广东赔款案是一起中美之间搁置已久的陈案。在 1856 年底英军炮轰广州城，随后在城内又发生了一起纵火事件，美国侨民遭受到了生命和财产的损失，1858 年美国公使奉本国之命向中国要求索赔。清政府迫于不利形势而不得不屈服，③ 经协商赔偿美国 50 万美元，从广州、福建、厦门三口的船钞中扣除。而当时美国所得款项多达 70 余万美元，多余部分存放在上议院，一直未归还中国。④

李鸿章对于广东赔款案同样是关注已久。早在容闳在美留学期间，就打探到美国方面有意归还此款；1879 年 7 月美国前总统格兰特抵达天津之时，亦有中国士绅向其提及此事，并得到了后者的同意。尽管李鸿章当时并不认可该士绅的行为，也不认为所欠赔款一定能够追回，但还是顺水推舟，将此事上报了总署。⑤ 同时他又向驻美公使陈兰彬说明，称格兰特回国以后有可能帮助追还此款，建议届时"再由执事及纯甫（容闳）从旁向议院探询是否可行"⑥。到了 1883 年，广东赔款余存的本利合计已高达 50 余万美元。

李鸿章认为既然中国已经率先做出让步，将无凭据的洋行欠款结清，那么于情于理

---

① 与高桥轮船案不同的是，在洋行欠款案中调停人判断吴煦应还商人熙尔、朋生的欠款，但中方对此结果持异议而一直未还。此案的案情更为复杂，存在中美双方互有欠款的情况，沈葆桢在折衷方案中提出中方归还美方本银而不加利息，美方也应归还中方欠款。这同样令美方不满，他们不承认对中方的欠款，而且要求中方还款要加利息，但此案欠款的本银与"高桥轮船案"相比较少，故专决定先解决此案。

② 1883 年十一十二月间中美双方曾四次照会往来就还款是否加息问题进行讨论，但值得注意的是此次讨论是在中方同意归还本金的基础上进行的，这从侧面可说明李之前的决议已在还款数额上做出了很大让步。

③ 在这两个事件的交涉中，清政府均表示不能负责。英军炮轰广州城造成美侨的损失，英方应当负主要责任；而纵火事件本身存在颇多疑点，因起火地点应已受到英国军队的保护，清政府根据情报怀疑是英国人故意所为，他们在火势蔓延时还阻止华人救火。黄宇和先生也曾指出，可能是英国故意纵火以激起美国对华的敌意，促使其加入战争。J. Y. Wong：*Deadly Dreams*［M］．Cambridge University Press，1998：274.

④ 美国传教士卫三畏曾建议将多余的赔款还给中国，在中国创办西式学校，这也是"退款兴学"的最初尝试，但美国因受困与国内战争而无暇顾及，此款的归还也被搁置。金卫婷. 卫三畏与美国早期的对华退款兴学计划［J］．西昌学院学报（社会科学版），2007（1）：83-85.

⑤ 李鸿章对此案的态度也很值得揣摩，他上报总署时表示"若果如数交还似无坚拒不受之理，若其扣留弗与，亦断无强索力争之理"，只是将索要欠款作为一侥幸之事，与之后的态度大不相同。顾廷龙，戴逸（主编）．李鸿章全集：第 32 册·论美国收存盈余公款［M］．合肥：安徽教育出版社，2008：456.

⑥ 顾廷龙，戴逸（主编）．李鸿章全集：第 32 册·复陈荔秋星使［M］．合肥：安徽教育出版社，2008：458.

美国都应将拖延更久且证据确凿的广东赔款余存本利一并归还，然后才能继续处理"高桥轮船案"。然而杨、何二位公使却并不买账，他们一方面对李鸿章结清洋行欠款的爽快态度表示赞赏，同意暂缓处理"高桥轮船案"，但又强调此事不应过缓；另一方面他们虽同意帮助向上议院催还广东赔款余存本利，但又表明此事并不在他们的职责范围之内，不能保证实现还款。接着又提出"高桥轮船案"与"广东赔款案""情理原非一致，高桥案系以事理而言，归存款系以情理而言""理既尽，则情无不至也"①，要求先行办结"高桥轮船案"。

杨、何的说法显然与清政府方面的意见相悖，在清政府看来对"高桥轮船案"进行赔偿才是有违公理，是顾及情谊所致，"两国应有各尽之情，不独宜中国设法速结也"②。由此中美双方又产生了第三场争论，即偿款的程序问题。

（二）最后的反击与中方的"胜利"

面对第三场争论，李鸿章再没有让步。他在回复杨约翰的信函内表示美国"何时先将广东赔款余存本利全行交还中国，即可将高桥欠账本利一并算结。偿赔款一日不还，高桥账一日不结"③，态度十分坚决。实际上李鸿章的"坚持"具有其战略意义，他得知"熙尔与外部议院声气颇通""多与华盛顿贵人交游是也"，可以利用他们设法对议会施加影响。因而告知总署"欲索广东赔款，必留高桥案不结，使若辈自行代中国追讨，庶赔款有归还之日"④。

虽然李希望通过搁置"高桥轮船案"以迫使对方解决广东赔款案，但也并未仅仅一味地与之僵持，之前数年的经验已表明如此做法只是徒劳无功，只能使案件继续拖延，利息也日益增加。他于是尝试绕过美国驻华公使，通过中国驻美公使直接与美外交部进行一些交涉。

实际上早在与何天爵进行商议之前，李鸿章就与驻美公使郑藻如进行过交流，商讨过此案的解决方式，以广东赔款余存本利抵扣"高桥轮船案"欠款的方案也是在郑藻如的肯定下确立的。⑤ 在催促杨约翰、何天爵等与议会交涉的同时，李鸿章向郑藻如提出，"阁下可从旁商询，动以情理"⑥，积极与美国外交部进行协商，从另一条途径试图主动达成双方的和解。

李鸿章的策略终于起到了作用，美方被迫主动打破了双方的僵持状态。首先是参赞何天爵态度的转变。他面见李鸿章称，"外洋各国驻美使馆多有延订有名上等律师，凡

① 黄嘉谟（主编）.中美关系史料：光绪朝二·总署收美使杨约翰照会[M].台北："中央"研究院近代史研究所，1988：962.

② 黄嘉谟（主编）.中美关系史料：光绪朝二·总署致美使杨约翰照会[M].台北："中央"研究院近代史研究所，1988：971.

③ 顾廷龙，戴逸（主编）.李鸿章全集：第33册·论高桥船案[M].合肥：安徽教育出版社，2008：218.

④ 顾廷龙，戴逸（主编）.李鸿章全集：第33册·致总署.论美国积存赔款案[M].合肥：安徽教育出版社，2008：394.

⑤ 顾廷龙，戴逸（主编）.李鸿章全集：第21册·致郑使、郑使来电[M].合肥：安徽教育出版社，2008：35.

⑥ 顾廷龙，戴逸（主编）.李鸿章全集：第21册·寄郑使[M].合肥：安徽教育出版社，2008：42.

遇交涉紧急事宜，从其询问，令其帮助，辄得要领，尤易就绪"①，日本人曾经采用此方法追回过欠款，中国在这方面还比较吃亏，可以进行尝试。为此他甚至还推荐了曾来中国修约的美国使者笛锐克以相助。李认为此举必定对追还赔款大有裨益，并在1884年1月发给郑藻如的信函中嘱托其办理此事，事成之后可以在归还赔款之内划给该律师一定的报酬。

杨约翰也在1884年5月来书，称"议政院派议之员均谓广东赔款应还中国，一俟政院众绅商准，即可照办"②，而在文中并未提到"高桥轮船案"，似是美国方面已经批准先归还广东赔款，这样中方就在还款程序上的争论中获得了胜利。虽然美国外交部同时试图以降低利息为代价折衷办理此案，但由于尚未归还广东赔款而遭到郑藻如的拒绝，如此中方又在案件赔款的利息问题上占据了主动权。

美国国会经过商讨，通过了将广东赔款余存本利归还中国的决议，李鸿章的策略达到了最终目的。1885年3月杨约翰向总理衙门发出照会告知此事，并表示"本国欲将此款归还，实为以公道待中国，本大臣甚为欣悦"，总署随即照复对其表示钦佩。③ 随后郑藻如与美国国务卿贝亚德互发照会确认将"高桥轮船案"欠款本利从广东赔款中扣除，并进行相关事务的交接，贝亚德表示"在我们两国长存的友好关系中能够如此愉快地了结此案，我为此感到十分荣幸"④，郑藻如则对美方"在这件事情上的谦恭和仁慈大为感激"⑤。从结案的态度上来看，中美双方官员对于本案的最终处理结果都是较为满意的。

美国应归还中国广东赔款的本利共五十八万三千四百元九分，郑藻如来电称"余款除扣高桥轮船价银十三万及酬给经手洋人五千四百元，实收到美银四十四万八千余零"，"美国余款原止二十三万九千余元，今除高桥船款外，收回之银数几倍之，尚属公道"⑥，而收回的款项经过总理衙门与驻美使馆参赞蔡国祯以及公使郑藻如的商讨后，就近作为外交经费使用⑦。

就这样，这场中美之间交涉长达22年之久的案件终于得到了解决。在李鸿章的外交运作下，清政府终于在两次让步之后，最终实现了一次"反击"，挽回了部分权利。

五、外交中的得失与历史反思

在一波三折的交涉过程中，清政府暴露出了一些其在外交传统中固有的弱点；与此

---

① 顾廷龙，戴逸（主编）. 李鸿章全集：第33册·致郑玉轩星使［M］. 合肥：安徽教育出版社，2008：340.

② 顾廷龙，戴逸（主编）. 李鸿章全集：第33册·致总署. 论美国积存赔款［M］. 合肥：安徽教育出版社，2008：394.

③ 最终完成此案交接的是下一任美国公使石米德，算上代理过公使职位的参赞何天爵，经手过此案的美国公使共有5位。

④ *Mr. Bayard to Mr. Cheng Tsao Ju*［J］. Foreign Relations of the United States，1885（4）：182.

⑤ *Mr. Cheng Tsao Ju to Mr. Bayard*［J］. Foreign Relations of the United States，1885（4）：184.

⑥ 王彦威，王亮（编）. 清季外交史料：第3册·总署奏美国划还商亏银两片［M］. 长沙：湖南师范大学出版社，2015：1165.

⑦ 关于剩余银两具体分配的数额情况，可参考中国史学会（主编），中国科学院近代史研究所史料编辑室、中央档案馆明清档案部编辑组（编）《中国近代史资料丛刊：洋务运动（三）》第16页。

同时，我们从中也可以看出在时代背景下中国外交的近代化趋向。

（一）外交体制中的"地方特色"

西华升任美国驻华公使后，中美双方关于此案的交涉日趋激烈。总理衙门、南洋大臣、北洋大臣先后经手此案，三者的关系及在处理案件中发挥的作用尤其值得注意。总理衙门是第二次鸦片战争后清政府为处理洋务和外交事务而特设的中央机构，名义上（至少在西方人看来）是中国的外交部，而南、北洋大臣则是重要的地方官员，同时也承担一定的外交事务。然而在本案交涉中的两次重要转折乃至最终的解决却都是依靠后者来实现的。以恭亲王奕䜣为首的总理衙门在与美国公使的交涉过程中，态度不可谓不坚决，在争论中也据理力争、决不轻易妥协，屡屡令对方感到气愤和无奈，但由于缺乏灵活性和决断力而始终未对案件的处理产生实质性影响。

"到了 19 世纪 70 年代，它在实践中证明自身是一个慎重行事的机构，致力于协调政策更甚于制定政策。因此它使李鸿章及其南方同僚（南洋大臣）在领导权方面有了相当的回旋余地，同时又帮助把他们和令人讨厌的、爱争吵的、急躁的外国代表们隔离开来。"[①] 这一评价道出了在总理衙门成立以后，清政府外交体制中仍然存在的"地方特色"，这一特点在本案中有很明显的体现。

总理衙门对美国公使施加的压力感到为难时，并未能够做出及时有效的反应和判断，而是选择交给地方官员来解决。尽管作为中央机构，总理衙门会给予一定的指导，但这种影响是有限的。无论是沈葆桢还是李鸿章，都是根据实际情况自主决定方案，而他们的处理方式尽管可能与总理衙门之前所持立场有相对较大的差异，后者却从未予以否定，而是继续以坚决的态度维护新方案。这一方面说明沈、李的让步并未超出中央政府承受的界限，另一方面也体现了总理衙门在此案交涉中缺乏足够的自主判断能力。[②]

此案最初的发生地上海为南洋大臣沈葆桢的辖区，因而他被总理衙门委以对美协商。而当沈提出的折衷方案遭到美国公使的不满时，奕䜣向西华提出坚持要求美方与沈进行商议，除此之外别无他法，在此后的交涉中也一直要求按沈案还款。而在数年后面对代理美国公使何天爵的催款，他却又表示"沈大臣并未调取原案，遽将各账数目意未定断，与本王大臣在外核办之意，初不相符。惟既有成言，只得从权办理"[③]。足见其在外交事务中的推诿之意。

而由李鸿章接手此案的建议甚至是由美方提出的，理由则是他曾担任江苏巡抚、督办常胜军，必当明晰此案之原委。实际上这一点早在 1877 年致总署的信函中就被李否定过了，总理衙门却仍欣然应允，无疑是想避免美国公使的纠缠。就美方来看，他们此举则充分地表现出了对总理衙门的失望，而"外国外交官们认为李是一位威风凛凛的人

---

① 韩德. 一种特殊关系的形成：1914 年前的美国与中国 [M]. 项立岭，林勇军，译. 上海：复旦大学出版社，1993：116.

② 总理衙门先是坚持不还款，经沈葆桢商议后又坚持按沈案还款，在李鸿章处理后又坚持先还广东赔款再划抵高桥轮船欠款。看似态度坚决但实际上缺乏主见。

③ 黄嘉谟（主编）. 中美关系史料：光绪朝一·总署致美使安吉立照会 [M]. 台北："中央"研究院近代史研究所，1988：733.

物，他易于和外国人接近，并能以其他中国政界领袖所缺乏的实际和坦率的态度处理事务"①，李鸿章当然不会轻易屈服于美国人，但后者却更愿意和他而不是和"胆怯和犹豫不决"的所谓中国"外交部"打交道。

由地方上有影响力的官员来处理对"西夷"的外交事务，是为传统的"天朝体制"在清末外来势力入侵下形成的一大特色，曾成为两次鸦片战争爆发的导火索之一。② 不能否认，作为中国近代化外交机构开端的总理衙门在诸多外交事务中发挥了重要作用，但它仍无法承担一国外交之重任，对"地方外交"传统的依赖在一定程度上仍会导致对外交涉效率的降低，以及中外间冲突的增加。总署若能尽早设法处置此案，想必"高桥轮船案"欠款的利息数额也不致如此之巨大。

（二）国力差距与文化差异

值得注意的是，即便是最终了结此案的北洋大臣李鸿章，其前后态度也经历了转变的过程。起初他支持总理衙门与美国公使据理力争，反对无据取偿；而在南洋大臣办理的阶段，他则开始意识到惟有还债方能了案，并寄希望于沈葆桢出良策以结案。然而当李鸿章自己接手此案之时，他通过翻译委员伍廷芳细核西方条例，得知"查照西例，无据欠账，原可勿还"③，这显然与数任美国公使所称的"西法"相悖。另外他又称，根据西法，本案已经调停人断定不应偿还，"设使中国前后问官抱定公断议单为凭，无论西华、熙尔等，必已嘿然息喙"④。据此两点他甚至责怪沈葆桢未能明晰此理就做出决断，导致不得不偿还欠款的局面，自己只能做亡羊补牢的工作。

李鸿章的两次态度转变实际上体现了在历史的惯性下，清政府在外交中的两大弱势。其一，在中外关系中处于弱势地位，在对方不断施加压力之下只能屈服让步，这是国力上的差距；其二，对西方的法律条例认知的缺乏，在争论的关键问题上说服力不足，这是文化上的差异。

就前者而言，清政府在国力上的弱势早在西方工业革命之时就已逐渐形成，而演变为外交中的弱势地位则是在第二次鸦片战争以后。⑤ "近代国际交往遵循的是实力原则，强权政治当道，弱国必须屈从于强国的意志"。⑥ 在战争中损失惨重的清政府自然不敢再轻易得罪欧美各国，因而在处理外交事务中也往往不得不做出让步，这是对抗的

① 韩德. 一种特殊关系的形成：1914年前的美国与中国［M］. 项立岭，林勇军，译. 上海：复旦大学出版社，1993：116.

② 在"天朝体制"之下，传统上清政府对付西方各国是以地方行商作为中介的，不允许官员与之接触。鸦片战争爆发后，在列强的武力压迫下，"人臣无外交"的传统逐渐瓦解，而形成地方大臣与列强交涉的特色，但数次交涉的结果都不能使对方满意，该程序也有违西方平等外交的观念。被激怒的列强发动战争很大程度上是为了改变这种不利于己的外交形式，从而更直接、有效率地和清政府交涉。《天津条约》中"公使驻京"这一款便是为此而设。

③ 顾廷龙，戴逸（主编）. 李鸿章全集：第33册·致吴大澂［M］. 合肥：安徽教育出版社，2008：196.

④ 顾廷龙，戴逸（主编）. 李鸿章全集：第33册·议结美国洋行及高桥轮船各帐［M］. 合肥：安徽教育出版社，2008：214. 李鸿章的这一说法其实也有为自己让步开脱之嫌，因为此前清政府曾据此与美方据理力争，但并未说服对方，沈葆桢的做法也是遵从总署的指导，不能对此负责。

⑤ 第一次鸦片战争后清政府方面并未吸取教训，仍将西方列强当做外夷看待，在外交中居高临下地与之对抗；第二次鸦片战争后清政府才真正认识到自己的国力无法与西方列强抗衡，而开始在外交中寻求妥协。

⑥ 梁碧莹. 艰难的外交——晚清中国驻美公使研究［M］. 天津：天津古籍出版社，2004：19.

一面。

而在不平等外交的体系中，中外亦有合作的一面，这在中美关系上尤其明显。自1868年中美签订《蒲安臣条约》之后，清政府对于这个对本国没有领土要求且能"平等相待"的国家倍有好感，美国也力图维持列强在华的均势而致力于协调清政府同各国之间的关系。中美之间的"友谊"在一定程度上也可以作为此案之所以能拖延如此之久的原因，[1] 但在双方争辩无果的情况下，美方却常常"不友好"地凭借其强势地位来要挟清政府速结此案。[2] 虽然未受到军事上的威胁，但后者也不得不权衡利弊，做出让步，以便在国际事务中能够继续寻求美国的帮助。在本案中，即便美方所述欠款状况确为事实，以何天爵、西华等为首的美国公使在交涉过程中仍然倾向以强硬、胁迫的方式催追债，而不是心平气和地进行协商。

就后一问题而言，对西方文化认知的缺乏也是清政府外交中的传统问题，这尤其体现在法律观念的分歧上，此等差异在中国近代史上屡屡引发中外纠纷。西方列强通过治外法权基本解决了"庇护"本国侨民的问题，类似于此案的正常经济纠纷虽不在该特权范围之内，但他们通过解释"西法"迫使清政府按照自己的意愿来处理案件却也成为其外交手段之一。

自洋务运动以来清政府就开始注意学习西方文化，并且早在1864年就编译并刊行了《万国公法》，但政府官员中传统观念仍然占据统治地位。虽然法律的运用也要以国家实力为依托，王韬曾有言"国强则公法我得而废之，亦得而兴之；国弱则我欲用公法，而公法不为我用"[3]，但法律上的客观依据多少会为处于弱势中的外交提供一定的理论武器。

然而在本案的争论中，总理衙门仅仅坚持以中国传统的法律观念同美方所歪曲的西法进行对抗，同时根据"对方的表述"运用一些国际上的断案传统进行反驳，[4] 而未活用国际上的法律规定，当李鸿章令伍廷芳查照西法时，做出的让步已难以挽回了。虽然坚决的态度也使总署在与美方争论中仍不落下风，但由于对西方理论并未十分知悉，也未能抓住对方在理论上的致命弱点只得寻求让步。

（三）策略的胜利和近代化外交的趋向

无论如何，仅从清政府最终财政上的盈亏来看，李鸿章对此案的处理可以说是成功的。做一个简单的计算即可明了。按美商熙尔最初的要求，偿还船价为12 000两，租价每月3 000两，共计14个月，二者都加利息；安吉立及其后的公使认定利息为每年

---

① 杨约翰在光绪八年九月十八日（1882.10.29）照会中曾言"本国于此二十余年甚为隐忍久待，不过只以此案照催了结，足见平日以两国交谊为最敦，如与他国有此等案，必不能容至于今，彼时自必强其照断完案"，此话虽然明显是外交辞令，却也道出了常年来美国在此案中对中国特别的"容忍"。

② 前文已经提及，在安吉立上任之初，就借中美修约催办此案。另外值得一提的是，在1883年中法战争期间，杨约翰曾到总理衙门与众大臣面议调停中法战争之事，在光绪十年七月二十八日（1884.9.17）、光绪十年八月初三记录的最后他均提到令李鸿章办结此事，可见此案最终的解决也在一定程度上受到了当时重大政治事件的影响。朱士嘉（主编）.19世纪美国侵华档案史料选辑：上、下 [M].北京：中华书局，1959：216-217.

③ 王瑛.李鸿章与晚清中外条约研究 [M].长沙：湖南人民出版社，2011：29.

④ 即调停人所断结果即便不公正也要遵从，清政府所发照会中是据对方提出的事理而论事的，并未切实引用西法；无据不能取偿的问题也同样只是坚持自己的观点而未列出国际法中的具体条款。

10%，从 1863 至 1885 年共计 22 年，还款总额将高达 17 万余两白银。而以沈葆桢的偿款方案计算，船价为 8 500 两且加息，租价为每月 500 两，计 13 个月且不加息，总额为 3 万余两。李鸿章通过郑藻如与美国国会协商，将利息降为 5 厘（即 5%），最终从广东赔款余存中扣除的高桥轮船的款项为 13 万美金，合白银 10 万余两，该数额虽然远高于沈案但也大大低于美方的原本要求。广东赔款余存本利共 58 万余美元，合白银四十六七万余两，[①] 即便将此前作为让步的常胜军欠款案偿还的 3 万余两白银一同扣除，清政府也可谓是"获利颇多"。

虽然从本质上看，以中国本"应得之款"抵本"不应偿之款"似乎仍有所不公，清政府视广东赔款余存本利的归还为意外所得的态度也值得商榷；但在当时外交的不利状况下，李鸿章对此案的处理方式可以称得上是上策了。

此案的解决既体现了李鸿章个人的外交才能，同时也反映了在时代背景下中国外交中一些有益的转变。他处理此案的过程可以分为三步。首先是进行让步，先结洋行欠款案而使"高桥轮船案"暂缓议结，为后者的交涉争取时间，在博得美方好感的同时也在道义上占据优势。然后是重提广东赔款案，并坚持先还此款方能解决彼案的立场，迫使杨约翰、何天爵等人向本国求助，借助议会实现其目的。最后是绕过美国驻华公使，而通过中国驻美公使的交涉，雇用美国律师与美国外交部及议会产生联系和影响，以图降低利息和归还广东赔款。

这三个步骤，除第一步收效甚微之外，后两个举动都收到了不错的效果。李鸿章在明知此案非还债不可，沈案又无法得到美方满意的情况下，决定按照对方的要求进行还款。其高明之处就在于没有再执着于和美方就"高桥轮船案"本身进行无谓的争执，而是转而寻找补偿的方法，试图以美国的欠款抵扣中国的欠款，将两件本不相关的案件进行联动，寻求最佳的解决办法。

李鸿章在此案交涉的策略中，成功地融入了对美国政治制度和文化的理解。他了解到只有通过美国议会才能决定归还广东赔款，而据传议会中对此事支持的议员又有不少，于是设法使美国公使推动促成此事，又在其建议下利用美国专业人士共同助力，[②] 李鸿章认为如此可以使实行"民主制度"的美国做出有利于中国的决策。求助于驻美公使郑藻如是他运用近代化外交方式的另一体现。由于在国内与美国公使的屡次协商无果，他转而利用驻美公使与美国外交部进行对话，虽然站在清政府利益的基本立场不会改变，但由于外交官才能、相关人士干涉等因素的影响，交涉的成果还是会有所不同。[③] 这两点尝试是总理衙门之前未曾做出的，也是李鸿章从传统中解放、在时代背景下尝试新式外交的成果。

虽然我们不能过于夸大此次交涉中的"胜利"，因为此案毕竟具有其"受外力胁

---

① 各项欠款中美元同白银的换算数额是根据既有文献的表述进行推算，数据仅供参考。
② 李鸿章在发给总署的信函中多次提到美国议会的特点，如"美国议院有长开短开之别，此次正属长开，托其设法，恰为得时""盖其政院议员不过数人，虽谓此项应还，若院绅迟疑，必又中阻，此民主之国公例也"，可见他在处理此案的过程中融入了一些对于西方政治制度的理解。
③ 此案最终能够达成和解，郑的外交能力应是至关重要的。总署在向皇帝上奏此事时，曾强调"上年经出使大臣郑藻如向美设法理论，遂得议准将本利一并归还"，充分肯定了驻美公使在此案交涉中的作用。

迫较小"的特殊性,即便是在同期中外交涉(美方亦有参与)的"广东沙面案"中,李鸿章还是积极地提倡对外赔偿以缓和国际形势,以便在中法战争中能够获得其他列强的调停,中方仍是处于受压迫地位。但我们同时也应肯定这种"进步"的意义,在不久之后美国本土迫害华工的事件中,中方通过据理力争、积极交涉,最终得到了一定的赔偿,其中李鸿章借助驻美公使、查照西方法律等处理方式在该案的交涉中也有所体现。①

结 语

"高桥轮船案"的交涉在一定程度上反映了晚清时期中国外交的特点,是外交近代化过渡时期的典型案例。它既体现了中国外交在旧时代传统下遗留的问题:由外交体制上以地方大臣处理国家外交事务,在国力差距之下不得不屈于让步,在争论之中缺乏文化武器;同时又呈现出新时代背景下外交策略的进步,即利用西方民主政治的特点和驻外大使的交涉改变不利的局势。在美国多年的纠缠和威胁下,以李鸿章为首的政治家们与其进行了三场激烈的争论,在两次无奈的让步后终于实现了一次成功的反击。既在最大程度上减少了国家在经济上的损失,又在一定程度上使当时中美相对和缓的关系得到了维持。尽管从根本上中国仍然无法与西方列强进行平等的对话,在此后数次胁迫之下仍不得不屈服,但我们应从辩证、全面、发展的眼光,对近代以来压迫性色彩较少的外交事件进行考察,既看到其固有的不足,又能从其中发现有益的进步。

>> 老师点评

该论文综合运用中英文档案资料,对太平天国战争时期遗留的中美经济纠纷案"高桥轮船案"进行了颇为细致的梳理,通过个案研究揭露了清政府在外交体制、国家实力、文化观念等方面存在的种种问题,探讨了清政府对美交涉的成败得失并分析其原因。作者把"高桥轮船案"的整个交涉过程概括为"三场争论,两次让步,一次反击"。作者认为清政府在外交方面存在不足,所以才会不断妥协让步。但由于在新的时代背景下清政府利用驻美公使的作用和美国国会的特点,才能够进行反击挽回一定的权利。作者亦强调此案具有特殊性,不能对其进步作用过分夸大,应采用辩证的观点,全面地认识此案中清政府对外交涉的不足与亮点。论文选题合理,史料翔实,文题符合,论点突出,论证严密,分析方法选用得当,是一篇优秀的本科毕业论文。

论文指导老师 黄春艳

---

① 瞿巍. 中美洛案赔偿交涉考 [J]. 华人华侨历史研究,2009 (3):55-65.

>> 老师点评

　　大学四年期间，石淼同学无论在个人学习、生活，还是在与师生相处、院系活动参与方面都有着十分优异的表现，作为他的学业导师，我感到十分欣慰。

　　课业上，石淼秉持认真、严谨、谦虚的态度。在专业课程学习方面，他能从课堂知识中联系相关问题，积极地与老师进行探讨与交流；课堂讨论时，他会事先充分准备，争取课堂上的精彩呈现；无论是课程论文还是课程考试，他都会查阅大量相关专业资料，由此及彼，争取专业上的每一次进步。在学术上，他有自己的想法，具有独立的探索精神，能够在自己的兴趣点上努力钻研，不以获得什么成就为最终目的，只为从中能够得到一些收获和快乐。正是因为有着这样的学习态度和专业探究精神，石淼学习成绩非常优异，在校期间获得了很多的嘉奖：湖南大学二等奖学金、国家励志奖学金、岳麓书院赫曦学业二等奖学金、优秀毕业论文奖等，他撰写的论文《论"高桥轮船案"中清政府对美交涉的得失——三场争论、两次让步、一次反击》获得了岳麓书院"饶宗颐国学奖"；大四时获得了推免的资格，成功进入北京师范大学历史学院继续攻读研究生学位。

　　在岳麓书院学习期间，石淼积极参加学校及学院组织的各项活动，在各类社团中锻炼自己的能力。作为一名书院人，他有为书院奉献力量的精神：在入学的第一年他就申请加入书院学生会组织部，参与了学院的各项学生工作；在书院成立1040周年的院庆中，他主动参与到了后勤服务中；在校运会上，他同时参与了多项个人和集体项目，并且获得了不错的成绩；在2018年岳麓书院本科生教育教学评估项目中，他通过前期准备、制作和发放问卷、学生访谈、总结和报告等环节，为书院的本科生教学服务改革作出了一定的贡献；等等。同时，他还在学校校报、勤工助学中心工作了很长的时间，在积极参与集体活动的同时，也使自己各方面的素质得到了提升。

　　在与教师同学相处中，石淼同学尊敬师长，与同学友善相处。石淼是我们师门中唯一一名男生，也成为我们的"好帮手"。他和班上的同学、舍友、老师等都相处得非常融洽，当他人有困难时，能够主动伸出援手，在自己力所能及的范围内给予他人关怀。虽然自己有时候也会面对困难不知所措，但怕影响到他人，他不会轻易表现出负面情绪，而是自己努力寻求解决的办法。他做事低调，在处理人际关系上他表现得非常成熟，能够全面考虑他人的感受。

　　大学四年，每一次师生见面，我们的交流都非常顺畅，他能够针对自己的问题提出疑问，也能够愉快地接纳我所提出的建议。四年来，看到他在各方面做出的努力及取得的巨大进步，确未辜负书院和老师们对他的培养与期望。作为他的学业导师，十分欣慰并为之骄傲，更衷心希望石淼在未来的人生道路上"锲而不舍，金石可镂"，无论学业还是生活上都能上演他独有的精彩！

学业导师　石荣传

桂林宝积山抗蒙摩崖碑考

2015 级　覃　旺

摘　要：桂林宝积山抗蒙摩崖碑于宋理宗景定元年（1260），由广南制置大使李曾伯撰写并刊刻。碑文主要记载了南宋末年广西两次抗蒙保卫战的战役经过和结果，以及相关官吏题名。此摩崖碑刻是研究宋蒙战史、广西地方史的重要史料。笔者在考释碑文的基础上，结合相关史料，对碑文所载人事和抗蒙史事进行了考证，纠正了其中的不实之处，较为全面地认识了广西抗蒙保卫战的史实。

关键词：摩崖碑刻；桂林；宋蒙战史；李曾伯；斡腹之谋

绪　论

广西各地留存的摩崖石刻较多，为记录广西地方历史留下了珍贵的史料。今桂林市叠彩区宝积山华景洞内，有一通摩崖碑刻，当地人多称"抗元纪功碑"，碑文主要记载了南宋末年广西两次抗蒙保卫战的战役经过和结果，以及相关官吏的题名。此碑刻与宋蒙（元）战史有关，是研究兀良合台率军自云南假道，经广西北上"斡腹"攻宋之役的重要史料，有较高的历史价值，而学界目前尚未有相关研究。故今钩稽文献，试为考释，以就教于硕学时彦。

一、碑文录文

碑刻高 210 厘米、宽 120 厘米，碑文楷书，计 18 行，行 33 字，约 600 字，总体留存完好，文字均可识读。为方便讨论，现据原碑迻录碑文如下，每行末则以"/"标示：

宝祐戊午，/朝廷合二广创制阃，命曾伯再牧，防南鄙也。寻调建康都统制朱广用领军来戍，于是/以诸道戍兵并委之总统，相与修浚城池，为保固计。是秋，鞑犯邕境，赖我师遏之，不致/深入。明年开庆己未，筑凿甫竣，边遽已动，七月虏渡乌泥江，八月犯横山，九月廿二日薄我城下。幸壁垒具，将士用命，一鼓而殪贼前锋，遂引退砦于数十里外。我师昼夜/攻劫，大小十余捷，贼气顿沮，相持两旬，由间道而湘。亟遣兵追袭，一捷于黄沙，翦其渠/

魁，俘获甚众。再捷于衡山，剿杀几尽，贼不克逞以遁。阴山极北之寇，犯炎方宅南之境，/狙伺二十年。驰骛数万里，拥众驱蛮而入，乃载籍所未有，向非桂城砥柱其冲师，武臣/力敌王所忾，广南亦岌岌甚矣。此皆/宗社威灵，天人佑助，亿万载无疆之福也。兹制阃结局，都统制且撤戍以归，砻石请纪/文武宾校氏名。载念兽夷犯顺，非小变也，连年得以固我封守，吾民幸免瞿难，诚同舟/共济者之力。矧蒙烟瘴，犯霜露，备极劳苦，是不可不纪，以示永久，非事夸诩也。提/刑、提举兼参谋四明丰萱，制机左锦文可嗣、眉山家遇、河内李曾修，制议永嘉邹琳，制干清/湘管安昌、襄阳李湜、盱江聂世坚、合沙卓右龙，制金长沙凌炳炎、耒江陈弥寿、括苍张/建大、济南杨泾、九江刘烈、清湘赵崙夫、庐陵朱埴、会稽陈策，制帐都统制长沙朱焕，总/管岘山彭兴、浮光余梦发、都梁丘政、浮光朱大德、寿阳王胜、金陵王达、金陵陈邦杰、浮/光张琦，铃路统制合淝程俊、泗川周旺、都梁李庆、山阳杨俊、浮光周胜、海陵戴俊，戎司/属官浮光吴起宗、清源罗万敌、古雩郑祥。

部分金石文献和广西地方旧志辑录有此碑录文，如《桂胜》《粤西文载》、嘉庆《临桂县志》《粤西金石略》等，或名《李曾伯纪功碑》、或名《开庆摩崖纪功碑》，但上述诸书多为清代所作，而在清政府的文化高压政策下，均窜改了许多容易引起嫌忌的字眼。对照拓本，凡是提到"鞑""虏""贼"等字眼的地方，或改"敌"或改"寇"或作空白，其中《桂胜》虽成书于明代，但录文多有讹误，也未能反映碑文原来的面貌。

碑文又见著录于李曾伯的文集《可斋续稿后》卷一、二内，原题为"桂阃文武宾校战守题名记"①。故碑文虽无撰书人姓名，但据文意及因著录于李曾伯文集内，为李曾伯所作无疑。将清初抄本《可斋续稿后》所收录碑文与原碑校勘，原碑开端"朝廷合二广创制阃，命曾伯再牧"，其人名"曾伯"，清初抄本作"某"，这应是李曾伯后人在整理文集时，避先者讳所致。

关于碑文撰写的时间，《全宋文》编者在录文题下加有小字"开庆元年"②，意似为开庆元年（1259）作，但考文中"再捷于衡山""制阃结局"等事，均在景定元年（1260），此误。考李曾伯事迹，其于景定元年五月五日，罢广南制置大使；③七月十五日，广南制置大使司结局，即"制阃结局"，八月四日，李曾伯起离静江，至兴安乘舟离开广西，④故碑文的撰写及刻制时间都应在景定元年七八月前后。而若以刊刻时间称呼此碑，当为"景定摩崖纪功碑"。

---

① 李曾伯. 可斋续稿后·桂阃文武宾校战守题名记［M］//四川大学古籍整理研究所（编）. 宋集珍本丛刊：第84册. 北京：线装书局，2004：728.

② 曾枣庄，刘琳，等（编）. 全宋文：第340册［M］. 上海：上海辞书出版社，2006：343-344.

③ 脱脱. 宋史·理宗纪五［M］. 北京：中华书局，1985：874.

④ 李曾伯. 可斋续稿后·起离静江奏［M］//四川大学古籍整理研究所（编）. 宋集珍本丛刊：第84册. 北京：线装书局，2004：576.

二、碑文相关人事考

原题"桂阃文武宾校战守题名记",其"阃"的本义为城门之槛,南宋时人多用指代制置使司。其全称为某路或某地制置使司,宋人文献中常被简称制司、制阃、阃司。它是宋廷在前线设立的军事指挥和统兵机构,初见于北宋中期,战事结束即罢,南宋中后期因金、蒙入侵频繁,遂常设化,如川陕战区有四川制置司,京湖战区有京湖制置司,长江防线有沿江制置司、制置副司,沿海防线有沿海制置司。[①]"桂阃"则指广南制置大使司,其掌广西、广东两路军政大权,因置司于静江府(今广西桂林),静江旧名桂林或桂州,[②]故名。题名记则是宋代在厅壁记基础之上围绕题名行发展而来的新型杂记体文,主要内容为记事、题名,亦承载了明显的政治功能,如强调吏治、歌颂官绩、重视教化等。[③]碑文记录广西地方官吏抗蒙事件兼有题名,鲜明体现了这一文体的特点。

碑文首句记宋廷"合二广创制阃","制阃"即广南制置大使司,此事《宋史》记载颇详。宝祐五年(1257)十一月五日,宋廷诏湖南安抚大使、知潭州李曾伯兼节制广南,"任责边防";同年十二月一日,设广南制置大使司,李曾伯改兼广南制置大使,置司静江;宝祐六年(1258)正月二十三日,罢广西经略安抚司,李曾伯除广南制置大使兼知静江府,并"经略司官属改充制司官属"[④]。需考辨的是,碑文称设立桂阃在宝祐六年(戊午),《宋史》则记于宝祐五年。但这并不矛盾,因李曾伯是于宝祐六年正月十一日才从潭州(今湖南长沙)起发,[⑤]到达静江的时间在二月六日,[⑥]其到任后广南制置大使司才能算是正式创建。此外,《宋史·地理志》在"静江府"条下记"宝祐六年,(广西经略安抚使)改广西制置大使,后四年废,复为广西路经略安抚使"。按,"广西制置大使"其中的"广西"为"广南"的讹误,而宋廷于景定元年(1260)罢李曾伯广南制置大使后,复置广西经略安抚使,故"后四年废(景定三年,1262)"的记载也不准确。

李曾伯,字长孺,号可斋,祖籍覃怀(今河南沁阳),宋室南渡后,祖辈寓居嘉兴,《宋史》卷四二〇有传。[⑦]李曾伯一生"七开大阃,官辙儿遍天下"[⑧],自淳祐二年(1242)历任淮东安抚制置使兼淮西制置使、广西经略安抚使、京湖安抚制置大使、四

① 姚建根. 宋朝制置使制度研究 [D]. 上海:复旦大学,2007:70.
② 桂林因是宋高宗潜邸,于绍兴三年(1133)升静江府. 脱脱. 宋史·地理六 [M]. 北京:中华书局,1985:2239.
③ 王晓骊. 宋代题名与题名记考论:缘起、新变和审美价值 [J]. 北京社会科学,2016(2):70.
④ 脱脱. 宋史·理宗纪四 [M]. 北京:中华书局,1985:860-861.
⑤ 李曾伯. 可斋续稿后·回宣谕令勇于戒途奏 [M] //四川大学古籍整理研究所(编). 宋集珍本丛刊:第84册. 北京:线装书局,2004:583.
⑥ 李曾伯. 可斋续稿后·至静江回宣谕 [M] //四川大学古籍整理研究所(编). 宋集珍本丛刊:第84册. 北京:线装书局,2004:587.
⑦ 脱脱. 宋史·李曾伯列传 [M]. 北京:中华书局,1985:12574.
⑧ 徐硕. 至元嘉禾志·人物 [M] //景印文渊阁四库全书:第491册. 台北:台湾商务印书馆,1986:110-111.

川宣抚使、湖南安抚大使、广南制置大使及沿海制置使。而淳祐九年（1249）李曾伯曾知静江府、广西经略安抚使，出任广南制置大使是其第二次统帅广西，故自称"再牧"。

碑文开端还提及建康都统制朱广用"修浚城池，为保固计"。朱广用于宝祐五年（1257）七月以池州都统制改除建康都统制①，其从江防前线"领军来戍"广西，实为李曾伯向宋廷请派良将，督办修筑静江城所致。李曾伯为接替前广西统帅印应飞修城，于宝祐六年（1258）二月十九日曾奏："今亦乞朝廷差委曾经荆、淮守御都统制一员，前来相度此城周备之后，有无堪以御患，就令任责，了此工役，庶几劳民动众，不至虚费。"② 朱广用也因督办修筑工事，得到宋廷嘉奖，华景洞内原来还有一通摩崖碑刻，额篆书撰"开庆己未奖谕敕书"③，碑文主要内容即为理宗褒奖朱广用督办修筑静江城的辛劳和功绩。

碑刻后部主要是广南制置大使司幕僚的题名，亦可见其属官的设置，有制置司参谋官（参谋）、制置司机宜文字（制机）、制置司计议官（制议）、制置司干办公事（制干）、制置司金厅官（制金）、制置司帐前都统制（制帐都统制）等，④ 共计十八人。余下的题名，如"总管""路钤"，均属路级兵官，两者当分别是广南西路马步军副总管和兵马钤辖的简称，按例，两军职每路均只设一员。⑤ 但从题名看，人数远远超过，这也从侧面反映了南宋军职滥授、冗员严重的现象。王曾瑜先生就曾举例，南宋末年江东一路马步军副总管有十一员，路兵马钤辖有八员，远超编额。⑥ 最后，"戎司"则是都统制司的别称，亦设有机宜文字、干办公事等属官，前文曾提到建康都统制朱广用，其即统帅建康都统制司诸军。

三、广西抗蒙保卫战的背景——"斡腹之谋"

攻广西之敌，碑文中称"鞑"、称"虏"、称"贼"，而无一语蒙古。"贼"是中国古代对敌人的一种贬称，"虏"是汉族对外族尤其是北方游牧民族入侵者的辱称，南宋时人多用"鞑"来指代蒙古族。南宋末年正是蒙古军大举入侵之时，因此这是蒙古来攻，绝无疑义。

碑文记述两次抗蒙保卫战后，称蒙古乃"阴山极北之寇，犯炎方宅南之境，狙伺二十年"，此盖指蒙古的"斡腹之谋"，这也是广西抗蒙保卫战的大背景。广西现存诸多有关宋蒙战史的摩崖碑刻，即与此相关。一是淳祐六年（1246）《桂林撤戍记》，云："淳祐乙巳（五年，1245），圣天子以鞑侵大理，豫戒不虞，诏京湖大制阃调兵戍广。"⑦ 二是淳祐九年（1249）《新建犒赏库记》，云："皇帝嗣统二十有四年，疆吏来告，鞑将蔡

① 周应合. 景定建康志·官守志三 [M]. 南京：南京出版社，2009：704.

② 李曾伯. 可斋续稿后·辞免新除恩命并开陈五条奏 [M] //四川大学古籍整理研究所（编）. 宋集珍本丛刊：第84册. 北京：线装书局，2004：589.

③ 杜海军. 桂林石刻总集辑校 [M]. 北京：中华书局，2013：353.

④ 姚建根. 宋朝制置使制度研究 [D]. 复旦大学博士学位论文，2007：23.

⑤ 龚延明. 宋代官制词典 [M]. 北京：中华书局，1997：443、448.

⑥ 王曾瑜. 宋朝军制初探 [M]. 北京：中华书局，2011：207.

⑦ 杜海军. 桂林石刻总集辑校 [M]. 北京：中华书局，2013：341-342.

云南以剿我南鄙，□驰驿召濠梁董公（槐）镇桂州。"① 三是宝祐三年（1255）《宜州铁城记》，云："岭右自淳祐以来，传云南有軷患，朝廷重我南鄙，移师戍之。"

这些碑刻所记，均表明蒙古有从云南假道攻宋的倾向，此即"斡腹之谋"。所谓"斡腹"，是南宋时人对蒙古军作战中采取的一种战略或战术的称谓，指暂时避开敌人的正面防线，绕道至敌国或敌军背后的腹部地区展开攻击，其实质上是一种假道借路的行动。蒙古在灭西夏、金，以及三次西征之中就多有用到此战术。② 宋人认为蒙古的"斡腹之谋"有两层意义，一是自秦、巩假道吐蕃或云南"斡腹入蜀"，二是自云南或安南"斡腹攻广（西）"，其内涵在于避开南宋坚固的淮河、长江防线而假道大理、安南，迂回包抄南宋薄弱的后方，如广西、四川南部、湖南西部等地区，开辟战争的突破点。③

端平元年（1234），宋蒙战争正式爆发。至嘉熙年间（1237—1240），南宋君臣就已风闻蒙古假道攻宋的"斡腹之谋"，并采取了应对措施。嘉熙元年（1237），蜀人吴昌裔以广西经略司据岑邈、谢济所申，"以为敌（蒙古）已破大、小云南"，称"广西事体直可寒心"④。嘉熙三年（1239），四川制置使陈隆之具申朝廷，"軷贼欲由大渡河攻破大理等国，斡腹入寇"，宋廷则下扎广西经略安抚使徐清叟，"严行体探，预作提防"⑤。淳祐元年（1241），又"或言虏谋自安南斡腹"，理宗遂欲命名将杜杲出守广西。⑥ 同年，宋廷密札广东经略安抚司，以谍报"（蒙古）谋由交趾趋邕、宜"，令广东经略安抚使刘伯正与广东转运使刘克庄"整齪军马，漕积聚钱粮，以俟调发"，后"斡腹之说"更是"若缓若急，将信将疑，岁岁如此"⑦。

淳祐九年（1249），时任广西经略安抚使的李曾伯也曾奏："十数年以来，始传軷有假道斡腹之计，见于中外奏疏，前后凡几，其为隐忧，岂得敷述。"⑧ 其"十数年"前，当在嘉熙年间或更早以前。足见在宋蒙战争之初，宋廷就被蒙古的"斡腹之谋"所困扰。

淳祐十二年（1252）九月，忽必烈入觐大汗蒙哥，受命帅师远征大理，兀良合台为总督军事。至宝祐二年（1254）秋，兀良合台俘大理国主段兴智，"平大理五城八府四郡，泊乌、白等蛮三十七部"，云南地区自此纳入蒙古统治。⑨ 这为蒙古"斡腹"进攻南宋铺平道路，广西也由大后方变成前线阵地。

另据《宋史全文》载，蒙古灭大理后，从宝祐三年至五年（1255—1257），有关

① 杜海军. 桂林石刻总集辑校［M］. 北京：中华书局，2013：344.

② 石坚军. "斡腹"考述［J］. 内蒙古大学学报（社会科学版），2008（5）：5-6.

③ 石坚军. 蒙古与大理关系新探——以斡腹之谋为视角［J］. 北方民族大学学报（哲学社会科学版），2010（4）：103.

④ 傅增湘. 宋代蜀文辑存校补·论湖北蜀西具备疏［M］. 吴洪泽，校补. 重庆：重庆大学出版社，2014：2794.

⑤ 傅增湘. 宋代蜀文辑存校补·乞严为广西之备［M］. 吴洪泽，校补重庆：重庆大学出版社，2014：2701.

⑥ 刘克庄. 辛更儒，笺校. 刘克庄集笺校·神道碑·杜尚书（杲）［M］. 北京：中华书局，2011：5627.

⑦ 刘克庄. 辛更儒，笺校. 刘克庄集笺校·题跋·赵倅与灉条具斡腹事宜状［M］. 北京：中华书局，2011：4485-4486.

⑧ 李曾伯. 可斋杂稿·缴印经略（应飞）来札手奏［M］//四川大学古籍整理研究所（编）. 宋集珍本丛刊：第84册. 北京：线装书局，2004：580.

⑨ 宋濂. 元史·兀良合台列传［M］. 北京：中华书局，1976：2979-2980.

"斡腹之谋""斡腹之传""斡腹一事""斡腹支径"等内容频繁地出现在理宗与大臣的召对、宣谕中①，显示出蒙古正加紧实施"斡腹之谋"，南宋西南边防形势也愈发危急。宝祐五年（1257）十月廿二日，湖南安抚大使李曾伯得广西经略安抚使印应飞手札，云：

> 应飞自得特磨之报、安南之报，此心如熏，盖念敌人积年工夫，破大理，入善阐，降罗鬼，此皆蛮之强大者，皆已入掌握中，才入省地，奚往不可，区区宗社之忧，更出于所部之外。今精兵良将尽在两淮，若自上旨辍二万人，命两大将前来，转残局为胜势，当在此举。②

印应飞手札中言事急切，其"特磨之报""安南之报"，即是蒙古欲借道云南或安南进攻广西的情报。后李曾伯缴报此札，并望理宗"宣示辅臣，共图庙谟，速遣边援，以救封疆之急，宗社生民"。遂有宋廷设立广南制置大使司，建阃静江，李曾伯改除广南制置大使，措置广西边防。

从宋蒙战争爆发之初，至宝祐六年（1258）秋蒙军自云南进攻广西，第一次广西抗蒙保卫战爆发，蒙古假道攻宋的"斡腹之谋"流传二十余年，故宋方将帅李曾伯认为蒙古"狙伺二十年"并无不妥。但值得注意的是，温海清先生认为南宋军报中频繁流传的蒙古"斡腹"战略，很大程度上是南宋西南边帅出于对蒙军军事行动的本能警觉的反应，进而作出的一种臆测和联想，以及蒙古"斡腹"攻宋战略在宋蒙战争之初并未出现。③ 此观点有其合理性，与近年来石坚军先生发表的一系列论文，提出自成吉思汗时代起蒙古就已形成的对宋总体战略的"斡腹之谋"相对。

四、碑文所记抗蒙史事考

关于两次广西抗蒙保卫战，除此碑刻，还可见于《可斋续稿后》及蒙军统帅在《元史》的传记。其中《可斋续稿后》收录的李曾伯奏疏，作为广西前线向理宗直接汇报的公文，记载两次战役过程颇为详细，还包括南宋在广西的兵力部署、人员调动、军粮供应、对外关系及情报收集等情况，具有重要的史料价值，史料可信度和真实度也相对碑刻来说更高。学者陈智超就利用这些奏疏，撰文探讨1258年南宋、蒙古与安南三边关系。④ 学者黄宽重亦利用该材料探讨了两次广西抗蒙保卫战爆发前，南宋的军情收集与传递。⑤ 而李曾伯作为广西前线统帅，是直接当事人，在碑文中难免会强调功绩，为溢

---

① 汪圣铎，点校. 宋史全文·宋理宗五 [M]. 北京：中华书局，2016：2840、2841、2846、2852、2855.

② 李曾伯. 可斋续稿后·缴印经略（应飞）来札手奏 [M] //四川大学古籍整理研究所（编）. 宋集珍本丛刊：第84册. 北京：线装书局，2004：580.

③ 温海清. 再论蒙古进征大理国之缘起及蒙哥与忽必烈间的争斗问题——以所谓"斡腹"之谋为主线 [J]. 中华文史论丛，2016（1）：263-307.

④ 陈智超. 一二五八年前后宋、蒙、陈三朝间的关系 [C] //邓广铭，程应镠（编）. 宋史研究论文集. 上海：上海古籍出版社，1982：410-452.

⑤ 黄宽重. 晚宋军情搜集与传递——以《可斋杂稿》所见宋、蒙广西战役为例 [J]. 汉学研究，2009（2）：133-164.

美颂功之意。故现结合李曾伯奏疏来探究碑文所记抗蒙史事。

碑文记述第一次广西保卫战仅寥寥一句，"是秋，鞑犯邕境，赖我师遏之，不致深入"。"是秋"即宝祐六年秋，据李曾伯奏疏，蒙古约在该年八月十日自云南发兵，取道特磨道（今云南广宁、富宁一带），于九月十三日进入邕州（今广西南宁）境；同日，宋军在田州（今广西田东西）之上二十里地的霸黎村遇见蒙军营寨，趁夜袭营获捷。此后，蒙军一直屯驻在田州、横山（今广西田东）一带，达一个多月，两军遂成对峙局面。十一月初，蒙军大部入横山；五日，攻老鼠隘；六日，破关隘，守关宋军逃回邕州城。十一月十二日蒙军透入武缘那马寨（今广西武鸣东南），驻守的宋军方文贵部逃散；十三日蒙军哨马至邕州城东门，两军交战，亦有大队向宾州（今广西宾阳）昆仑关进犯，但十八日突然自武缘撤退。① 至十二月中旬，蒙军分兵两路，自归仁隘、峨州隘撤离宋境，再经特磨道返回云南。②

碑文记因宋军之"遏"，才使蒙军"不致深入"，但实际并非如此。此役，宋蒙两军交战不多，而宋军一旦接战，多溃败，驻扎武缘的统将方文贵更是"违犯纪律""畏缩退遁"③。而获知蒙军透入武缘的军报后，知宾州吕振龙则"望风而惧"，逃入山中躲避三日；知象州奚必胜亦"泛舟越境出逃，空城去之"，离境更达十八日。④ 守臣纷纷逃跑，无人指挥备敌，若蒙军继续侵入，宾、象两州沦陷的可能性非常大，宋军怎能遏敌？

兀良合台为此次率军进攻广西的蒙军统将，在《元史·兀良合台列传》中有关于此次战役的简单记载：

> 戊午，引兵入宋境，其地炎瘴，军士皆病，遇敌少却，亡军士四人。阿术还战，擒其卒十二人，其援复至，阿术以三十骑，阿马秃继以五十骑击走之。时兀良合台亦病，将旋师……⑤

《元史》未载有蒙军的进攻路线和具体时间，但以广西气候炎热，军士及统帅兀良合台患病来解释其撤退的原因，亦可解释蒙军为何曾驻扎月余不前进。李曾伯在开庆元年亦曾奏报："去冬鞑兵侵入横山寨，多以病死，兀郎骨解（兀良合台）亦以病归。"⑥ 可见，蒙军主动撤退，主要是因气候炎热导致非战斗减员，并非宋军之"遏"。此外，陈智超先生认为此役蒙军是试探性的军事行动，为下次发动大规模进攻制定行军路线、收集宋军布防的情报，此说法当然也是成立的。

① 李曾伯. 可斋续稿后·奏边报缴刘镇抚（雄飞）书［M］//四川大学古籍整理研究所（编）. 宋集珍本丛刊. 第84册. 北京：线装书局，2004：643.
② 李曾伯. 可斋续稿后·回宣谕［M］//四川大学古籍整理研究所（编）. 宋集珍本丛刊. 第84册. 北京：线装书局，2004：653.
③ 李曾伯. 可斋续稿后·回宣谕［M］//四川大学古籍整理研究所（编）. 宋集珍本丛刊. 第84册. 北京：线装书局，2004：655.
④ 李曾伯. 可斋续稿后·回宣谕［M］//四川大学古籍整理研究所（编）. 宋集珍本丛刊. 第84册. 北京：线装书局，2004：652.
⑤ 宋濂. 元史·兀良合台列传［M］. 北京：中华书局，1976：2981.
⑥ 李曾伯. 可斋续稿后·回宣谕［M］//四川大学古籍整理研究所（编）. 宋集珍本丛刊. 第84册. 北京：线装书局，2004：666.

第二次广西抗蒙保卫战，碑文用了较多的篇幅记述。首记"开庆己未，筑凿甫竣，边遽已动"，"筑凿"指静江城修筑工事，此意指工事还未完成，蒙军就已从云南攻入广西。另据李曾伯作《修筑静江府城池记》，静江城工事开始于宝祐六年四月十五日，结束于开庆元年九月，亦记有"役未竣，而赤白囊至，游骑迫矣"①。

开庆元年六月下旬，桂阃已从诸多渠道获得蒙军将进攻广西的多方面情报，"如办粮、如开路、如聚兵、如欲取龙州及南丹路"②。其中自杞蛮王传报，称蒙军拟于七月九日在特磨道境渡都泥江。③ 碑文记"七月虏渡乌泥江"，即当源于此处。按，"乌泥江"即都泥江。

八月八日，蒙军攻入横山寨，千余守军退守老鼠隘。后关隘破，统将张世雄战死。蒙军破老鼠隘后，未像上年一样进犯邕州城，而是直接经武缘向宾州行进。八月下旬，知宾州陈杰遣一千宋军驻守昆仑关，蒙军则从小路攻入，统将沈彦雄、陈喜战死。八月廿八日，蒙军"浸透象境"，与宋军"于来宾江岸相距"，数日后从下游"踏浅过渡"，千余宋军溃败，统将陈之贵战死。至九月上旬，蒙军出没于象、柳一带，知柳州王该则以李孝信、郑俊、秦安等部共一千五百人扼守横塘（今广西柳州东北），结果"亦为冲散，士卒战殁于阵，存者则溃"，三统将亦皆战死。九月廿二日，蒙军哨马"突至静江城下，径犯南门圃子"，此即碑文所谓"薄我城下"，"城"指静江城。桂阃遣军出城还击，小获战果，"射死贼兵、贼马，毙其头目"，蒙军则焚烧城外房屋后离开。次日，蒙军哨马再至，宋军亦出城还击。此后，蒙军驻扎在静江城外数十里处，两军展开对峙。这期间，桂阃多次遣兵出城袭营，获"大小十余捷"，虽屡获战果，"亦未能大挫其锋"④。相持约二十日后，蒙军"取义宁小路透入湖湘"。十月八日，已入湖南全州（今广西全州）境内，十月十五日过全州清湘。⑤

此处，碑文记因桂阃遣兵"昼夜攻劫"，蒙军"气顿沮"，遂向湖南进发。但结合整个战役过程看，兀良合台所率蒙军未对广西的州郡城池进攻，只是长驱前进，歼灭道路上的阻碍。其战略目的不在攻占广西，只是以广西为通道，渗透至南宋内地，配合鄂州的正面战场，形成夹击之势，并起着分散南宋注意、牵制兵力的作用。后李曾伯曾奏："广西所部如邕、钦、宜、融，贼皆不曾侵犯，城壁无虞。只是自武缘径越宾、柳，出静江而去。"⑥ 此即可证。若蒙古目标真在攻占广西，必定要先攻取广西的门户邕州，却直接绕城而前进，哨马都未至。宋蒙两军在静江对峙中，蒙军也并未围攻静江城，仅

---

① 李曾伯. 可斋续稿·修筑静江府城池记［M］//四川大学古籍整理研究所（编）. 宋集珍本丛刊：第84册. 北京：线装书局，2004：496.

② 李曾伯. 可斋续稿后·奏催调军及辞免观文殿学士［M］//四川大学古籍整理研究所（编）. 宋集珍本丛刊：第84册. 北京：线装书局，2004：677.

③ 李曾伯. 可斋续稿后·奏边事已动［M］//四川大学古籍整理研究所（编）. 宋集珍本丛刊：第84册. 北京：线装书局，2004：679.

④ 李曾伯. 可斋续稿后·奏节次调兵自劾事［M］//四川大学古籍整理研究所（编）. 宋集珍本丛刊：第84册. 北京：线装书局，2004：687.

⑤ 李曾伯. 可斋续稿后·奏边事［M］//四川大学古籍整理研究所（编）. 宋集珍本丛刊：第84册. 北京：线装书局，2004：684.

⑥ 李曾伯. 可斋续稿后·奏边事［M］//四川大学古籍整理研究所（编）. 宋集珍本丛刊：第84册. 北京：线装书局，2004：683.

有两次哨马至城下，其驻扎静江城外二十余日，则应是进军两个月以来的整军休息，且静江的社会经济、农业较发达，亦有在附近掠夺粮草、补充物资之意。

　　十月七日，李曾伯得理宗宣谕，对蒙军入侵广西做出了相应的战略指示，内容为"出兵遏其锋，若闭城自守，则恐透出内地"。获宣谕后，桂阃急调王胜等部两千人前往湖南追击。王胜部和湖南的宋军会合后，于全州以北四十里处的黄沙（今全州东北）遭遇蒙军一部，交战获捷，并获"鞑生口一百七十余人，鞑马一百余匹"，此即碑文中"一捷于黄沙，翦其渠魁，俘获甚众"。十月下旬，蒙军的一支后队自柳州进入静江永福境，亦是北上入湖南。而王胜部自湖南回师至灵川时，遇上此支蒙军一部，后经交战，亦取得胜利。① 黄沙、灵川两战，宋军虽均取得胜利，但兀良合台所率蒙军主力早已深入湖南。

　　闰十一月中旬，李曾伯得湖南提点刑狱胡颖十一月二十日公文，称兀良合台于十一月十七日率军"犯潭州城下"，胡颖并以"备坐朝廷指挥"，令桂阃以镇抚使、知邕州刘雄飞提兵至湖南会合夹击。后经商议，桂阃幕僚认为邕州系军事重地，守臣不宜离开，于是调静江周旺等四部共二千人，前往湖南追剿。十八日，桂阃又令知宜州彭宋杰自宜州（今广西河池）提兵一千，加上静江一千人，共领二千精锐前往潭州，听湖南制置副使向士璧、提点刑狱胡颖调遣。②

　　自十一月初及闰月以来，桂阃接连得邕、象州报，称又有一支蒙军后队出没于邕州境内。对此，桂阃多设伏拦截，镇抚使刘雄飞先是于闰十一月九日，在龚村获捷，后又于十二月初在强山取胜。但蒙军至十二月十四日，已从来宾白沙渡滨江，十七日，逼近柳州。静江境内，桂阃调有路钤周成部于永福设伏，但蒙军从小路绕至义宁，转入灵川。而路钤周胜等三部已在灵川埋伏，十二月三十日，此支蒙军一部至塘下墟（今广西灵川潭下镇附近），宋军出其不意，攻入寨中，"杀死人马不计其数，获到鞑酋生口十余辈，马百余匹"。此役，宋军战果丰硕，但仍有大部蒙军继续向北往湖南行进。桂阃再调王胜等部领兵追袭，并与湖南回师的周旺部在兴安会合。两军虽在兴安会兵，但因当时"连值大雨如注"，且蒙军皆骑兵，宋军无法追赶上。而蒙军此支后队，李曾伯称乃尽皆精锐，虽经三败，仍"残党余数千人"③。

　　十二月廿一日，桂阃得枢密院十月廿五日札子，要求李曾伯及镇抚使刘雄飞"分遣兵将，火急追袭"。至景定元年（1260）正月十一日，刘雄飞以"被旨击敌"为名，亲率邕州戍兵至静江，"请兵追袭"。李曾伯调静江戍兵一千余，并刘雄飞所带七百余，及截调驻扎潭州的彭宋杰部二千人，共近四千精锐由刘雄飞收管。正月十八日，刘雄飞自静江起发，进入湖南后，又会合彭宋杰部及湖南方面的鄘进、阎忠进等部共四千

――――――――――

　　① 李曾伯. 可斋续稿后·申乞合湘岭通融兵粮等状 [M] //四川大学古籍整理研究所（编）. 宋集珍本丛刊：第 84 册. 北京：线装书局，2004：693.
　　② 李曾伯. 可斋续稿后·奏调兵等事 [M] //四川大学古籍整理研究所（编）. 宋集珍本丛刊：第 84 册. 北京：线装书局，2004：686.
　　③ 李曾伯. 可斋续稿后·奏合湘岭脉络贯通仍乞投劾早赐区处 [M] //四川大学古籍整理研究所（编）. 宋集珍本丛刊：第 84 册. 北京：线装书局，2004：690.

人。① 二月九日，刘雄飞率六千宋军在衡山（今湖南衡山）歼灭了最后一支自广西进入湖南的残余蒙军，② 并"获战马千余匹，救回老幼甚众"③，即碑文称"再捷于衡山，剿杀几尽"。

二月廿三日，宋廷以衡山之捷，诏湖南制置副使、知潭州向士璧加兵部侍郎，镇抚使刘雄飞进官二等、升保康军承宣使，彭宋杰、阎忠进等各进官，并赐银绢不等。④ 三月六日，宋廷以"横山之战将士效节，多死行阵"，诏广西保卫战中阵亡的张世雄、沈彦雄、陈喜、秦安、李孝信、郑俊、李安国等统将各赠十官，并"赐缗钱万恤其家"。⑤

结合总结的战役过程，知桂阃此役中确有数捷，为抵御蒙古军入侵做出了巨大的努力，更有七名统兵将领战死。但碑文记"八月犯横山"，就直至"九月廿二日薄我城下"，失载战役之初前后四次桂阃所隶宋军战败之事，亦有隐晦。再从第二次广西抗蒙保卫战的结果看，蒙古虽未占领任何广西的州县，但李曾伯领导下的桂阃未能在广西阻挡蒙军，致使蒙军自广西透入内地，进而攻破湖南、江西两路诸多州县。⑥ 李曾伯作为前线统帅，无疑要对此负责。景定元年五月五日，宋廷以李曾伯"坐岭南闭城自守，不能备御"，诏"落职解官"，罢其广南制置大使；八月廿七日，又诏李曾伯削二秩。⑦

兀良合台第二次进攻广西之役，《元史》亦有记载，但在进军路线上讹误颇多。如《元史·世祖本纪》⑧ 和《元史·铁迈赤列传》⑨ 均记蒙军从交趾借道攻宋，此误，可见陈智超先生及笔者的考证，蒙军是从云南进犯广西的。而《元史·兀良合台列传》记载的蒙军进军路线也有讹误，其路线依次为横山寨、老苍关、贵州（今广西贵港）、象州（今广西象州）、静江府、辰州（今湖南怀化）、沅州（今湖南芷江）、潭州。⑩ 除"老苍关"地名无考外，其他均可知地理位置。其中辰、沅两州的记载有误，两州皆在湖南西北部，未与广西接壤，蒙军则是由静江入湖南东南部，依次经全州、永州、衡阳至潭州，亦见《宋史全文》记"北军斡腹一道由全、永至潭州，江西震动"⑪。

兀良合台率军自云南"斡腹"攻宋之役，广西保卫战仅是其中一部分。此外，还有湖南、江西两路的诸多战役，但限于相关史料及篇幅的限制，本文仅能探究碑文所记史事。

① 李曾伯. 可斋续稿后·奏本司调兵付刘镇抚往湖南会合 [M] //四川大学古籍整理研究所（编）. 宋集珍本丛刊：第 84 册. 北京：线装书局，2004：690-691.

② 李曾伯. 可斋续稿后·奏刘镇抚衡山之捷、申乞合湘岭通融兵粮等状 [M] //四川大学古籍整理研究所（编）. 宋集珍本丛刊：第 84 册. 北京：线装书局，2004：692-693.

③ 汪圣铎，点校. 宋史全文·宋理宗六 [M]. 北京：中华书局，2016：2890.

④ 脱脱. 宋史·理宗纪五 [M]. 北京：中华书局，1985：872.

⑤ 汪圣铎，点校. 宋史全文·宋理宗六 [M]. 北京：中华书局，2016：2890.

⑥ 蒙军攻破湖南、江西两路诸州县的战役. 脱脱. 宋史·理宗纪五 [M]. 北京：中华书局，1985：871.

⑦ 脱脱. 宋史·理宗纪五 [M]. 北京：中华书局，1985：873、875.

⑧ 宋濂. 元史·世祖本纪 [M]. 北京：中华书局，1976：62.

⑨ 宋濂. 元史·铁迈赤列传 [M]. 北京：中华书局，1976：3003.

⑩ 宋濂. 元史·兀良合台列传 [M]. 北京：中华书局，1976：2981.

⑪ 汪圣铎，点校. 宋史全文·宋理宗六 [M]. 北京：中华书局，2016：2886.

结　语

13 世纪，是中国历史上民族关系重大转折时期。蒙古迅速崛起于中国北方草原，不断对外扩张，建立了横跨亚欧大陆的强大帝国。理宗端平元年（1234），随着蒙古灭金，南宋"三京之役"失败，又拉开持续近半个世纪的宋蒙（元）战争。至开庆元年（1259），蒙古大汗蒙哥分兵三路攻宋，发动全面的侵宋战争，其中兀良合台军计划自云南经广西北上攻宋腹地，开展"斡腹"战役。此役，虽然宋廷提前设立广南制置大使司，"倚之为万里长城，羽檄调精兵良将"[①]，但受限于主客观等诸多因素，未能在广西阻止蒙军攻入；而兀良合台率蒙军及云南诸蛮族"驰骛数万里"，经广西成功透入湖南、江西两路，攻破诸多州县，牵制南宋大量兵力，配合了鄂州的正面战场，取得了良好的战略效果，但最终因大汗蒙哥在合州钓鱼台身亡，忽必烈撤兵北归争夺汗位，战争以蒙军失败告终。

蒙军自云南行军千里，假道攻宋的"斡腹之谋"战略，在中国古代军事史上实属罕见，追溯前史，如李曾伯所言"乃载籍所未有"，有研究认为它可谓是中国历史上北方游牧民族制定的统一中原王朝杰出的战略之一。[②]而忽必烈即位后不久即放弃了"斡腹"战略，采纳先取襄阳，从荆襄正面突破灭宋之策，开展了持续六年的围攻襄阳之役。若忽必烈能继续从云南假道进攻广西，打开战争相持局面的突破口，在南宋国力日益窘迫之下，是极有可能加速其灭亡的。

桂林宝积山抗蒙摩崖碑作为宋蒙战史的实物资料，不仅是宋代桂林摩崖石刻的重要代表之一，也是广西现存的重要文化遗产。碑刻前部较完整地记载了南宋末年广西两次抗蒙保卫战的战役经过和结果，反映了在蒙古"斡腹之谋"的背景下，广西一度成为宋蒙战争的重要战场以及宋廷对边防经营的重要阵地，相对《宋史》《元史》等正史中只言片语，碑刻记载的内容就显得弥足珍贵。此外，相对湖北、四川现存有关宋蒙战史的碑刻，桂林宝积山抗蒙摩崖碑又是文字保存最为完好、篇幅最大的，这些也正是此碑刻的价值所在。

>> **老师点评**

在我的印象中，覃旺一直是一个勤奋踏实的学生。第一次跟他接触，是他要申报"大学生治学能力提升计划"，找我做指导教师。他的题目是《南宋制置使研究》，看到他对前人研究论著搜集之全，令人惊喜。我提醒他类似题目前人已经有不少研究，应该集中于一个区域或某一时段进行研究，这样容易写出新意。后来他就以广西制置司为主要研究对象，尤其关注李曾伯为制置使时期的情况，完成了多篇研究论文，顺利结项。

---

① 刘克庄. 辛更儒，笺校. 刘克庄集笺校·进故事·壬戌七月初六日［M］. 北京：中华书局，2011：3732-3733.

② 石坚军. 成吉思汗征服南宋战略计划考［J］. 宋史研究论丛：第十七辑，2015：279-280.

后来本科毕业论文他仍然找我做论文指导教师，以《南宋末年广西城池建设研究》为题完成本科毕业论文，获得答辩老师的一致好评。之后通过考研，在湖大岳麓书院继续跟随我攻读研究生。

覃旺是广西人，对南宋时期的广西历史有浓厚的兴趣，宋代广西碑刻一直是他关注的重点。他不仅从地方志、文集中搜集相关碑刻，还实地走访、自己拓碑，因此获得了不少第一手资料，《桂林宝积山抗蒙摩崖碑考》就是他研究的阶段性成果之一。该文的优点首先在于，他能注意到文集、地方志所载碑文与拓片记载之不同，并作出合理解释。其次，对碑刻涉及的相关人物、抗蒙史实进行了细致的考订，根据自己的研究，将碑刻重新命名为《景定摩崖纪功碑》，结论令人信服。再次，从碑刻内容出发，结合前人研究，讨论了宋蒙战争中比较重要的"斡腹之谋"，指出当时蒙古实际上并没有实施所谓的"斡腹"图谋，这很大程度上是南宋西南边帅出于对蒙军军事行动的本能警觉的反应，进而作出的一种臆测和联想，结论颇有启发。

不过，该文也有比较明显的缺点。由于文章是以单一的碑刻进行讨论的，以考订相关人物、史实为核心，而碑刻本身呈现的史实、人物是不完全的、零碎的，这导致文章的各部分之间的内容衔接度不高，有些支离破碎。如果以后要避免类似问题，最主要的方法是材料要成组，即不要以单一史料为讨论对象，可以将其作为关键史料，围绕该史料，应该有一组其他相关史料，能将相关问题的丰富层面立体呈现出来。另外，讨论的问题要集中，史料呈现的问题往往是涉及多方面的，但如果面面俱到，最后往往会导致每一个方面都无法深入。所谓材料要成组，也是要集中于一个方面去搜集材料，这样才能呈现丰富复杂的历史现象，也能加深自己对历史的理解。

论文指导老师、学业导师　闫建飞

以曹名为号：汉唐间尚书制度演进过程之一面

2016 级　李柏杨

　　摘　要：汉代尚书机构虽分曹治事，但情况一直是"尚书虽有曹名，不以为号"，"常侍尚书"和"二千石尚书"等称谓均是后人不准确的追记。汉末开始出现了"以曹名为号"的选部尚书、吏部尚书。魏晋时期其他列曹尚书在征拜、迁转等场合开始同样"以曹名为号"。及至隋唐，"曹名＋尚书"在多数场合下已经不可分割。这种名号凝固叠加的过程，也是尚书组织结构发展、角色职能转变、地位和重要性不断上升的过程。

　　关键词：尚书；曹名；吏部尚书

绪　论

　　关于汉唐间尚书制度的研究，已经积累了丰富的成果。安作璋、熊铁基、陈仲安、王素、韩国磐、祝总斌、陈琳国、黄惠贤、吴宗国、杨鸿年等学者在关于汉唐政治制度的通论性著作中多所论及，[①] 对尚书制度进行专门性研究的学者，早期有劳榦、严耕望等，近十余年来相关研究论著更是层出不穷。[②] 诸家关注的重点是尚书的职能、选任、

---

　　① 安作璋、熊铁基. 秦汉官制史稿 [M]. 济南：齐鲁书社，1984；王素. 三省制略论 [M]. 济南：齐鲁书社，1986；韩国磐. 略论由汉至唐三省六部制的形成 [J]. 厦门大学学报（哲学社会科学版），1988（3）；祝总斌. 两汉魏晋南北朝宰相制度研究 [M]. 北京：中国社会科学出版社，1990；陈仲安，王素. 汉唐职官制度研究 [M]. 北京：中华书局，1993；陈琳国. 魏晋南北朝政治制度研究 [M]. 台北：文津出版社，1994；黄惠贤. 中国政治制度通史·魏晋南北朝卷 [M]. 北京：人民出版社，1996；杨鸿年. 汉魏制度丛考 [M]. 武汉：武汉大学出版社，2005.

　　② 劳榦. 论汉代的内朝与外朝 [C]. "中央"研究院历史语言研究所集刊：第 18 本. 台北："中央"历史语言研究所，1948：227-267；劳榦. 汉代尚书的职任及其和内朝的关系 [C]. "中央"研究院历史语言研究所集刊：第 51 本. 台北："中央"历史语言研究所，1980：33-51；严耕望. 北魏尚书制度考 [C]. "中央"研究院历史语言研究所集刊：第 18 本. 台北："中央"历史语言研究所，1948：251-360；严耕望. 论唐代尚书省之职权与地位 [C]. "中央"研究院历史语言研究所集刊：第 24 本. 台北："中央"历史语言研究所，1953：1-68；雷闻. 隋与唐前期的尚书省 [M] // 吴宗国（主编）. 盛唐政治制度研究. 上海：上海辞书出版社，2003. 关于近年来的研究，不再赘举. 日本学者也有不少论著，注添庆文：序章·日本魏晋南北朝史官制度的研究、魏晋南北朝官僚制研究 [M]. 赵立新，等译. 上海：复旦大学出版社，2017.

管理制度等方面，似乎已经题无剩义，不过，我认为还可从尚书官职名号演化的方面来进行考察，进而深入分析尚书制度在汉唐间的演进过程及其历史意义。

名号在中国古代政治中有着十分重要的意义，董仲舒说："治天下之端，在审辨大。辨大之端，在深察名号。"① 一些学者在研究中也十分重视名号的意义，但以名号为视角的研究，多集中于早期部族、国家。罗新指出，"不仅爵制与谥法，而且后世官制的日渐繁复的演化，也都可以纳入制度形式的名号分化背景下观察，从而获得更具历史纵深感的新认识。"② 与皇帝号、可汗号、单于号和谥号等政治名号的演化历程有所不同，尚书名号的演变，是在相对成熟的官僚体制下展开的，下文将试为论述之。

在正式的讨论开始之前，需要指出的是，在考察尚书名号演变时，应注意将史料中的正式官名和古人及史家为叙述方便简洁乃至其他目的而进行的记载加以区分。在中古时代的史传、碑志、制度撰述这三类材料中，只有辨明史料性质、注重史料叙述之场合，才能更为准确而深入地考察名号与官制演变的历程。对于史传、碑志，应注重任免、迁转等场合，同时要注意史家对于官名是否使用了简称。至于史书中的制度撰述，由于它经过了撰述者某种有意识或无意识的"过滤"，因此纸上记载往往和当日制度并不能完全等同，而制度撰述者不经意间的改动，有时甚至是失之毫厘，谬以千里。然而另一方面，通过比勘前后制度记载，分析其间歧异所在，有时恰恰可以获得新的认识，本文正是从这一点出发展开讨论的。

一、释"尚书虽有曹名，不以为号"

唐修《晋书·职官志》记载：

> 后汉光武以三公曹主岁尽考课诸州郡事，改常侍曹为吏部曹，主选举祠祀事，民曹主缮修功作盐池园苑事，客曹主护驾羌胡朝贺事，二千石曹主辞讼事，中都官曹主水火盗贼事，合为六曹。并令仆二人，谓之八座。尚书虽有曹名，不以为号。灵帝以侍中梁鹄为选部尚书，于此始见曹名。③

其中"尚书虽有曹名，不以为号"的说法至关重要。既往研究虽时或提及此语，但所论不深，仍有待发之覆。所谓"曹名"，指的是东汉的三公、吏部、民、客、二千石等"曹"之名。④"不以为号"说明尽管分曹治事，但不存在三公尚书、二千石尚书一类的正式称呼。至于梁鹄为"选部尚书"，从而"始见曹名"，意在谓从梁鹄起，才将曹名冠于尚书官职前。依此叙述，则可以想象，从汉代"虽有曹名，不以为号"到后世吏部尚书、户部尚书这样"以曹名为号"，是一个尚书系统官职名号叠加的过程。这一过程，背后是尚书台机构的日益明晰：随着分工的明晰，负责一定工作的官员也逐渐固

---

① 董仲舒. 春秋繁露 [M]. 凌曙，注. 北京：中华书局，1975：353.
② 罗新. 中古北族名号研究 [M]. 北京：北京大学出版社，2009：26.
③ 房玄龄. 晋书 [M]. 北京：中华书局，1974：730-731.
④ 研究表明，"中都官曹"很可能并不存在，祝总斌. 两汉魏晋南北朝宰相制度研究 [M]. 北京：中国社会科学出版社，1990：132-133.

定，由此"曹名"方能固定在"尚书"之前，成为修饰性的"号"。不过"官员固定"和"曹名为号"并不是同步的，后者晚于前者。两汉时期一般还不存在。

这样看来，则《通典·职官一》中所列举汉代"三公曹尚书""常侍曹尚书""贼曹尚书"等显然并非严格意义上的官名，而只是杜佑依本后世制度的追记。① 事实上，魏晋南北朝以后对汉代制度的叙述，字句之间，已经多少与杜佑的认识类似，从而已经与制度的本相产生偏差。

司马彪《续汉书·百官志》云：

> 尚书六人，六百石。本注曰：成帝初置尚书四人，分为四曹：（《汉旧仪》曰："初置五曹，有三公曹，主断狱。"蔡质《汉仪》曰："典天下岁尽集课事。三公尚书二人，典三公文书。吏曹尚书典选举斋祀，属三公曹。灵帝末，梁鹄为选部尚书。"）常侍曹尚书主公卿事；二千石曹尚书主郡国二千石事；民曹尚书主凡吏上书事；客曹尚书主外国夷狄事。②

这里虽有"常侍曹尚书""二千石曹尚书"等说法，但实际上和前引《晋书·职官志》的记载并不矛盾。所谓"某曹尚书"，并非"以曹名为号"的尚书，而只能理解为"管理某曹事务的尚书"，是机构名和官名的叠加。换言之，此期作为机构名的"某曹"，还没有和作为官名的"尚书"相连而构成新的官名。值得注意的是，这里称"常侍曹尚书""二千石曹尚书"而非"常侍尚书""二千石尚书"，也说明"曹名"和"尚书"并未直接相联系，和后世的"都官尚书""度支尚书"等称谓有所不同。不仅如此，"常侍曹尚书"这样的称谓，不见于《续汉书·百官志》的正文，而只是"本注曰"中的内容。《百官志》的正文，来自东汉之"官簿"，"本注曰"不过是晋代司马彪的理解与叙述，相对"官簿"而言，是非正式的，而且透露出晋朝的时代色彩，应该加以区分。

与"本注曰"的引述略有不同，唐人颜师古注《汉书》引《汉旧仪》称：

> 师古曰：《汉旧仪》云：尚书四人为四曹：常侍尚书主丞相御史事，二千石尚书主刺史二千石事，户曹尚书主庶人上书事，主客尚书主外国事。③

与卫宏《汉旧仪》的这条佚文类似的记载，也见于其他史籍中。《唐六典》卷二"吏部尚书"条引《汉旧仪》时的引述与颜师古不同：

> 《汉旧仪》云：尚书四人，为四曹：一曰常侍曹，二曰二千石曹，三曰民曹，四曰客曹。成帝增置三公曹，为五曹。其常侍曹主丞相、御史、公卿事。④

---

① 杜佑. 通典［M］. 北京：中华书局，1988：484.
② 范晔. 后汉书·百官志三［M］. 北京：中华书局，1965：3597. 本文行文中一律称《续汉书·百官志》，引文括号内为原书注释.
③ 班固. 汉书·成帝纪［M］. 北京：中华书局，1962：308.
④ 唐六典·吏部尚书［M］. 北京：中华书局，1992：26.

这是说"曹"主丞相、御史之事，而非"尚书"主丞相、御史之事。李贤注《后汉书·光武帝纪》引应劭《汉官仪》云：

常侍曹尚书，主丞相御史事；二千石曹尚书，主刺史二千石事；户曹尚书，主庶人上书事；主客尚书，主外国事。①

四库馆臣从《永乐大典》中所辑卫宏《汉旧仪》佚文则与颜师古、《唐六典》的说法均有异：

尚书四人，为四曹。侍曹尚书，主丞相、御史事；二千石曹尚书，主刺史、二千石事；民曹尚书，主庶民上书事；客曹尚书，主外国四夷事。②

孙星衍辑本与四库馆臣也略有不同，其中孙星衍有一条案语称："成帝纪注、《后汉书》应劭传注、《唐六典》四引皆作'户曹'。"③ 颜师古等将"民曹"改为"户曹"，当是为避李世民之讳。四库馆臣所辑既作"民曹"，则其所本当不出于唐代太宗以后。这样看来，颜师古所引述、四库馆臣所辑本的两条材料，来源或有不同；颜师古引述时当是根据己意删去"常侍曹尚书""二千石曹尚书"之"曹"字，使得读者的理解容易发生偏差。④ 后人所引《汉旧仪》《汉官仪》等文献时的说法，宜加辨正。

事实上，考察《汉书》《后汉书》的记载，在汉末以前，凡提及尚书，均是单称"尚书"二字。比如《汉书·冯奉世传》："上使尚书选第中二千石。"⑤《后汉书·桓潭冯衍列传》："复征入为尚书。"⑥《后汉书·杨李翟应霍爰徐列传》："酬对第一，拜尚书。"⑦ 出这些例证可知，两汉时期，在征拜以及自称、奉使等诸多场合，都是只称"尚书"，不冠曹名。

在这种情况下，尚书虽然自汉成帝以后明确了分曹治事的原则，⑧ 但主要掌管的"奏事"，包括传递、保管文书，也负责其他一些事务，但绝不是包揽宰相职权。总的来说，两汉的尚书组织，不是宰相机构。即使东汉中期以后，外戚、宦官集团常轮番秉政，"中朝"获得了进一步的发展，尚书在职权上也仍然不能替代三公，⑨ 在地位上，东汉尚书则禄秩一直较低，皆六百石，尚书令也不过千石，都与公卿相差甚大。此外，尚书台在机构规模和人员配备上也并不稳定，《后汉书·伏侯宋蔡冯赵牟韦列传》记载章帝时韦彪上书说："往时楚狱大起，故置令史以助郎职，而类多小人，好为奸利。今

① 范晔. 后汉书·光武帝纪上 [M]. 北京：中华书局，1965：15.
② 孙星衍，等辑. 汉官六种·汉官旧仪卷上 [M]. 北京：中华书局，1990：32. 此为四库馆臣所辑.
③ 孙星衍，等辑. 汉官六种·汉官旧仪卷上 [M]. 北京：中华书局，1990：64.
④ 至于颜师古为何引述如此，应该是受到了后世制度的影响.
⑤ 班固. 汉书·冯奉世传 [M]. 北京：中华书局，1962：3302.
⑥ 范晔. 后汉书·桓潭冯衍列传 [M]. 北京：中华书局，1965：1004.
⑦ 范晔. 后汉书·杨李翟应霍爰徐列传 [M]. 北京：中华书局，1965：1602.
⑧ 之所以《汉书·成帝纪》记载"初置尚书员五人"，当是因为此前尚书并未明确分曹，此时才正式分曹治事，祝总斌. 两汉魏晋南北朝宰相制度研究 [M]. 北京：中国社会科学出版社，1990：91—93. 由此可知，尽管武帝因常"游宴后庭"而尚书（中书）机构日渐重要，但直到成帝时，尚书机构的发展在制度上才得到了进一步的明确，之间有一定的时间差距。而本文所欲论的汉魏以后尚书"以曹名为号"，无疑与尚书机构事实上的发展也是有一定时间差距的.
⑨ 祝总斌. 两汉魏晋南北朝宰相制度研究 [M]. 北京：中国社会科学出版社，1990：106-126.

者务简，可皆停省。"① 且后来"帝纳之"，这说明东汉尚书台即使有令史，也不过是临时派遣的，此时令史性质可能和早期郎官"给事尚书"差不多。凡此种种，表明尚书"虽有曹名，不以为号"与尚书机构还未获得充分发展的情况是一致的。

二、汉魏之际"选部尚书"和"吏部尚书"名号的出现

《晋书·职官志》所谓"梁鹄为选部尚书，于此始见曹名"，说明尚书"以曹名为号"似乎是从汉末的选部开始的，这又关系到后来"吏部尚书"名号的相关问题。② 先看关于选部尚书的记载。除前引《晋书·职官志》记载梁鹄为选部尚书外，《后汉书·百官志》注文亦称：

> 蔡质《汉仪》曰："典天下岁尽集课事。三公尚书二人，典三公文书。吏曹尚书典选举斋祀，属三公曹。灵帝末，梁鹄为选部尚书。"③

此段后为孙星衍辑本蔡质《汉官典职仪式选用》所收入。④ 《唐六典》卷二"吏部尚书"条注文中也有"梁鹄为选部尚书"的记载，但未标明来源。然推敲以上的所谓《汉官典职仪式选用》佚文，似觉其间颇多乖谬：第一，在《续汉书·百官志》"尚书"条的语境中，"典天下岁尽集课事"缺失主语；第二，"三公尚书"之称，依上文的论述，正确的应该是"三公曹尚书"，省略"曹"字，或是后人为之；第三，"灵帝末，梁鹄为选部尚书"之语甚显突兀，而且蔡质很可能死于灵帝在位时期，则"灵帝末"必系后人追记。要言之，《续汉书·百官志》的这条注文必非蔡书原貌。不过尽管这段材料有所错乱，我们无法进一步推知选部尚书设置的原委，但汉代"选部尚书"之名的存在，应不容置疑。陈仲安、王素所著《汉唐职官制度研究》一书中推测灵帝从吏曹分出选部，⑤ 是近于实际的。要补充的是，所谓从吏曹分出选部，盖是"分部治事"之意，类似于从一个郡分出"南部""北部"，从而形成诸如"会稽南部""蜀郡北部"之类的说法。⑥ 这个"选部"，带有从属性质，还算不上正式的曹名。

史料中还存在"吏曹"与"吏部曹"名称上的不同，应稍加辨析。前引唐修《晋书·职官志》云："后汉光武……改常侍曹为吏部曹。"又前引《续汉书·百官志》注引

---

① 范晔. 后汉书·伏侯宋蔡冯赵牟韦列传 [M]. 北京：中华书局，1965：919.

② 关于早期吏部尚书的专门研究，有张泽咸《汉魏六朝时期的吏部运作述略》，《文史》2007年第1辑；董劭伟《唐代吏部尚书研究》第一章第一节《吏部流变：魏晋至隋唐》等等，北京：中国社会科学出版社，2012年。但关于"吏部尚书"这一名号的形成及意义，尚有晦暗不明之处。

③ 范晔. 后汉书·百官志三 [M]. 北京：中华书局，1965：3597.

④ 孙星衍，等辑. 汉官六种 [M]. 北京：中华书局，1990：204.

⑤ 陈仲安，王素. 汉唐职官制度研究 [M]. 北京：中华书局，1993：35. 又前引张雨《两汉尚书分曹再探》一文中认为吏曹曾从属于三公曹，其说可从。

⑥ 孙吴也有不少关于选曹尚书的记载。如史载张温曾为选曹尚书（陈寿. 三国志·吴书·张温传 [M]. 北京：中华书局，1959：1330）。案《三国志·吴书》，有选曹尚书、贼曹尚书冠以曹名，与魏晋不同，这既是作为地方政权的孙吴，与作为全国性政权的东汉相比，在制度上存在的差异之处，又与孙吴建国历程中官制组织机构的发展密切相关。又《三国志》卷64《吴书·孙綝传》裴松之注引《文士传》中又云："俄而温为选部尚书。"（第1447页）案"选部"于孙吴只此一见，当是《文士传》作者妄改"曹"为"部"，不足凭据。

蔡质《汉仪》曰："吏曹尚书典选举斋祀。"沈约《宋书·百官志》也说："光武……改常侍曹为吏曹。"① 依据材料的先后，不难得知《晋书·职官志》"吏部曹"之"部"，当系后人妄加，盖当时民曹、客曹既不称"民部曹""客部曹"，则不可能独有"吏部曹"之名。此外，《晋书·职官志》又记载："魏改选部为吏部。"② 然案《三国志·蜀书》："灵帝崩，董卓秉政，以汉阳周毖为吏部尚书。"③ 则改选部为吏部之事早在灵献之际。不过这个吏部尚书之名似乎随董卓之死而不存。案《三国志·魏书》记载，董卓死后，"拜（贾）诩尚书，典选举，多所匡济，（李）催等亲而惮之。"④ 又："魏国初建，为尚书，复典选举。"⑤ 则尚书贾诩、徐奕虽掌选举，但很可能不以"吏部"为号。这样看来，"吏部尚书"这一名号正式固定下来，还要到魏晋时期。

综括来看，东汉时期曾改常侍曹为吏曹，东汉晚期尚书机构中分化出选部，"选部尚书"是一个相对固定的官名。此后吏曹盖不存，再后来，又以吏部之名代替选部。由此，就完成了从"吏曹"到"吏部"的转变，作为固定官名的"吏部尚书"亦由此成立。"选部"尚且不是正式的曹名，"吏部"则是完全正式的曹名，确切说，"吏部尚书"是最早以曹名为号的官职。这是一个相对曲折的过程，而且伴随着汉魏之际政局的剧烈变动。

魏晋时期，"吏部尚书"这一称谓，是一个纯粹的官名，而非机构名和官名的叠加。"吏部"相对"尚书"而言，是一个相对凝固的修饰性的词语。史籍中凡提及有人担任吏部尚书者，在迁转、征拜等相对郑重的场合中，一般不会仅仅称"尚书"。《三国志·魏书》称卫臻"迁尚书，转侍中吏部尚书"⑥，又载卢毓的任命诏书中有云"其以毓为吏部尚书"⑦。《晋书·山涛传附子山简列传》称："（山简）复拜尚书。光熙初，转吏部尚书。"⑧《晋书·温羡列传》记载温羡"累迁尚书。及齐王冏辅政……转吏部尚书"⑨。类似的例子还有不少。可知魏晋时期，在迁转、任命等诸多场合，"吏部尚书"一般要称其全名。⑩ 后世也是如此，相关史料不再赘举。相比之下，曹魏时期官员迁为吏部尚书之前所担任的尚书，则并不冠以曹名。不仅如此，从卫臻的例子中还可以看出，吏部尚书若加官侍中，则称"侍中吏部尚书"，与其他的固定组合"侍中尚书"也有所

---

① 沈约. 宋书·百官志上 [M]. 北京：中华书局，1974：1234-1235.

② 虽然《晋书·职官志》称"魏改选部为吏部"，史籍中也多有关于曹魏吏部郎的记载，但是，《三国志》卷14《魏书·程郭董刘蒋刘传》裴松之注引《傅子》称刘陶"曹爽时为选部郎"（第449页），但同期史籍中却多见吏部郎，恐此处"选部郎"属于讹误。

③ 陈寿. 三国志·蜀书·许麋孙简伊秦 [M]. 北京：中华书局，1959：963.

④ 陈寿. 三国志·魏书·荀彧荀攸贾诩传 [M]. 北京：中华书局，1959：327.

⑤ 陈寿. 三国志·魏书·崔毛徐何邢鲍司马传 [M]. 北京：中华书局，1959：377.

⑥ 陈寿. 三国志·魏书·桓二陈徐卫卢传 [M]. 北京：中华书局，1959：647.

⑦ 陈寿. 三国志·魏书·桓二陈徐卫卢传 [M]. 北京：中华书局，1959：651.

⑧ 房玄龄. 晋书·山涛传附子山简列传 [M]. 北京：中华书局，1974：1229.

⑨ 房玄龄. 晋书·温羡列传 [M]. 北京：中华书局，1974：1266-1267.

⑩ 不可否认，也有不称吏部尚书全名的情况。比如《晋书》卷45《刘毅程卫和峤武陔任恺崔洪郭奕侯史光何攀列传》就有"拜尚书，掌吏部"的记载。

不同。①

选部尚书、吏部尚书是最早"以曹名为号"的尚书，这一开始就与该尚书特殊的职掌、较高的地位有关。第一个选部尚书梁鹄是书法家，灵帝末以善书至选部尚书，可能与灵帝后期宦官专政、社会动乱、政事纷纭有关，然史料不足征，不敢妄加推测。② 史料所见最早的吏部尚书，即是前述董卓秉政时期的周毖。《三国志·蜀书》称："（周毖）与靖共谋议，进退天下之士，沙汰秽浊，显拔幽滞。"③ 拉拢知名士人，无疑是董卓进京后的重要举措，此时吏部尚书无疑承担着特殊责任。只不过董卓所"显拔"者，后来反而转化为反对董卓的力量。④ 此外，后来的吏部尚书何晏等人，都在政局中举足轻重。

魏晋隋唐间，吏部尚书也一直位高权重，与其他诸曹尚书有别。《唐六典》称："然此官历代班序常尊，不与诸曹同也。"⑤ 这是就位次而言。然案《通典》，在"魏官品""晋官品""宋官品"中，尚书列于第三品，并未单独列出吏部尚书。直到梁制十八班中，吏部尚书才较列曹尚书相差一班，尚书吏部郎则较其他尚书郎相差六班。不过，《通典》所载三朝"官品"并不能完全反映三朝官制的实际情况，⑥ 而且，此期官品有时也不能反映官位尊卑。梁制十八班，其中尚书吏部郎地位之高、吏部尚书之单列，应不是梁代才有的新制，而是魏晋以来就逐渐形成的制度。又《宋书·百官志》称："吏曹任要，多得超迁。"⑦ 此为学者熟知，又胡三省云："自晋以来，谓吏部尚书为大尚书，以其在诸曹之右，且其权任要重也。"⑧ 总之，吏部尚书不仅在"班序"上与其他尚书不一样，职权、地位乃至任官者前途，都与诸曹尚书有所不同。⑨ 这样来看，汉末选部尚书、吏部尚书虽冠以曹名，但属于特殊状况；汉末诸曹尚书"虽有曹名，不以为号"的状况，总体上没有改变。不过，如下文所欲论，魏晋以后，这种状况发生了转变，其他尚书也开始"以曹名为号"；"吏部尚书"名号的生成，则可以看作这一转变的先声。

---

① 关于曹魏"侍中尚书"组合的一些讨论，参看徐冲．"汉魏革命"再研究：君臣关系与历史书写［D］．北京大学，2008：15-40.

② 梁鹄以书法知名，参见《三国志》卷1《魏书·武帝纪》裴松之注和《晋书》卷3《卫瓘张华列传》。据记载，梁鹄最初是窃师宜官之札而学书，凭借书法当上选部尚书，与曹操有一段交往。后来魏宫殿题署，多梁鹄所书。梁鹄凭书法至尚书之位，亦仅因书法留名，再结合梁鹄行事及汉末政治社会背景，可知梁鹄在其时恐非一般之清流士大夫。梁鹄担任的所谓选部尚书，亦非士族政治中品藻人伦的吏部尚书。

③ 陈寿．三国志·蜀书·许麋孙简伊秦传［M］．北京：中华书局，1959：962.

④ 董卓的一些改革措施，或可置于所谓"汉魏革命"的背景中观察，参见徐冲．"汉魏革命"再研究：君臣关系与历史书写［D］．北京大学，2008：25-34.

⑤ 唐六典［M］．北京：中华书局，1992：26.

⑥ 或认为"魏官品"出于魏晋禅代之际，参见祝总斌．两汉魏晋南北朝宰相制度研究［M］．北京：中国社会科学出版社，1990：155；阎步克有进一步的阐发，参见阎步克．品位与职位——秦汉魏晋南北朝官阶制度研究［M］．北京：中华书局，2002：226-238.也有研究表明"魏官品""晋官品"不是原始的"官品令"，而又更复杂的来源，参见张金龙．"魏官品"、"晋官品"献疑［J］．文史哲，2017（4）.

⑦ 沈约．宋书·百官志上［M］．北京：中华书局，1974：1235.

⑧ 司马光．资治通鉴·宋纪一［M］．北京：中华书局，1956：3752.

⑨ 周一良《魏晋南北朝史札记》"百官志诸问题"条中，也提到吏部尚书、吏部郎的重要性及其与其他尚书、尚书郎不同。（周一良．魏晋南北朝史札记［M］．北京：中华书局，1985：142-144）．

三、以曹司之名为号：尚书制度的演进

　　《宋书·百官志》及《晋书·职官志》皆谓曹魏有吏部、左民、客曹、五兵、度支"五曹尚书"①。似乎左民等四曹尚书与"吏部尚书"一样，都以曹名为号。但揆诸史籍，却发现并非如此。检索史籍，不见有曹魏左民尚书、客曹尚书、五兵尚书的任免、迁转记载，却常见有关吏部尚书的相关记载，这应当不是偶然现象。关于度支尚书，《晋书·司马孚列传》记载："魏文帝置度支尚书，专掌军国支计……（明帝时，司马孚）转为度支尚书。"②又《三国志·魏书》记载赵俨曰："孙权寇边……军还，封宜土亭侯，转为度支中郎将，迁尚书。"③赵俨经常从帝出征，后来还做过大司农。将这些材料结合来看，可知赵俨所迁之尚书，可能即是度支尚书，因陈寿在前面已经提到"度支中郎将"，故后面不再全称"度支尚书"。案度支尚书之设，是因为"朝议以征讨未息，动须节量"④。这表明魏文帝时度支尚书的设立，同灵献之际吏部尚书的设立一样，都具有特殊的背景。正是在急需用人、"动须节量"的情况下，有一些相对集中、繁重的任务要处理，所以设置尚书专门负责某类事务，这个尚书便因之冠以曹名，称为吏部尚书、度支尚书。又因为度支尚书初设，所以"度支尚书"这一称呼还没有像"吏部尚书"那样不可分割，这也是曹魏时期迁转度支尚书记载不多的原因⑤。总之，从吏部尚书、度支尚书名号的生成，可以看出汉唐间尚书制度演进趋势的一个侧面。

　　继曹魏时期吏部尚书、度支尚书皆"以曹名为号"后，晋代其他尚书也出现了冠以曹名的情况。《晋书·职官志》记载：

　　　　及晋置吏部、三公、客曹、驾部、屯田、度支六曹……太康中，有吏部、殿中及五兵、田曹、度支、左民为六曹尚书，……及渡江，有吏部、祠部、五兵、左民、度支五尚书。⑥

　　案《晋书·刘颂李重列传》："诏以颂为三公尚书。"⑦同书《卫瓘张华列传》："以

　　① 沈约. 宋书·百官志上 [M]. 北京：中华书局，1974：1236.；房玄龄. 晋书·职官志 [M]. 北京：中华书局，1974：731.
　　② 房玄龄. 晋书·宗室·司马孚列传 [M]. 北京：中华书局，1974：1082—1083. 这条史料也说明，《宋史·百官志》和《晋书·职官志》记载的曹魏制度，是来自后人的总结、追记。即使曹魏有"以曹名为号"的左民、客曹、五兵尚书，也只能是曹魏后期才设置的。
　　③ 陈寿. 三国志·魏书·和常杨杜赵裴传 [M]. 北京：中华书局，1959：671.
　　④ 陈寿.《三国志·魏书》中有多处提到度支中郎将的记载，《通典》也有度支校尉的记载，这表明曹魏"度支"之职掌自有一套系统。既以中郎将、校尉称之，则带有军事化色彩。罗新推测尚书置度支曹在曹魏中后期，其时将度支中郎将系统并入尚书系统（参见罗新. 吴简中的"督军粮都尉"简 [J]. 历史研究，2001（4）：168-170，但这似与"魏文帝置度支尚书"的记载冲突，由于史料阙如，详情难以考知。
　　⑤ 汉末曹魏尚书"以曹名为号"，也正是在这个时候尚书的曹在数目上迅速增多，这两方面都说明此时尚书组织得到的前所未有的发展。
　　⑥ 房玄龄. 晋书·职官志 [M]. 北京：中华书局，1974：731. 与《宋书·百官志》文字略同。
　　⑦ 房玄龄. 晋书·刘颂李重列传 [M]. 北京：中华书局，1974：1308.

华为度支尚书。"① 同书又曰："征拜（陆纳）左民尚书。"② 同书又曰："迁（王蕴）光禄大夫，领五兵尚书。"③ 这表明在征拜、任命、迁转等重要场合，三公尚书、左民尚书、五兵尚书等也经常冠以曹名。④ 当然，并不是这些场合中所有"尚书"都必须冠以曹名，比如《晋书·魏舒李憙刘寔高光列传》："迁尚书，以公事当免官。"⑤ 又载李憙上言有云"前尚书山涛"⑥。此外，西晋尚书屡有置罢，表明其时未有定制，直到东晋，尚书职位员额才相对稳定下来。虽然此后也屡有置废，比如《宋书·武帝本纪》记载："（永初元年九月）壬申，置都官尚书。"⑦《宋书·礼志》记载："权置起部尚书。"⑧ 但是制度总体上是趋于稳定的，比如陈朝就曾"定令，尚书置五员，郎二十一员"⑨。这又说明朝廷有意让尚书机构的人员编制保持相对稳定。

十六国官制中也有吏部尚书、五兵尚书的名号，此外还有左右选曹尚书、七兵尚书等不同于晋制的名号，总体而言，尚书制度方面还是上承魏晋的。⑩ 北魏前期尚书制度比较特别，据文成帝《南巡碑》可知有的尚书冠以曹名，有的则是单称尚书，此处不论。⑪ 北魏孝文帝改制虽云效法"汉魏故事"，实际上在尚书制度方面，列曹尚书在迁转、征拜诸场合，大都是"以曹名为号"，冠以曹名，这继承的是晋代以后的新生制度。北齐设置六尚书，皆不单称"尚书"，而是均冠以"吏部""都官"等号。其时史籍中所见单称"尚书"者，只能视为简称。不过，北朝尚书统曹标准还不明晰，尚书与左右丞存在分工牵制等问题，制度未臻成熟。⑫

隋唐则已然不同，隋初确立的六尚书制度，基本上一直延续到后世。翻检唐代正史、墓志等材料，可发现凡提及迁转除授为六部尚书者，很少会有单称"尚书"的情况，大多数都必冠以曹名（司名）。此外，制度记载中也有一些变化值得注意，《通典》所载"魏官品"以至"陈官品"，仍是单称"尚书"或称"列曹尚书"，而"隋官品"及开元二十五年（737）"大唐官品"中，则都是不惮繁复，将吏户礼兵刑工六部尚书一一列出。总之，隋唐时期，作为官名的"曹（司）名+尚书"⑬，已经完全凝固，一般情况下不可分割了。由此，尚书完成了"以曹司之名为号"的转变：最初尚书机构分曹治事，之后诸尚书因分管一定的事务，开始冠以曹名，至于隋唐，曹名凝固于"尚书"之

---

① 房玄龄. 晋书·卫瓘张华列传 [M]. 北京：中华书局，1974：1070.

② 房玄龄. 晋书·陆晔何充褚翜蔡谟诸葛恢殷浩列传 [M]. 北京：中华书局，1974：2027.

③ 房玄龄. 晋书·外戚列传 [M]. 北京：中华书局，1974：2421.

④ 其中五兵尚书当是管理五个曹名中有"兵"字的曹。这又说明，尚书所冠之曹名，不一定纯是用尚书的原名，时有变通。

⑤ 房玄龄. 晋书·魏舒李憙刘寔高光列传 [M]. 北京：中华书局，1974：1186.

⑥ 房玄龄. 晋书·魏舒李憙刘寔高光列传 [M]. 北京：中华书局，1974：1189.

⑦ 沈约. 宋书·武帝本纪 [M]. 北京：中华书局，1974：56.

⑧ 沈约. 宋书·礼志三 [M]. 北京：中华书局，1974：434. 江左起部尚书一直是有事而置，事后即罢。

⑨ 魏征. 隋书·百官志上 [M]. 北京：中华书局，1973：741.

⑩ 周伟洲. 十六国官制研究 [J]. 文史，2002：51.

⑪ 山西省考古研究所，灵丘县文物局. 山西灵丘北魏文成帝《南巡碑》[J]. 文物，1997（12）：70-79.

⑫ 雷闻. 隋与唐前期的尚书省 [C] //吴宗国（主编）. 盛唐政治制度研究. 上海：上海辞书出版社，2003：75-76.

⑬ 此时改曹为司，"司"相对于"曹"，是一个更加抽象的概念，这反映了官制演变的趋势。

前，成为官名中不可分割的一部分。①

事实上，在汉唐间，不仅尚书经历了"以曹名为号"的转变，尚书郎也是如此。《晋书·职官志》云：

> 尚书郎，西汉旧置四人，以分掌尚书。其一人主匈奴单于营部，一人主羌夷吏民，一人主户口垦田，一人主财帛委输。及光武分尚书为六曹之后，合置三十四人，秩四百石，并左右丞为三十六人。……至魏，尚书郎有殿中、吏部、驾部……凡二十三郎。……及晋受命，武帝罢农部、定课，置直事、殿中……为三十四曹郎。后又置运曹，凡三十五曹，置郎二十三人，更相统摄。②

尚书郎的起源，尚存疑窦。不过光武帝"合置三十四人"，说明尚书郎应该不会冠以曹名，《后汉书》中关于尚书郎的任官记录，也没有标明担任某个曹的郎。汉末曹魏，开始出现"吏部郎""选部郎"的记载，同期其他尚书郎则通常情况下并不冠以曹名。魏晋以后，曹郎开始固定化。至于唐代，则经常称"尚书××郎中"，当然同时也有不少地方只称为"尚书郎"或"尚书郎中"，这都是简称或不正式场合中的称谓。汉唐间尚书郎冠以曹名，与尚书名号的叠加、凝固是相通的，只不过在时间上前者相对后者略迟。

从汉代的"尚书虽有曹名，不以为号"，到隋唐六部尚书多数场合皆冠以曹司之名，这期间过程，本文已经大致阐述如上。毫无疑问，这种名号凝固叠加的过程，也是尚书组织结构发展、角色职能转变、地位和重要性不断上升的过程，兹论述如次。

其一，"以曹名为号"意味着尚书组织机构的不断发展、扩大。早期的尚书不过数人，后来"分曹治事"的制度确定下来，③尚书郎、"给事尚书"等称号也开始出现，及至唐代，尚书省形成了相对完备的四等官制，这中间都伴随着尚书名号的演变。值得注意的是，当尚书"虽有曹名，不以为号"时，尚书不过下分数曹，至于汉末魏晋尚书开始"以曹名为号"，则尚书机构中的曹迅速多至二三十个。④毫无疑问，尚书机构中曹的迅速增多，表明王朝开始将越来越多的事务纳入尚书机构系统下进行管理，比如前述"度支尚书"之设，便很有可能是将原本度支中郎将、度支校尉的职责纳入尚书机构。⑤

其二，从尚书仅有数人，到尚书分曹治事，再到尚书冠以曹名，伴随着尚书机构职能、角色和性质的转变。学者指出："尚书郎的分工，实际上是尚书干政的开始。汉成帝分置五曹尚书，则是对尚书干政的确认。"⑥这种说法或许有些夸大，但每个尚书开始有相对固定的职掌进行对口管理，无疑表明它们的某些权责得到明确，至少也产生了

---

① 需要指出的是，虽然尚书"以曹名为号"，却并不意味着尚书依附于某个曹，尚书一直是高于列曹的，尚书对于诸曹司，形成的是一种"统属"的关系。

② 房玄龄. 晋书·职官志 [M]. 北京：中华书局，1974：731-732.

③ 祝总斌. 两汉魏晋南北朝宰相制度研究 [M]. 北京：中国社会科学出版社，1990：91-93.

④ 房玄龄. 晋书·职官志 [M]. 北京：中华书局，1974：731-732.

⑤ 罗新. 吴简中的"督军粮都尉"简 [J]. 历史研究，2001 (4).

⑥ 王素. 三省制略论 [M]. 济南：齐鲁书社，1986：115.

尚书干政的可能性，为尚书组织最终取代三公成为宰相机构准备了条件。[①] 而当西晋时期诸尚书皆"以曹名为号"时，尚书机构则完成了向宰相机构的转变。[②] 最后，当隋唐时期"曹名＋尚书"的称谓已经完全固定时，尚书省的地位、职能再也不是公卿所能比拟的。[③] 总之，在尚书组织从"内"到"外"、从皇帝私人秘书官员组织到国家宰相机构的转化过程中，名号的演变伴随其间，而且起初是最为重要的吏部尚书，之后又是因事务繁剧而置的度支尚书、五兵尚书，最后到唐代形成六个"某部尚书"的固定称谓。

其三，尚书冠以"曹名"，是尚书地位和重要性不断上升的过程。汉唐间尚书在品位、班次上的提升，毋庸赘言。值得指出的是，"尚书"称谓前"曹名"的固定，表明本来作为群体出现的尚书，转而变为作为个体出现的单个官职；《通典》所载历代"官品"中从"尚书"到"吏部尚书"＋"列曹尚书"，再到一一列出六部尚书，这种变化也反映了尚书之地位在汉唐间的不断上升。

正是在尚书地位和重要性不断提升情况下，六尚书亦由此可以同经典中的六卿一一对应。在汉唐间的历次改制中，王莽的"九卿"中司允、司直、司若以外的"六卿"，多是改自西汉中二千石之"卿"；[④] 北周六官中大冢宰、大司徒诸卿，亦与尚书无关；[⑤]《隋书·卢思道从父兄昌衡列传》记载隋文帝也曾想仿古设置六卿，将要裁撤大理机构，卢思道上奏说："省有驾部，寺留太仆，省有刑部，寺除大理，斯则重畜产而贱刑名，诚为未可。"[⑥] 可见，一方面，由于隋代列曹尚书和诸卿的并存，"置六卿"的动议一时难以实行；另一方面，此时六尚书还未能与六卿对应。不过，经过隋和唐初六尚书次序的变动，[⑦] 以及武则天的官名改革，[⑧] 六尚书已经可以和《周礼》六官六卿一

---

① 研究表明，曹魏时期，三公权力向尚书进一步转移，参见祝总斌. 两汉魏晋南北朝宰相制度研究 [M]. 北京：中国社会科学出版社，1990：147-156.

② 祝总斌. 两汉魏晋南北朝宰相制度研究 [M]. 北京：中国社会科学出版社，1990：175-188.

③ 西晋时期还有将九寺、尚书合并的说法，例如裴秀认为"尚书三十六曹统事不明，宜使诸卿任职"，见房玄龄. 晋书·陈骞裴秀列传 [M]. 北京：中华书局，1974：1041；又荀勖认为"九寺可并于尚书"，见房玄龄. 晋书·王沈荀顗荀勖冯纨列传 [M]. 北京：中华书局，1974：1153-1155. 但到了唐代，此类议论几乎不见，这说明尚书已经完全确立了对九卿的优势地位，且二者的关系已经获得了进一步的调适。

④ 汉书·百官公卿表 [M]. 北京：中华书局，1962.

⑤ 王仲荦认为北周六官"对后来的一些封建王朝，还是有一定影响的。譬如到唐代，尚书六部，天官吏部、地官户部……还可以从这些官制来看和北周六官制度的继承关系。"（王仲荦. 北周六典 [M]. 北京：中华书局，1979：5.）不过这只是站在唐代制度立场上的粗略评论。隋初制度，还是主要依伐北齐，杜佑、陈寅恪的说法（陈寅恪. 隋唐制度渊源略论稿 [M]. 北京：生活·读书·新知三联书店，2001：91-95）并无太大问题，尽管细节上不无可以修正之处。近来研究表明隋唐制度还是受到了西魏北周制度的一定影响，石冬梅. 西魏北周六官制度新探 [J]. 西南大学学报（人文社会科学版），2007（1）：181-185；石冬梅. 论西魏的尚书省改革 [J]. 许昌学院学报，2008（1）：28-31；史卫. 北周六官与三省六部 [J]. 唐都学刊，2012（6）：70-77. 其中的论述并不完备，仍待深入探讨。

⑥ 魏征. 隋书·卢思道从父兄昌衡列传 [M]. 北京：中华书局，1973：1403.

⑦ 参看《隋书·百官志》以及《旧唐书·职官志》的记载，此不赘引。

⑧ 据《旧唐书·职官志》和《新唐书·百官志》可知，高宗时期曾将尚书二十四司之名全改为"司×"，更为整齐；武则天设天地春夏秋冬"六官尚书"，实际上是历史上第一次将六部尚书和《周礼》六官相比附。《唐会要》卷57记载："武德令，吏礼兵民刑工等部。贞观令，吏礼民兵刑工等部。光宅元年（684）九月五日，改为六官，准周礼分，即今之次第乃是也。"（王溥. 唐会要 [M]. 北京：中华书局，1955：989.）但高宗、武则天时期的改革，很大程度上只是对官名的变更，官名频繁变更的背后，固然是政治体制的悄然演化，但六部尚书、《周礼》六卿二者间存在一定距离，不可遽加关联。

一对应了。《周礼》六官的理想，经过汉唐间曲折的历史演进，至此多少已经由虚入实。概言之，在尚书"以曹名为号"的演变历程中，现实制度与理想观念实现了某种统一。不过，现实"六部"和《周礼》"六官"的一致性，事实上在唐代非常有限，而且这还牵扯到对于唐代所谓"六部"性质的认识，由于本文篇幅所限，当另文详加论述。

四、余论

从名号演变的视角解释汉唐间尚书制度的发展，是上文的用意所在。沿着上文的思路继续思考，可以发现汉唐间尚书"以曹名为号"的演变，在政治制度的演进历程中具有很强的代表性。秦汉地方行政体系中守令属吏体制的变迁，即可以用类似的视角进行考察。在秦及汉初的县廷中，诸令史对于各曹而言，是一种"值事"的关系，[1]尽管令史中或有一部分是按"曹"分工的，但里耶秦简"迁陵吏志"中虽有对于令史员额的记录，却不言"某曹令史"。尹湾汉简"东海郡吏员簿"中也没有"某曹令史"或"某曹"的官名。其时地方行政体系中所存在的，是一种"令史署曹"的情形，这与"尚书虽有曹名，不以为号"的情况具有一定相似性。不过，东汉碑刻的碑阴题名，则经常出现"某曹"的称谓。唐代地方行政体系中的仓曹参军、兵曹参军、法曹参军等等，也都是"以曹名为号"的官职。这表明，与尚书制度类似，地方行政体系中也存在一些官职"以曹名为号"的演变，这无疑也是官僚制不断发展完善的体现。

相比之下，汉唐间有些机构虽也是分曹治事，但并没有像中央的尚书机构与地方行政组织一样出现"以曹名为号"的情况，御史机构即为其一。御史机构本是秦汉时代政务运行的重要组成部分，汉代诏令，便多以"制诏御史"开头。可以认为，御史机构在中央行政体系中具有枢纽地位。《晋书·职官志》记载：

> 侍御史，案二汉所掌凡有五曹：一曰令曹，掌律令；二曰印曹，掌刻印；三曰供曹，掌斋祠；四曰尉马曹，掌厩马；五曰乘曹，掌护驾。魏置八人。及晋，置员九人，品同治书，而有十三曹：吏曹、课第曹……法曹、算曹。[2]

由此可知，汉晋间的侍御史也是分曹治事。不过，御史机构没有像尚书机构那样发展壮大，御史掌管诏令的职能，也逐渐转移到其他机构中；秦汉诏书开头的"制诏御史"，再后来就转变成了以"门下"起首，御史变成了以监察职能为主的官职。[3]东晋南朝时期，御史中丞、御史亦并非清要官职。由此，汉唐间御史机构的发展，要相对"落后"于尚书机构，从而也就没有御史像尚书一样"以曹名为号"的状况出现了。

---

① 一些讨论参看邹水杰. 简牍所见秦代县廷令史与诸曹关系考［C］//杨振红，邬文玲（主编）. 简帛研究 2016（春夏卷）. 桂林：广西师范大学出版社，2016：132-146. 研究表明，严耕望《中国地方行政制度史·甲部·秦汉地方行政制度》中所列相关官名，只可视为西汉后期以后的制度. 详细的讨论容另文展开。

② 房玄龄. 晋书·职官志［M］. 北京：中华书局，1974：738.

③ 关于汉代御史、御史大夫职掌的变化，近年讨论参看侯旭东. 西汉御史大夫寺位置的变迁：兼论御史大夫的职掌［J］. 中华文史论丛，2015（1）：167-197. 关于"制诏御史"的性质、功能，参看代国玺. 说"制诏御史"［J］. 史学月刊，2017（7）：33-47.

>> 老师点评

　　政治制度史研究是学术界深耕熟耘的领域，发现新问题，做出新成果实属不易。尤其是两汉魏晋南北朝的尚书省制度，已有安作璋、王素、韩国磐、祝总斌、黄惠贤、陈琳国、杨鸿年等专家进行了专精研究，几乎已是题无剩义，所以，当李柏杨将他的论文《以曹名为号：汉唐间尚书制度演进过程之一面》交给我，并请求我提指导性意见时，我是有点疑惑的：一个本科尚未毕业的学生，难道能独具慧眼，会发现专家不曾注意的重要问题吗？但是，仔细阅读其论文后，我的看法改变了，给他写下了如下评语：

　　本文从官名变迁的角度看制度发展的过程，视角比较新颖。论证清晰，写作符合学术规范，但有一些结论需要补充注释和论证，例如，文中提及王莽"六卿"与九卿、尚书的关系，以及西魏北周六官体制与九卿、尚书关系等处，都需要补充注释和论证。论文的顺序要明确，先释明"尚书虽有曹名，不以为号"的实际内涵，再释明汉魏之际"选部尚书"和"吏部尚书"的意义，再考察尚书以曹为号的实质。建议还可以将思路聚焦到以下几方面：其一，汉代尚书不冠曹名，具体事务分工如何？尚书地位又如何？其二，尚书从不冠曹名向"以曹名为号"的转化过程中，尚书省事务数量和繁简有何变化，尚书的职责有何变化，地位又有何变化？其三，西晋荀勖在晋武帝时曾上书，认为"若欲省官，私谓九寺可并于尚书，兰台宜省付三府"（《晋书》卷三九，中华书局点校本，1974 年，第 1155 页），隋文帝"议置六卿，将除大理"，卢思道上奏："省有驾部，寺留太仆，省有刑部，寺除大理，斯则重畜产而贱刑名，诚为未可。"（《隋书》卷五七，中华书局点校本，1973 年，第 1143 页），可以这些为线索，考察汉唐间尚书与九卿的关系。

　　李柏杨修改后的论文，对我的意见是予以了充分尊重的，并处理得很好。尤其"余论"部分，能由此及彼，举一反三，令人有意外惊喜。当然，由于材料限制，也由于作者毕竟学识有限，修改后的论文，仍有一些薄弱环节。如，作者从尚书组织结构发展、角色职能转变、地位和重要性上升等方面，观察尚书"以曹为号"的动因，但论证仍然不够充分，而且略有循环论证的嫌疑。又如，作者试图解决尚书事务与九卿事务的关系，但并没有实质的结果。

　　李柏杨有良好的学习习惯和学习能力，而且今后将赴以制度史研究著称的北京大学历史系学习秦汉魏晋南北朝史，相信其对尚书省问题的关注不会就此打住，不久的将来，应能看到其更加完满的论文。

论文指导老师　陶新华

9

义随世变："天禄永终"语义变迁考论

2016 级　李柏杨

　　摘　要：儒家经典中"天禄永终"一句，在汉魏以前的文献中普遍用作吉语，常用于政治上劝勉祝福的场合。汉魏禅代中循用此例，但晋之后的禅代诏策却常引"困穷""永终"等语来否定旧政权的合法性，以说明禅让的必要。这一变化背后是中古禅让观念的演化。宋儒朱熹将"天禄永终"诠释为警诫君主之语，蕴含着士人以"道统"规训制约"治统"的努力。随着"治统"对"道统"的兼并，宋儒的努力到清代最终遭到多方消解。两千余年来"天禄永终"语义的变迁，从侧面反映出古代相关政治思想观念演化的轨迹。

　　关键词：天禄永终；语义变迁；经典诠释；禅让

《论语·尧曰》之"尧曰章"：

　　尧曰："咨！尔舜！天之历数在尔躬。允执其中，四海困穷，天禄永终。"舜亦以命禹。[1]

又《尚书》之《大禹谟》：

　　天之历数在汝躬……人心惟危，道心惟微，惟精惟一，允执厥中，无稽之言勿听，弗询之谋勿庸。可爱非君？可畏非民？非元后何戴？后非众罔与守邦？四海困穷，天禄永终。惟口出好兴戎，朕言不再。[2]

　　清代辨伪学家或认为伪古文尚书《大禹谟》此段即抄自《论语·尧曰》，[3]但尚难以确定，《大禹谟》这段话亦可能自有其渊源，此处不论。

　　对于《论语·尧曰》与《大禹谟》中"困穷""永终"的解释，或作吉语，或作警

---

　　① 十三经注疏·论语注疏 [M]. 北京：北京大学出版社，2000：302.
　　② 十三经注疏·尚书正义 [M]. 北京：北京大学出版社，1999：93.
　　③ 如阎若璩谓："窃意当日舜亦以命禹，原未尝增减尧一字。而伪作《大禹谟》者，於呼禹之下增十三句，而至'天之历数在汝躬'增四句，而至'允执厥中'增九句，而至'四海困穷，天禄永终'又溢以二句而止。"见阎若璩. 尚书古文疏证 [M]. 上海：上海古籍出版社，1987：493-494.

诚之语。东汉包氏曰："穷极四海，则天禄所以长终。"① 南朝皇侃则谓："德教外被四海。一切服化莫不极尽也。"又："天祚禄位长卒竟汝身也。"② 两人均视此为劝勉祝愿之语。清代考据学者也认为"天禄永终"当作吉语解，阎若璩、刘宝楠等学者皆辨此甚详。③ 而宋朱熹著《论语集注》，将此作警诫之语，谓"四海之人困穷，则君禄亦永绝矣，戒之也"④。今日流行的诸种《论语》译本，亦大多采用了朱熹对"四海困穷，天禄永终"的解释。

事实上，在"天禄永终"不同语义之间，似仍有未发之覆。在两千余年历史演进中考察其语义变迁，并发掘经典语句理解和诠释背后的相关思想观念的流变，是下文的主要努力方向。

一、魏晋以前"天禄永终"语义辨正

关于"天禄永终"的早期含义，略举数例：

1. 皇帝使御史大夫汤庙立子闳为齐王，曰：於戏，小子闳：……悉尔心，允执其中，天禄永终。厥有愆不臧，乃凶于而国，害于尔躬。於戏，保国艾民，可不敬与！王其戒之。⑤

2. 然后树功扬名，永终天禄。⑥

3. 则福祚流于子孙，天禄其永终矣。⑦

4. 无替朕命，永终天禄。⑧

从这些例证可以看出，直至汉魏之际，"天禄永终"若四字同时出现在某段话中，则一般为吉语，用于祝福、劝勉的场合。

即使将"天禄永终"四字分开看，"终"仍不能解释为"终结"。例如：

1. 日月所照，舟舆所载，皆终其命，莫不得意。⑨

2. 其道应天，故福禄永终。⑩

3. 敬敷训典，以服朕命，以勖相我国家，永终尔显烈。⑪

---

① 十三经注疏·论语注疏［M］. 北京：北京大学出版社，2000：302.
② 皇侃. 论语义疏［M］. 北京：中华书局. 2013：516.
③ 阎若璩. 尚书古文疏证［M］. 北京：北京大学出版社，2000：1015-1026；刘宝楠. 论语正义［M］. 北京：中华书局. 1990：756-758.
④ 朱熹. 论语集注［M］. 北京：中华书局，2011：180.
⑤ 司马迁. 史记·三王世家［M］. 北京：中华书局，1959：2111；班固. 汉书·武五子传［M］. 北京：中华书局，1965：2749.
⑥ 班固. 汉书·隽疏于薛平彭传［M］. 北京：中华书局，1965：3035.
⑦ 班固. 汉书·上叙传［M］. 北京：中华书局，1965：4212.
⑧ 范晔. 后汉书·礼仪中［M］. 北京：中华书局，1965：3122.
⑨ 司马迁. 史记·秦始皇本纪［M］. 北京：中华书局，1959：245.
⑩ 班固. 汉书·韦贤传［M］. 北京：中华书局，1965：3122.
⑪ 陈寿. 三国志·吴书·吴主传［M］. 北京：中华书局，1959：1122.

4. 今迎王未至……非所以永终忠孝、扬名后世也。①

正如阎若璩所指出的，"永终"是吉语，"不终、鲜终方属弗祥"②。另一方面，虽然此期文献中也经常有将"终"视为"终结"的用法（这是主流用法），但那应系其引申之义，且未见将"永终"二字连用作"永远终结"者，总之，此期"永终"绝非凶语。然而，"终"之含义，是否应一定直接按《广雅·释诂一》"终，极也"解释为"长久"呢？③ 并不尽然。如前所引，皇侃将"终"作"卒竟"解，此句句意为"天祚禄位长卒竟汝身"，同样可解为吉语，实际上，这种理解更加接近汉代原意。直接将"终"字理解为长久，在古代汉语中缺乏证据。

这里还有必要论及"四海困穷"一句，何晏《论语集解》、皇侃《论语义疏》皆将"四海困穷"释为"穷遍、穷尽四海"。据《广雅》："困，极也"，又《说文解字》段注谓："困之本义为止而不过，引伸之为极尽，《论语》'四海困穷'，谓君德充塞宇宙，与横被四表之义略同"④；又《说文解字》："穷，极也"。据此，四海困穷早期确有可能非凶语。但同"天禄永终"一样，"吉语"说的内部也有分歧之处。不过，值得指出的是，秦汉以来古文献中的"困穷"，大多已同于今义，阎若璩《尚书古文疏证》中亦以"困穷"为凶辞，后人更是大都如此。综合这些来看，"四海困穷"究竟能否解为"吉语"，还有一定的不确定性。不过，若从思想史的角度考察，则不仅其本义，后世的运用与诠释也值得重视，这将在下文展开。

二、魏晋时期"天禄永终"语义的新变及其政治意涵

"天禄永终"在中古时期的运用，往往带有强烈的政治意蕴。作为禅让诏策中常出现的经典语句，"天禄永终"语义及其转变亦与禅让的思想渊源密切相关，试阐述如下。

汉延康元年（220），汉魏禅代的仪式启动。献帝册书曰："咨尔魏王：昔者帝尧禅位于虞舜，舜亦以命禹，……用率我唐典，敬逊尔位。於戏！天之历数在尔躬，允执其中，天禄永终，君其祗顺大礼，飨兹万国，以肃承天命。"⑤ 及至魏晋禅代，《晋书·武帝纪》记载："是时晋德既洽……策曰：咨尔晋王……肆予一人，祗承天序，以敬授尔位，历数实在尔躬。允执其中，天禄永终。於戏！王其钦顺天命。率循训典，底绥四国，用保天休，无替我二皇之弘烈。"⑥ 这两处"天禄永终"当解释为"天禄永远长久"，是用来勉励即位新君的，可称作"劝勉祝福"。

然而，正是在魏至西晋间，文献中出现了"天禄永终"的另一种含义。《献帝传》

① 陈寿.《三国志·吴书·虞陆张骆陆吾朱传》注引《会稽典录》（第 1327 页）。此外还有《诗经·周颂·振鹭》"以永终誉"，《汉书·外戚传》班婕妤赋"共洒扫于帷幄兮，永终死以为期。"（第 3986 页）均与天禄、福禄无关，且此类诗赋词句含义难以确定，故不作为例证。

② 阎若璩. 尚书古文疏证［M］. 上海：上海古籍出版社，198；1016.

③ 张巍认为"永终"之"终"即长远之义。张巍."天禄永终"辨正［J］. 学术研究，2004（1）：140. 其文谓汉魏去古不远故其说较为可信，实值得商榷。

④ 许慎. 说文解字［M］. 段玉裁，注. 上海：上海古籍出版社，1981.

⑤ 陈寿. 三国志·魏书·文帝纪［M］. 北京：中华书局，1959；62.

⑥ 房玄龄. 晋书·武帝纪［M］. 北京：中华书局，1974；50.

记载，青龙二年（234）山阳公薨，诏曰："山阳公深识天禄永终之运，禅位文皇帝以顺天命。"① 六朝隋唐有关禅让的诏策，亦多以"永终"为凶辞。从汉魏禅代到魏明帝时，不过十余年间，官方文书引用经义便发生了变化，值得我们注意。如果从经学或思想史的脉络看，从后汉包氏之注，到南朝皇侃之《论语义疏》，都将"天禄永终"视作吉语，对于这一转变，似乎难以从经学脉络中寻求解释，而应当关注此一时期政权更迭出现的一个新形式：禅让。

汉魏禅让法尧舜故事，理想中的尧舜均为圣君，未曾失"德"，不可能说自己因四海陷于困穷致使天禄永远终结，另一方面，尽管献帝反复强调汉道陵迟、为天所废，但也很难一反时人对"永终"为吉语的认识，故仍在诏策中引之以对新君加以劝勉、祝福，这亦显示了旧君仍存的与尧相类的"德"，在此情况下，尧舜禹都是圣君，汉献帝也不是昏庸的末世君主，汉朝也不是贬抑的对象。《三国志·魏书·卫臻传》有一则值得注意的材料：曹魏代汉后，"群臣并颂魏德，多抑损前朝。臻独明禅授之义，称扬汉美。帝数目臻曰：'天下之珍，当与山阳共之。'"② 卫臻是曹魏集团的重要人物，之所以"称扬汉美"，不是因为他心向汉家，而是出于维护现实政治秩序的需要，因为唯有如此，方能对"禅让"这种政权更迭形式的正当性加以确认。《世说新语·方正》还有一则材料："魏文帝受禅，陈群有戚容。帝问曰：'朕应天受命，卿何以不乐？'群曰：'臣与华歆，服膺先朝，今虽欣圣化，犹义形于色。'"③ 对此，曹丕的态度是"叹息良久，遂重异之"，这表明，新君应当允许（甚至鼓励）旧臣表达对先朝的思念之情。同时新朝皇帝对于旧朝皇帝，也是极尽尊重。卫臻、陈群、华歆与曹丕所表现出的心态，都对应着时人有关"禅让"的主流认识。

"汉家尧后"，以禅让代汉的曹魏自然要效法虞舜。但这一理念过于理想化，随着受禅时间的推移，似乎受到了削弱。《宋书·礼志一》有一大段关于魏晋礼制因革的记载，记载表明，在受禅之初，王朝倾向于因循先朝，但随着时间的推移，大都希望"改制以章受命之符"。④ 对此，学者曾有不少分析，指出礼制的因革实际上反映出王朝"从偏于禅让因循逐渐转到了较重革命改制之义的方向"⑤。

在这一背景下，魏朝在献帝去世后宣称"山阳公深识天禄永终之运，禅位文皇帝以顺天命"⑥，引用经文而改换经义，背后真正的意蕴是借此进一步宣扬大魏统治的正当性：魏国代汉的原因，不仅在于汉帝之主动禅让，更在于汉道陵迟、四海困穷，汉已不能担当天下共主的角色，而曹魏则扫平群雄，获得天命，主动在于魏国一方，汉帝实属被动。之所以说前者为汉帝主动，是因为献帝禅位册书中还有"允执其中，天禄永终"这样的劝导；之所以说后者为被动，是因为此时极力宣称山阳公对"天禄永终之运"的

① 陈寿. 三国志·魏书·明帝纪 [M]. 北京：中华书局，1959：102. 虽然有这一种用法，但将"永终"作吉语使用的情形依然存在。如前引《三国志·吴书》数例。
② 陈寿. 三国志·魏书·桓二陈徐卫卢传 [M]. 北京：中华书局，1959：647.
③ 世说新语·方正 [M]. 杭州：浙江古籍出版社，2011：75.
④ 沈约. 宋书·礼志一 [M]. 北京：中华书局，1983：328-333.
⑤ 楼劲. 魏晋以来的"禅让革命"及其思想背景 [J]. 华东师范大学学报（哲学社会科学版），2017（3）：12-15. 关于禅让后改正朔、服色，还可看看杨英. 曹魏"改正朔、易服色"考 [J]. 史学月刊，2015（10）：47-59.
⑥ 陈寿. 三国志·魏书·明帝纪 [M]. 北京：中华书局，1959：102.

深度认识。从某种程度上说，这可以认为是一个结构性的转变。①"天禄永终之运"，表达了旧朝失德的彻底性，从而使受禅者得以创新改制、颁行新政成为必要。从另一角度看，这种变化也可以看作是禅让制所标榜的公天下时代的"天下为公"，已经渐被家天下时期的武力革命所代替。反过来说，正是在当时对汉魏禅代的认识已经有所变化的情况下，人们方才想到用"天禄永终"比较直白的新义来描述汉朝天命之终结，这应当就是魏晋时期"天禄永终"语义转变的关节所在。

"天禄永终"语义的改变，表明尧舜禅让的理念已经发生悄然变化，甚至存在遭到质疑的危险。这种倾向，在魏晋禅代之后已经较为明显。由于晋代"三祖"对魏朝的"功业"，远比不上曹操之于汉室，加之存在对曹魏皇帝的弑杀，如干宝《晋纪·总论》所谓"二祖逼禅代之期，不暇待三分八百之会也"②。魏晋禅代实际上遭到了很多人的批评，③不明确反对却尽量远之避者也有不少。④《世说新语·尤悔》中有一则有名的故事：

> 王导、温峤俱见明帝，帝问温前世所以得天下之由。温未答，顷，王曰："温峤年少未谙，臣为陛下陈之。"王乃具叙宣王创业之始，诛夷名族，宠树同己，及文王之末高贵乡公事。明帝闻之，覆面著床曰："若如公言，祚安得长！"⑤

这一记载被广为称引，历来论之者不少。无论从何种层面看，东晋南朝时期流传的此事，当是反映了对禅让潜在的质疑之声。事实上，东晋史家也的确是如此，干宝《晋纪·总论》就是一个明显的例子。

值得注意的是干宝撰述《晋纪·总论》时东晋初立的时代背景。东晋初年，时人对司马睿建立江东政权的认识，是"虽云中兴，其实受命"。考察司马睿称帝过程，可知他"依魏晋故事"⑥，先为晋王，次为晋帝，这一过程与此前历来的"中兴"都有所不同，实际上更像是一次前朝缺位的"禅让"。而若从时人对魏晋禅代背后权力斗争普遍持批判态度的角度看，东晋政权通过"晋王—晋帝"的过程，其实很可能是为了表现出江东新政权与晋之"中朝"相对疏离的关系，以呈现出"受命"的特点。⑦这种前朝缺位的禅代，实际上其自身便隐含着对汉魏之际确立的禅让模式在精神上的背离。也正是在这种情境下，王导可以公然在皇帝面前讲述晋朝创业时期不光彩之事，干宝《晋纪·总论》可以对西晋从创立到覆亡予以比较直接的批判。

---

① 艾兰在考察中国上古王朝更替传说时提到了权力转移中的主动者与被动者的问题，指出存在一个结构性的转变，或可与本文的论述参照。艾兰. 世袭与禅让——古代中国的王朝更替传说 [M]. 北京：北京大学出版社，2012.
② 萧统（编）. 文选·晋纪·总论 [M]. 北京：中华书局，1977：2175-2191.
③ 阎步克. 西晋"清议"呼吁之简析及推论 [C]. 阎步克（编）. 乐师与史官：传统政治文化与政治制度论集. 北京：生活·读书·新知三联书店，2001：236-255.
④ 例如位列《晋书》列传首位大臣的王祥，又如司马孚、陈泰. 仇鹿鸣. 魏晋之际的政治权力与家族网络 [M]. 上海：上海古籍出版社，2012：170-184.
⑤ 世说新语·尤悔 [M]. 杭州：浙江古籍出版社，2011：244-245.
⑥ 房玄龄. 晋书·元帝纪 [M]. 北京：中华书局，1974：145.
⑦ 李磊. 东晋初年的国史叙事与正统性建构 [J]. 史林，2018（5）：38-40.

东晋时期，习凿齿撰论主张"晋承汉统"，对于汉魏禅代，他认为："今若以魏有代王之德，则其道不足；有静乱之功，则孙刘鼎立。道不足则不可谓制当年，当年不制于魏，则魏未曾为天下之主……威行境内而已，便可推为一代者乎？"① 可见他否认汉魏禅代的合法性。另一方面，他又极力尊晋，认为"除三国之大害，静汉末之交争，开九域之蒙晦，定千载之盛功者，皆司马氏也。"② 如此一来，对于魏晋禅代的解释就很成问题，为此，他说："拘惜禅名，谓不可割，则惑之甚者也。"③ 此时"禅代之义，不同尧舜"，习凿齿甚至把西晋创业和殷周革命"翦商之功"相提并论。习凿齿"晋承汉统"之论，自有其史学史上的意义，此处暂且不论。④ 值得注意的是他对魏晋时期禅代的认识，已然不是像尧舜禅让那样，而是倾向于汤武革命。在这一背景下，本朝"盛业"成为衡量新朝合法性最主要的标准，对前朝建立"功业"则只是不得已而为之，无关轻重。⑤

当时，禅代之事或被当作是虚伪的表演。《三国志·魏书》裴松之注引孙盛《魏氏春秋》云："帝升坛礼毕，顾谓群臣曰：'舜禹之事，吾知之矣。'"⑥ 古人记言，大都经过润色，裴松之曾针对《魏氏春秋》说："臣松之以为史之记言，既多润色，故前载所述有非实者矣，后之作者又生意改之，于失实也，不亦弥远乎！"⑦ "舜禹之事，吾知之矣"这句话亦当出自改作。孙盛史评，对曹魏皇帝不乏批评之处，⑧ 而裴注引孙盛记载"舜禹之事，吾知之矣"，似同孙盛一样隐含着对禅代的批判，其时代背景则是"禅让"的理念在魏晋以后发生变化。"舜禹之事"在汉魏之际应当是严肃的，经由禅让而代汉的魏朝，本具有和汉朝一样的正当性，但在孙盛、裴松之笔下却遭到了暗讽。

综括言之，魏晋以降王朝诏书选用"天禄永终"一语表达对旧朝的批判，即是"禅让"逐渐背离其原初精神的体现。在这种情况下，尽管新朝君主有舜禹之功业，但旧朝却已不再具有尧舜之德。理想中公天下时代的"禅让"，很快彻底变质为家天下时代政权更迭时所披的外衣。继习凿齿后，梁武帝撰《净业赋》，在赋序中称自己是在"君臣义已绝"后"扫定独夫"，⑨ 可见他似乎并不重视作为仪式的禅让，而据《净业赋》之

① 房玄龄. 晋书·陈寿王长文虞溥司马彪王隐虞预孙盛干宝邓粲谢沉习凿齿徐广列传 [M]. 北京：中华书局，1974：2155-2156.

② 房玄龄. 晋书·陈寿王长文虞溥司马彪王隐虞预孙盛干宝邓粲谢沉习凿齿徐广列传 [M]. 北京：中华书局，1974：2156.

③ 房玄龄. 晋书·陈寿王长文虞溥司马彪王隐虞预孙盛干宝邓粲谢沉习凿齿徐广列传 [M]. 北京：中华书局，1974：2156.

④ 饶宗颐. 中国史学史上之正统论 [M]. 上海：上海远东出版社，1996；雷家骥. 中国古代史学观念史 [M]. 北京：北京师范大学出版社，2018.

⑤ 徐冲在《中古时代的历史书写与皇帝权力起源》单元一"起元"、单元二"开国群雄传"对"创业"与"功业"中也有所分析，然其论证或可进一步探讨。徐冲. 中古时代的历史书写与皇帝权力起源 [M]. 上海：上海古籍出版社，2012：87-91.

⑥ 陈寿. 三国志·魏书·文帝纪 [M]. 北京：中华书局，1959：75.

⑦ 陈寿. 三国志·魏书·武帝纪 [M]. 北京：中华书局，1959：19.

⑧ 如他曾批评曹丕不道："处莫重之哀而设飨宴之乐，居贻厥之始而坠王化之基，及至受禅，显纳二女，忘其至恤以诬先圣之典，天心丧矣，将何以终！是以知王龄之不遐，卜世之期促也。"（陈寿. 三国志·魏书·武帝纪 [M]. 北京：中华书局，1959：62）.

⑨ 田丹丹. 梁武帝萧衍的自我书写 [D]. 上海：复旦大学，2014：45-53.

序所云，当时"世论者"更是把梁武帝和汤、武类比。此后，隋文帝在诏书中又曾批评"曹、马之后，时见因循，乃末代之晏安，非往圣之宏义"①。隋唐之际，李渊在辞让九锡之时，并不仅仅表现谦虚之意，说自己功业不足，而是说道：

> 曹马之兴，不以义举……功微五伯，礼盛二王……魏氏以来，革命不少，鸿儒硕学，世有名臣，佐命兴皇，皆行禅代。不量功业之本，惟存揖让之容。……（尧舜、汤武）道有降差，名有优劣，然立功立德，亦各一时。末叶后来，功德无纪，时逢屯否，拥兵窃命，托云辅政，择立余孽，顽嚚支庶，先被推崇，睿哲英宗，密加夷戮，专权任己，逼令让位。虽欲己同于舜，不觉禅者非尧，贬德于唐虞，见过于汤武，岂不悖哉！……吾今一匡天下，三分有二，入关形势，颇似汉高祖。且起军甲子，旗帜已革，如何更于少帝之处，却受九锡而求殊礼！②

在此，李渊对前代禅让的形式展开了激烈的批判，他指出，受禅者"虽欲己同于舜"，但魏晋南北朝却是"禅者非尧"，并由此大加质疑魏晋南北朝历朝的正当性，批判禅让模式的虚伪。他又指出自己举兵情形类似汉高祖，并引"甲子"之典强调兴兵之举的"革命"色彩。

从习凿齿到萧衍、李渊，上述言说，在汉魏禅代的情境中无疑是不应当存在的。尽管萧衍、李渊屡让之后仍接受了前朝皇帝玺绶，再一次实践了政权的禅让，但以上论说还是显示出，禅让之背离其原初精神，至此已经明白无疑。而这种对汉魏"禅授之义"背弃的倾向，其实早在魏晋时期"禅让"这一政权更迭的运作模式刚行用不久后，就已经出现了。魏晋以来的禅让，从取法于尧舜禅让，到倾向于"汤武革命"，这固然可以从历朝政局变迁的角度看待，但在这种绵延的论述中，无疑也体现了禅让观念变迁的总体趋势，而中古时期"天禄永终"语义的新变，亦系于此。

三、宋儒新诠："道统"规训"治统"

如前所论，魏晋以来"天禄永终"语义的转变，从一个侧面指引出其时王朝更替观念的变迁。训"终"为"终结"，宣示的是旧朝天命的陨落，如此历代循环，理想中禅让模式的合法性逐渐削弱，不仅新的王朝更替形式在孕育之中，王朝证明自身合法性的手段也不再仅是传统的"天命"，而变得更加多元，相比之下，传统经学中的天命论因多重外在冲击而趋于衰落。③ 中唐以后的儒学复兴运动则对此作出了回应，重建秩序成为一批儒学士人的首要追求，士大夫政治主体意识的增强也凸显于此时。④ 在对天人关系的思考中，宋儒的最大特色在于，通过将"天"内在化而使得"人"成为天人关系的

---

① 魏征. 隋书·高祖纪 [M]. 北京：中华书局，1973：17.
② 温大雅. 大唐创业起居注 [M]. 上海：上海古籍出版社，1983：44-52.
③ 郝虹. 魏晋儒学盛衰之辨——以王肃之学为讨论的中心 [J]. 中国史研究，2011 (3)：16-54；华喆，高贵乡公太学问《尚书》事探微——兼论"天命"理想在魏晋的终结 [J]. 中国史研究，2018 (2)：53-64.
④ 葛兆光. 中国思想史 [M]. 上海：复旦大学出版社，2000：197-229；余英时. 朱熹的历史世界——宋代士大夫的政治文化研究 [M] 北京：生活·读书·新知三联书店，2004：210-230.

主体，强调的是内在的心性修养。① 汉唐经典体系中居核心地位的"五经"，大都记载的是先王的政治思想、礼经威仪，相比之下，本属诸子的《论语》《孟子》则更多的是道德心性之论，遂成为宋儒的重要经典依据。而在诸经典中，《尚书·大禹谟》"人心惟危，道心惟微……朕言不再"一段，既关涉君主政治的建立与维系，又同心性修养密切相关，因而足以引起重视。

朱熹解释尧舜禅授之际诸语谓：

> 此尧命舜而禅以帝位之辞。咨，嗟叹声。历数，帝王相继之次第，犹岁时气节之先后也。允，信也。中者，无过不及之名。四海之人困穷，则君禄亦永绝矣，戒之也。②

要认识朱熹释"永终"为"永绝"的思想史意义，应当首先阐明此语及其上下文在朱子思想体系中的地位。宋代士大夫面临的首要问题，是秩序的建立与维系，程朱将"天理"作为最高范畴，为社会秩序提供了形而上的依据。《二程遗书》谓：

> 万物皆只是一个天理，己何与焉，至如言"天讨有罪，五刑五用哉。天命有德，五服五章哉"，此都只是天理自然当如此。③

"天理"是宇宙的最高本体，反映在世间就是伦理道德与政治秩序。朱熹的天理论更加严密，学者论之已多，不待详述。正是在最高范畴"天理"的框架下，社会政治秩序按照理想方式运行，其中权力递嬗的模式尤引人注目，尧舜禹时代作为士人追求，是历史上的典范。朱熹指出：

> 夫尧、舜、禹，天下之大圣也。以天下相传，天下之大事也。以天下之大圣，行天下之大事，而其授受之际，丁宁告戒，不过如此。则天下之理，岂有以加于此哉？

上古三代是"君师合一"的时代，而随着礼崩乐坏，则产生了"道势分离"的现象，儒家士人成为努力担负道统的群体，朱熹说道：

> 若吾夫子，则虽不得其位，而所以继往圣、开来学，其功反有贤于尧舜者。④

又在《大学章句·序》中指出：

> 天运循环，无往不复。宋德隆盛，治教休明。于是河南程氏两夫子出，而有以接乎孟氏之传……虽以熹之不敏，亦幸私淑而与有闻焉。⑤

由此可见，在朱熹看来，尧舜授受，是自古以来道统的第一次传递，在授受的叮咛嘱咐中，"天下之理"得到无以复加地宣示，而通过对先王之学的绍述，孔孟、程朱也

---

① 沟口雄三. 中国的思维世界 [M]. 北京：生活·读书·生活三联书店，2014：199-227.
② 朱熹. 四书章句集注·论语集注 [M]. 北京：中华书局，2011：180.
③ 程颢、程颐. 二程集 [M]. 北京：中华书局，1981：30.
④ 朱熹. 四书章句集注·中庸章句 [M]. 北京：中华书局，2011：17.
⑤ 朱熹. 四书章句集注·大学章句 [M]. 北京：中华书局，2011：3.

成为道统的继承者。道统传播的次第既明，则具体传播的过程应予阐发，这就涉及道统传递的"心法"。

对此，朱熹的经典文本依据是《尚书·大禹谟》的"人心惟危，道心惟微，惟精惟一，允执厥中"，他将此四句与《中庸》建立起联系，在《中庸章句·序》中指出：

> 盖自上古圣神继天立极，而道统之传有自来矣。其见于经，则"允执厥中"者，尧之所以授舜也；"人心惟危，道心惟微，惟精惟一，允执厥中"者，舜之所以授禹也。尧之一言，至矣，尽矣！而舜复益之以三言者，则所以明夫尧之一言，必如是而后可庶几也。……其曰"天命率性"，则道心之谓也；其曰"择善固执"，则精一之谓也；其曰"君子时中"，则执中之谓也。①

由此，通过《大禹谟》的文本，朱熹将个人心性与"天下大事"相连，完成了对心性修养与政治秩序关联性的建构。在这个内圣外王的体系中，经典文本的作用不言而喻。

概而言之，一方面通过对"天理"的阐发，朱熹给社会政治秩序提供了形上依据；通过对"道统"的建构，朱熹宣示了儒家士人在政治秩序中的特殊地位。另一方面，由于对"天理"等形上范畴的高扬，汉唐传统的灾异论、谶纬学不再居于思想世界的中心，关于政治合法性的论述，也随之从五德终始、天人感应转向现实事功、道德仁政，② 而在天人交流中，人的道德具有主体性的作用。③ 朱熹弟子蔡沈对"四海困穷，天禄永终"的诠释也顺应此势：

> 苟有一毫之不善，生于心，害于政，则民不得其所者多矣。四海之民，至于困穷，则君之天禄一绝而不复续。岂不深可畏哉！④

朱熹还曾引用此语来强调"保守""天禄"的重要性：

> 若义而得富贵，便是当得，如何掉脱得。如舜禹有天下，固说道"不与"，亦只恁地安处之，又如"所以长守贵也，所以长守富也"。义当得之，亦自当恁地保守。尧命舜云："天之历数在尔躬，允执其中，四海困穷，天禄永终。"岂是不要保守？⑤

由此，朱熹将心性与政治相连，用现实状况（即"民不得其所者多矣"）衡量君主政权的合法性。而于尧舜授受之际如此重要的场合，也为此诠释增添了隆重严肃的色

---

① 朱熹. 四书章句集注·中庸章句 [M]. 北京：中华书局，2011：16-17.
② 刘浦江. "五德终始"说之终结——兼论宋代以降传统政治文化的嬗变 [C]. 刘浦江. 正统与华夷：中国传统政治文化研究. 北京：中华书局，2017；孙英刚. 神文时代：谶纬、术数与中古政治研究 [M]. 上海：上海古籍出版社，2014；陈侃理. 儒学、数术与政治——灾异的政治文化史 [M]. 北京：北京大学出版社，2015.
③ 沟口雄三. 中国的思维世界 [M]. 北京：生活·读书·生活三联书店，2014：225.
④ 朱杰人（编）. 朱子全书外编·书集传 [M]. 上海：华东师范大学出版社，2010：25.
⑤ 黎靖德（编）. 朱子语类 [M]. 北京：中华书局，1986：884.

彩。此解至今仍为大部分人所采用。①

将《论语》与《尚书》中的"四海困穷，天禄永终"解释为警诫君主之语，固然依托了经典文本，但是作为凭借"道统"规训"治统"的举措，还是多少反映出了此期的时代氛围：道统的主体，经孔孟传至程朱；列圣之心传，要待儒学士人解释。不难看出，理学兴起的愿望与图景，便是要儒家士大夫凭借心性内圣之学，担负起传承道统的重大责任，最终成为实现外王之道的主体角色。君主作为现实"治统"的代表，在儒家经典与士大夫的理论体系之下，反而并无过多的话语权。上古三代是"君师合一"，中古以来则是"道势分离"，面对这一局面，宋儒选择的是努力承担、发扬道统，以道统规训制约治统，使得君主与士大夫"共治天下"，最终达到"道治合一"的理想状态。行无"道"之"政"，则四海必将走向"困穷"，统治者注定面临着"天禄"永远终结的命运。

四、清代余音：君进臣退与重新诠释

结合上文可知，宋代新儒学兴起以来，士人的"政治主体性"相对增强，在经典的阐释中时时注意对君主权力的规训与理想君主形象的塑造。新的文化运动对旧的文化传统终究是一种否定，而其中对"天"的认识，是十分重要的一方面。"天"不再是以前层次丰富的感应之天，转而为高悬在人事之上的义理之天。而从义理到性理的过渡，②乃至此后心学的兴起，都日益加剧了这种变化。这种变化即隐含着学理与现实之间的疏离，进而"道统"对"治统"的规训渐趋无力。当"形上玄远之学"如日中天的时候，随着明清易代，这种学说自身的危机日渐显露。"形上玄远之学"的没落消逝，则暗示着政治文化上新时期的到来。此时"宋明儒家思想中的超越性逐渐眇于无形，超越的、理想的、批判的道德形上力量不再具有支配性"③。由此，清代学术、思想世界发生了不小的变动。当然，外在政治的变化，如北方少数民族入主造成皇帝支配的加强与君臣关系的演变，也不容忽视。在这种政治文化背景下，经典中"天禄永终"的诠释也有了新的变化。

首先看皇帝的态度。在历朝皇帝中，留下相关文字最多的要属乾隆。学者已经敏锐地注意到乾隆对儒家经典的态度，以及其个人微妙的心理。④清朝官方虽致力于维护经典及其某些注释的权威地位，但皇帝却有时横加批评。乾隆在谈到"四海困穷，天禄永终"两句话的争议时，在其钦定的文集中，有一段似乎可称之为"调和汉宋"的言论：

> 其下"四海困穷，天禄永终"，后汉包氏注以为穷极四海天禄所以长终，盖以为吉言矣；而宋朱子注则以为，四海之人困穷则君禄亦永绝，似以为凶

① 杨伯峻. 论语译注［M］. 北京：中华书局，1980：214；钱穆. 钱宾四先生全集：第3册·论语新解［M］. 台北：联经出版事业公司，1998：704；李泽厚. 论语今读［M］. 北京：生活·读书·生活三联书店，2008：565；论语［M］. 程昌明，译注. 太原：山西古籍出版社，1999：218.

② 陈植锷. 北宋文化史述论［M］. 北京：中国社会科学出版社，1992：330-359.

③ 王汎森. 权力的毛细管作用：清代的思想、学术与心态［M］. 北京：北京大学出版社，2015：35.

④ 王汎森. 权力的毛细管作用：清代的思想、学术与心态［M］. 北京：北京大学出版社，2015：298-344.

语；而予则以为朱子所注得理，且非凶语也。易曰"其亡其亡，系于苞桑"，为人君者，诚念四海民之困穷，法文王之视民，如伤则必思所以济民之困穷，虽不能博施济众，而民之困穷者究不无少救，亦可保其君禄之善终。即《洪范》九"五福"之"考终命"，岂不善乎？若为君者不思四海之困穷而自恣其乐，思欲保天禄之永终，得乎？①

乾隆钦定的解经之论，细究之，虽只是牵强附会，不甚高明，于语义不通，却有思想史上的意义。乾隆的解说分两部分：首先是否定"天禄永远终结"的说法，其依据是其他经典中的例证。接着是重点阐发"为人君者，诚念四海民之困穷……亦可保其君禄之善终"，这样一来，客观上四海的"困穷"与否就不重要了，重要的是皇帝是否"高度重视"，只要对四海子民的生活状况"高度重视"，即便做不到"博施济众"，君位也可无虞。由此，评判统治权力正当性的标准，从宋儒所秉持的客观现实，转而为皇帝内心态度。这一转变，意味着思想权势从儒家之"天"转移到了君王自身，"治统"兼并了"道统"。②

其实，不用等待乾隆钦定，有的士人便已经对朱子解"四海困穷，天禄永终"以"如此不祥之语"作出了质疑。这些阐释也有可论之处。前述阎若璩在《尚书古文疏证》中的解释即与乾隆所钦定相近，乾隆所钦定者实际上当是承阎若璩之论而来。此外，李光地《榕村语录》也曾对"困穷""永终"之语有所阐述：

> 譬如我教你当加惠乡里，勿欺侮人，这是正当道理，你听得自当感动，即乡人听得亦必共以为是。倘说你若不加惠乡里，欺侮人，人必如何害你，虽是理所必至，但常常说，不但不成口气，势且长薄俗、生刀风，所谓兴戎也。困穷、永终的话只好说此一句，故曰朕言不再。③

他一方面强调这是"理所必至"，但也不免认为这句话确属逆耳，多说反有害，并用《大禹谟》"朕言不再"来为舜辩解。可见，李光地虽不敢否定朱子的意见，但已经在不改变其注释的基础上做了最大的让步。无论如何，"困穷""永终"是犯上不敬之语，是万不该说的，无奈经文中本有，只好曲为之辩。

这之中"只好说此一句"与"朕言不再"诸语，实在是李氏自己在皇帝面前"只好说此一句"，不敢多提意见。梁启超曾对李光地大加挞伐，④ 其意见固有其时代色彩，但多少刻画了权力重压下的人物形象。我们则倾向于用历史的眼光看待。李光地的说法，可以与王汎森所谓士人的"自我禁抑"现象联系起来。在清代政治权力的巨大压力之下，权力向毛细血管一样作用到方方面面，其中就包括个人最私密而复杂的思想世界，对经典的诠释亦不例外，经学同样发生了"变异"，而这种自我约束造成的变异，恐怕是统治者都未曾想到的。⑤ 总之，官方所标榜的君臣纲常，由此获得了更进一步

---

① 清高宗. 御制文集：三集 [M]. 景印文渊阁四库全书：第 1301 册. 台北：台湾商务印书馆，1986：574.
② 黄进兴. 优入圣域：权力、信仰与正当性 [M]. 西安：陕西师范大学出版社，1998：97-141.
③ 李光地. 榕村语录 [M]. 北京：中华书局，1995：212.
④ 张品兴（编）. 梁启超全集：第 2 册 [M]. 北京：北京出版社，1999：611.
⑤ 王汎森. 权力的毛细管作用：清代的思想、学术与心态 [M]. 北京：北京大学出版社，2015：421-422.

的、趋于极端的宣扬，成为士人的"集体无意识"①。君进臣退的态势，不仅反映在政治世界中，也深刻影响了士人的学术、思想与心态。当然，清代的思想、学术面貌十分复杂，不可把一人之学说当作社会整体、主流的思想，乾隆钦定的解释、李光地的想法，也没有引起多少强烈的共鸣，但他们的态度，还是多少反映了那个时代的某种氛围，的确应予注意。

最后，随着清朝统治的衰落，学术思想世界也有了变化。近代最值得注意的变化之一便是传统经学走向边缘。② 经学自汉代以来在政治舞台上发挥着不容忽视的作用，所谓汉代诏令多引五经文句，洵非虚言。哀帝策董贤，而引"允执其中"，招来非议，正显示了典故运用与国运兴废的重大关联。随着经学与政治的逐渐疏离，这些功能都受到了弱化。至此，本文对"天禄永终"诠释史与传统政治文化延续和变迁的考察，也走向了尽头。

结　语

综上所述，经典中的"天禄永终"一语，早期语义为"劝勉、祝福新君"，汉魏禅让册书应用此语，其背后是禅让政治初兴，法尧舜故事，偏重因循，但之后因循的色彩逐渐让位于"革命"改制之举，"天禄永终"因而被用来强烈否定旧朝的合法性。宋儒将"四海困穷，天禄永终"诠释为假设复句，则体现了士人对君主权力的规训，但这一状况随着"治统"与"道统"合一而转变，君进臣退的形势使得此语的警诫色彩被削弱，另一方面，传统学术的政治功能也逐渐式微，这在近代经学"边缘化"后尤为明显。

本文所讨论的"天禄永终"，虽仅为经典中之一语，但无论是其旧义还是新诠，都与历史展开的脉络息息相关，透露着"时代性格"。③"时代性格"可以体现在时代的最细微之处，经典的运用与诠释也不例外。经典运用、诠释的内在理路固不可漠视，但也应看到外在的、被赋予的甚至是被涂抹上的"时代性格"。而对"时代性格"的探索，则是历史学求真努力的体现。经学家一般认为对经书某句的理解，只有唯一正确答案，但站在史学的角度，却不一定要明确诸家经说的高下之分，而要将这些理解纳入历史学的视野中一一考察，唯其如此，或能从杂乱的材料中梳理出思想的脉络，在繁复的文本里找寻到历史的"原声"。

---

① 刘浦江. 倒错的夷夏观？——乾嘉时代思想史的另一种面相 [C]. 刘浦江. 正统与华夷：中国传统政治文化研究. 北京：中华书局，2017.

② 罗志田. 清季民初经学的边缘化与史学走向中心 [C]. 罗志田. 权势转移：近代中国的思想、社会与学术. 武汉：湖北人民出版社，1999.

③ 不同时代具有不同的性格，宇都宫清吉曾着力揭橥"时代格"的概念，用以解释汉唐间千年的历史变迁。参见宇都宫清吉. 东洋中世史的领域 [M]. 黄约瑟，译//刘俊文（编）. 日本学者研究中国史论著选译. 北京：中华书局，1992.

附　记

围绕"天禄永终"的含义，笔者曾写了两篇论文。这里呈现的是较早所写的一篇，尚属粗浅，后来又完成了《魏晋禅让观念变迁探微》一文，从"天禄永终"语义转变出发更为详细地探讨了"禅让"观念、"天下秩序"等问题。

>> 老师点评

岳麓书院有着丰富的、各种层级的导师制：班导师、学业导师、生活导师、兴趣导师等，不一而足。立体化、网状化导师制的存在，共同构筑了岳麓书院本科生学习、生活、兴趣的立体化、网络化空间。在这些网状化的导师制空间中，学生成了最大的受益者。他们既有来自班集体导师制的温暖，也有来自学业导师的悉心指导，还有来自兴趣导师的温情，也有来自生活导师的情感沟通，不一而足。立体的、网络状的导师制，是本科生成长中非常重要的一环，网状化的导师制激励着本科生不断成长与进步。

作为2016级历史班李柏杨同学的学业导师，我的总体感觉是：李柏杨的成长与华丽转身，即是立体化、网状化的导师制对他的影响使然。大学四年，李柏杨连续收获了四年的年级第一，四年时间，他收获了"饶宗颐国学奖"等多种奖项，收获了各种论文赛事奖，可谓是收获满满。最终以班级第一的成绩被保送到北京大学攻读硕士研究生。这些成绩的获得，与岳麓书院的导师制息息相关。

作为李柏杨同学的学业导师，我在指导方面的贡献在于：对他的人生规划方面起到了决定性作用。自从李柏杨进入岳麓书院学习并选择我作为学业导师，我所做的第一件事情，就是对他的人生予以指导。我让他明白的是，读书的目标是什么？也即你为什么要读大学，你将来要干什么？你打算怎样做？我觉得我对学生的最大指导，就是指导他树立目标，然后围绕着学习之动力与方法层面进行激励，从而使他获得成功。在导师见面会上，我会不断鼓励他如何做，如何学习？如何在上课时努力奋进。同时还不时问问他的近况如何？帮助他分析其他同学的学习近况，让他"见贤思齐焉，见不贤而内自省也"。不管是我指导的本科生还是研究生，对他们进行不断鞭策，促使他们不断进步，学生在这方面受益匪浅。我的专业为中国古代哲学与传统文化，而李柏杨的专业为中国历史，因此，具体在专业论文的指导方面，我可能帮不了多少忙，但学生依然很信任我，每次论文都发给我，我还是能从论文的基本规范层面给他们予以指导。不管指导得怎么样，他们最终还是取得了不错的成绩。在我的指导之下，他们既有远期规划，同时也有近期目标，因此，他们能朝着既定目标而努力奋斗。

当然，两周一次的师生见面会，李柏杨同学都是很认真对待的。他有时候会自己准备问题，主动问我。李柏杨所取得的成功，主要源自他的主观努力，源自他的主观能动性的发挥，主观能动是内因，对他的成功起到了主导性作用。李柏杨同学有点内向，不爱说话，却喜欢独立思考。同时，我在其后加油鼓劲，此乃其获得成功的外因，内因与外因相结合，从而使他收获满满。

总之，导师制的网状化布局，学生主体性的发挥，这是学生道德素养、处世能力、科研水准不断上升的重要原因。个人体悟，对学生的关爱指导，激励帮助很关键。不断激励、点拨、背后抽鞭子的学业导师，辅以其他导师制，最终成就了李柏杨同学的美好未来。

学业导师　陈力祥

清季"公理"观念形成与演化的轨迹

2016 级　朱钊沅

摘　要： 近代中国的"公理"观念开始形成于 19 世纪后期，既是作为西方科学中解释事物运动规律、用以总结公认的、无需证明的理论的引入，也是传统"公理"名词在"天理"世界观式微背景下的一次重生。19 世纪末，伴随着甲午战争、戊戌政变等关键政治事件，在康有为、严复等人的建构下，"公理"逐渐走出科学定理和传统思想体系，被赋予社会化和政治化的涵义，得以在新旧变迁的时代传播演进。20 世纪初，"公理"的涵义及用法进一步泛化，成为自天子至庶人所常用的词汇，并最终呈现出"万事皆可'公理'"的景象。回顾"公理"形成与演化的轨迹，实际上是此种中西背景下，传统概念与社会整体制度化变革密切关联，在世俗正当性和全新话语体系下进行的主动或被动的调适。

关键词： 公理；天理；康有为；梁启超；社会转型

绪　论

在晚清民国长达百余年的历史变革中，传统中国的思想形态及社会基础遭到西方学理的冲击挑战，国人在不断地探索中试图重构其政治与社会正当性。而作为近代政治正当性建构的基础载体之一，各类"新"名词的出现与演进也为政治体制和社会观念的迅速转变提供了可能。植根中国又被交融的世界赋予更多内涵的"公理"一词的勃兴，为变革时代的政治秩序提供了可资利用的正当性基础，间接推动了统治中国数代之久的传统"天理"观瓦解。伴随着这样的历史迭进，近代中国经历了一个由"超越的正当性变为世俗的正当性"的过程，在"公理"观念的影响下，晚清民国逐渐"不再是一个以宇宙为中心的有意义的有机世界，而是一个以人为中心的机械论的物理世界"。①

---

① 许纪霖. 近代中国政治正当性之历史转型 [J]. 学海，2007 (5)：14.

　　20 世纪 90 年代以来，以特定概念或名词为对象的研究得到学人关注，[①] 罗志田、王汎森、王奇生、许纪霖、章清、黄克武等学者的研究，为清末民初社会转型研究开辟了新的视野。[②] 围绕"公理"一词的研究，学界此前取得过一定成果，如金观涛、刘青峰系统地考察了"理""公理""真理"等名词的关系及其特有的历史条件与作用；汪晖围绕严复、梁启超、章太炎等人，对"公理"与"反公理"进行了系列解构；王中江同样从思想史的角度，针对"公理"形成并成为社会普遍规范的过程进行了梳理思考；许纪霖将"公理"的繁荣视作历史转型的重要载体之一。[③] 此外，段炼、陈赟、张宝明、郝晏荣等在近代转型和中西思想交融方面有所论及，[④] 张翔、张杰克、鲍文欣、蔡志栋、王旭琴等则以关键历史人物为依托，对"公理"观展开过一些分析。[⑤]

　　从"天理"式微到"公理"勃兴整个过程，贯穿于晚清历史，围绕严复、康有为、梁启超、章太炎等重要历史人物，将这些思想话语与近代百年历史事实结合起来，有助于我们更进一步把握清季在面临"真空期"时以知识分子为代表的社会抉择。此外，从关键历史人物的思想成型到"公理"真正成为社会与政治层面的重要名词，中间也历经了一个长期过程，此即王汎森所称的"纵深的问题"。[⑥] 换言之，如果同时对更广阔的

---

　　① 按：20 世纪 70 年代，昆廷·斯金纳（Quentin Skinner）和考泽莱克（或译柯塞勒克，Reinhart Koselleck）首次将"概念"作为历史研究的一种范式，逐渐在欧洲传播、建构，1994 年冯天瑜在《厘清概念——以"封建"和"形而上学"为例》（《江汉论坛》1994 年第 9 期）一文中探究了文化史研究中的"概念滥用"，较早地将其运用于中国史的研究，此后，罗志田、孙江、李宏图、黄兴涛、方维规、金观涛、刘青峰、杨瑞松等学者，从理论建构和实际运用上，对该范式作了中国化的延展，为史学研究提供了一种较为成熟的研究方法。

　　② 以上学者研究，此处各举一例。罗志田. 天下与世界：清末士人关于人类社会认知的转变 [J]. 中国社会科学，2007（5）：191-204；王汎森. 从"新民"到"新人"——近代思想中的"自我"与"政治" [C]. 王汎森. 思想是生活的一种方式. 北京：北京大学出版社，2018；王奇生."革命"与"反革命"：一九二〇年代中国三大政党的党际互动 [J]. 历史研究，2004（5）：84-105；许纪霖. 大我的消解：现代中国个人主义思潮的变迁 [C]. 中国社会科学辑刊，2009 年春季号；章清."国家"与"个人"之间——略论晚清中国对"自由"的阐述 [J]. 史林，2007（3）：9-29；黄克武. 近代中国转型时代的民主观念 [C]. 王汎森等（编）. 中国近代思想史的转型时代. 台北：联经出版社，2007：353-382.

　　③ 金观涛，刘青峰. 观念史研究 [M]. 北京：法律出版社，2011：21-70；汪晖. 现代中国思想的兴起 [M]. 北京：生活·读书·新知三联书店，2008：831-1043；王中江."公理"诉求及其泛化效应 [C]. 张岱年（编）：中国观念史. 郑州：中州古籍出版社，2006：616；许纪霖. 近代中国政治正当性之历史转型 [J]. 学海，2007（5）：14.

　　④ 段炼."世俗化"转型与晚清知识分子的道德变革 [J]. 湖南师范大学社会科学学报，2016（6）：122-131；陈赟. 现代中国思想中的社会范畴及其公理意识形态 [C]. 上海市社会科学界联合会（编）. 上海市社会科学界学术年会文集（下），2004：13；张宝明. 现代性空间的开拓："新青年派"知识群体走向社会主义的心路历程 [J]. 社会科学战线，2005（5）：150-153；郝晏荣. 公理与富强：近代中国接受西学的两个不同路径和选择 [J]. 河北学刊，2014（4）：59-64.

　　⑤ 张翔. 从立公理之学到以大同立教——康有为奉孔子为"大地教主"的过程与方法 [J]. 哲学动态，2015（3）：13-22；张杰克. 梁启超的"力本论"思想研究 [D]. 华东师范大学，2016；鲍文欣. 公理与时势：康有为历史观探析 [J]. 哲学分析，2017（2）：75-84；蔡志栋. 在"圣人"与公理之间——康有为认识自由思想简论 [J]. 中华文化与传播研究，2017（2）：366-375；王旭琴. 相对主义的理性智慧：章太炎公理批判思想论析 [J]. 西安文理学院学报（社会科学版），2018（2）：41-44.

　　⑥ 按：王汎森指出，特定时代的思想，从产生到真正落实成为政治生活中重要的话语，其中一个纵深的问题，即是从思想家的思想到草根层次、街头层次的思想。王汎森. 思想是生活的一种方式 [M]. 北京：北京大学出版社，2018：83.

社会层面展开关注研究，聚焦历史中的"另一种思想史"，① 相关研究或许能收获新的发现。

一、此消彼长："天理"式微与"公理"概念的延展

"公理"在近代中国的泛化使用历经了一个较为长期的过程，19 世纪末 20 世纪初，"公理"逐渐成为近代语境下涵义深远的常用词汇，成为不同政治派别、不同社会群体建构各自语言体系的重要凭据。

与近代以来传入中国的众多新名词不同，"公理"并非舶来品，而是植根于中国历史，并逐渐被赋予新的历史含义。最晚自春秋以来，该词便有运用，如《管子·形势解》"行天道，出公理，则远者自亲；废天道，行私为，则子母相怨。"朱熹"故当凡事勉强，推己及人，庶几心公理得而仁不远也"，申时行"好善恶恶乃人心之公理，然亦有蔽于私情"等句，② 个中"公理"含义大抵是指与个人的"私为""私情"相对的普遍准则，或是代表合世人利益的"天下之心"，具有明确的价值评判。概而言之，近代以前的"公理"大多围绕"道德性"的传统文化核心来取其义的，而非是现代所常用的"public"（公共）之义。此外，近代以前"公理"一词还频繁地与"天下"连用，如张栻《癸巳论语解》"惟仁者为能克己，故'能好人，能恶人'。莫非天下之公理而已。"陆九渊《象山集》"学者求理，当唯理之是从，岂可苟私门户。理乃天下之公理，心乃天下之同心"等，③ 近代以前的"天下"虽只是一种义随文变的开放概念，④ 但在与"公理"的连用中，实际上也内含了对于正当性的建构尝试。值得注意的是，与"公理"概念的运用相比，近代以前其实更多地选择借助更契合社会实际且已渐成系统的"天理"一词展开运用。⑤

至少在先秦，"天理"就已出现并被运用了，都将"天理"视作是万物运行的基本规律，并把"天理"看作是自然基本法则。此后，随着时间的推移，"天理"逐渐偏离了传统的自然理路，开始触碰人伦常法。秦汉以来，"天理"被赋予了政治的正当性，成为古代中国普遍秩序的合理代言，经过宋儒的理论建构，"天理"逐渐成为古代思想体系中的核心内容之一，以"天理"为代表的世界观"成了中国封建社会后期文化的主导"。⑥ 明以后，理学逐渐被放到定于一尊的地位，权威化的解读使其不可避免地陷入

---

① 葛兆光. 思想史的写法——中国思想史导论 [M]. 上海：复旦大学出版社，2004.

② 管仲. 管子 [M]. 房玄龄注. 四部丛刊景宋本；朱熹. 孟子集注·尽心章句上 [M]. 上海：中华书局，1935：180；申时行. 赐闲堂集 [M]. 明万历刻本.

③ 张栻. 张栻集·南轩先生论语解序 [M]. 长沙：岳麓书社，2010：28；陆九渊. 象山集 [M]. 四部丛刊初编，上海：上海书店，1989.

④ 罗志田. 天下与世界：清末士人关于人类社会认知的转变——侧重梁启超的观念 [J]. 中国社会科学，2007（5）：192.

⑤ 按：金观涛等在《观念史研究》一书中，研究《四库全书》中有关词汇的出现次数发现，"天理"出现了17 500 余次，"公理"仅出现了 772 次。金观涛分析个中原因，指出中国社会极少用"公共领域"来构建社会基础，因为与以"孝"为核心的儒家"私领域之理"相违背，在某些情况下甚至处于对立状态，因此直到洋务运动时期，"公理"仍少见于中国社会。载金观涛，刘青峰：《观念史研究》，第 45、77 页.

⑥ 张岂之. 中国思想史 [M]. 西安：西北大学出版社，2003：304.

束缚与教条主义之中，以至于"不能应对时代发展的要求和思想理论上不断发出的挑战"，并最终"走上了僵化和衰落"。① 毕竟，"天理"世界观下强调的是对个体行为和个人欲望的统御支配，在明后商品经济发展、社会风气变化、个人意识觉醒的背景下难以对社会形成制约，故而不断遭到挑战，日渐式微。正如学者认为，"不突破天理的基本模式，不打破传统的理论框架，中国道德学说的发展就不可能取得实质性的进步"②。

伴随着近代"天理"的式微而来的，是以"公理"为代表之一的话语体系的建构和崛起，二者的消长亦展现出其自在的逻辑。"公理"崛起的直接因素无外乎来源于近代中西方两种文明、两种制度的尖锐冲突碰撞。在近代中国百年的探索实践中，传统的东方学者逐渐发现并赋予了西方学说以"公理"的基本属性。

要理解"公理"一词的概念，首先要对"公"的字义展开判断梳理。在"公理"的语境中，"公"与"天理"之"天"自然处于对立，"天"给人以既定、严格、不可侵犯的律令感，这与宋以来中国社会对人的内在主体的限制和尊君的理念密不可分。"公"即"公共的""公认的"，抛弃了传统的绝对权威，更强调对社会普遍认知和价值尺度的展现，对人的主观性和集体性则更为注重。近代中国对"公理"概念的发展也正是基于该认识的。

前文已述，"公理"一词早在古代中国便出现，大多时候它仍与"天理"互用，着重于借助儒家纲常和礼仪制度实践来对社会形成支配并实现政权合法性树立，强调个人的道德与国家政治之间的构建。在鸦片战争后东方价值体系崩溃的大背景下，传统"公理"概念不断遭受挑战，并逐渐伴随着"天理"式微。而代表物理学或数学范畴、展现科学世界观下的事物运动逻辑的"公理"概念在近代早期被首次建构起来，在华传教士对此"公理"新义的传播发挥了重要作用，英国传教士伟烈亚力（Alexander Wylie）于 1857 年编写的《六合丛谈》中"阿利斯多（注：亚里士多德）言平圆之动，为宇宙之公理"③ 及其与李善兰在 1859 年合译的《谈天》中"流质之公理，热则涨大，而轻冷则缩小"等句，④ 都将"公理"一词引申为事物运动变化的基本规律，并着重于强调其理论和概念的普遍性，不需证明、不可更改性，强调了一种科学领域的有逻辑性的"当然之则"。此概念下的"公理"与传统"公理"完全区别，这既是"公理"西入的全新形态，亦是近代对传统"公理"概念的第一次延展。

"公理"崛起及其社会化的过程是长期的，在这一过程中，龚自珍、魏源对传统道德理论的批判反思为之先声，而在"公理"概念的新旧杂糅下，在康有为、严复、梁启超、章太炎等人的反复论述下，"公理"才最终成为一个新的社会化的名词并广泛而深刻地渗透近代中国社会。⑤

---

① 陈谷嘉. 宋代理学伦理思想研究 [M]. 长沙：湖南大学出版社，2006：51.

② 张怀承. 天人之变：中国传统伦理道德的近代转型 [M]. 长沙：湖南教育出版社，1998：201.

③ 西国天学源流（续九号）[N]. 六合丛谈，1857-10-18（10）.

④ 侯失勒撰，李善兰删述. 谈天 18 卷 [M]. 清咸丰刻同治增修本.

⑤ 按：事实上，科学范畴的"公理"与社会化的"公理"始终是并立行的，而对于"公理"科学范畴的运用也一直延续至今，本文则主要着眼于社会政治层面的"公理"名词。

二、"权势转移"：甲午时期的"公理"新义与第一次高峰

伟烈亚力对"公理"的建构得到了积极的响应，江南制造局翻译馆成立后，科学化的"公理"释义愈发普遍。1876 年傅兰雅（John Fryer）主编的《格致汇编》及此后的《格致启蒙》《时务通考》等西学或科场丛书，也都纷纷沿此用法，①"公理"最终获得了指代西方意义上的科学定理的新用法。而此时传统意义的"公理"概念虽然日渐式微，但仍尚不至于完全为新说所吞没，如《申报》载"天下之公理，自在人心；惟不能立身于局外者，则或有所蔽尔""乐生恶死人之常情，即天下之公理"等句，②就暗含着传统的"天下观"视角。而事实上，在此中西交融复杂的时期，"公理"的概念正在被前所未有地丰富着。

"公理"在此时终于迎来了真正的建构期——区别于它的传统涵义和科学内涵，其政治属性在这一时期逐渐凸显出来，而这正是"公理"一词能真正在近代中国扮演关键角色的重要原因。这一植根中国并非舶来的词语能在近代中国得以快速重构、传播并广泛影响，与社会主动或被动对其展开的深入认识和理论建构不无关系：19 世纪后期，中国社会陷入更深的忧患之中，新旧变迁的背景下发生了深刻的"权势转移"，③ 传统思想体系面临瓦解，经典的衰落、士大夫的没落与边缘知识分子的崛起，推动着该时期的学术重心逐渐转向经世致用，并以救亡图存、富国强兵为目的，出现了一批新的理论思潮。甲午战争的爆发深刻影响了时代的思想主流，知识分子开始寻找并尝试更为激进的变革方式，在此背景下，"公理"很快成为其政治建构的承载者之一。围绕"公理"这一理论，近代士人从多个层面展开了探究，对传统体系进行了批判反思，并以此探寻该时期所对应的社会治理模式。"公理"之所以成为当时社会风靡的词汇，便来源于近代士人对传统"天理"式微的反思以及对"公理"进行的从无到有的建构和运用。

无论是在"公理"理论的引用还是泛化使用中，康有为都扮演了重要的角色，他称自己为"在中国首创言公理、首创言民权者"，④ 这并不为过。早在 1884 年中法战争后，康有为"感国难，哀民生"，日夜"以救世为心"，又"悟大小齐同之理"，1885 年他"以几何著《人类公理》"，⑤ 仅从书名而言，我们便可以确知，此处的"公理"已内含了康的政治思考，并被赋予了一定的社会化的外延含义。康有为的"公理"探究最早可见约 19 世纪 90 年代成稿的《实理公法全书》，⑥ 康在该书中将其设想的"大同制度"同"几何公理"比附，并以几何方法论证中西社会，建构其思想理论。而全书出现"几何

---

① 如《格致汇编》中"指南针之理，为电学之公理，不分中外"、《时务通考》中"任何次式之根与各项倍数有相关之公理"等句。互相问答［N］. 格致汇编，1876（春季刊）：147；时务通考［M］. 清光绪二十三年（1897）. 点石斋石印版。

② 香港《循环日报》［N］.《申报》，1874-12-16；论官军攻克玛纳斯城取屠戮匪事问答［N］. 申报，1877-4-2.

③ 罗志田. 权势转移：近代中国的思想与社会［M］. 北京：北京师范大学出版社，2014.

④ 姜义华，张荣华（编校）. 康有为全集：第六集·答南北美州诸华商论中国只可行立宪不可行革命［M］. 北京：中国人民大学出版社，2008：314.

⑤ 康有为. 康南海自编年谱（外二种）［M］. 北京：中华书局，1992：13.

⑥ 冯契. 中国近代哲学的革命进程（第 7 卷）［M］. 上海：华东师范大学出版社，1997：125.

公理"一词的频率远高于单用"公理"的频率，^① 也足可见此时康氏尚且借用几何公理化的系统，选择将社会化的"公理"建构在西方几何学之上。值得注意的是，此时的"公理"和"几何公理"的内涵也不尽相同，康有为称："义理者何？曰实理，曰公理，曰私理是也。"^② 可见，此处"公理"之"公"仍是与"私"相对的，自然未脱出传统思想的范畴。而对于"几何公理"，康有为则赋予了它以"必然之实""永远之实"的时空超越性，^③ 使之成为事物运动中不证自明的基本规律，应是与"公理"形成了一定的包含关系，此为一大开创。

甲午以后，康有为思想愈新，"日读变法之书，锐意变法"。^④ 在"公理"的运用上，他选择弃用"几何公理"，直接围绕"公理"展开论述，此时康氏对于"公理"的认识与运用随其思想的转变也发生了明显变化，如《大同书》乙部："言必曰家国天下，以为世界内外之公理不能无者"；^⑤《论语注》中"盖人道只以公理为归，虽父母之尊亲，不能违公理而乱从之也"。^⑥ 此时，康氏已将"公理"定义为具有普适性的、无需验证的社会政治命题。康有为对于"公理"长期的论述绝非空穴来风，从中我们能清晰地发现一条逐渐深入、系统化的认识过程，这体现出与康有为基于"天道尚变"的基本世界观对"三世"的构建的密切关系。正如他曾在对"太平世"的描述中，强调了理想社会"一切皆本公理"，没有国家、家庭甚至个人的界限。据此方法，他把西方化的政治名词与儒家传统伦理相融合，将杂糅的"公理"作为其"三世说"的依据，并为其具体学说和政治诉求服务。但无论如何，康有为对"公理"的延展在思想史上具有深远的意义。

形而上的"天理"与形而下的"公理"在严复的理论中实现交融。严氏在其《救亡决论》中，初步建构了他的"公理"观念："今固不暇与明'学'为天下公理公器"，^⑦ 此处的"学"即西方科学，他将西方科学看作"公理"，将"公理"视为不可更易，普遍适用的通理学问，这与康有为的"几何公理"有诸多相似之处。1897年严复写成《天演论》，奉斯宾塞理论为"公理"。此时严氏对于"公理"的运用十分谨慎，书中"公理"一词仅出现三次，^⑧ 个中含义基本是和"私"相对的，大抵没有延伸到社会

---

① 按：这其中，用"几何公理"共47次，单用"公理"仅3次。马永康. 康有为与"公理"[J]. 中山大学学报（社会科学版），2009（3）：146-153.

② 康有为. 康有为大同论二种·实理公法全书 [M]. 上海：中西书局，2012：2.

③ 马永康. 康有为与"公理"[J]. 中山大学学报（社会科学版），2009（3）：147.

④ 康有为. 康南海自编年谱（外二种）[M]. 北京：中华书局，1992：33.

⑤ 康有为. 康有为大同论二种·大同书 [M]. 上海：中西书局，2012：115.

⑥ 姜义华，张荣华（编校）. 康有为全集：第六集·答南北美州清华商论中国只可行立宪不可行革命 [M]. 北京：中国人民大学出版社，2008：389.

⑦ 王栻（编）. 严复集·救亡决论 [M]. 北京：中华书局，1986：53.

⑧ 按：第一处是《译〈天演论〉自序》中"外籀云者，据公理以断众事者也"，意即以西方"公理"演绎事物变化逻辑，而后文"假使后来之民，得纯公理而无私欲"与"教则以公理属天，私欲属人"两句则明显与"公理"的传统用法相似。赫胥黎. 天演论 [M]. 严复，译. 贵阳：贵州教育出版社，2005：33；63；124.

政治领域，颇与传统思想体系"天理"观类似。① 但换言之，若要将进化论推至台前，严复就必须尝试为其定做一套行之有效的体系，因此，进化论首先试图和以"天演"为核心的目的性内涵与以"公理"为基础的科学世界观相联系。在被作为"进化论"和"社会达尔文思想"代表作的《天演论》的快速广泛传播之下，"天演论"终于逐渐建构起社会化的、影响深远的"天演公理"，而以"公理"为代言的科学世界体系也得以传播，并逐渐形成与西方科学命题相比附的社会政治的"公理"新义。②

梁启超、谭嗣同受康影响，亦鼓吹"公理"甚力。梁在 1896 年的著作《变法通议》中，便已经普遍使用"公理"一词。与康氏一样，在对"公理"的探索、理解和运用过程中，梁的公理观也发生过显著变化。梁氏在《变法通议》中《自序》"上下千岁，无时不变，无事不变，公理有固然，非夫人之为也"一句，强调作为社会之"公理"的不可变性，即承认公理是长期稳定、普遍适用的。又如《自序》"故夫变者，古今之公理也"③、《论变法必自平满汉之界始》"凭优胜劣败之公理，劣种之人，必为优种者所吞噬"④ 等句，将"公理"概念比附西方进化论思想，大肆鼓吹进化公理——以"公理"的形式引入西方政治价值，是这一时期梁的一大特点。

谭嗣同在《与唐绂丞书》中高度评价了"公理"的地位："公理者，放之东海而准！放之西海而准，放之南海而准，放之北海而准。……是之谓公理，且合乎公理者，虽闻野人之言，不殊见圣；不合乎公理者，虽圣人亲诲我，我其吐之，且笑之哉。"⑤ 同康、梁等一样，谭氏将"公理"视作"放之四海而皆准"的科学准则，并很自然地运用到社会政治领域。同时，在这段文字中，我们还可管窥谭氏对传统的"背离"，他对于"不合乎公理者""吐之""笑之"，在他看来，一切事物只要是合乎"公理"，便是进步；背离"公理"，便理应被消灭。在谭氏笔下，"公理"成了人类社会发展的价值依据，成了一切行动的正当性源泉。而早已被包装为"公理"的维新变法，也就自然成为其能以死捍卫的至高信条了。

概言之，此一时期康、严、梁等为代表的近代士人对"公理"的建构和运用，随着社会危机的进一步加深，相较于甲午战争以前的"传统"与"科学"二义，明显开始向社会化、政治化延展。并且在同期，"公理"一词在传统思想体系下的定义在与西方科学世界观的交融媾和之下，还展现出了一体化的倾向，如康有为以泰西之学为参照反思中学，进而发现中学、中国之教"有益于人道"的过程；在一体化倾向的背后，是以"公理""几何公理"为代表的科学世界观与以"天理"为代表的中国传统哲学世界观和

---

① 按：严复对于"公理"的运用在 1900 年代以后延展，在其译著《原富》（1902 年）、《群己权界论》《群学肄言》（1903 年）、《穆勒名学》（1905 年）、《法意》（1913 年）等中，"公理"已成为一个表达政治社会科学命题的较为基础的概念，被严氏大量引用。这与后文所述"公理"在时代的泛化情况相符合。

② 按：王中江指出，在以"竞争"为代表的进化论被视为"公理"后，表面上与"竞争"相斥的"互助"，竟也在当时成了影响较大的一大"公理"，近代知识分子（如刘师培等）在对待二者时，还曾将"互助"与"竞争"都视为公理，试图实现此二者的和解，这不得不说是一大吊诡。王中江."公理"诉求及其泛化效应［C］.张岱年（编）：中国观念史.郑州：中州古籍出版社，2006：618.

③ 张品兴（编）.梁启超全集：第 1 册·变法通议［M］.北京：北京出版社，1999：10.

④ 张品兴（编）.梁启超全集：第 1 册·变法通议［M］.北京：北京出版社，1999：51.

⑤ 谭嗣同：谭嗣同集·与唐绂丞书［M］.长沙：岳麓书社，2012：84.

解的尝试。一方面，来势汹汹的科学世界观对东方价值体系造成大的冲击，另一方面，他们又被动承担了重建的职责，在近代士人的运用和构建下，重新被组织成为具有东方内核的新的"公理"世界体系。

理论家在上层构筑思想框架，而当思想真正下渗至最根本一层时，其所产生的社会效应或许又有大的不同，有些理论尽管在后世看来意义深远，但在当时是否有现实作用却也是尚不可知，在近代"公理"一词的形成演化中，关注这一现象同样重要。

戊戌变法以来，康、梁等人逐渐走向思想权势的中心，其学问成为一时显学，而"公理"一词也迎来第一次高峰，自此以后，"公理"一词逐渐被赋予了更多的社会政治属性，并成为各个政治派别树立正统和权威所利用和追求的一大工具，为士人阶层与下层社会话语体系的建构提供了重要依托。

湘、粤等地对这次高峰反响尤烈，而湘地又最盛。在时务学堂影响下，《公理学报》在湖南、广东刊行，[①] 谭嗣同、唐才常等也在陈宝箴的支持下创立南学会，与学堂互为呼应，对此多有讲演。《湘报》集中记录了此间南学会和时务学堂有关"公理"的大讨论，个中观点，亦针锋相对。如《湘报》第九号南学会问答中"有心存教者，力求自反，力求合群，力求公理，力求沟通天人之奥义以存真"，[②] 将"公理"视作存教存真的行为，主张在此之基础上反省、利用原有之传统思想体系；时务学堂曹典球称"何谓絜矩之道？中学曰絜矩，西学曰公理公法"，[③] 将"公理"视作通行各国之絜矩（法度），显现出社会化"公理"倾向；此外，对晚清中国风雨飘摇，政治衰弱，也不乏从缺失"公理"的角度去探寻原因，如梁启超"予以为公理不明则学不足以免祸患，今日惟地球之公性情，事争人先，则四万万之黄种不为黑奴，红人犹可几及也"，[④] 杨子玉"中国未著成效者，制造不广也，工本不足也，厂之不当立哉。凡此皆公理也，非不急之务"等等；值得关注的是，在这一时期，就已有将"公理"视作推广学说工具的尝试，如唐才常在《辨惑上》称"通商、传教乃天地自然之公理"，[⑤] 试图借助"公理"，为通商、传教构建起绝对的正当性。

相比之下，反对康、梁变法的保守一派，则同样据"公理"对维新派加以驳斥。集中辑录湖南保守派论著的《翼教丛编》中，叶德辉将"六经"视作公理，指出经学"通今"的功能，以驳斥维新派"经学考古"之说；[⑥] 孙家鼐批判康、梁肆意删节、批改经文，强调经文学问乃是"天下万世之公理，必不可以一家之学而范围天下"，[⑦] 同样借助"公理"为己立说。在两派看来，新学和旧学都各自是"公理"，只不过，叶、孙一派口中的"公理"，实际暗含了对于传统"天理"观的某种顺从，换言之，这其实是一

---

① 张品兴（编）. 梁启超全集：第 1 册・戊戌政变记 [M]. 北京：北京出版社，1999：208.

② 南学会问答 [N]. 湘报，1898-9（7）.

③ 大学生之者众食之者寡今义 [N]. 湘报，1898-143（1）.

④ 梁启超. 论中国宜讲求按法律之学 [N]. 湘报，1898-5（3）.

⑤ 唐才常. 辩惑上续前稿 [N]. 湘报，1898-51（1）.

⑥ 苏舆（编）. 翼教丛编・叶吏部《輶轩今语》评 [M]. 上海：上海书店出版社，2002：73.

⑦ 苏舆（编）. 翼教丛编・孙协揆家鼐奏复筹办大学堂折 [M]. 上海：上海书店出版社，2002：37.

种以"公理"反"公理"的吊诡。①

综合上述材料，我们可以确认一个整体的趋势，即这一时期的"公理"逐渐脱离了戊戌以前的中西孤立结构，一方面，原有的中西方"公理"分野走向融合，另一方面，新诞生的、具有科学意义的"公理"更多地被尝试引入社会和政治领域，对现实政治（戊戌变法等）产生着影响。

尽管趋新的"公理"概念在知识分子层面产生了一定影响，但此时的中国社会似乎还未适应这一全新的名词，相关理论更多还只是作为康、梁一派的政治工具，颇有些派别专有的色彩。《申报》1897年一则《译书公会报》的征文启事展示了维新派对"公理"运用的重视，启事"广征东西各书籍报章，凡新政新学、公法公理，抉择善要宣付"，② 将"公理"视作能与"新政新学"相媲迹的话术；《湘报》中围绕"公理"新义的讨论也大多是在南学会、时务学堂及其师生中展开的。除此之外，对于"公理"新义的运用，尚颇为谨慎，所见较多的则还是借助"万国公理""环球公理"等名词，用以说明国际公法、明确外交规范等。③ 而在社会其他领域，"公理"则暂时还较少有人运用。可以说，这一时期的"公理"演进，呈现出一种"上层火热，下层温吞"的现象，尽管康、梁学说和"天演"进化思想为其注入了强大的动能，在湖南等地引起了较为热烈的讨论，但总归还是显得势单力薄。而随着康、梁等人的持续推动和近代化的进一步加深，以"公理"为代表的近代科学体系正不可阻挡地走向社会政治的台前。

三、万事皆可"公理"：20 世纪初"公理"的演化轨迹

19 世纪后半期以来，作为"天理"附属的、传统意义的"公理"随着"天理"的式微而逐渐消逝，在西方传教士和近代知识分子的共同建构下，"公理"一词被赋予了新的含义，并逐渐成为代表权威性和正当性的社会化名词，成为这一时期国际公法、科学理论、"天演"进化观念传播的载体和康、梁等人推动下的 19 世纪末戊戌前后诸事件的政治凭借。

20 世纪初，伴随着近代化程度的加深，"公理"一词不再是知识分子所专用的社会名词，在十余年的"知识下渗"过程中，"公理"从"庙堂"走向"街头"，逐渐成为晚清社会的时髦词语。据《中国近现代思想史专业数据库》统计，自 1900 年开始，"公理"的使用次数出现了快速的上涨，并在 1904—1906 年达到高潮，④ "公理"在这一时期被广泛使用，并被社会各阶层建构起不同的社会政治体系，不管是在词义还是在使用的人群方面，"公理"都呈现出泛化绵展的倾向。

---

① 按：事实上，《翼教丛编》一书对于"天理""天下之理"的运用，要远多于"公理"，并且二者的概念界限也十分模糊，虽用法有所改变，但实际与传统意义的"天理""公理"并无二致。

② 译书公会报. 中外捷报缘起（广告）[N]. 申报, 1897-10-26 (4).

③ 如 1897 年，王觉任在《知新报》发表《论列国息争之公理》，以传统儒家"公理"观念比附世界各国，进而对以"公理"为框架体系的国际公法展开讨论，《昌言报》1898 年 10 月 1 日载"万物皆有公理，盖泰西之士见万国纷争，准乎公理以治之也。"王觉任. 论列国息争之公理 [N]. 知新报, 1897-4-21；昌言集卷一·议款 [N]. 昌言报, 1898-10-1 (5).

④ 金观涛, 刘青峰. 观念史研究 [M]. 北京：法律出版社, 2011：56.

在此之前，社会政治层面的"公理"大多是为"进化"或"互助"等理论提供变革支持的名词，成为社会达尔文主义的传播和康、梁等变法派进行宣传的政治载体。而在经历戊戌政变、庚子事变、日俄战争直至立宪运动等政治事件后，近代中国面临着更为危险和严峻的社会形势，因此，竭力探求救亡图存道路的近代国人进一步推动了对"公理"一词使用的泛化。

例如，邹容 1903 年在《革命军》中有"革命者，天演之公例也。革命者，世界之公理也"，章太炎曾被评价是"辩论满汉种界，主张革命公理，信为支那卢梭"。① 邹氏和章氏正是将"革命"看作是自然演化的公例和有进步意义的世界公理，借助"公理"来为革命建构政治正当性，这与过去康、梁等人将变法维新修饰成"公理"的手段如出一辙。事实上，包括孙中山、陈独秀在内的许多近代知识分子，都曾试图将传统革命与"公理"体系相结合，并试图围绕"公理"（如进化论、社会达尔文主义）来构建其革命学说的正当性。革命与变法，两种看似截然相反的政治行为却共同借助"公理"来逐步推动了其目的的实现。

在这一时期，对于那些有可能推动变革的社会政治思潮，试图将其附会到"公理"的框架体系内的尝试是始终存在的，而不仅存在于对"革命""变法"等概念的正当性塑造上。《新民丛报》刊载论著《法国革命史论》中写道，"曰人权平等，曰主权在民，曰普通人民有权选举，此三者诚公理之极也"，② 将《权利法案》所载的人权、主权在民、选举权等西方政治价值一并视作"公理"，将法国大革命所彰显的思想理论视为实现近代化的不二法则，并为其阵营的社会政治诉求提供强力支撑；在《小慧解颐录·孔子讼冤》一文中，则强调"庶人之议政"是"天下之公理也"，③ 该文在对孔子进行批判的同时，借助"公理"，宣扬了人民参政议政的基本政治权利；《申报》曾同样试图用"公理"为人的政治权利构建正当性，如 1905 年 12 月 8 日在《来函》中写到"本省之事，本省皆有干预权，此皆世界之公理也"，④ 将人民的监督权和对于本省政事的干预权视作"世界之公理"，而在 1905 年 12 月 31 日《论华商设立公会事》一文中，同样指出"有纳税之义务者，必有忝预政事之权利，此东西各国之不刊之公理而莫之能违者"⑤。1903 年刊载的《浙江潮》社论《敬告我乡人》，则将"地方自治"也视作实现变革的社会"公理"，并称"地方自治者，诸君之天职也"。⑥ 1906 年 4 月 1 日的《民报》刊登译作《欧美社会革命运动之种类及评论》一文，更将平均地权看作社会政治之"公理"，称"土地者，天造者也，唯此为能平均。世界之公理也"。⑦

这一时期"公理"泛用最具代表性的人物还属梁启超，梁氏的"公理"观与从前相

① 彭国兴，刘晴波（编）. 秦力山集·说革命 [M]. 北京：中华书局，1987：134.

② 明夷. 法国革命史论（续第八十五号）[N]. 新民丛报，1902（88）.

③ 小慧解颐录·孔子讼冤 [N]. 新民丛报·杂姐，1902-4-22（8）.

④ 来函·长沙曾鉴吾致江苏学会书 [N]. 申报，1905-12-8.

⑤ 论华商设立公会事 [N]. 申报，1905-12-31.

⑥ 按：《浙江潮》1903 年 2 月创刊于东京，是由浙江同乡会的革命党人所编的，以"增长知识，激发志气"为宗旨，是具有强烈的资产阶级进步倾向的革命月刊。攻法子. 社说·敬告我乡人 [N]. 浙江潮，1903（2）.

⑦ 三派之异同及评论·欧美社会革命运动之种类及评论. 日本巡耕稿 [N]. 民报·译丛，1906-5-1.

比发生了不小的变化。庚子事变以后，清廷以新政自救，维新派亦善用民意，鼓吹变革。[1] 梁氏将掌控舆论看作"成立时代之事业"的重要手段，[2] 故而对"公理"的使用更加频繁、泛化，在梁氏看来，凡是带有进步色彩的变革思想，都能通过"公理"赋予其正当性，如《新民说》"自由者，天下之公理"[3]、《新史学》"历史者，叙述人群进化之现象而求得其公理公例者也"[4]、《灭国新法论》"灭国者，天演之公理也"等，[5] 以及他在《新民丛报》刊文《新罗马传奇》中写到"革命虽为世界不可逃之公理革命"等内容，[6] 将自由、历史、灭国、革命等皆视为"公理"，可谓万事不可不"公理"。可见，在19世纪末知识分子的建构下，"公理"已经成为各种政治思潮为自己修饰正当性的常用词汇，在此基础上，"公理"无论是在使用上还是在意义上，都不断地泛化。

而除了更多地为进步性的名词和各种社会政治思潮"站台"之外，"公理"在此时的另一大现象即是，以非政治或道德领域的、科学意义上的、表达普遍之理的"公理"，逐渐为民众所认识、接受。公理由此成为时代话语体系的基本内容之一，在不同的社会层次和背景下得到较为普遍地接受和运用。如在知识传播和新式教育方面，"公理"概念和运用就得到了延展。1910年9月27日《申报》载《论制定宪法之方法》中"理化学之有原则，几何学之有公理"[7] 一句，借几何学公理阐说制宪意义，也多少对理论建构有所裨益。可见，这一时期，公理不仅仍被作为佐证数学理论"当然之则"的重要名词，为自然科学的定义和传播发挥着关键的作用，同时也对社会各阶层的知识教育发挥着更为深刻明显的作用。此外，蔡元培于20世纪初编纂的《中学修身教科书》中还曾提道："凡事皆有公理，而社会性习之间，必不能事事以公理绳之"，[8] "公理"进入覆盖社会层面的"教科书"层次，足见其已作为普遍使用的词汇，在近代中国社会发挥作用。

表达普遍之理的"公理"观念为大众所接受的另一特征是"公理"的世俗化和口语化。这一时期"公理"广泛出现在小说、广告、宣言等社会场合，真正进入了"万事不可不'公理'"的层次，成为话语体系的基本部分：《孽海花》在谈及无政府主义思潮时，借小说人物之口，批评中国人不晓得"天赋人权万物平等的公理"[9]，《二十年目睹之怪现状》中也写到在一场中外冲突中，参与会审的领事"据着公理争辩"而赢下官司。[10]《新民丛报》刊载的小说《美人手》中，将"爱"视作"自由择婚"的"公理"，自由化的倾向多少展现出对传统的背离；[11] 小说《痴人说梦记》中有"大家不靠势力，

① 丁文江（编）. 梁任公先生年谱长编 [M]. 上海：上海人民出版社，1983：195.

② 张品兴（编）. 梁启超全集·舆论之母与舆论之仆：第1册 [M]. 北京：北京出版社，1999：382.

③ 张品兴（编）. 梁启超全集：第2册·新民说 [M]. 北京：北京出版社，1999：675.

④ 张品兴（编）. 梁启超全集：第1册·中国史叙论 [M]. 北京：北京出版社，1999：448.

⑤ 张品兴（编）. 梁启超全集：第1册·灭国新法论 [M]. 北京：北京出版社，1999：467.

⑥ 小说·新罗马传奇（续第二十号）·饮冰室主人·第七出隐农 [N]. 新民丛报，1904-11-7（8）.

⑦ 论说·论制定宪法之方法 [N]. 申报，1910-9-27.

⑧ 蔡元培. 中国伦理学史·中学修身教科书 [M]. 北京：北京联合出版公司，2014：109.

⑨ 曾朴. 孽海花 [M]. 长沙：岳麓书社，2014：71.

⑩ 吴趼人. 二十年目睹之怪现状 [M]. 长沙：岳麓书社，1993：209.

⑪ 美人手·红叶阁凤仙史译述 [N]. 新民丛报，1905-1-6（60）.

只讲公理。公理不合，随你岛主也不能压制人"①、1910 年《图画日报》刊载小说中有"欠债还钱，这是公理"等句，②充分展现出"公理"在社会中呈现出的"下渗"倾向。1907 年一则推销戒掉鸦片药物"无灵丸"的广告中，商家力陈其药效之强的同时，也善以"欲救中国，先绝鸦片，群治学上之公理也"③来说服买家。在 1908 年一则广告中，商家同样慷慨形势，呼吁国民强健体魄，服用其产品"日光铁丸"，以顺"优胜劣败之公理"。④在 1905 年的抵制美约、美货运动中，社团组织登报宣言，也多借用"公理"来表达抗议，如玉业（琢玉业的同业公所）就曾发文称"美虐华工，波及士商，大背公理"，并呼吁民众"亟力抵制，以冀美政府速行良"⑤。

市民阶层之外，甚至包括清皇室在内的社会其他阶层也逐渐多地承认并使用泛化下的"公理"新义，1909 年 3 月，"东三省总督徐世昌等奏法律为宪政之根据"，获回应称"自应以公理为衡，以简赅为断"。⑥当年 4 月政论土耳其局势时，也论称"因土耳其锐意立宪，为之邻者，凭公理不能不赞成，实则深恐宪政果成，将对土之素谋不遂，于是群策又纷集于岛矣"。⑦此外，科举考场上，对于"公理"的运用也愈发熟络，如在阐论领事裁判权时，考生会用收回治外法权乃"国家公理"作答，⑧考生对于中国"邮权收回"的论证则同样善以"他国所设信局一律撤回"为"地球之公理"回应。⑨可见，"公理"概念不仅繁荣于社会层面，在士人社会乃至更高阶层，其获得接受的普遍程度也进一步加深。

该时期的"公理"含义之杂，使用范围之广，覆盖阶层之多，是前所未有的，于此可见一斑。⑩值得注意的是，从以上我们可以看到，随着"公理"一词的泛化使用，上层与下层社会对于"公理"的应用都变得更加通俗、口语化。而在康、严、梁等人的引进和论述的同时，在社会各阶层借助"公理"修饰理论进而构筑正当性的同时，"公理"已逐渐"被动地"成为建构事物的权威和不可挑战性的重要工具之一，成为"立于天地万物之间一定而不可移易之准"和"万国万民所共认，可以昭示天下而无所隐蔽于中"⑪的绝对真理。

从鸦片战争以前"公理"作为"天理"的附属物，随着"天理"的式微而逐渐消

---

① 痴人说梦记 [N]. 绣像小说，1903 (54).
② 短篇怪像小说（续）[N]. 图画日报，1910 (295).
③ 第九次广告 [N]. 申报，1907-5-7 (14).
④ 欲为强国之民者请速读（广告）[N]. 申报，1908-4-1 (6).
⑤ 玉业抵制美约广告 [N]. 申报，1905-11-6 (1).
⑥ 中国第一历史档案馆（编）. 大清宣统政纪·卷 11·宣统元年三月 [M]. 北京：中华书局，1987：22.
⑦ 中国第一历史档案馆（编）. 大清宣统政纪·卷 12·宣统元年四月 [M]. 北京：中华书局，1987：3.
⑧ 盛平章. 益妥定章程收回治外法权 [N]. 光绪壬寅补行庚子辛丑恩正科乡试闱艺（江南乡试闱艺第五），1902.
⑨ 张煜. 中国邮政逐渐扩充现邮路纵横约若干里各项局所共若干局应否再事推广并变通办法以保邮权策 [N]. 光绪癸卯恩科乡试硃卷（江南乡试中式卷），1903.
⑩ 值得注意的是，尽管近代以来，"天理"世界观伴随传统哲学思想本身的低迷不可避免陷入衰落，但察 20 世纪初的相关文献，仍有以传统"天理"概念比附"公理"的用法出现，如《新民丛报》中《饮冰室师友论学笺》一文中就有"乃为专制帝王假借孔子依托孔子者，借口以行其压制之术，此实协于公理"等句。这更显得此时期的"公理"含义之杂。此处不作更多举例。
⑪ 论公理为万事之的 [N]. 大公报（天津版），1902-10-16 (1).

逝，再到 20 世纪初的"万事不可不'公理'"，百年间，"公理"经过消逝、重构再到泛化使用，对近代中国的话语体系产生了深刻的影响。而作为历次社会政治实践直接进行作用的中国社会，也不可避免地成为这次激荡的承载者，并推动"公理"在社会各阶层的活动中呈现、延展。

伴随"公理"勃兴而来的是对其的反思与质疑，围绕"公理"的反思，一直到 1910 年前后达到了一个高峰，而这种反"公理"现象则集中在特定知识分子群体中，并经过不断的批判和反思逐渐展开。章太炎的言论在反"公理"的进程中有着一定的代表性。

章太炎在 1908 年撰文的《四惑论》中，集中表达了他对以"公理"为代表的现代科学知识体系的质疑和批判，他说："昔人以为神圣不可干者，曰名分。今人以为神圣不可干者，一曰公理，二曰进化，三曰惟物，四曰自然。有如其实而强施者，有非其实而谬托者。"[①] "进化、惟物、自然"等，其实都可归结为"公理"，所以此句实际便是对"公理"知识体系的批判，章氏认为该时期对于"公理"等名词的应用，已经到了牵强附会、"强施"、"谬托"的地步，仿佛事物一旦被赋予了"公理"这样的性质，就已经是高高在上、牢不可破的社会真理了。章氏批评这时的"公理"已非真正的"公"，反而是"私"的创制；他指出："其所为公，非以往所同仞为公，而以己之学说所趣为公"[②]，声称所谓的"公理"实际上仅代表了一部分、一方面的思想准则，自然不可能一蹴而就成为共识。汪晖指出，在章氏的理论体系中，"公理"等所谓的科学世界观无非只是人理智的社会活动，是佛教术语中的"缘识面成"罢了。[③] 此时社会对于"公理"的反思和批判亦十分尖锐，如 1908 年《大同报》"世界之公例不仅与今日新有之公理公道不合，抑且与中国旧有之公理公道相背相戾"一句指出"公理"之间所存在的矛盾之处。[④] 究其原因，诸如"革命公理""主和主同之公理"[⑤] 以及频繁出现的、被赋予"万国之公理""世界之公理""自然公理""宇宙之公理"等地位的各种社会理论，都显示出在这一时期，在传统思想价值体系崩坏的现状下，以"公理"为代表的思想体系迅速占据了社会真空；"公理"也成为有意者进行社会宣传的工具，借助"公理"概念，他们往往能为其理论打下合法基础，强化其不可辩驳性和权威性。因此，成为共识下的"公理"概念逐渐在泛化过程中出现滥用现象，自然无法避免"万事皆可公理"现象的发生。正因如此，以章太炎为代表的部分士人，才会重新审视"公理"的价值，展开批判和反思。

结 语

近代中国的"公理"观念建构于 19 世纪后期，既是西方科学中解释事物运动规律、

---

① 四惑论 [N]. 民报，1908-7-10（22）.

② 四惑论 [N]. 民报，1908-7-10（22）.

③ 汪晖. 现代中国思想的兴起 [M]. 北京：生活·读书·新知三联书店，2008：1035.

④ 论说一：中国之前途（再续）[N]. 大同报，1908-1-1.

⑤ 谈丛：平说 [N]. 新民丛报，1905-12-11（70）.

用以总结的公认的、无需证明的理论的引入，也是传统"公理"名词在"天理"世界观背景式微下的一次重生。在二者的融合下，"公理"逐渐走出科学定理或传统思想体系的藩篱，被赋予了更多的社会化和政治化的含义，康有为、严复、梁启超等人的建构、阐述和章太炎等人的批判使得"公理"一词逐渐成为清季最常用的词汇。民国以后，"公理"概念则进一步传播泛化，在中国的政治和外交实践尤其是在签订"二十一条"、一战外交失败等事件中，国内还曾对"公理"展开过激烈的讨论。经过对"公理"一词近百年的建构和运用，最终推动实现了"公理"科学世界观的普及和政治化的"公理"外交的实践。回看清季"公理"的演变，可以发现其是在传统中国思想体系的崩溃、真空亟待填补背景下诞生的，并在历史发展过程中，围绕社会人物的论述和重大政治事件的影响而被推动的。黄兴涛将"话语"视作"非'实在'而有价值倾向性和权力支配性的说辞"，并指出其"有'建构'知识和现实的能力"，[①] 作为"话语"的"公理"概念亦是如此，"公理"一词经过泛化使用，逐渐兼有政治、社会、数学等多重内涵，与近代以前传统"天理"观形成本质的区别。

晚清民国持续半个多世纪的根本变革影响了"全社会各个层面的各种制度体系"，并最终使中国脱出了"三千年一以贯之的世界之中"，进入"大变动所形成的观念世界与行为规范的制约之下"。[②] 以特定概念或名词为对象的研究为清末社会转型研究开辟了新的视野，"公理"阶段演化的背后，实际上是此种中西背景下，传统观念在面临所谓世俗正当性和全新话语体系下进行的主动或被动的调适，其与社会整体制度化变革相关联，为我们打破"磨砂玻璃"、把握近代中国思想流变和"一般思想史"的世界提供了载体。

>> 老师点评

由于身兼数职，能力较强，曝光度较高，钊沅同学在书院的知名度可能要略高于一些新进教师。这固然是优秀的一种，但不足乃至危险也隐伏其中。据其自陈，大三之前几乎没有教科书之外的阅读经历，无疑这是遗憾。该篇论文起意于彼时，客观上适应了评奖和保研的条件需求，主观上不失为一次有意义的锻炼。如今回首，令人有多歧亡羊、补牢未晚之慨。

"天理"是传统中国尤其宋以后，自天子以至庶人都会讲究和在意的根本遵循，雅俗共赏，四民通用。顾名思义，它连接着中国人至高无上的"天"之信仰。近代以来，具有道德和文化意涵的天下观念逐渐崩溃，充满功利的竞争色彩的"世界"观念强势兴起。纵向的"天"之关怀逐渐转变成横向的"共同""公同"关照（重心当然是欧美），人们思想和行事的终极依据悄然变化，从"天理"到"公理"即其表现之一。发端于戊戌、践行于新政、大盛于辛亥、蹉跎于五四，最终风头不减，"公理"的衍化与运用史，不啻近代思想权势转移的一种折射。难得的是，钊沅同学能够通过读书发现问题，经过

---

① 黄兴涛. "话语"分析与中国近代思想文化史研究 [J]. 历史研究，2007 (2)：152.
② 桑兵. 晚清民国的知识与制度体系转型 [J]. 中山大学学报（社会科学版），2004 (6)：91.

几次讨论，确定了题目和大体思路。

　　钊沅同学行动力较强，有了目标和规划便踏实进行，搜集了不少文集、报刊资料，对前人研究也较为关注，这些都使得其论文的开展不至于迷惘和空洞。第一稿交来的时候，令我感慨其确实是人才。但后续的进展颇多曲折，最大的问题在于时限展开太长，导致每个部分都有些松垮，于是提醒他缩短时段，着力于戊戌一段。虚心使人进步，照办之后，确有改观。在更深的层面，用概念勾勒历史，正是观念史研究的大忌。尤其当今数据库发达（或曰数字人文），检索便捷，主观认定若干关键词，获得一堆看似丰富的材料，再凭借自己的理解将其分类连贯，成了这一类论文机器式生产的模式，实在悖谬。一则不经广泛读书，径直搜索危害无穷，甚至有时都无法证明为何应该如此搜索，二则对于所得材料，不明了其前后左右的渊源联系，不了解时人立言的对象、立场、理路、关怀，望文生义，失之千里。对这一点的注意和把握，钊沅同学尚在努力中。如果牵连一点看，钊沅同学读书起步较晚，才有余而学尚不足，也宜乎这篇论文起手较高，后续较难，仍然任重道远。"非志无以成学，非学无以广才"，祝愿与我从师生变成校友的钊沅同学用心用力于沉潜高远，学问事功各得其所。

论文指导老师、学业导师　余　露

三、本科生创新项目成果

《癸甲襄校录》点校前言

2013 级　李屹轩　　**2014** 级　贺向前

《癸甲襄校录》是光绪二十年（1894）冬由四川尊经书院刊行的晚清经学家岳森的文集。岳森，字林宗，四川南江人，因为关于他的史料记载甚少，今人对他的了解并不算多，费行简《近代名人小传·儒林》中有一段关于岳森的简短介绍：

> 森字林宗，南江人。子雄，字孟雄，德阳人。皆湘绮弟子也。皆通群经，攻文史，皆中年死。森著《考工记考证》《说文举例》《蜀汉地志》。子雄著《古文尚书考》《礼经表》《宫室考补》《穀梁凡例》。森书皆刊行，子雄书唯刊《宫室考补》。二人汲考古文，足继师说，虽深造弗逮廖平，而通博过之。森拔贡，景山官学教习，未及叙官。子雄举人。①

这段介绍后来为支伟成《清代朴学大师列传》和萧一山《清代通史》所采，但由于其仅记岳森的姓字、籍贯和著述名称，实在不足以藉此深入了解岳森。2012 年《经学的新开展》一书中刊出了岳森的作品《为学通议》，由吴仰湘先生点校并根据《癸甲襄校录》和其他相关材料为之解题，方使众人得以管窥岳森生平与著述的大略。

从岳森的诗文中可知，岳森生于咸丰三年（1853），虽然他自称是岳飞的第二十六代孙，但实际上于史无考，岳森在《秋日田园赋》中自称"隶籍下邑，世居草莽，性厌市□，山庄自怡，巴渠利阆之间，有先人之敝庐存焉"，可见他的家族应该世居四川，且无显宦。岳森十二岁时"始就外傅"，十五岁应童试，并在光绪二年（1876）的科试中脱颖而出，受到当时四川学政张之洞的赏识。岳森在《分印成均课士录自序》中记称："南皮张夫子取森古学冠本郡，复以第一名取入县庠，调住尊经书院肄业，自是得从湘潭王先生游。"在四川尊经书院求学时，岳森深受张之洞和王闿运学术趋向和思想的影响，他在目录学、说文学和礼学方面用力颇深，并经常得到王闿运的赞赏。他对这两位先生都极为感激，在诗作中记录其跟随王闿运问学时说"幸侍缁帷侧，遥窥周孔心"，在听说张之洞右迁其官时称"颂为朝廷作，情与师门亲。顾奋枚生笔，羽书赞经纶"。光绪八年（1882）岳森离开尊经书院，回家授徒，著成《说文岳氏学》五卷，开

---

① 干春松（主编）. 经学的新开展 [M]. 北京：中国人民大学出版社，2012：233.

始撰写《三代庙学考》。三年后岳森被选为拔贡，但在次年朝考中名落孙山，便投考当时由王先谦和盛昱等人主持的国子监，得留置南学。在国子监期间，岳森发奋著述，作成《祭器考》《礼记类述》《禘祫大小通考》《周礼保氏教》等。光绪十四年（1888），岳森因为在国子监课试中屡次得优，得选为镶蓝旗官学汉教习。光绪十七年（1891）岳森因为父丧开缺回籍。光绪十九年（1893），在时任尊经书院院长伍肇龄的推荐下，四川学政瞿鸿机聘岳森担任尊经书院学长，并充襄校。光绪二十年（1894），岳森再次赴京参加秋闱，但是依然未中，只好自京返蜀，当时岳森"行箧中携有分印《成均课士录》及杂著数册，同学见之，谬相转钞，犹病未溥，请付剞劂"。由于当时伍肇龄对岳森的评价甚高，称其"著述宏富……治学醇正，识力精迈。知刊刻所著亦必有益士林，与廖竞美，因力惠之"。于是同年十月，尊经书院便刊出了岳森的《癸甲襄校录》。

《癸甲襄校录》共分为五卷，收录岳森的经说十九篇，小学三篇，杂文三十三篇，赋十五篇及诗作二百八十六首。岳森在《例说》中将其分为"经学"和"词章"两大类，"经学必略有师承，词章必稍具体格"，总体以经、诗、赋、杂文为序。其中经说部分按三礼、《易》《书》《诗》、小学为次，岳森将礼学著述置于易学著述之前，集中反映了他的经学思想，而将小学置于末尾则是从班固的《汉书·艺文志》之例。岳森称《癸甲襄校录》的杂文部分所收，"遵仿乾嘉老辈文集，多载发明经义、剖晰流别之文；其次选录拟古论史之文；再次乃慎选应官课、讲经济之文；自余拙作，悉不录入"。张之洞在《书目答问》中曾说："由小学入经学者，其经学可信；由经学入史学者，其史学可信；由经学、史学入理学者，其理学可信；以经学、史学兼词章者，其词章有用；以经学、小学兼经济者，其经济成就远大。"岳森在集文章成书过程中所依准之体例明显受到了乾嘉学术趋向的影响，是当时晚清学风的反映。

纵览《癸甲襄校录》的内容，岳森经学思想的最大特点是尊郑和崇尚礼学。郑玄在岳森宏观的经学史认识当中占据着特殊的地位，岳森在《为学通议》的《择术第七》中，将自汉至清两千多年的经学史划分为汉、宋两家，许、郑、朱三学，极为精彩，故不避繁冗，录文于下：

> 夫慎今古之防，守师承之界，或早兴，或晚盛，各有渊流，由武、宣抵顺、和，初无侵越，是之谓汉学。高密后起，破除积习，衷群言于一是，汇众说而求通，于是变而为郑学。汶水叔重，本古学家，耻向壁虚造，作《说文解字》，直诂形义之本，兼括声读之全，遂得与《尔雅》相肩摩，为经学之首辅，于是有许学。濂溪周子，遂起宋初。二程继曜于河南，张载希风于关内。不屑章句，直研义理，越迹合神，超华取实，是之谓宋学。龟山去洛，斯道遂南。罗、李再传，诞兴朱子。要诚正之归，必循途于格致；穷太极之奥，亦取径于注笺。文质交修，博约并理，于是变而为朱学。

在岳森的经学史认识中，郑玄为"汉儒之极致"，自明至清初，许氏之学和朱子之学相继兴起，乾嘉之后，至于岳森自己所处的时代，则郑学、汉学和许学盛行。《癸甲襄校录》中所收岳森的多篇经学著作都明确表达了岳森尊郑的思想，岳森在给廖平的书信中也明确说明他承认郑玄在经学中的宗主地位，称"康成调和今古，自为当涂已降经学家所宗主。……汉之郑氏、宋之朱子二君于艺林无遗憾。"

清人崇尚汉代学术，重视考据，"于小学则宗许氏《说文》，于经学则盛推郑氏康成"，胡培翚在《汉北海郑公生日祀于万柳堂记》中也曾说过郑玄乃"集汉学之成"，并亲自组织在郑玄生日那天祭祀郑玄，尊郑乃清乾嘉以来之风尚，纵使岳森亦豫此流，不足特表。但是岳森尊郑不仅仅表现为在宏观的经学史中承认郑玄的宗主地位，而是更加具体地体现在他的经学研究之中。岳森一生用力最多的即为礼学，不可避免地要与郑玄展开对话与讨论，孔颖达在《礼记正义》中曾说："礼是郑学"，杨天宇《郑玄三礼注研究》认为"郑君遍注群经，而以三礼贯串之。其注存者，今唯三礼注及毛诗之郑笺，而笺毛犹在注《礼》后。《礼》注存者，亦以郑注为最先。魏晋以来，学者治《礼》，咸以郑注为宗。孔疏：礼是郑学，诚非虚言。"

岳森在研究具体礼学问题时，基本不可能绕开郑玄，因此岳森诸多礼学研究文章都是以郑玄为起点，如他在《禘祫大小通考》中便称："所有禘、祫之说，人执一义，义执一词，自生荆棘，转相蒙翳，初犹偏执，久益混淆。撮其要害，皆由有所未辨耳。……其间持论最着，为后学所奉宗者，莫如何君劭公、郑君康成。……分经文为四系之条说，以正本清源。然后取《诗序》《礼记》诸文，并录郑注，间采王笺，仍依《春秋》之例，列为四类。"岳森认为自六朝以至于清，经学家对禘、祫问题的讨论犹如聚讼，但实际上却各执一端，互相错谬，想要将此问题正本清源，还是要从郑注出发。

但是，岳森尊郑并不代表他泥郑，岳森对郑注的态度绝非是亦步亦趋，相反正是因为岳森的礼学研究都是从郑注出发的，所以他常常能发现郑注的问题所在，并直接将之指出，他说："虽宗何学者可以善为之回护，郑之禘祫志亦极能自圆其说，而其词各有所强，即其义均有未安也。……郑君专精三礼，旁通《易》《书》《诗》，其于《春秋》，第涉左学，未足以洞究其全旨，故于他类礼解无不兼综条贯，至精至当，惟此禘、祫一义，亦多迁就之处。"岳森认为郑玄之学的特点在于通博，长处在于兼综条贯，但是在一些具体的礼学问题上有时却"随文解之，不置深辩"。因此岳森在研究具体的礼学问题时"不尽从郑注"，"一取决于经文"，常常从分析郑注理论的根据和立场出发，来分析其得失，得出与郑玄不一样的结论，他的《禘祫大小通考》《"豆笾刑在东房"解》和《朝士注"王有五门"五门之次先后郑不同说》等文章都是如此。

不过，需要特别指出的是，岳森在驳郑的同时也经常回护郑玄。岳森认为"郑君朴学，依经立注，殚精极博，而条理明通，绝无陵乱牵强之弊"，因此每每郑注中出现一些问题错误时，岳森便尝试对郑玄抱"谅解之同情"，推寻郑玄致误之由，称"其误在注，与疏无与，亦非郑君之自误，有使之误者，然后其注乃误。悉心推勘，有无难得其致误之由与"。同时，在岳森自己的认识当中，虽然他经常驳郑玄之议，但是，"株守一门，两汉旧习；郑君晚出，遂变初风。故注礼不拘杜、卢，笺诗辄纠《毛传》。不尽从郑注者，正其宗郑学之派"，他驳斥郑学正是由于他深体郑玄之法。

岳森尊郑又不泥郑的态度不仅仅体现在他的经学研究中，还体现在他与同时代人的交往过程中。王国维先生在《沈乙庵先生七十寿序》中曾说："国初之学大，乾嘉之学精，道咸以降之学新。"晚清蜀地今文经学者廖平正是"学新"的典型代表，清光绪十二年（1886），廖平的成名作《今古学考》刊布，他主张以礼制平分今古的思想，在当时造成了巨大的影响。但是廖平的《今古学考》完全站在今文学家的立场上，责难今古学混乱的罪魁祸首就是郑玄："今注古学，乃欲兼有今学之长，采今易古。正如相者嫌一人耳目不好，乃割别人耳目补之，不惟无功，而且见过。"而郑玄"混同今古"的解经方法是"徒劳唇舌，空掷简札，说愈繁而经以愈乱，大约意在混同江河，归并华岱，自谓如天之大，无所不通，乃致非类之伤，各失其要也"。之后郑玄开今古学混乱之先河，王肃继之，今古学遂混乱不可挽回，廖平认为自己著《今古学考》正是为了救郑玄、王肃之弊病。

岳森在光绪十三年（1887）冬国子监课试当中所作的《为学通议》中对此说法予以了明确的反驳，认为此等信口雌黄的观点是"好滋新议"。岳森先是肯定了郑玄"混同今古"的做法，"窃谓今、古二学，汉学也。康成之学，郑学也。汉学各守其诂，其道为最精；郑学统守群诂，其道为至博。而但能古训是式，弗类师心自用，皆不愧通经之津逮，守诂之法程也。"他认为无论汉学之"各守其诂"，还是郑玄之"统守群诂"，都是解经之正轨，其意即不应占据前者非难后者。岳森指出魏晋之后今古学不复，是为政者之失，过不在于郑玄，其称"学术盛衰，视乎国政，标准无乖，草风自靡。汉廷博士，各随经立。永嘉以后，渐不分经。上无专科，下即驰骛。家法之亡，历阶昭揭。归咎郑君，是谓过矣"。

但是与此同时，岳森在《为学通议》当中实际上也吸收了廖平"以礼制平分今学、古学"的意见，岳森治礼学分类《戴记》的做法，和廖平《今古学考》中《两〈戴记〉今、古篇目表》区分《戴记》的做法如出一辙。他在另一封给廖平的信件《南学报廖季平书》中承认了廖平很多具体论断今古文的说法，并盛赞此书诚乃"未发之覆"，"自谓起二千年之绝学，旬非夸诞，往者萧藩作序，以尊著鼎足顾、阎，已得其似，犹未逼真也"。岳森并不排斥廖平在具体问题上与郑玄的商榷，他所极力反对的主要是廖平以今文学的立场来攻击郑玄。

当然，尊郑与崇尚礼学虽然是岳森经学的主要特点，但是并不等于岳森思想的全部。吴仰湘先生曾指出岳森在国子监期间受到京师学术风气的影响，对于名物制度、目录校勘和金石碑版都较为重视，并受到当时主政国子监盛昱等人的激赏，九次被评为课业第一，这在他的《冕制考》《韠制考》《带制考》《深衣制度考》《为学通议》等文章中都有体现。同时，岳森早年在尊经书院求学时精研过《说文解字》，他对六书次序、声韵和假借的研究心得亦被收入文集中，使人得以窥见其手稿已佚的《说文岳氏学》之一角。

从岳森的诗作、赋录和杂文中来看，两次科举考试不中带给了岳森较大的人生苦闷之感，他的赋录中如《萤赋》《拟张子寿荔支赋》《茉莉赋》《果下马赋》《柚赋》等作品都是感慨自己怀才不遇或者以节气自托。其中《拟张子寿荔支赋》和《柚赋》都是说荔枝和柚子这两种类型的水果外表不太好看，实际上果肉芳甜，很多庸人看见其表却将其弃之不顾，明显是以果物自喻。《果下马赋》则更加明确地说"益州有马卑且微，六宫才贵齐流吗"，将自己比喻成卖相不好却能驰骋千里的马驹。岳森中年多病早亡，可能与他这种长期郁郁不得志的心态有很大关系。

与此同时，岳森有着很深厚的乡土观念，这直接影响到了他的学术理想——"振兴蜀学"。岳森的诗作中有很多唱和同乡友人以及怀土思家的内容，他的《江赋》《秋日田园赋》《吴道子奉敕画嘉陵山水赋》都是花了极大笔墨，穷形尽相地描写四川山水田园的作品，并且多作于他久寄居外地或返乡不久又欲离开的时候。岳森曾经在与廖平的书信中感慨当时蜀学衰微，"我辈根本，未迪显光，已兆颓废，盖由更张未和，范围复疏，侧目者流，抵隙非訾，俗子诺诺，通学亦疑私心，痛切烦菀而已。"虽然廖平的《今古学考》错谬甚多，且整体立场也为岳森所不取，但是廖平《今古学考》无论褒贬，巨大影响已然造成，这又使得岳森对廖平"振兴蜀学"寄予了厚望，"值此绝续之交，将有振顿之望也"。其称"足下振兴蜀学，大酬素志，自憾远羁直北，阔我好音，未能分领课程"，言下之意，自己推重补且之功，是为"振兴蜀学"略尽绵薄之力，"得分后军之绩，以登尾声之谱，幸甚至哉，非敢请也"。

　　总体而言，岳森的一生可谓囿于科举考试，他的很多作品也都是"应试之作"，连续两次科举不中对他的人生心境也有很大的影响，因而岳森的诗文集完全可以作为研究晚清士人面对科举心态的史料。岳森尊郑的经学思想并没有越出乾嘉以来的学术框架，但是由于他对礼学精研已久，故而又多与郑玄立异，可谓颇多心得，不无创见，而《为学通议》中反映的岳森对于经学史的宏观把握，也正立于岳森的具体经学研究之上。岳森以此为基础，对同代人尤其是廖平的《今古学考》发表了很多议论，岳森和廖平同为王闿运的弟子，又都是蜀士，他对廖平新学的意见，正如同当时郑玄攻驳何休时的情景——"入吾室，操吾矛，以伐我乎"。这些都是值得今人予以重视的地方。

　　同时岳森的一些朴学式的考证对于今天的研究应该具有参考意义。《癸甲襄校录》中有《〈朝士〉注"王有五门"五门之次先后郑不同说》一文，其中辨析先后郑论述天子有三朝，但郑对三朝的位置却看法又先后不同："五门之次，后郑易先郑之训，谓库门在稚门外，诚为的当，其为治朝在路门外，燕朝在路门内，亦较先郑之浑言内朝在路门内者为长。唯外朝之说，先郑谓在路门外，固觉非是，后郑谓在库门内，亦有未安。"陈苏镇老师的《汉未央宫"殿中"考》指出，今人常以为汉代有内外朝之分，但考之史实，却极为模糊，郑众、郑玄乃汉之大儒，熟悉典制，却对汉之内外朝所在解释得极为模糊，而郑玄在比附汉朝之外朝的时候，多次采用了推测的语气，更加可以证明汉代其实没有内外朝之分，所谓的内外朝之分是当时儒生比附经典所成。

　　这一次点校经学家的著述带给我们的收获极大，我们自己感觉无论是点断古籍的能力，还是理解经学作品的能力都得到了提升。清代经学家著述的点校与普通的文学类和历史类著作的点校非常不一样，文学类点校最大的难题是用典，不熟悉文学作者的用典便有可能断错，历史类点校最大的难题是了解时代性的名词，有的时代尚未出现这些名词，就不能依此而断，比如《三国志》中描写孙权："吴王浮江万艘，带甲百万，任贤使能，志存经略，虽有余间，博览书传历史，藉采奇异，不效诸生寻章摘句而已。"但实际上三国时代并没有"历史"一词，应断为"博览书传，历史籍，采奇异。"经学家的著作，点校最大的难题是对经学著作的熟悉，只有知道他的文章在讨论何种经学问题，才能明白一些遣词造句的内容以及哪些是经学原典原文，哪些是作者的发挥。如若不然，极有可能致误。例而言之，《癸甲襄校录》中《"豆笾刑在东房"解》一篇，起首即言"特牲馈食礼豆笾刑在东房"。最开始我们将其断为"特牲馈食，礼豆笾刑在东房。"似乎也读得通，但是仔细查阅，《仪礼》中有《特牲馈食礼》，其原文为"豆、笾、刑在东堂"，前断甚误。又细核经学论著与经书原文，其中又有脱漏、衍字、错字甚多，如《祭法禘辩》文中，引《祭法》曰："虞、夏禘黄帝，殷、周禘喾。"但核对《祭法》原文，实为："有虞氏禘黄帝而郊喾，祖颛顼而宗尧；夏后氏亦禘黄帝而郊鲧，祖颛顼而宗禹；殷人禘喾而郊冥，祖契而宗汤；周人禘喾而郊稷，祖文王而宗武王。"如此者不一而足。

在此次点校过程中，由于学力和时间所限，难免有很多错误。虽然这一次点校工作已经完成了，但还远远不是终点，想要彻底贯通岳森的经学体系，纠正点校过程中的错谬，还需要我们今后更多深入思考和反复咀嚼。

附　录

点校收获
李屹轩

2016 年的春季学期，在"清代学术史"的课程上，吴仰湘老师首次向我们介绍了清代四川学者岳森。岳森一反经学史上简单的汉宋二元对立的划分，标举出许、郑、朱三家之学，令人印象非常深刻。吴老师在授课时谈道：学界关注岳森作品者不多；目前能利用的就是尊经书院的刻本；吴老师自己点校出了《择术》等部分内容，并撰写过一篇介绍性文字。当时我对岳森产生了浓厚的兴趣，课后请吴仰湘老师借给我岳森的作品集《癸甲襄校录》，并且以此为主要材料撰写了课程论文《论岳森对〈今古学考〉的两种意见》。

非常巧的是，2016 年 5 月书院的"本科生治学能力提升计划"正式出台了。我和贺向前作为本科生，又是第一次申请项目，当时很担心申请不上，因此在选题时决定找一个有学术价值又有一定研究基础的题目，于是我们商量之后决定选择点校《癸甲襄校录》。我们的考虑是：点校文献是一个非常锻炼阅读能力和思考能力的过程；《癸甲襄校录》的底本单一而且已经找到；我们之前已经写过论文，对文献较为熟悉；《癸甲襄校录》的内容主要以经学和诗文为主，前者如有不懂可以向书院的老师请教，而后者则点校起来较为简单。因为我们前期准备较为充分，既有研究论文，又有点校样章，还附有注释，因此以高分通过了外审，顺利开题。

这一次点校经学家的著述带给我们的收获极大，我们自己感觉无论是点断古籍的能力，还是理解经学作品的能力都得到了提升。例如，岳森在作品中经常征引经书典籍，但是因为古人引书常凭记忆，故而与原书不符时而有之。我们发现如果不核对原文，断句极有可能就断不准。

最后非常重要的是，我们本科生阶段就积累了做科研项目的宝贵经验。第一是要正确估计项目进度的完成能力。我们选定题目后与学业导师肖老师沟通时，肖老师便委婉地提醒了我们："《癸甲襄校录》的部头对于本科生来说不算小，你们已经快大三大四了，面临升学的压力时可能没有足够的时间来完成这个项目。"现在回想起来，肖老师的提醒非常有先见之明，最后我们的项目真的延期答辩了。开题后，我们制定点校策略时决定采取"分工＋复核"的方式：我们每人负责一部分，每点校完一章就交给对方再复核一遍；并且准备利用一个暑假的时间将它完成。但是我们很快发现由于工作总量巨大，暑假结束后只能完成大约五分之一的工作。之后我们果然又因为保研、撰写毕业论文和升学等原因，进度越发变慢，最终历时两年，至2018年5月才完成此项目。

第二是要提前统一好点校标准。在项目前期，由于分工的原因我们都是先按自己的习惯开展点校工作，第一次互相复核时才发现双方的标点、特殊符号意义和待查字句标记等标准都不一样，之后我们才反应过来要先制定一个详细的点校凡例。我们最早计划对于这些误差统统以校勘记的形式予以校正，但随着点校工作的深入，我们发现自己的学力根本不足以识别出岳森所有征引经文的准确性，而一一核查原文的工作量会非常庞大。为了避免校勘记前后不一，我们只好干脆将校勘记全部删除，导致大量时间和工作被浪费。

第三是应该提前做好项目计划，对点校整理和研究的难度分开估计。我们在制定项目计划的时候，一开始是准备边整理边研究，整理出一章就可以从中寻找感兴趣的问题来研究。但正式开始点校后，我们才发现现实与计划相去甚远。首先，《癸甲襄校录》作为岳森个人的作品集，里面主要是经学作品、杂文和诗赋，前者的研究难度很大，而后者又超出了我们的研究范围。其次，断句、创建生僻字库和核对原文等工作量已经非常大了，而这些仅仅只是研究的基础；整理与研究的时间分配难以协调。

当我得知《癸甲襄校录》的点校前言即将被收入《岳麓史学——湖南大学岳麓书院本科生优秀论文集（第二辑）》中时，内心中是又惭愧又感激。惭愧的是，此次点校过程中，由于学力和时间所限，难免有很多错误；而且研究的部分完全不够深入。感激的是，书院的老师们一直宽容而认真地引导和支持我们，通过这次"本科生治学能力提升计划"项目，我们积累了科研的经验，在心中种下了学术的种子。虽然这一次点校项目已经完成了，但它肯定不是终点，而是我们扬帆学海的起点。

点校收获
贺向前

（一）缘起

我记得当时消息出来的时候我是大二下学期，仍未确定将来的方向，只是单纯想抓住这个机会进行一些学术方面的训练。但回想当时的情境，可能有以下这几个因素让我最后决定与李屹轩师兄一同组队开始这个课题。首先，那个学期有一门"历史文献学"的课程，提到了有关古籍版本、体例相关的文献学知识，面前这个古籍整理的工作无疑是进入实操的邀请，当时我确有这种跃跃欲试的热情；再者，根据李师兄现行研究的介绍以及我个人的初步翻阅，发现《癸甲襄校录》能代表岳森这一位虽然名声不彰，却确实在经学以及时事方面有自己独到见解的晚清文人的思想，确能够引起我一定的阅读兴趣和研究热情。可能正是当时对这种"名实不副"的不平促使我投入整理他的文章的工作中去吧。

（二）过程

过程尤其漫长，本预计2017年6月完成，因为我和李师兄皆处于关键时期，忙碌，无奈又延期，大抵在 2018 年寒假后点校完毕。

点校的过程也伴随着我确立古典学研究方向的过程，所以这种调和是极为尴尬的。翻检大三学年的记录，心情烦闷频次较高，可能跟保研日期临近而一直没有确立研究方向，一直在不同的喜好之间徘徊，浪掷时间有关。而且这部书点校难度之高，实在是有点折磨人。当时看吴仰湘老师点校注释好的一篇文章，觉得虽然文理稍深奥，稍微动点脑筋还是能弄懂吴老师的想法。但后来在此书稿点校的过程中才发现，我之所以能囫囵弄懂那篇文章，是因为吴老师已经为它做了一篇引入性的序言，以及很多补充性的注释；而我面对的许多经学考证文章，遑论注释，连字词本身都要搜索半天，才能大概条理清楚。所以点着点着，很容易就怀疑当初的决定是不是值得了。这个时候点到岳森"比年嗟浪掷，今岁又虚过"时的喟叹，竟产生了共鸣。但心情归心情，回到学术训练本身，我也不断地学习跟古文献整理相关的知识，如顾宏义先生来学院讲学，我携带一些点校方面的问题参与了几讲课程，也受益匪浅。

（三）收获

我负责卷一《禘袷大小通考》、卷四及卷五主要部分的点校，接触到清代学人岳森的经学、文学以及杂著方方面面的内容，以下兹就这几个方面谈下自己的感想。

以前以为古代学者惜墨如金，又在古文言约义丰的特点下写作，对一个特定问题的讨论不会似当今之学者般动辄上万言。而我接触到的第一篇作者对于礼学一个问题的研究考索竟然接近两万字。不禁令人回想起桓谭载秦近君的故事："秦近君能说《尧典》，篇目两字之说至十余万言，但说'曰若稽古'三万言。"硬着头皮点下来，却发现这篇文章有理有据，对学术史的辨析也新意迭出，并非言而无物、苛察缴绕。又念及后面一篇与廖平论学的长信，有清一代学者的许多学术观点其实很多体现在他们的往复书信中，于此可见一斑。在岳森的这部文集中，有因事命篇的"论文"，又有与学友攻驳辩难的书信，实在为我们提供了一幅清代学术繁荣的剪影。

虽然"赋"这一文体本就有极尽辞藻华丽之态势，但此书作者使用的生僻字更是把卷四的电子誊录难度提高了不少。记得华东师范大学顾宏义先生曾为我们解说异体字等的处理办法："异体字、通假字、古今字等，一般不予更改，亦不出校记。"于是我根据自己的点校情况，制作了一个粗略的异体字、通假字、版别字对照表，由此加深了对古籍字体的认识。

这个项目旷日而持久，点校古籍所花费的扎实功夫，不可以点滴计。

>> 老师点评

李屹轩、贺向前两位同学是 2013 级、2014 级本科生，都在入校不久选择我担任他们的学业导师。在师生读书会、课外活动以及其他的日常接触中，感觉他们志向远大、勤奋好学、沉稳踏实，还很有才气。记得 2016 年暑假，我邀几位博士生、硕士生、本科生一道去贵阳孔学堂消暑避夏、闭门读书。读到王汎森《权力的毛细管作用：清代的思想、学术与心态》一书时，大家进行了较长时间的交流、论辩。屹轩思维活跃，与博士生、硕士生们积极交流，并且花费两三个晚上写出一篇很长也很有见地的读书体会，令大家刮目相看；还记得 2016 年末，正是向前全心投入拉丁语学习的时候，美国汉学家 Linda Walton（万安玲）教授赴岳麓书院参加会议并演讲，她的英文论文《元代蒙古人与色目人在书院的活动：文化认同的一个例子》引发了一些师生的兴趣，院内从事书院研究的老师和万安玲教授本人都希望能找人将其论文中译。向前接受这个任务后，几次与我讨论，也得到了毛海明、战蓓蓓等老师的帮助和指导，最后克服了种种困难，很快就完成了初稿。我在定稿时，感觉翻译质量相当不错。译文发表后，万安玲教授称赞不已。

屹轩、向前点校晚清经学家岳森的文集《癸甲襄校录》，有一个重要机缘，那就是书院的"本科生治学能力提升计划"的实施。这个计划旨在加强本科生学术训练，提高本科生学术研究能力，以项目资助的方式鼓励本科生开展学术研究。2016 年春季申报开始后，屹轩与向前组队申请了这一课题。此前，他们在"清代学术史""中国文献学"等课堂上得到了吴仰湘等老师的指导与鼓励，很想学以致用，甚至有种跃跃欲试的热情。不过，在他们与我讨论课题申报时，我还是委婉地表示了我的担心。我觉得，他们的知识储备可能还不够，相关的专业知识可能还比较缺乏，不一定能顺利完成这一任务。而且，屹轩马上进入大四，可能还需要花时间阅读更多的经史名作，为接下来的论文和读研打下基础。但两位兴趣大，热情高，我不忍给他们多泼冷水。

点校的过程艰辛而又枯燥，碰到的困难也超过他们的预料，但他们硬着头皮坚持下来。这中间，也有幸得到了吴仰湘教授、前来做系列讲座的华东师范大学古籍所顾宏义教授等老师的指点和帮助。令人欣喜的是，两年后，他们最终拿出了 20 多万字的高质量的点校作品，圆满地完成了课题。更重要的是，他们在点校过程中真正提升了自己的学术能力。正如屹轩谈到的，"自己感觉无论是点断古籍的能力，还是理解经学作品的能力都得到了提升"。这种学术训练，应该说会让他们受益终生。

在此过程中，作为屹轩、向前的学业导师，我也很受启发。对学生们来说，兴趣是最好的老师，是最强的内驱力，千万不能低估学生们的兴趣与热情在学术研究中所迸发的巨大力量。同时，千万不能低估本科学生的研究能力，本科阶段适时进行学术训练，不仅能强化、拓展所学知识，而且能激发他们的研究潜能，引导他们走上学术道路。

现在，屹轩和向前早已离开岳麓书院，进入了新的学习阶段。屹轩已经在北京大学硕博连读，向前也正在复旦大学攻读硕士学位并正在申请复旦大学与法国巴黎高师联合培养博士生的项目。我想，他们有好的潜质、好的基础，目前也有很好的平台，只要他们保持勤奋刻苦、笃实好学的那种精神，未来的学术之路一定会越走越宽广。

论文指导老师、学业导师　肖永明

书院志：儒学士人的历史撰述

——以《问津院志》为例

2016 级　李柏杨　王　博

摘　要：明清时期书院志的撰述反映了编纂者的历史认识与现实诉求，《问津院志》的历次修撰即是如此。深入考察《问津院志》，可以看到儒学士人对"孔子使子路问津"典故渊源与宋元之际讲学源流的努力追溯、对科举制度的微妙态度、对儒学维护社会秩序作用的高度重视以及对官方与民间倡兴文教的大力赞扬。探讨书院志撰述诸层面，有助于我们丰富对明清士人社会文化心理的感知，深入对书院史乃至社会文化史的认识。

关键词：书院志；《问津院志》；问津书院；历史书写

中国古代书院的渊源甚早，一般将其产生的时间定于唐代，而书院扬名于天下却在宋代。[①] 如所周知，书院的大量兴起，与学术乃至社会文化的变迁密切相关。既往研究大都重视此点，早在 20 世纪 90 年代，李国均主编《中国书院史》将书院与学派、学者相联系，构建了一幅书院与学术文化互动的历史图景。[②] 以后的研究者继踵而来，从不同角度推进了古代书院与学术、社会文化的研究。例如李兵先生《书院与科举关系研究》[③] 梳理了宋元以来历代科举与书院教育的联系，近年来肖永明先生《儒学·书院·社会——社会文化史视野中的书院》一书，将传统书院作为文化的载体，从社会动力、理学与心学的兴起、政治政策、地域文化等层面考察古代书院与儒学、社会的互动，展现了书院在宋元明清历史变迁中的社会角色。[④] 近年来书院相关论著频出，研究已经进

---

① 李国均（主编）. 中国书院史［M］. 长沙：湖南教育出版社，1995；白新良. 中国书院发展史［M］. 天津：天津大学出版社，1995；邓洪波. 中国书院史［M］. 上海：东方出版中心，2004.

② 李国均（主编）. 中国书院史［M］. 长沙：湖南教育出版社，1995.

③ 李兵. 书院与科举关系研究［M］. 武汉：华中师范大学出版社，2005.

④ 肖永明. 儒学·书院·社会——社会文化史视野中的书院（修订版）［M］. 北京：商务印书馆，2018 年.

入更深层次。① 不过，就研究现状而言，书院志编纂的内容特征（历史书写）是一个论者措意尚少的领域。

当前研究书院所依据的资料，大都是书院志、地方志以及正史、各类文集等等。在各类材料中，又以书院志和地方志最为重要。地方志中对书院的记载显然不如书院志详细，通常是用来考察未编院志或院志不存的书院，而凡是规模较大、存续时间较长、影响较为广泛的书院大都编纂了院志，并且通常编纂多次，因而书院志成为研究书院历史的重要史料。以书院志为中心考察书院史，不能不注意到编纂者的叙述（书写）与史实间的关系。随着近年来"历史书写"（或称"史料批判"）研究的兴起，② 很多学者开始注重历史撰述与史实间的关系，探求历史文献的内在逻辑。由此，越来越多的"史料"被纳入其中，更多的"史实"从"史料"中被牵扯而出。书院志的编纂无疑是一项社会文化事件，其融入的史家意识亦是历史的一部分。通过考察书院志的"历史书写"，无疑有助于深化历史认识。在众多的书院志中，本文选择湖北现今的一部保存完整的书院志——《问津院志》③ 进行考察。

一、问津书院与《问津院志》的编纂

这里先略述问津书院与《问津院志》的情况。问津书院位于今湖北省武汉市东北，一度十分兴盛，至今仍是一处景点。根据《问津院志》的叙述，书院起源于宋元之际，史称其"立院讲学，自宋龙麒洲（龙仁夫）先生始"④，龙仁夫曾任浙江儒学副提举，湖广、陕西儒学提举，宋元易代后"筑室问津"。⑤ 然而，综合相关资料，可以发现此后问津书院长期名声并不显赫，有元一代及明初，在《问津院志》以及其他资料（如各种地方志）中几乎找不到关于问津书院的事迹。直到明代中期以后，书院规模才逐步扩大。先后有舒昆山、卢浚、孙光祖、耿定向、萧继忠等名流主持修建、扩建书院，还曾政治捐款，并延请名儒讲学，史称："逮明隆万年间，诸大儒辈始出……书院讲学至此，号为极盛。"⑥ 晚明时代政治与思想界潮流涌动，问津书院亦参与其中。

然而，明清之际书院在战火中被毁。据记载，"时流寇楚毒，问津一席鞠为茂草，（王）士龙爬搔劫灰，芟葺以资讲肆。"⑦ 直到康熙初年书院才得以重修，邹亘初、操之

① 目前几乎每年都有关于书院史的研究综述发表，例如：赵伟，邓洪波. 2016 年书院研究综述 [J]. 南昌师范学院学报，2008（1）：115-120；肖啸，邓洪波. 2015 年书院研究综述 [J]. 南昌师范学院学报，2018（1）：107-114，其中指出目前书院研究主要集中在教育、文献、祭祀、改制、建筑等方面。

② 相关研究甚多，以中古史为例，参看孙正军. 魏晋南北朝史研究中的史料批判研究 [J]. 文史哲，2016（1）：21-37.

③ 本文所主要研究的《问津院志》，指光绪三十一年（1905 年）刊刻的《问津院志》，在我们申请的"本科生治学能力提升计划"中，对《问津院志》全书进行了点校，以下不再标注页码。

④ 问津院志：卷 4·讲学 [M].

⑤ 问津院志：卷 5·先正 [M]. 同卷载陈大章考证，认为龙仁夫不可能"屈节事元"，旧志传中称其任陕西提举，肯定是"所授未就"，龙仁夫"确为有宋一代完人"，这其中更多的无疑是院志编纂者的看法。

⑥ 问津院志：卷 5·先正 [M].

⑦ 问津院志：卷 5·先正 [M].

盛主持其事。此后道光年间也曾扩建书院。^① 但是太平天国运动中书院再次被毁，直到光绪年间书院才逐渐复兴。然而不久，书院便成为历史。

问津书院志编纂了多次，研究者在此方面着墨不多，^② 今参考光绪《问津院志》卷首的记载，略叙如次：

第一次，明代后期问津书院落成后，第一次编纂了院志，黄彦士为之作叙，此院志已经不存，目录也没有收在光绪院志中，该书在清代当已经散佚。

第二次，清康熙四十四年（1705）前后又组织编纂了院志，王抡士、王风采为之做叙，王抡士称其："爱考郡邑前俊志、儒先语录、遗书、家乘、轶事，并访问各故旧子弟所传。凡片文只字，事稍关乎此者，无不备录。时往质之雨山太史。偏发群书，积日累月，互相考订，始得稍有所集，共成九卷。"^③ 此院志为王抡士、陈仲夔等多人纂修，其目录保存于光绪《问津院志》中。

第三次，清道光二十年（1840）年再次纂修院志，万承宗在院志的叙中提及参与编修的有梅玉亭（名熟）、孙文庵（名开焕）、操挥五（名南熏）等人，该院志的编修历多人之手，数年才编成，庚子院志今亦未能找到，光绪间王会厘称其"蠹编断烂，版毁于兵"^④，该院志内容大都编入今存光绪《问津院志》。

第四次，清光绪三十年（1904）最后一次编纂院志。王会厘与问津诸理事徐辰甫、王楚才、沈子木、梅书山、徐彦人诸人商定并纂成院志，体例仿照《白鹿洞志》和《孔宅志》，共六卷（形胜、建置、祀典、讲学、先正、艺文，其中建置一卷又分上下），又额外有卷首、卷末二门，王会厘等人续修的《问津院志》，即是本文的考察对象。

这四次院志的修纂，背景不尽相同，其中：第一次编纂在问津书院初兴之时，第二次在清代书院复兴后不久，第三次在鸦片战争之初，第四次则是当庚子之难后。不过，不难看出的是，这四次修院志的修纂都与书院乃至王朝的兴衰历程紧密相连，承载着书院坎坷发展的历史记忆。与地方志不同，书院志的编纂，全是儒学士人主导其中，因而能够更大程度地反映儒士自身的价值取向，他们虽大都官职并不显赫，但多拥有科第功名，作为士绅阶层在地方社会有相当大的影响力。

历代修书院志的士人抱着种种情怀参与修成了书院志，作为文本撰述者，他们在史实考据方面大都十分严谨。兹举王会厘等修《问津院志》中的一个例子，即《先正·张绪传》卷五中关于传主（号张甄山）姓名和籍贯的考证。在编纂者所加按语中，引证书目，除旧志外，还有《三楚文献录》《湖广通志》《黄冈县志》等书。考证者列举了多重证据，构成证据链，并加以合理推断，最终推定张甄山名绪，字文纶，为汉川人。^⑤ 做这样并不显赫的人物行事的考证，能够如此精审，足以说明撰者用力之深以及其对问津书院历史的钟情。不过，正是对书院历史的钟爱，反而使得撰述者在《问津院志》的字

① 黄冈县志：卷五·学校志·书院 [M]. 清光绪八年（1882 年）刻本.
② 只有蔡志荣、周和义《书院与地域社会：〈问津院志〉的文献价值》（《兰台世界》2009 年第 4 期）一文略有涉及。
③ 王抡士. 问津院志：卷首·康熙院志原叙 [M].
④ 王会厘. 问津院志：卷首·续修问津院志叙 [M].
⑤ 问津院志：卷五·先正 [M].

里行间，总是无声地透露着史家的个人意识。无疑，这些文本生成者的个人意识也是重要"史实"，一定程度上反映了其时的社会文化背景，有待我们去深入发掘。

当前对于问津书院与《问津院志》的研究方兴未艾，尚有很大开拓空间。虽有若干著作出版，但大都属于普及性质，所涉不深。① 其他一些论文，涉及了书院与儒学传播、社会秩序、《问津院志》的史料价值等主题，② 亦皆与本文主旨有所不同。

二、《问津院志》的撰述："史相"与"史实"之间

《问津院志》全书十余万字，自是构成内容丰富的"史相"，但并不能直接认定其就是确凿无疑的"史实"。"史实"指历史的真实情况，而"史相"则指历史文献传递出的历史面貌，有学者定义其是"与史实有区别的虚饰假象"，即便它有时"与'史实'相符度较高，它仍然是一种有意塑造的'史相'。③ 不过这种"史相"本身就潜藏着历史的真实。在文献资料较前代大为丰富的宋元明清时期，"史相"复杂多样，能够从其中钩沉出的"史实"亦更加丰富。下文选取四个方面，解析《问津院志》中的"史相"，探寻书院史叙述背后的历史真实。

（一）讲学源流与"问津"渊源

在《问津院志》中，宋元之际的龙仁夫可称是问津书院讲学第一人，所谓"立院讲学，自宋龙麒洲先生始"④。考其传记，其后半生绝意于仕宦，侨居黄州，只是在孔子山下讲学，同时以著述自娱。然而龙仁夫殁后百余年，才有明代郭庆、吴良吉等人聚众讲学。如前所论及，此间百余年的问津史事记载大都阙如，可以认为，龙仁夫之讲学，与明代中后期书院的发展并无直接关联。事实上，院志关于龙仁夫的事迹已有不少模糊之处，例如其仕宦经历、是否入元为官等等，最后修志者断定龙仁夫并未担任元朝官职时，也只能说："虽记载讹传，其不得没先生之高节名甚。"⑤ 由此可见，后世之视龙仁夫为书院讲学先驱，"大兴问津之业"⑥，很大程度上属于攀附，而正是这种"攀附"（并非贬义）⑦，赋予了晚至明季方才兴起的问津书院以更加深厚的文化底蕴，推动了数百年来当地儒学的传播与士绅的凝聚。

---

① 谢新明，王元生，（主编）. 问津史话［M］. 北京：中国文史出版社，2014；张武（编）. 问津文论［M］. 北京：中国文史出版社，2014；余文祥（编）注. 问津诗赋［M］. 北京：中国文史出版社，2014；李森林（编）. 问津人物［M］. 北京：中国文史出版社，2014.

② 刘元. 地方士绅与地方文化秩序建设——以湖北问津书院为中心的研究［J］. 兰州学刊，2013（4）.；柏俊才. 湖北问津书院讲学与黄州地区儒学的传播［J］. 江汉大学学报（社会科学版），2014（2）：63-68.

③ 胡鸿. 能夏则大与渐慕华风——政治体视角下的华夏与华夏化［M］. 北京：北京师范大学出版社，2017：223.

④ 问津院志：卷4·讲学［M］.

⑤ 问津院志：卷5·先正·讲学［M］.

⑥ 黄彦士. 问津院志：卷首·问津旧志原叙［M］.

⑦ 学者注意到，历史上以黄帝、炎黄为华夏祖先的建构，促进了族群的凝聚。（王明珂. 论攀附：近代炎黄子孙国族建构的古代基础［C］. "中央"研究院历史语言研究所集刊：第73本. 台北："中央"历史语言研究所，2003：3；李凭. 黄帝历史形象的塑造［J］. 中国社会科学，2012（3）：149-181.）文化上的"攀附"，虽与真实不合，却也具有另一种更重要的意义，这比单纯的"史实"更加重要.

相较宋元讲学诸儒，书院志编纂者更为看重的是"问津"名称的渊源。历观院志所载各《叙》，无不援引"孔子使子路问津"之事，如王抡士谓：

> 问津书院始自执舆一问，一圣一贤，四顾踌躇，徘徊津上，不谓耦耕冷眼默伺潜窥，趣或不同，然味其滔滔、莫易、知津数语，究未尝不诧吾夫子之道大莫容，共相致难，因为此不得已之语也。而津遂以问名。后之人因津遡问，见圣无由，仿佛在辙，流连此津，乃共黉墙乎庙，以四时习礼其中，谓圣辙虽往，圣道无穷，故群起而抱吾夫子之遗经，以日陟降于至圣在天之灵。是庙祀所由来，亦即书院所托始矣。观汉末及齐、梁人文字中，多称孔子河、孔子山，亦可概见。①

关于孔子问津典故对问津书院的意义，无需多言。下面只举一例，即问津典故对书院祭祀制度的影响。

如所周知，随着宋元明间理学的逐渐兴起，孟子代替颜回，成为儒家道统中的"亚圣"，到明清时期，孟子仅次于孔子的地位已经制度化，学者对此讨论颇多。② 在文庙礼制当中，大都是孟子配享孔子，此外诸贤皆在其下。然而问津书院文庙中却突出了子路（仲子）的地位。康熙、道光两所修院志载文庙图，皆有仲子祠，而在《问津院志》各卷中却找不到有关祭祀孟子的记载。在"孔子问津"③ 的典故中，子路无疑是一个重要人物，文庙建筑格局以及祭祀典制中重视子路，实际上是在不断地向人们提醒问津书院与至圣先师的联系，从而塑造书院的"道统"。

然而，"孔子问津"究竟在何处，众说纷纭，实难考证。不过，这一点并不重要，问津书院诸士人对于"子路问津"的实际地点并不是一定要深究，诚如吕德芝在《问津书院记》中所说的：

> 《论语》记子路问津，记其事也，未言其地。《史记》载孔子自叶反蔡，见沮溺耦耕，使子路问津，其在叶在蔡，亦未有定地也……皆未可知也……圣人之遗迹，人乐援之，以为邦域重……至书院之设，始于宋之龙仁夫，成于明之萧康侯，建立殿庑买置祭田，春秋两祀，一遵典礼而乡之人士无远近，讲艺课业于其中，规约井然，长幼有序，彬彬乎礼乐衣裳地也……津其托足之始基也。可勿问欤？可勿知欤？……有心世道者接踵而振兴之，安知两汉文治之不可复起耶？至其地之在黄在叶，两存焉可也。④

他指出，虽然子路问津"在黄在叶"，均有证据，"皆未可知"，但是实际上，由于问津书院自宋代以来已经逐渐成为当地文化事业胜地，所以孔子问津究竟在何处，"两存焉可也"。时至今日，仍有学者将问津书院的缘起定于汉代，这比明清士人将问津书院讲学追溯至宋末龙仁夫的认识，和"史实"相去还要更远，而其面对往事的态度，亦

---

① 王抡士. 问津院志：卷首·康熙院志原叙 [M].
② 参见赵宇. 儒家"亚圣"名号变迁考——关于宋元政治与理学道统论之互动研究 [J]. 历史研究，2017 (4). 对相关学术史的梳理。
③ 论语·微子 [M]；司马迁. 史记·孔子世家 [M]. 北京：中华书局，1959.
④ 问津院志：卷6·艺文·问津书院记 [M].

不如前引吕德芝的《问津书院记》为优。

（二）书院与科举制度

书院与科举密切相连，且越到后期联系愈加紧密。李兵《书院与科举关系研究》一书运用统计学的方法，证明了从宋代以来，"书院数量与进士数量的相关系数不断增大"，书院为科举的服务功能愈加明显，科举也反过来给书院以更多的影响。① 问津书院与科举亦是如此。《问津院志》卷四《讲学·会课》载"会约四则"，其中说道：

> 帖括取士，不下四百余年矣。一题之文载在房墨者，盈千累百，每科必有一二人另番花样，愈出愈奇，无他，惟其新也……在先辈，则研习经史，穷极《性理》《语类》《或问》、诸子百家等书，乃能信今传后，久而益新。近乡、会试添设五经中额，论题出《性理》，正欲学者留心古学以作根柢，则文章不求新而自新……诗、字两学，虽曰末业，然近日应制以诗命题，有关黜陟……会中优取前列之文，不偏传共阅，彼此无益。阅卷发案毕，其优等应胜者领卷归，各自缮写四本，照原批点装订，送至书院汇斋，分上下东西四路，酌期递传，以示欣赏。②

从中可见清代问津书院的教育事业与科举制度联系之深，书院已然成为应科考的教育基地，问津书院走出的许多举人进士，成为先正乡贤。

另一方面，尽管书院与科举制度有着如此密切的联系，但问津书院的学者士人们对于科举是保持距离的，他们并不将书院视作科举的附属品。王会厘称："当年同志，月望一聚，条规讲说，兢兢于实践躬行，文足载道，不徒以弋取科第见长。"③ 如所周知，理学作为书院的灵魂，并非一开始便代表了官方正学，而与晚明问津书院兴起密切相关的阳明心学，亦是曾受打压，书院与庙堂的关系并非始终融洽。不过，王会厘另一方面又希望问津书院也能有曾国藩、左宗棠、胡林翼那样的人物走出，能够"培国脉，挽时局，正学术，藉纾朝廷宵旰之忧"④，这反映了书院与朝廷休戚与共的关系。但无论如何，私人讲学仍是书院志叙述的重点。科举与书院密切的、直接的联系，在书院志的整体叙述，特别是最能传达士人意识的叙、记诸文中，经常是隐而不彰的。

当然，科举对社会的巨大影响，不可避免地反映到了书院志的撰述当中。单就《问津院志》卷二《建置·建置姓氏》《管理姓氏》、《先正》卷五而言，中举、进士、仕宦都是必不可少的。如众多学者所论，科第功名作为明清社会的身份性标识，已渗入社会各个层面，院志的编纂当然也没有例外。士人在通过书院实现教化理想的同时，也会受到现实的影响，而正是诸层面的交织，形成了本文所说的"史相"。

最后要提及的是，当清季科举制面临内部危机与外部冲击而终于停废时，传统书院也走到了尽头。⑤ 科举废除造成社会（尤其是乡村社会）办学主体从公向私发生转变的

① 李兵. 书院与科举关系研究［M］. 武汉：华中师范大学出版社，2005：288-304.
② 问津院志：卷4·讲学·会课［M］.
③ 王会厘. 问津院志：卷首·续修问津院志叙［M］.
④ 王会厘. 问津院志：卷首·续修问津院志叙［M］.
⑤ 李兵. 书院与科举关系研究［M］. 武汉：华中师范大学出版社，2005：267-287.

同时，近代教育却远未普及，从而引发了一系列消极影响。① 光绪《问津院志》虽修于20世纪之初，全书中虽偶有语及曾国藩、左宗棠等近代化先驱，却未曾提到时代背景的变化，甚至有意无意略载同、光年间事迹。就这一层面而言，王会厘在经历庚子西逃与"奉母讳里居"后编纂的《问津院志》，乃是发思古之幽情、吟伤今之离恨的史著。

（三）书院、儒学在维护地方社会秩序中的作用与角色

《问津院志》卷四所载邹亘初《记萧康侯逸事》中有一则故事：

> 黄邑有两弟争兄产，时天台耿先生率门弟子刘拙斋、萧康侯诸公讲学问津书院，两人前赴质。天台曰："尔所争是尔兄所遗否？"曰："然。"先生曰："兄产仍如前否？"曰："兄时已卖半。"先生曰："卖产时尔涕泣否？"曰："产为兄卖，何至涕泣。"先生曰："尔兄殁时尔涕泣否？"曰："兄弟至性，那得不泣？"先生曰："尔兄卖产不泣，兄殁而泣，可见田产不重于兄弟。今以争产伤兄弟之情，何待死者厚而待生者薄乎？"两人泣然，不忍复言。②

故事中两个弟弟最终有感于兄弟之情，都退出了对家产的争夺。最终家产如何分配，虽不得而知，但两人"不忍复言"则表明，在邹亘初看来，兄友弟恭的理想确实在耿定向的教诲下实现了。书院在维护地方秩序中的作用，学者研究颇多。不过，我们应当注意到，这一类故事在史传之中屡见不鲜，有"模式化"之嫌，兹仅举早期一例。《后汉书》卷八三《逸民列传》记载：

> 邻里有争财者，持兵而斗，凤往解之，不已，乃脱巾叩头，固请曰："仁义逊让，奈何弃之！"于是争者怀感，投兵谢罪。③

在这一故事中作为隐逸之士的高凤显然不是超然世外的，而是与社会秩序密切相关。④ 随着社会变迁，士绅逐渐扮演其维护社会秩序的角色，不同的是，后代书院士绅并非汉末社会逸民，士绅与王朝秩序的联系更加紧密，正如学者所指出的，"到清代中叶以后，书院实际上已经成为依附服务于国家权力的工具"⑤。

这种故事屡见不鲜，今日看来应当保持批判的精神。中古史传中的书写模式一直持续到后世，正如《史通》所谓"史臣注记，其言浩博，若不仰范前哲，何以贻厥后来？"⑥ 尽管耿定向对两兄弟的教导很可能起了作用，"史相"与"史实"非常接近，但作为《问津院志》中的一个故事，其最重要的功能，乃是宣扬书院与儒学对社会伦理秩序的维护作用。⑦ 在这里，"史相"之美相较"史实"之真更加重要，因为它反映的是儒士的真实理想。

---

① 罗志田. 权势转移：近代中国的思想、社会与学术 [M]. 武汉：湖北人民出版社，1999；罗志田. 科举制废除在乡村中的社会后果 [J]. 中国社会科学，2006（1）：191-204.

② 问津院志：卷4·讲学 [M].

③ 范晔. 后汉书·逸民列传 [M]. 北京：中华书局，1965：2769.

④ 川胜义雄. 六朝贵族制社会研究 [M]. 徐谷梵，李济仓，译. 上海：上海古籍出版社，2007：19-23.

⑤ 肖永明. 儒学·书院·社会——社会文化史视野中的书院 [M]. 北京：商务印书馆，2018：278.

⑥ 刘知幾. 史通通释：卷8·模拟 [M]. 浦起龙，通释. 上海：上海古籍出版社，2009：203.

⑦ 参看肖永明. 儒学·书院·社会——社会文化史视野中的书院 [M]. 北京：商务印书馆，2018：289-300.

不过，虽然书院及其背后的儒学对维护社会伦理秩序有作用，但也难掩冲突。《问津院志》卷二在叙述书院建置时，多处提及了乾隆初年佃民张若愚"冒租争田"一事。据乾隆六年（1741）书院方面指控，张若愚自其父以来"逐年短租"，从而给书院财产造成损失。最终在"倡兴文教"的知县的判决下，张若愚被"押令退庄，仍予重杖"，且"倘再滋事，倍加惩处"①。不过，这一事情一直拖到乾隆十年（1745），张若愚"仍翻控不休"，院志称其"逞蛮抗法，刁徒冥顽至此极矣"，最终张若愚被"重责三十板，押令偿还稞谷三石，退出田亩，听书院管事批佃。"如果"再敢抗违，立擎大枷枷示，尽谨法重处"②。此后不见相关记载，此事当就此告终。对于知县邵丰镟的判决，书院方面给予了高度评价，赞扬他："锄奸剔弊，洁己爱民，卓有贤声。悍佃张若愚捏占鄮山祭田，讯鞫杜案，畏服如神制。"③书院对于财产、田亩的重视，单看书院志中一串串的捐款人名、院田列表便可知一二。总体而言，书院虽一方面属于民间的组织，但另一方面与官府的关系是越来越紧密的，同时，在书院志的撰述中则常常凸显前者。

从本文以上的分析中可以看出，《问津院志》的编纂，体现了问津士人对孔子师徒"问津"渊源与宋元之际讲学源流的努力追溯与历史记忆、对科举制度的微妙态度、对儒学维护社会秩序作用的高度重视以及对官方与民间倡兴文教的大力赞扬。这些叙述有实有虚，但都反映了书院志编纂者的个人意识乃至一种社会文化观念。总而言之，探讨书院志的撰述，将有助于我们丰富对明清士人社会文化心理的认知，深入对书院史乃至社会文化史的认识。

>> 老师点评

2016年，我和毛海明老师都刚来岳麓书院工作，加入邓洪波教授的国家社科基金重大项目"中国书院文献整理与研究"课题组，负责几本书院志的整理工作。岳麓书院从2009年就已开始实施本科生导师制，毛海明老师是王博的学业导师。书院一向鼓励导师让学生参与到课题中来，王博在毛老师的指导下接触了《问津院志》，着手文字录入和点校工作。相当于在勤工俭学的同时，开始了最基本的历史学和文献学训练。后来毛老师出国访学，将王博托付给我。当时书院有"本科生治学能力提升计划"项目，用于支持一心向学的本科生。王博已有一定的学术积累，于是积极撰写申请书，并发展李柏杨等为自己的课题组成员，最后顺利立项。到2018年，王博又在"本科生治学能力提升计划"项目的基础上，继续申请国家"大学生创新性实验和创新训练计划（SIT）"项目，并成功获得国家级资助。这篇文章，实为岳麓书院"本科生治学能力提升计划"和SIT项目的副产品。

身为指导教师，看到他们一步一个脚印，从最初录入文字时连繁简体字都分不清，到现在能写出如此规范成熟的史学论文，内心是非常欣慰的。他们能取得这样的成绩，

---

① 问津院志：卷2·建置［M］.
② 问津院志：卷2·建置［M］.
③ 问津院志：卷5·先正［M］.

主要有三方面的原因：首先得益于岳麓书院良好的学术氛围，让学生能够沉下心来，埋首故纸堆。其次是毛海明老师指导有方，从一开始就为王博定下了适合于他的培养方案，从最基础的史料入手，逐渐进入治学的门径。再次，也是最重要的，王博、李柏杨勤奋好学，热爱自己的专业，能在学习中找到志同道合的朋友，精诚合作，共同进步。相信这篇文章不仅仅是他们在书院历史系学习四年的见证，也是他们收获友谊、感受学院和师长关怀的纪念。

回到这篇论文，它的优点也非常突出。第一是行文、注释很专业，表明作者已充分掌握了史学论文的写作规范。这将为毕业论文的写作打下很好的基础。第二是视角独特。正如作者所指出的，虽然近年来与书院相关的论著频出，但从"历史书写"角度切入的尚不多见。以往的书院研究，从文献学、哲学、思想史的角度已有很多成果，这篇论文无疑是一篇标准的史学视角的论文。第三是方法创新。这一点实际上和第二条直接相关。作者深受武汉大学胡鸿先生的《能夏则大与渐慕华风》的影响，用"史相"与"史实"来分析书院志与书院志编纂之间的关系，举一反三，显示出他们较强的学习能力。近些年来，史学界关于"历史书写""文本分析""话语结构"的讨论风起云涌，掀起了新文化史的研究热潮。相对来说，在书院研究这个领域，所用的方法还是以传统的考据为主，李柏杨和王博在充分掌握史料的基础上，积极运用新文化史的研究方法来分析《问津院志》的编纂，不失为一次有意义的尝试。如果本文能将最后一次《问津院志》的编纂背景与清末湖北地区的政治、社会、文化状况做更紧密的结合，则这篇论文将更有深度。

论文指导老师　向　珊

>> 老师点评

王博同学进入书院以后，选择我做他的学业导师。让他参与书院志的点校工作，主要是想培养他的文献阅读能力，以及踏实、认真的学术素养。

年轻人好动，对于未来有时也捉摸不定。我向来的主张，是给予充分的自由，让学生自己来思考和把握未来，任何人都代替不了年轻人自己的思维。王博同学自开始做些点校工作以后，通过接触古文献，实际操作，慢慢能够静下来，做一些具体事务。同时也把这项工作培育成"本科生治学能力提升项目"，用几年的时间坚持把它做出来。我认为，这项工作给他带来的，应该不仅仅是在治学能力上的提高，相信在思考自己的未来，塑造自己的性格等方面，对他也有极大的帮助。

经过反复考虑后，王博同学最终决定选择考研，继续深造。我为他高兴的同时，也希望他能继续踏实进取，争取获得更大的成就。

学业导师　毛海明

浏阳文庙古乐礼原真性、
独特性辨析与当代保护

2014 级　谭　松　李嘉昕　王　民　贾明羽

摘　要：浏阳文庙古乐礼虽然被列为湖南省第二批非物质文化遗产名录，但其复原状况堪忧，专业人员复原的水平仍有待提高。在非物质文化遗产保护的体系中，有两个重要原则，即原真性保护原则与独特性保护原则。本文基于实地调查与研究，对浏阳文庙古乐礼发展与保护现状进行探讨，通过分析当代浏阳文庙古乐礼的原真性、独特性，从非物质文化遗产本身摸索保护规律与措施，并见微知著地探寻更科学合理的保护传统礼乐文化方式。

关键词：浏阳文庙古乐礼；原真性；独特性；礼乐思想当代社会功用

前　言

浏居万山中，当吴楚之交，袤广数百里，枕平江而控宁万，南跨潭醴西蔽郡城，实楚东一户。群山逶迤环卫县治，溪流三派呼吸湘江，东北半山谷重叠，壑自为藩篱，其奥窟亦孔多。①

这段出自《浏阳县志》的文字，详尽地描述了浏阳的地理特色与特殊位置，正是在此钟灵毓秀之地孳乳了雅淡肃穆的浏阳文庙古乐礼。②

浏阳文庙古乐礼，又称"浏阳古乐"，是一种融乐、歌、舞、礼于一体的祭祀礼仪。它始于清道光九年（1829），并经过创始人邱之稑的不懈努力，终于将浏阳古乐发展成为"取之于曲阜，别之于曲阜"的祭孔典礼。近现代由于地方部门关注程度低且监管、

---

① 《浏阳县志》，清同治十二年版复制件，浏阳市档案馆 124—126 号。
② 按：对于浏阳文庙古乐礼的称呼有多种，清代创始人邱之稑称之为"丁祭礼乐"；著名音乐专家杨荫浏称为"浏阳雅乐"；喻意志与章瑜的《浏阳祭孔音乐初探》一文对于浏阳文庙古乐礼的称呼有作考证。由于笔者认为前人所用名称不尽全面，所以本文未采用《中国音乐文物大系》所用"浏阳古乐"或是喻意志、章瑜所称"浏阳祭孔音乐"。笔者于文中使用"浏阳文庙古乐礼"一名称表明浏阳古乐礼不啻是由单一因素构成，而是音乐、舞蹈、礼乐制度等多元因素组成的综合样态。

保护体系未完善等原因，浏阳文庙古乐礼在逐渐失去"光泽"，虽有传承沿袭，但已不如曲阜之彰显。随着近年来国学热、国学传承思潮的进一步发酵，传统文化之荦荦大端又逐渐回到了人们的视线当中。浏阳文庙古乐礼对于传统礼乐文化的复兴以及非物质文化遗产的进一步保护具有重大意义，于 2014 年成功申报入选湖南省第二批非物质文化遗产名录。①

当下，学界对于浏阳文庙古乐礼的研究日趋多样，其焦点主要集中于浏阳文庙古乐礼的传承历史、存在现状及当代的呈现与开发等问题，② 但基本没有研究著述关注到浏阳文庙古乐礼的本身特色内容、礼乐文化内涵及保护困境所在。笔者通过实地调查研究，已经掌握了部分浏阳、曲阜两处县志资料，并广泛搜罗了相关采访。将这些原始材料进行对比，试图从多方面论证浏阳文庙古乐礼的特殊性与原真性，以此来指出其让人眉头紧蹙的保护现状，并且就浏阳文庙古乐礼保护发展过程中遇到的困境与问题展开讨论，提出相关建议以期引起相关部门重视，从而更好地保护优秀文化遗产并存续其礼乐文化内涵。在了解浏阳文庙祭孔古乐礼之前，必先知晓非物质文化遗产的相关概念。

一、非物质文化遗产的前世今生——定义的确立及其基本原则与价值

（一）"非物质文化遗产"定义的确立

国际上，较早使用"非物质文化遗产"（简称"非遗"）这一词汇的国家是日本。日本政府在 1950 年颁布的《文化财保护法》中最早提出"无形文化财"③，这成为"非物质文化遗产"概念的主要来源之一。一言以蔽之，这类遗产特指那些看不见、摸不着的人类财富。④ 此后，"无形文化财"这一概念除在 20 世纪 60 年代影响了韩国外，很长时间鲜有问津。直到 20 世纪 70 年代，才逐渐影响到联合国教科文组织乃至整个国际社会。最初正式使用"非物质遗产"概念的是联合国教科文组织——1982 年联合国教科文组织内部设立了"非物质遗产"部门。在联合国教科文组织 2003 年 10 月 17 日颁布

---

① 按：在浏阳市当地政府于 1986 年投入 60 万修缮浏阳文庙，1998 年市政府拨款资助古乐资料整理工作，2000 以来先后共投入千万元以上用于文庙修复、资料整理等工作。2014 年在浏阳市文体局的组织下，浏阳文庙古乐礼申遗成功。

② 按：对于浏阳文庙古乐礼的研究，前人的代表性作品有王义彬《浏阳古乐非遗特性与传承研究》、喻意志《浏阳祭孔音乐初探》、张璨《浏阳文庙祭孔礼乐的变迁及当代呈现》、张晔《浏阳邱之稑古乐器的创制与成就》、李飞《浏阳文庙祭孔古乐的重生与隐忧》；相关著述有潘信之的《浏阳古乐》及朱用休、唐寿明的《浏阳古乐》等。上述内容中少有作品通过浏阳与他处文庙祭孔的辨析对比的角度来论证浏阳文庙古乐礼之原真性及特殊性。另外，根据笔者调查采访发现，浏阳文庙古乐的当下恢复情况仍不容乐观，前人的研究少有注意到这些问题与困境，更未提及如何更有效、更实际地恢复古乐礼原貌与特色。笔者在对前人的研究做出归纳的同时，援引国内外优秀的非遗文化保护例证以研究浏阳文庙古乐礼保护问题。

③ 文化財保護法（ぶんかざいほごほう、昭和 25 年 5 月 30 日法律第 214 号）は、文化財の保存・活用と、国民の文化的向上を目的とする日本の法律である有形、無形の文化財を分類し、その重要性を考慮して、国の場合は文部科学大臣または文化庁長官、都道府県の場合は都道府県知事、市町村の場合は市町村長による指定、選択、選定、認定あるいは登録により、文化財の保護のための経費の一部を公費で負担することができる.

④ 苑利，顾军. 非物质文化遗产学 [M]. 北京：高等教育出版社，2009：8.

的《非物质文化遗产保护公约》中，这样界定非物质文化遗产："所谓非物质文化遗产，是指那些被各地人民群众或某些个人视为其文化财富重要组成部分的各种活动、讲述艺术、表演艺术、生产生活经验、各种手工艺技能以及在讲述、表演、实施这些技艺与技能的过程中所使用的工具、实物、制成品以及相关场所"①。

而在我国，自古以来便有保护留存优秀文化遗产的传统，如《汉书》记载：

……故古有采诗之官，王者所以观风俗，知得失，自考证也。孔子纯取周诗，上采殷，下取鲁……②

再如魏晋之志怪、明清之民歌搜集与整理，都是对我国文化遗产保护传统的很好证明。但体系完备的非物质文化遗产保护则发轫于中华人民共和国成立之后。中华人民共和国成立以来，由于诸多原因，非物质文化遗产保护工作并未取得重大突破，直到二十世纪七八十年代随着国际潮流的变化，政府才逐渐将注意力转向非遗保护。2003年，中国政府正式启动了中国非物质文化遗产保护工作，有计划地建设非物质文化遗产博物馆、展示中心和传习所，其中尤其鼓励发展民营性质的博物馆，开始抢救并征集具有历史、文化、科学与社会价值的非物质文化遗产资料，同时试图建立和完善有关的非遗保管制度。

（二）非物质文化遗产保护的两个重要原则

两原则为原真性与独特性。

原真性原则是指保护"原生文化"——所谓"原生文化"，就是指"在历史上创造并以活态的形式传承至今、未经任何刻意干预删改过的传统文化……"③。这种对非物质文化遗产原真性的保护，可以为其保留大量的历史信息与文化信息，这些文化在新文化产生的过程中拥有无法取代的作用。同样，中华文化想要长盛不衰，血脉相承，就必须保护好这些形式古朴、内涵厚重的原生文化。

而独特性原则，意为非物质文化一般是作为艺术或者文化的表达形式而存在的，体现了特定的国家和地区人民独特的创造力，或表现为物质成果，或表现为具体的行为方式、礼仪与风俗。这其中体现的文化难以被效仿与再造，此之谓独特性。

（三）价值与分类

因为非物质文化遗产承载着丰富的历史并且拥有丰富的文化资源，所以保护非遗即保护它包含着的许多重大意义；且从另一个方面来说，非物质文化遗产与物质文化遗产相比具有更多亦更鲜明的跨学科、跨领域的文化特征和知识属性，具有很高的学术价值。在借鉴联合国教科文组织非物质文化遗产分类方法的前提下，我国学术界一般将非物质文化遗产分为以下八种类别：

其一，民间文学类非物质文化遗产；

其二，表演艺术类非物质文化遗产；

---

① 文化部对外文化联络局（编）. 联合国教科文组织《保护非物质文化遗产公约》基础文件汇编［G］. 北京：外交出版社，2012：9.

② 班固. 汉书·艺文志第十［M］. 北京：中华书局，1962：1708.

③ 苑利，顾军. 非物质文化遗产学［M］. 北京：高等教育出版社，2009：14-16.

其三，传统工艺技术类非物质文化遗产；

其四，传统生产知识类非物质文化遗产；

其五，传统生活知识与技能类非物质文化遗产；

其六，传统仪式类非物质文化遗产；

其七，传统节日类非物质文化遗产；

其八，文化空间类非物质文化遗产。①

二、浏阳文庙古乐礼非物质文化遗产性的界定

依据上文分类，浏阳文庙古乐礼应属于"非物质文化遗产"中的"传统仪式类非物质文化遗产"，其能够被界定为非物质文化遗产主要由于以下特征：

从传承主体看，非物质文化遗产都必须以杰出的传承人作为依托，若无则不能被认定为非物质文化遗产。浏阳文庙古乐礼从清代开始就一直被完整地传承，直至现今仍有邱少求等精通乐理之人作为教习，传道于浏阳文庙，其亦有可以追溯的传承谱系，如表1所示②；

表 1 传承谱系表

姓名	性别	出生年月	文化程度	传承方式	学艺时间
邱之稑	男	清道光	监生	首创	终身学艺
邱庆善	男	清道光	私塾	乐教习	从父学
邱庆浩	男	清道光	秀士	乐教习	终身学艺
邱庆篹	男	清道光	秀士	乐教习	终身学艺
贺寿嵩	男	清咸丰	秀士	乐教习	终身学艺
王光斗	男	清咸丰	秀士	乐教习	终身学艺
刘蒲仙	男	清同治	中医名师	乐教习	不详
胡长秋	男	清光绪	不详	乐教习	不详
彭传澎	男	清宣统	不详	乐教习	不详
邱少求	男	1931 年	初中	从师学	1940 年至今
刘百祥	男	1932 年	小学	从师学	1941 年至今
高如德	男	1929 年	高中	编写资料	不详
游流辉	男	1981 年	大专	礼生	2008 年至今
唐柱子	男	1957 年	本科	编写资料	1980 年至今
李美成	男	1957 年	本科	乐生	从师学

---

① 苑利，顾军. 非物质文化遗产学 [M]. 北京：高等教育出版社，2009：14-16.

② 表1由浏阳市文体局提供，已获得允许。

续表

姓名	性别	出生年月	文化程度	传承方式	学艺时间
欧阳继勇	男	1975 年	本科	乐生	从师学
王娜娜	女	1978 年	本科	编写资料	2008 年至今
张运舟	女	1974 年	本科	歌生	2008 年至今
龚瑶	女	1976 年	本科	舞生	2010 年至今

从传承形态看，非物质文化遗产必须以"活态传承"为特征，非"活态传承"者不能认定为非物质文化遗产。此处"活态传承"之意即能够通过"古乐"传承人将"古乐"表现出来——浏阳文庙古乐礼传承人自 2014 年以来，每年均按照古历进行"春祭"以及"秋祭"，再一次将此宝藏以"活态"的方式展现在世人面前。

从传承时限看，非物质文化遗产必须有悠久的历史，留存时间不足百年者不能认定为非物质文化遗产。浏阳文庙古乐礼自清道光年间诞生以来，至今已过百年之久，具备资格。

从表现形态看，非物质文化遗产应能够附会于某一具体表现形式，无法附会者则不能被认定，浏阳文庙古乐礼整个依托于浏阳文庙以及礼乐所用之乐器，其具有突出的表现形态。

综上所述，浏阳文庙古乐礼具备"非物质文化遗产"之特征。

三、浏阳文庙古乐礼发展沿革

（一）浏阳文庙古乐礼介绍

浏阳文庙祭孔古乐礼，常被界以"浏阳古乐"之名，是一种融乐、歌、舞、礼于一体的祭孔仪式，由乡贤邱之稑创制于清道光九年（1829）。然邱之稑何人？系浏阳礼乐局首任教习监生，其人据《浏阳乡土志》记载"读书务探奥突"且"尤覃精律吕"。在通学音韵后便"遂仿古法，掘坎纳管"，并被邑宰聘为教习，以"按律制器，率众肄习"[①]。

邱之稑为探奥突，不辞道远，亲赴山东曲阜考察祭孔古乐。在此期间，他从遐迩闻名的曲阜文庙礼乐中汲取了许多"养分"，因而推动了当时浏阳文庙古乐礼的发展。此外，通过躬亲实践，他还着人先鞭地补齐了自秦汉后"八音"中缺失的匏音；正律吕管，重新排合，解决了要另用十二只律管定调的困难；将原有一腔一声，一字四拍的呆

---

① 黄征. 浏阳乡土志 [M]. 台北：南港"中央"研究院，1967：69-70. 原文："邱之稑，字谷士，邑西人。监生，议叙八品。生有异质，读书务探奥突。尤覃精律吕。谓乐所由起，实符天地自然之气；遂仿古法，掘坎纳管，推候十二月中气，应六十四卦，审阴阳休咎之征，摩于古乐久废之余，独抒心得，用能是正讹传，允谐定律，著律音汇考及丁祭礼乐备考，刊行。侯相曾国藩亟称之。邑宰杜金鉴聘典文庙舞乐，按律制器，率众肄习，遂于今勿替。之稑既有凤望，群倚之。先后与修试觯邑志。道光壬寅，重修文庙，之稑鸠工庀材，三年而竣。用金节墙，而宫殿翼然。他若津梁储备，事以役起，皆行其素，兹为绪余矣。早岁母患疽，久未瘳，如期法立瘳。后遂精通医，起危疾不胜计，然不以名也。卒年六十九……"

板曲谱改为一板三眼，并用了切分、附点延长及旋律加花等手法，改编、丰富了祭孔古乐。又依南宋赵彦肃所推行的《风雅十二诗谱》《呦呦鹿鸣》《四牡》《皇皇者华》《南有嘉鱼》《南山有台》《关雎》《葛之覃兮》《采采卷耳》《维鹊有巢》《采蘩》《采蘋》等曲，以五音、声字进行谱曲，使民间适用，曲阜孔庙后来亦采用此乐谱。邱之稑对古乐礼的一系列改造、实践为我国保护与发展传统音乐做出了极大的贡献。

在农历每年二月上旬、八月上旬丁日及八月廿七日孔子生日之时，浏阳文庙古乐礼于浏阳文庙起祭。黎明开祭，由县官主祭。演奏时乐、舞生听赞礼者立歌为据，八音齐奏，诗、唱相合。六十四名舞生起文、武舞，礼、乐、歌、舞四者配合默契。共两个小时，约两百人参与。一百多年来，代代相承，是我国祭孔礼仪中较为完整的古乐。文庙祭孔古乐、舞一共六章，分别是：

其一，迎神昭和之章；

其二，初献雍和之章；

其三，亚献熙和之章；

其四，终献渊和之章；

其五，撤馔昌平之章；

其六，送神德和之章。

清至近代，祭祀所用乐器由匏、土、革、木、石、金、丝、竹等八种原材料制成，分有匏埙、鼓、柷、敔、磬、钟、箎、琴、瑟、箫笛等。汇合演奏，乐音雅淡，静穆温和。舞器则有翟、籥、干、戚文武器，制乐书籍、整套舞生冠冕。

（二）浏阳文庙古乐礼历史沿革

浏阳文庙古乐礼的发展沿革须从礼乐制度说起：曩昔礼乐制度草创之初，主用于规范人与人之间的关系，"礼"与"乐"相辅相成，各有主向，这两者分别从"外"与"内"对社会产生影响。关于其用途与缘起国内外有诸多记述，如《史记·乐书第二》：

> 是故先王之制礼乐，人为之节。衰麻哭泣，所以节丧纪也；钟鼓干戚，所以和安乐也。婚姻冠筓，所以别男女也；射乡食飨，所以正交接也。[①]

又如国外学者斯科特·布拉德利·库克（Scott Bradley Cook）在其著述《战同音律思想的统一性与多样性》（*Unity and Diversity in the Musical Thought of Warring States China*）一书中亦曾提及周公制礼作乐。[②] 进一步讲，礼乐制度依儒家看来不仅是规范人际关系的工具，其对民众教化以及社会和谐亦有潜移默化的影响，这一点可见于《礼记》记载：

---

① 司马迁. 史记·乐书第二［M］. 北京：中华书局，1962：1186.

② "Lu had been enfeoffed under King Cheng to the son of the Duke of Zhou, Boqin 伯禽. The Duke of Zhou was, of course, that younger brother of King Wu who had assisted in the formation of the Zhou kingdom, and who was later credited with the creation of the institutions of ritual and music（参考译文：鲁地在成王令下被分封授予了周公之子——伯禽。周公即武王之弟，他促成了周王国的形成，并且他后来也被视作礼乐制度的创始人）" from Scott Bradley Cook. *Unity and Diversity in the Musical Thought of Warring States China* ［M］. Michigan：University of Michigan Press，1995：115.

> 凡音之起，由人心生也。人心之动，物使之然也。感于物而动，故形于声。声相应，故生变。变成方，谓之音。比音而乐之，及干戚羽旄，谓之乐。①

由于统治阶级对于儒家思想的接纳，祭孔便成为历代王朝的一项必备的活动。孔子之称谓亦是随着王朝更替而千变万化的，如在唐代被统治者尊为孔宣父，到宋元时代被尊为至圣先师、文宣王。自宋以降，祭孔活动就已经到达县治，因此祀孔成为国家中祀，国家祭祀雅乐遂走出宫廷，来到地方官府之中。由于祭祀礼乐文化的下移，祭孔雅乐也摇身一变成为广泛意义上的雅乐样态。

居于湖、广之间的浏阳，其文庙祭孔古乐萌蘖于清代。据《清史稿》记载，顺治二年（1645）间，清世祖为维护其统治，推崇孔子，继承先人的礼制，开始进入清朝祭孔的初期预演阶段。② 乾隆七年（1742），根据周代礼乐，重定祭孔乐章，全国颁布《丁祭旋宫之乐》，即祭孔乐舞的规矩和条例。按顺治二年（1645）定制，每年春、秋二祭，均在仲月上丁，故称丁祭。在此大背景之下，浏阳县令杜金鉴于道光九年（1829）奉谕倡导祭孔乐舞并且聘任浏阳当地熟通古乐、研习乐理之邱之稑传授、教习文庙祭孔乐舞。

道光九年（1829），邱之稑应聘为文庙教习后，即赴曲阜孔庙，学习丁祭礼乐，收获甚夥。邱之稑所学应为乾隆十二年（1747）宫廷乐工到曲阜实际传授的："乾隆十二年（1747）秋，太常乐工来阙里教肄新乐。"③ 如下文图1"《阙里文献考》"所示。

《丁祭旋宫之乐》颁行全国以来，各地大都是按图索骥，依谱传习，并非都会派人到曲阜学习。

邱之稑回到浏阳后，一方面博览群书，认真考证历来雅乐之真伪，并按照自己研究出来的律吕关系，制造出了一整套礼祀用的乐器，另一方面还创办了礼乐局，附设传习所，招收青年为乐、舞生，亲自讲授器乐、舞蹈知识，朝夕教习乐舞。④ 邱之稑对乐器和曲谱进行了改革，恢复与发展了八音中的"匏"类乐器——笙。在传统礼器中，早已是以"木"代"匏"了，邱之稑却自种匏瓜，自制匏类乐器，从而完善了礼乐中的八音编制；在曲调上，除了严格遵循传统古曲在行腔上的基本走向外，他还大胆吸收了当时的世俗音乐，包括民歌、说唱、戏曲在内的积极因素，扩展了雅乐的音域，加强了旋律的歌唱性和节奏的律动感。因此，浏阳祭孔雅乐曾一度闻名天下，尤以清朝末年民国初期最负盛名：

---

① 胡生平，陈美兰. 礼记 孝经［M］. 北京：中华书局，2012：131.

② 赵尔巽，等. 清史稿［M］. 北京：中华书局，1997：2366.

③ 按：转自中国哲学书电子化计划网（http://ctext.org/）《阙里文献考》原文："乾隆十二年秋太常来阙里教肄新乐，其奏歌章维宣平、秩平、德平三曲……"。亦根据《丁祭礼乐备考》中记载（邱之稑. 湖湘文库：律音汇考 丁祭礼乐备考［M］. 长沙：湖南文艺出版社，2010：7.）"……颁定乐章之春丁夹钟主宫，秋丁南吕主宫，辨其有清无浊而挈凤箫以定阴阳……"，此处与《清史稿》记录相同，他长途跋涉至孔府门第所学正是由宫廷乐工"活态"传承的丁祭乐舞。

④ 黄征. 浏阳乡土志（69-70页）："……邑宰杜金鉴聘典文庙舞乐，按律制器，率众肄习，遂于今勿替。之稑既有凤望，群倚之。先后与修试廨邑志。道光壬寅，重修文庙，之稑鸠工庀材，三年而竣。用金节墙，而宫殿翼然……"

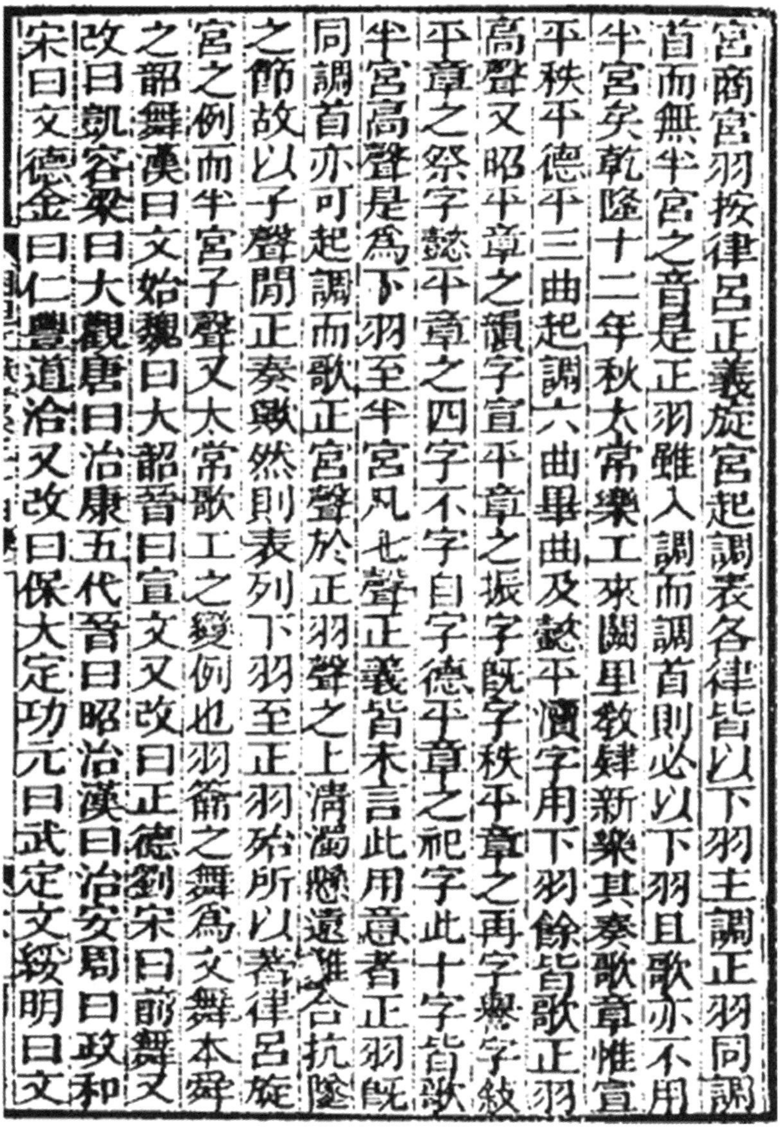
宮商宮羽按律呂正義旋宮起調表各律皆以下羽主調正羽同調首而無半宮之音是正羽雖入調而調首則必以下羽且歌亦不用半宮矣乾隆十二年秋太常樂工來闕里教肄新樂其奏歌章惟宣平秩平德平三曲起調六曲畢曲及懿平瀆字用下羽餘皆歌正羽高聲又昭平章之禎字宣平章之振字既字秩平章之再字無字敘平章之祭字懿平章之四字不字自字德平章之祀字此十字皆歌半宮高聲是爲下羽至半宮凡七聲正義皆未言此用意者正羽既同調首亦可起調而歌正宮聲於正羽聲之上清濁懸遠難合抗墜之節故以子聲間正奏歟然則表列下羽至正羽殆所以叶律呂旋宮之例而半宮子聲又太常歌工之變例也羽籥之舞爲文舞本舜之韶舞漢曰文始魏曰大韶晉曰宣文又改曰正德劉宋曰前舞又改曰凱容梁曰大觀唐曰治康五代晉曰昭治漢曰治安周曰政和宋曰文德金曰仁豐道洽又改曰保大定功元曰武定文綏明曰文

图 1 《阙里文献考》

……前清曾文正公克复安庆，聘请浏阳乐舞前往教习。民国袁世凯亦曾派内务部前往曲阜浏阳调查，认为曲阜礼乐不如浏阳。阎锡山坐镇山西，浏邑乐生应聘遍行省而卒旋……①

浏阳文庙古乐礼被畀以“中国古代音乐的活化石”“全国仅存之物”之名号。创制者邱之稑亦为后世所称颂，如同邑人刘人熙所作《拟浏阳馆德馨堂祀邱谷士先生》：

伶伦远，韶濩寂。叟累黍，谁能一。得黄钟，万事毕。窥圣藻，阐遗经。

---

① 光绪礼乐局《钞录各契据总册》，光绪三十年甲辰春二月吉日，浏阳市档案馆21号.

正雅乐，通神明。绍绝业，贻后人。[①]

又有《邱谷士先生赞（甲午）》：

> 伶伦逝矣，韶濩寂然。秦汉而还，颂声寝焉。猗欤邱君，奋起南国。积学探微，黄钟是择。黄钟既得，万事遂通。王者取法，大乐和同。[②]

作为非物质文化遗产的浏阳文庙古乐礼，其原真性及特殊性体现在以下几个方面：

1. 祭祀乐器

浏阳文庙古乐礼师于山东曲阜祭孔礼，但在乐器上却发展出自身独特性，并且在邱之稑的改良下自成一派，这也成为浏阳文庙古乐名震一时的重要因素之一。浏阳古乐祭祀乐器与同类祭祀乐器有何区别？比较之下便见分晓。据陈万鼐之记述，大部分地区的古乐器主要分为八类，[③] 而以山东曲阜祭孔乐器为代表的古乐器，[④] 已是将"木"类乐器代替了"匏"类乐器。邱之稑重制匏类乐器，完善了礼乐中的八音编制。邱之稑本人在其著述中也有提及此事：

> 八音中，七音皆出于本体，独匏借笙管之簧以生声，而无特出之音焉，况近代易匏以木，是古昔之所谓匏音者，久绝响于人间，欲补其缺，又虑笙非人人所易制，因就匏体圆正者……且其声静穆温和，与众管乐，实相浃洽，似可追太古之音，以其全法埙制，故名曰匏埙。非敢谬列雅乐之内，附诸笙后，不过聊备一格，以俟知音者之择用，但其质甚薄，须表里皆髹以漆，方能坚固。[⑤]

《浏阳乡土志》中的记载也佐证了邱之稑制"匏"这一事实：

> 笙匏亦久佚。邑人邱之稑取匏体圆正者仿埙制为之，妙协律吕。[⑥]

学者张晔在其《浏阳邱之稑古乐器的创制与成就》中亦言："他（邱之稑）通过对历代古乐的研究发现：当今古乐误在诸子诗乐谱皆源出于太史公《史记·律书》数篇，司马不明三分损益、隔八相生之礼，又误会古制弦度生声之说，以至体用不清，律吕混乱。加之秦灭之后，《乐经》残缺，声律之道微妙，汉晋乃至历代制乐者，盲目崇奉《史记》律数，不敢小议其失，故尔六律不分，五音不正，谬误相承，几近两千年。"[⑦]

而与有清一代各地争相学习之曲阜祭孔礼相比，浏阳文庙古乐礼也因邱之稑恢复古

---

① 湖湘文库. 刘人熙集 [M]. 长沙：湖南人民出版社，2009：76.
② 湖湘文库. 刘人熙集 [M]. 长沙：湖南人民出版社，2009：78.
③ 陈万鼐. 中国古代音乐研究 [M]. 台北：文史哲出版社，2000：368. 原文："一、金类：镈钟、钟、铙、钹、钲、金铎、锣。二、石类：特磬、编磬、磬。三、土类：埙、缶。四、革类：建鼓、雷鼓、鼗、鼙、鞉、搏拊。五、丝类：琴、瑟、琵琶、筝、筑、三弦、六弦。六、木类：柷、敔、板、拍板、相杆。七、匏类：笙、簧、竽、巢、匏笙、大匏。八、竹类：管、笛、篪、箫、箎、舂牍、筒子"。
④ 孔昭曾.《续修曲阜县志·政教志》，曲阜市档案局编号20号，原文："附乐器：麾旛二，大鼓一，琴八，瑟二，敔一，埙二，篪二，鞉鼓二，凤箫二，洞管二，笙二，金钟十六，玉磬十二。"
⑤ 邱之稑. 湖湘文库：律音汇考 丁祭礼乐备考 [M]. 长沙：湖南文艺出版社，2010：156-157.
⑥ 黄征. 浏阳乡土志 [M]. 台北：南港"中央"研究院，1967：301.
⑦ 张晔. 浏阳邱之稑古乐器的创制与成就 [J]. 艺海，2002（1）：51.

乐器中的匏埙，在乐器方面独具一格，拥有自身的独特性；从更为宏观的角度讲，重新制"匏"对中国礼乐乐器的发展同样具有非同寻常的历史意义。

2. 祭祀服饰

自清以降，各地争相效仿山东曲阜祭孔礼，服饰亦主用绯红色祭服。以山东曲阜祭孔服饰为例，由于曲阜孔庙成形于明代弘治年间，因而一整套祭孔仪式亦沿袭明代，《明史·舆服志》曾记载祭孔服饰之用色：

> 协律郎、乐舞生冠服：郊社宗庙用雅乐，协律郎幞头，紫罗袍，荔枝带；乐生绯红，展脚幞头；舞士幞头，红罗袍，荔枝带，皂靴；文武生红袍，武舞生绯袍，俱展脚幞头，革带，皂靴。[①]

而清乾隆《曲阜县志》亦有相关记载：

> 乐舞生冠服……明时服绯袍，展角幞，头革带，皂靴。国朝定制文武生，冬冠用骚鼠顶，镂花铜座，中饰方铜、镂葵花，上衔铜三角，如火珠形；夏冠顶如冬冠，袍以绸文庙，色用红，前后方襴销金葵，带以绿绸……[②]

而发轫于清代道光年间的浏阳祭孔古乐礼，所用服饰其初有三种：其一是主祭官的蟒袍，其二是陪祭官之深衣，最后是舞生之蓝衫，[③] 这也是作为非遗的浏阳文庙古乐礼的又一独特体现。浏阳祭孔古乐礼在服饰上沿袭清代浏阳祭祀服饰制度。

而根据非遗传人邱少求之记录，[④] 浏阳文庙古乐礼舞生所用服饰主体颜色确乃黑青色。因此，在综合各家资料后可以证明，浏阳文庙古乐礼在祭祀服饰方面的差异是其特殊性的又一表现。

3. 文庙布局

由于地方特色的不同，作为祭孔古乐之依托的文庙布局亦是各有特色。比如山东曲阜孔庙大成殿布局为先师孔子居中，四配分别位于孔子东西侧，而十二哲则分别位于四配东西侧，如下文图 2 所示。

而浏阳文庙布局亦别具一格，清同治十二年（1873）《浏阳县志·祀典二》记载：

> 庙在东城外学署右，详学校志中曰：'大成殿祀'。至圣先师正位南向，顺治二年（1645）定谥：大成至圣文宣王先师孔子。十四年（1757）改谥：至圣先师孔子，通行直省各学。其木主之制高二尺三寸七分，阔四寸厚七分，座高四寸长七寸厚三寸四分，朱地金书。雍正二年（1724），定下同。
>
> 四配：木主高一尺五寸，阔三寸二分。赤地金书。复圣颜子东位西向；宗圣曾子西位东向；述圣子思东位西向；亚圣孟子西位东向。

---

① 张廷玉. 明史·舆服志 [M]. 北京：中华书局，1974.

② 乾隆《曲阜县志》，卷9－卷14，图考第2之11，曲阜市档案局编号3.

③ 喻意志，章瑜. 浏阳祭孔音乐初探 [J]. 天津音乐学院学报，2008（2）：3-9.

④ 按：邱少求先生幼年作为乐、舞生曾参与过民国年间的浏阳文庙古乐礼。根据口述资料整理，邱少求先生九岁（1939年）便在浏阳礼乐局注册并参与浏阳文庙祭孔活动，曾在1942年双十节（10月10日）作为"舞生"随浏阳文庙祭孔古乐团队赴耒阳表演文、武舞。

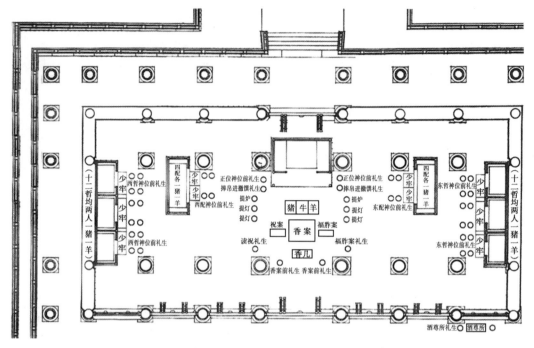

图 2　山东曲阜孔庙大成殿礼生、乐生站位图①

十二哲：木主高一尺四寸，阔二寸六分，厚五分，座高二寸六分，长四寸，厚二寸。赤地墨书，两庑同。

先贤：闵子损、冉子雍、端木子赐、仲子由、卜子商、有子若。乾隆二年（1737）升祀。

以上东位西向。

先贤：冉子耕、宰子予、冉子求、言子偃、颛孙子师、朱子熹。康熙五十一年（1712）升祀，以上西位东向。②

同样，据邱少求资料记载，可印证清代县志中所述。浏阳文庙之孔子之像立于大成殿，北位南向；四配则设置在东西两旁，而十二哲则位于四配之南。

作为浏阳文庙古乐礼的重要建筑载体，浏阳文庙在布局上与其他地区（如曲阜）有着明显区别，这也是浏阳文庙古乐礼"取之于曲阜，别之于曲阜"之特殊性的又一佐证。

4. 机构设置

邱之稑按照自己研究出来的律吕关系，制作了一整套礼祀乐器，与此同时他还创办了礼乐局，附设传习所，招收青年为乐生、舞生，亲自讲授器乐、舞蹈知识，朝夕教习乐舞，将文庙古乐置于专门化、系统化的管理之下。关于礼乐局的记载可见于礼乐局的《钞录各契据总册》中：

---

① 孔德平，等. 祭孔礼乐研究 [M]. 北京：文物出版社，2009：328-329.
② 同治《浏阳县志·祀典二》卷10，同治十二年（1873）版复制件，浏阳市档案馆124-126号.

浏阳之有礼乐局创自前清嘉庆中叶，成立于道光八年（1828）。乡贤邱谷士先生精通音韵，考定三代，雅乐得见于今，盖自先王制礼作乐以来，淑性陶情，纳斯民于矩矱之中，而莫敢越。吾浏承前代昌明之际，又得谷士先生研究于以鼓吹休明其间，父老复各捐资购产，岁招生徒肄习。此浏邑礼乐局捐自私人与私产无异，维礼乐局于不坏也。①

此外，礼乐局（见图3"浏阳文庙礼乐局图"所示）还有一套严密的规章制度，以此来保证每年的正常运行，并且出台了严密的舞生、乐生管理制度，如：

乐舞诸生内有娴习礼仪声音洪亮者，抽派通赞、引赞，应仍如一体奖励。

凡掌教须立犯规记过册一本，凡局中有犯规者、应记过者，每届祭毕一一查明注册。

凡犯规者须按轻重分五等处罚，有犯规最重者分一等，掌教将该生戒饬二十，永不准入局报名……②

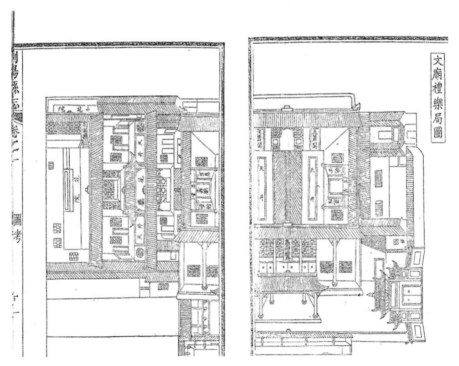

图3　浏阳文庙礼乐局图

这套规定保证了礼乐局舞生、乐生人才选拔与培养的标准与质量。因此，浏阳文庙古乐礼自身的独特性与严格缜密的培养与管理制度造就了其清中后期至民国的辉煌，同时也成为地方的一大特色。

---

① 光绪礼乐局《钞录各契据总册》，光绪三十年（1904）甲辰春二月吉日，浏阳市档案馆21号.
② 咸丰癸丑春刊《文庙丁祭礼乐条规》，浏阳市档案馆249－253号.

四、浏阳文庙古乐礼现阶段保护困境及对策

在历经朝迁市变及多年的戎马兵燹之后，浏阳文庙古乐礼的面貌已是残破不堪，这其中既有乐器的散佚，亦有传承人数的锐减，其中包括许多珍贵乐器、乐谱的流失。总而概之，浏阳文庙古乐礼的保护始于逆境之中，虽筚路蓝缕，至今世可谓饶有成效，[①] 但是现阶段仍有发展与完善的空间。

（一）发展与保护过程中的问题

1. 礼生服饰

涉及浏阳文庙古乐礼保护的焦点问题，其一存在于乐、舞生的服饰颜色上。如前所述，有清一代是浏阳文庙祭孔古乐礼之滥觞，自彼时起，"古乐"服饰上采用青黑色作为主色调。而在 2014 年祭孔仪式中，主体部分的乐、舞生均着绯红色祭服。这种疑似模仿山东文庙祭孔的情况招致了部分非遗传承人的不满，主张应恢复古乐礼原来的模样，提出"拯旧如旧"的主张，倡导保护非遗文化之原貌与特色。

因此，浏阳市政府在 2016 年的秋祭中便采取恢复青黑色祭服的措施，这一做法体现了地方政府借鉴他处经验的保护方法，在保证了古乐礼原貌的同时也完善了非遗文化的独特性与原真性。

2. 建筑布局

文庙大成殿供奉先师孔子，所以在布局中处于核心位置，浏阳文庙大成殿也不例外。正如前述所言，作为非遗文化物质依托的文庙在建筑布局上别具一格，虽无齐鲁曲阜之丹楹刻桷、画栋飞甍，却享南国之玲珑小巧且不失严肃整齐。浏阳文庙大成殿按清制应为孔子居中，四配分别为东位西向及西位东向，十二哲则位于四配之南向。然而现今的大成殿布局则更改为"十二哲"位于"四配"之东西向。

此情况现今仍旧存在，但并无相关调查研究提及当代文庙布局的不合理性，且相关部门亦未主张恢复文庙大成殿的原有布局。笔者认为非遗文化的原真性与独特性需要通过各个有机部分去保护与呈现，作为浏阳文庙古乐礼的重要部分——浏阳文庙，其原真性需要得到有关部门的重视，因为保护文庙的原真性并将其恢复如初不啻是对原有的特色建筑格局的保存，更是对非遗文化保护以及传统文化艺术瑰宝的一种尊重。

3. 流传乐器

有清一代，先人邱之稑焚膏继晷，师于尼山洙泗之间，终创浏阳文庙古乐礼，亲制乐谱并自种匏瓜而恢复"匏"类乐器——笙，但因兵戈扰攘，时过境迁，以"匏"为代表的一批祭孔乐器至今未能完全复原。目前已知的最后一批祭孔乐器已作为重点保护的文物藏于湖南省博物馆，但因某些原因限制接触。鉴于乐器被封存，浏阳文庙祭孔古乐礼在祭孔乐器方面未能完全恢复原貌，这一点仍值得有关部门的注意与努力。

---

① 按：浏阳市政府先后于 1986 年投入 60 万元对浏阳古乐礼开展传播活动的场所——浏阳文庙（国家文物保护单位）进行了一次大的修复；1998 年省、市两级文物部门拨款 10 万元对古乐资料进行了整理；2001 年以来，先后投入近 2000 万元对浏阳文庙进行大规模的修缮，2007 年来投入近 20 万元，编辑出版了《浏阳文庙祭孔古乐》《浏阳古乐》等书。

（二）参考建议

非物质文化遗产的保护与发扬不可一蹴而就，浏阳文庙祭孔古乐礼亦不例外。究竟如何能更合理地保护非遗？不同国度与地域的学者有着不同的主张，正所谓"他山之石，可以攻玉"。微观上，可以对浏阳文庙古乐的活态有机保护及传承提供参考；宏观上，对中国的非遗文化保护亦大有裨益。

1. 日本

在亚洲地区，作为中国邻国的日本在非遗研究与保护方面起步较早，而且对非遗的保护与发展有着自身独特的经历与见解，比如对于非遗文化传承的主体——非遗传承人的保护政策。中国目前已通过非遗四级名录制度实现了对非遗传承人的认定，然而仍旧无法解决非遗传承人的生存问题，此情况导致的恶性后果就是非物质文化遗产亦不能得到很好保存。日本在面对这一问题时采用了类似于"生产性保护"[①]的措施，即通过促进非遗消费以保护非遗传承人，进而裨益非物质文化遗产的保护。浏阳有关部门亦可通过定期组织古乐器展演以及开放古乐学习班等"生产性保护"方式，更灵活地保护非遗传承人，进而实现对于浏阳文庙古乐礼的活态传承。

2. 欧美

目光向西，西方学者在保护世界性的文化遗产方面较为肯定对于非遗的原真性（Authenticity）的保护，如夏洛特·帕多克（Charlotte Paddock）与约翰·尚菲尔德（John Schonfield）在其文中主张将传统的蒙古包文化（Mongol Ger）的保护升格为对整个游牧文化的保存，他们还提出非遗的"适应性"（Adaption）或称"改变性"，即将非遗文化的保护发展融入社会的日常生活之中，由此自然而然可保留非遗文化的原真性[②]。欧美学者所强调的保护非遗原真性的观点为浏阳文庙古乐礼的合理保护与发展提供了一种新思路，同时亦可为有关工作部门提供借鉴。

3. 国内

中国素来有保护优秀文化的传统，但是近现代缺乏系统有体系的非遗文化保护措施，导致许多非遗文化岌岌可危。然而在诸多保护措施中也有值得当代非遗保护者（包括浏阳文庙古乐礼）娴习之处。譬如有二百余年历史的长阳南曲的保护，当地部门将长阳南曲融入社会生活，在保护过程中搜集整理资料出版《长阳南曲资料》，并邀请艺术家"结合现实生活进行创作，组织各种形式的南曲演唱比赛"[③]。这一点与欧美以及日本方面的保护措施有异曲同工之处，亦可为浏阳地区相关部门所借鉴以更完整地保护浏阳文庙古乐礼。

---

① 李志伟. 通过日本百年非物质文化遗产保护历程探讨日本经验 [D]. 北京：中国艺术研究院，2014：124-125.

② "……Thus authenticity is found when it is connected to the cultural idiosyncrasies of the communities that use ger in their daily lives and is not tantamount to the term ' originality' or the material significance of the structure." from Charlotte Paddock & John Schonfield, "Authenticity and Adaption: the Mongol Ger as a Contemporary Heritage Paradox," International Journal of Heritage Studies（2017），23：4，347-361.

③ 孟修祥，梁惠敏. "丝弦雅乐"——长阳南曲现状略论 [C]. 三峡文化研究：第九辑，2009：158.

五、浏阳文庙古乐礼原真性、特殊性保护的现当代意义

中国有悠久深厚的音乐史，作为"礼乐"立国之民族，故著史，必述礼乐。历代正史皆必记"礼乐"之史。作为礼乐文化传承之重要载体，祭孔礼乐仪式自然承担着在现当代社会发挥礼乐教化之功用。而浏阳文庙古乐礼作为华夏悠久历史上的一员，其产生与发展在各方面都有重要意义，保护浏阳文庙古乐礼的价值自是不言而喻。直至现当代社会，浏阳文庙古乐礼仍能够发挥其作为优秀传统文化之功用：

1. 音乐领域

日本人田边尚雄曾言："中国自古以来之文化，实集东洋文化之大成，而又转播于东洋诸国……然东洋文化之研究，大概非常困难，至于音乐之研究，在今尤其不易……"①，浏阳文庙古乐礼的恢复与发展虽不能减轻传统音乐研究之困难程度，但对于完善音乐研究甚有裨益。且邱之稑改良之乐谱、乐器亦可为研究提供珍贵的资料，如能恢复部分古乐器（如"匏"类），将对丰富现当代音乐体系与流派起积极作用。

2. 经济领域

诸多国内外学者均论证过非遗对于社会经济的助推作用，国内如谭宏《利用特殊资源发展特殊经济——从对非物质文化遗产的利用谈起》、肖刚《体验经济视角下非物质文化遗产旅游开发模式研究》、叶舒宪《非物质经济与非物质文化遗产》等著述，国外学者如都锋烈·彼得罗内拉（Tudorache Petronela）② 等曾记录希腊、葡萄牙、西班牙、奥地利以及斯洛文尼亚等国非遗在旅游业上创造的经济效益，大量数据足以证明非遗对于社会经济可发挥自身的积极作用。作为非物质文化遗产，浏阳文庙古乐礼能够对地区的旅游业等产业的发展产生推动作用。但是浏阳文庙古乐礼则仍需进一步完善其自身的非物质文化遗产性质，并结合多元形式展现于社会大众面前。

3. 非遗领域

保存与恢复浏阳文庙古乐礼的原真性及特殊性，恢复原有的乐器、服饰、文庙布局等首先利于完善浏阳文庙古乐礼的非遗属性；再者，作为中国非物质文化遗产的一部分，浏阳文庙古乐礼恢复其自身的原真性与特殊性亦能为非物质文化遗产的多样性作出贡献。

4. 礼乐教化

凡习礼乐之理者，无不将两者与社会、政治相贯通，至于当代礼乐教化亦不例外，《乐记》有言：

> 凡音者，生人心者也。情动于中，故形于声。声成文为之音。是故，治世之音安以乐，其政和。乱世之音怨以怒，其政乖。亡国之音哀以思，其民困。

---

① 田边尚雄. 中国音乐史 [M]，上海：上海书店，1984：1.
② Tudorache Petronela. *the Importance of the Intangible Cultural Heritage in the Economy* [J]. Procedia Economics and Finance，2016（39）：731-736.

声音之道与政通矣。①

再者，雅乐可使"天下皆宁，美善相乐"②。孔子亦言"移风易俗，莫善于乐"③。而日本人田边尚雄之论述亦颇中肯綮，其将乐之社会作用归纳为三："第一，音乐者，娱悦人心安慰人心之动作也……第二，音乐为感化人心之动作……第三，音乐为生活之反映……"④，诸多论断皆反映雅乐礼对于社会人心之深刻影响，但由于儒家经典如《礼记》《乐记》等对礼制乐教之社会作用等都有深刻阐释，所以许多人仅将祭孔礼乐即等同于彼时的礼乐。殊不知世事变迁，虽然祭孔礼乐能够潜移默化地对民众产生积极影响，然而单纯地恢复祭孔礼乐对于社会风气的改观以及民众言行的规范效果仍比较有限，这就需要在复兴祭孔古乐礼的同时，设置类似国学馆、传习所等传统礼乐文化之研习传承机构，定期开展学术文化普及活动。如此，便可兼顾礼乐文化传承及发挥礼乐之教化作用。

结　语

以浏阳文庙古乐礼为代表的优秀非物质文化遗产以及礼乐文化，其重要性已言之綦详。《礼记·曲礼》有言：

> 是故圣人作，为礼以教人，使人以有礼，知自别于禽兽。⑤

此中礼乐之含义与时俱变，钱穆亦提出："礼本为祭礼"，但由于时代的变迁，"礼"之内涵亦有分殊，但他也揭橥了："大抵古代学术，只有一个'礼'。古代学者，只有一个'史'"⑥。虽然此观点有以偏概全之嫌，但也不难看出礼在中华民族发展中的地位。而"礼""乐"虽内外有别，各自在政治生活与社会文化生活中发挥作用，但礼与乐之结合却能达到荀子所言"移风易俗"⑦之成效。

就浏阳文庙祭孔乐礼本身而论，其产生与发展亦是礼乐相互为用之历史，在大力倡导传统文化的大背景下，当代浏阳文庙祭孔古乐礼的保护与发扬亦可为传统文化的复兴提供思考与助力。但是如何"除其冗长，捃其菁华"及"拯旧如旧"仍需有识之士覃思。

>> 老师点评

谭松、李嘉昕等同学撰写的《浏阳文庙古乐礼原真性、独特性辨析与当代保护》一

① 郑玄，孔颖达. 礼记正义 [M]. 北京：北京大学出版社，1999：1074.
② 方勇，李波. 荀子·乐论 [M]. 北京：中华书局，2011：329.
③ 胡平生，陈美兰. 礼记 孝经 [M]. 北京：中华书局，2007：259.
④ 田边尚雄. 中国音乐史 [M]，上海：上海书店，1984：81.
⑤ 胡平生，陈美兰. 礼记 孝经 [M]. 北京：中华书局，2007：6.
⑥ 钱穆. 国史大纲 [M]. 北京：商务印书馆，1991：93-94.
⑦ 方勇，李波. 荀子·乐论 [M]. 北京：中华书局，2011：329.

文，我认为非常优秀。这篇文章是他们 2014 级几位同学暑期社会实践活动的一个结晶。当初他们找我做指导老师，实际上我就实践调查和这篇文章的撰写只提供了一些微小意见，主要工作都是他们自己完成的。

谭松、李嘉昕等同学在实践活动中表现活跃，勤于思考，善于总结。他们广泛搜求相关信息，采用现场采访、录制影像、扫描复制等手段，收集了许多珍贵的第一手资料。如从浏阳文庙传承人手中征集到清代古礼乐原图，从图书馆查询、复制到相关方志记载。总的来说，我认为他们的社会调查实践很成功，达到甚至超出了书院的要求。

这篇文章的初稿谭松曾经给我看过，我也在论文规范、问题意识等方面提出了一点意见。其后谭松联系我，希望署上我的名字为第一作者，共同发表。我谢绝了这一提议，并告诉他们，此举实在不必，我对文章没有贡献，不当署名，对他们也没有任何好处。我理解他们的做法。现在有些刊物以人、以职称、以学校名称取稿，拒绝刊登本科生、研究生的优秀文章，明确要求学生须署导师之名为第一或第二作者。所谓理由是让导师为其文章负责，出事便于追究。这种规定荒唐至极，令人齿冷，完全违背了学术论文共同作出贡献故而联合署名的本意，也完全违背了文责自负，以及评审一篇文章的好坏标准，其应该在于文章本身，而不是作者的身份。这种做法扼杀和阻碍了一大批优秀本科生、研究生的论文发表，同时也摧残了他们纯洁的学术心灵。我认为他们的这篇文章完全有资格在一个正规的学术刊物上发表。

文章既注重对古籍资料、传统文化的发掘和考证，同时又重视作为文化古迹的当代修缮和保护，颇有新意。作者细致地梳理了浏阳文庙古礼乐作为非物质文化遗产的界定、源流和发展，深入分析了其原真性和特殊性。在此基础上，针对现阶段的管理和维护困境，参照国内外相关经验，提出了颇有见地的保护建议。全文体现了他们的深入调查之功和缜密思考之力，是一篇有价值的论文。当然，文章仍然采用老的理工科的论文规范要求，以及问题意识还能更进一步加强，是其可以提高的地方。瑕不掩瑜，文章的贡献是主要的。

借评议这篇文章的机会，我祝愿谭松、李嘉昕等同学在研究生阶段，在各自导师的指导下，踏实努力，在各自领域内，取得更好更丰硕的成果。

论文指导老师　毛海明

>> 老师点评

谭松同学自 2014 年 9 月伊始，入岳麓书院学习。在校四年间，勤奋刻苦，对所感兴趣的领域有着一些属于自己的"小见解"，这在同届学生中是比较可贵的。曾带领好友李嘉昕、王民、贾明羽等人，申报了"大学生创新性实验和创新训练计划（SIT）"项目，"非物质文化遗产原真性与独特性的探索——从浏阳文庙祭孔古乐礼发展现状看非遗的保护与利用"是其立项项目，最后成果：《浏阳文庙古乐礼原真性、独特性辨析与当代保护》获得国家级一等奖。此项目因地制宜，扎根于当地的特色文化，并前往山东曲阜等地进行考察，也借助所学知识，真正做到了"知行合一"四字。其论文内容翔实，写作十分扎实。谭松除了日常学习外，亦加强了英语和德语的学习，自觉性很高，在大三时，取得了雅思 8 分的优秀成绩，并于 2018 年暑假前往牛津、剑桥参与夏令营。

　　该生在本科期间多次获得学校、学院的各类奖学金，也曾担任院学生会副主席和班级负责人，工作认真负责。在日常生活中，热心帮助同学，可谓品德、学识、工作兼优，值得其他学生学习。

学业导师　黄春艳

>> 老师点评

　　我从李嘉昕同学本科入学起，便担任其指导老师。

　　他和谭松等同学所撰写的《浏阳文庙古乐礼原真性、独特性辨析与当代保护》一文，是他们申请的国家"大学生创新性实验和创新训练计划（SIT）"项目的最终成果。在项目执行过程中，积极查找资料，锻炼了他们的实践能力。

　　在书院的六年多时间里，我见证了李嘉昕同学的成长。本科阶段，刚入学的他缺少对自己未来的人生规划，虽然第一志愿报考历史学，但并不知自己感兴趣的方向。在本科毕业论文撰写的时候，我指导他对粤汉铁路改道问题进行探讨，也发现了他对社会史产生兴趣。而后，李嘉昕同学在 2018 年成功考取岳麓书院硕士研究生，在研究生阶段，其学习能力、思维能力都要比之前有所提高，但问题意识较弱，希望在接下来的日子里可以继续锻炼，学术方面还需继续努力。

　　另一方面，李嘉昕同学尊敬师长，乐观向上。他热心学生事务，擅长学生工作，担任过学生会主席、研究生会主席。这也是他自己对学生生涯的一种规划。李嘉昕同学在学院、学校都获得过一些奖项，这是他全面发展的结果，也是周围人对他的认可。

　　相信他以后的发展一定会越来越好！

学业导师　杨代春

>> 老师点评

　　在我指导的学生中，王民同学是较早找准自己兴趣方向的一位，大概在二年级第一学期，他就跟我说准备以后学宋史。那段时间他在读《宋史纪事本末》，我们两周一次的见面交流，常听他谈起读这本书的心得。可惜我主要做秦汉史，对宋史不甚了解，只能就如何阅读古籍与学习历史给他提一些泛泛的意见。好在他大三的时候，书院从北京大学历史系引进了邓小南先生的高足，也就是他之后的硕士生导师闫建飞老师，让他能够方便地得到更专业的指导。

　　王民毕业论文做的是北宋"进奏院狱"，这是他通过读书，自己找到的题目。他起初来跟我商量时，我并不清楚这个题目中涉及的案子，但觉得题目不大，而且有助于理解北宋的政治文化，应该是个可以"小题大做"的好选题，故而鼓励他好好做，并且让他去请教闫老师。我当时的意思是要他请闫老师做论文指导老师，大概没讲清楚，让他误以为是要他写作过程中多向闫老师请教。直到结果公布，我才知道要充当他的论文指导老师。由于这个误会，让他晚了大半年才正式成为闫老师的学生，但这篇论文得以完成，闫老师对他的帮助肯定是最大的。

王民在大学期间得到过一些学术锻炼。他是岳麓书院本科学术社团"汲泉学社"的积极参与者，而且成功申报了湖南大学大学生创新实验项目及岳麓书院"本科生治学能力提升计划项目"。现在他通过努力，考取了书院的中国古代史研究生，成为闫老师的开门弟子，进入自己感兴趣的宋史领域学习。2019年10月他又开始去台湾交流访学半年，得以进一步拓展学术视野。相信他在以后的发展中一定会越来越好。

学业导师　王　勇

>> 老师点评

2014年10月，根据岳麓书院本科生导师制规定，经过师生互选和书院审批，我成为新生贾明羽的学业导师。

我们第一次见面是在导师聘任仪式上，当时他被军训晒得黝黑，给人的第一印象，他是个腼腆的男孩。他很有礼貌地给我鞠躬之后，我便正式成为他的导师。

贾明羽其实是个思维活跃但表现内敛的人，说话少，但很踏实。与人接触时很慢热，不太会聊天，因此一开始会给人高冷的印象，但其实是个很阳光的暖男。当时他对未来充满了斗志和期待，但缺少规划。他说自己之所以选择历史学专业是服从调剂的结果，但对历史很感兴趣，并不反感，因此也想在这条路上多走一段。我鼓励他学习历史要有坐冷板凳的精神，其实不只是历史，所有学问都要用这种精神才能做得下去。我觉得他是个低调且乐于吃苦的人，应该可以做到。

转眼到了大二，他变得比之前更独立、更有自信、更加外向了些。现在他找到了自己的方向，选择了考古，希望将来能从事这个行业。考古是人文社科类专业中操作性很强的一个学科，它不仅涉及专业知识，也很考验人的身体素质、沟通能力。考古人就是在田野中从事脑力体力双重劳动的工作者，他们的工作值得尊敬。中国考古学发源于历史，也与历史学有千丝万缕的联系，选择考古与此前他的历史知识储备也并不冲突。我很支持他自己选择的这条道路，很适合他踏实吃苦的精神。他也为此做出了努力。大二暑假，他获得了第一次田野考古实习的机会，收获颇丰。大三大四，他把大部分精力投入到了考古知识的学习中。终于在考研之后有了回报，他考上了岳麓书院的考古专业研究生，师从向桃初教授。我真心替他感到高兴，另外在之后的日子还能在书院见到他，也很开心。

听说现在他又在湖南省考古所的一处考古工地上进行田野考古发掘实习，愿他一切顺利，也希望他毕业后能如愿以偿地从事考古行业，并能有所建树。

学业导师　黄春艳

14

宗族演化与家谱书写
——以临武陈氏为例

2015 级　陈宛昕　李悠然　陈忆颖　吴荣昊　秦树晨

摘　要：人类学意义上宗族的演化可以说是古代中国社会基层组织发展的核心，家谱则是记录宗族历史的主要资料。如今对于宗族和家谱的研究，并不是为了给一姓一家作传、歌功颂德，研究问题的核心也不是家谱中真实与虚构的内容，而是以此为历史材料，还原对当时历史的认知和理解。湖南郴州的临武陈氏为此次研究的主要对象，湘南宗族历史悠久，组织完备。在其宗谱书写中出现的宗族间融合冲突的现象，正折射了宗族与国家、地方政权之间的关系。临武骡溪陈氏与榜山邝氏世代姻亲，但也常因田土、山岭、水利争讼不已，陈氏族谱中所载较大事件就有数起，时至今日仍有摩擦，可见，宗族之间的冲突，作为乡村政治的结构性存在，甚至延续至今。

关键词：宗族；家谱；湖南临武陈氏；械斗

一、引言

人类学上的宗族，是指"拥有共同祖先、在同一聚居地形成较大聚落的人群"，徐扬杰《中国家族制度史》认为"五服之内为宗族，出了五服为家族"①。宗族的演化可以说是古代中国社会基层组织发展的核心，而家谱是记录宗族历史的主要资料。以往中国史学界对宗族和家谱的研究，大致可以分为三个大的阶段：周代至清朝灭亡以前、民国建立之后、二战结束后。

根据冯尔康先生《中国宗族制度与谱牒编纂》的研究，② 中国谱牒最早可上溯到周代，司马迁《史记·三代世表》称"五帝、三代之记，尚矣。自殷以前诸侯不可得而谱，周以来颇可著"。而《周礼·春官》记载有小史一职，"掌邦国之志，奠世系，辨昭

---

① 徐扬杰. 中国家族制度史 [M]. 武汉：武汉大学出版社，2012：4.
② 冯尔康. 中国宗族制度与谱牒编纂 [M]. 天津：天津古籍出版社，2011.

穆"。而谱牒学的形成则于汉代，兴盛于魏晋南北朝隋唐时期：秦汉时期，官方开始设立宗正之职，编撰皇室的谱牒。同时也出现了秦汉世家名门望族著述谱牒，如扬雄的《家牒》、应劭的《士族篇》、颍川太守的《聊氏万姓谱》，著述颇繁，以至在目录书籍的分类中，被列一类。如今一般把秦汉之交流传的荀况所著《春秋公子血脉谱》，作为中国后世记载宗族史籍以"谱"为名的先河。魏晋南北朝至隋唐时期，因为门阀秉政，九品取才，"上品无寒门，下品无势族，"高门皆"平流进取，坐致公卿"，隋唐时期，清流文化盛行，因官方屡修谱牒氏族志，以定姓族，郑樵《通志·氏族略》载："隋唐而上，官有簿状，家有谱系。官之选举必由簿状，家之婚姻必有谱系。历代并有图谱局，置郎中吏掌之，乃用博古通今之儒，知撰谱事"，以便使"贵有常尊，贱有等威"，谱牒学达到全盛。宋以后，随着平民阶层的上升和市民文化的兴起，谱牒学普及至民间，明清之时，几乎家家有谱，但真正的谱牒学反而衰微，人们已经不崇尚门阀，苏洵在《苏氏族谱谱例》中称自唐衰亡，谱牒废绝；明人胡应麟也说，自五代以后，人们已不崇尚门阀，谱牒之学，遂绝而不传。

清朝灭亡民国建立之后，由于受到西方社会学的影响，中国学界有一些学者开始关注中国的乡村基层发展情况。十九世纪三四十年代开始，孔德、斯宾塞和迪尔凯姆倡导实证主义的社会研究，主张以社会为整体，研究一般的社会现象，之后又有马克斯·韦伯倡导社会文化史观，认为人是社会的存在物，应当避免把"社会"当做抽象的东西同个人对立起来；反之，社会又是人们交互作用的产物，是各个人借以生产的社会关系的总和。当时在西方，形成了社会史研究的旗帜性学派——年鉴学派，而在中国，最为著名的代表学者就是研究"乡村社会学"的费孝通先生。在《乡土中国》这部由费孝通先生于 20 世纪 40 年代在西南联大和云南大学所讲"乡村社会学"课程内容辑录而成的书中，其最为著名的观点就是"差序格局"和"礼治秩序"，他对于乡村基层自治观察的基础，其实正是建立在对乡村宗族和家谱的研究上。

二战结束后，20 世纪中叶以来，西方后现代主义史学吸收了解构主义、语言学和符号学的内容，对历史文本进行解构，从而使得大量不为前人所注重的"非中心历史"呈现出来。史学研究将更多的目光从上层的政治斗争转向了基层的社会发展，在西方，比如 20 世纪 70 年代达恩顿的《屠猫记》，他利用的史料是农村流传的故事书、工人日记、警察局档案、私人购书单和当时法国社会使用的《百科全书》，从而展现了 18 世纪法国农民、工人、小资产阶级和知识分子的思考方式。还有法国年鉴学派第三代掌门人、布罗代尔的高足勒华拉杜里的著作《蒙塔尤》，他就使用了一个山村中的日记、宗教裁判所案件卷宗、账单和传闻材料，再现了六百多年前该村居民的生活、思想、习俗的全貌和 14 世纪法国的特点。[①] 在中国，宗族和家谱逐渐成为重要的历史研究对象，各大研究机构和图书馆大量收入民间的家谱，武新立在载于 1988 年《历史研究》的文章《中国的家谱及其学术价值》中介绍了当时在全国所发现的三万四千多种家谱，[②] 1995年，科大卫在牛津大学召开的"闽粤地区国家与地方社会比较研究讨论会"，可以视作

---

① 勒华拉杜里. 蒙塔尤——1294—1324 年奥克西坦尼的一个山村 [M]. 许明龙，马胜利，译. 北京：商务印书馆，2007.

② 武新立. 中国的家谱及其学术价值 [J]. 历史研究，1988 (6)：33-34.

我国"华南学派"的正式形成。华南学派关于宗族和家谱的研究走在了学术前沿，其特点在于结合人类学的田野研究和历史学的地方文献分析，针对华南几个有代表性的地区社会，分别从几个主要社会文化层面深入考察，尝试透过当代社会科学的研究方法对中国传统社会的特质提出一些属于本土性的观点。

不过葛剑雄先生在《家谱：作为历史文献的价值和局限》一文中提出，"家谱作为一种重要的历史文献，已经受到了历史学界的高度重视，但总的来说，家谱的文献价值还没有得到充分的运用。"①

如今对于宗族和家谱的研究，已经由谱牒学分析转向史学分析，这也就是说研究宗族和家谱并不是为了"分定姓族""辨别昭穆"，为一姓一家作传，歌功颂德，而是试图以此为历史材料，还原那个时期历史的认知和理解。在日本，20世纪60年代以来，以京都学派谷川道雄和川胜义雄为代表，他们对于中古中国"乡村共同体"的研究，正依赖于谱牒。在西方，1973年，海登怀特发表《元史学：19世纪欧洲的历史想象》，奠定了后现代主义历史叙事学的基础，大量古代时的边缘文书材料成为理解那个时代知识结构和思想状态的重要依据。这也就是说，宗族和家谱的研究问题的核心不是家谱中真实与虚构的内容，而是内容中所反映的历史时代的认知与理解。家谱中一切既存或者曾经出现的对某一事件的历史叙事及其解释都是历史的产物，唯有通过客观理解每一个叙事形成的历史过程和机制，才能真正摆脱旧史学和意识形态的束缚。

在此次调查中，我们选取了湖南郴州的临武陈氏为研究对象，湘南宗族历史悠久，组织完备，已经受到了北京大学、中山大学等社会史学者的高度关注。临武为楚南古邑，在其县境内分布众多单姓村落，在县城周围尤其集中。临武陈氏，于北宋初年从福建莆田迁徙而来。临武陈氏在当地的繁衍发展历宋元明清诸朝，经民国而传衍至今，已有1050余年的历史。其家谱自明代景泰年间创修以来，经过九次续修，道光、光绪、民国版宗谱分别保存于北京大学古籍部与临武骡溪本村。2013年续修宗谱时，所成十修宗谱收入临武陈姓村落130余个，字数约1100万字，分18册，记载历代人物、艺文以及各类文书。

非常值得关注的是，在其宗谱书写中出现了宗族间的融合冲突现象，还有折射宗族与国家、地方政权之关系的内容，这正是我们此次项目调查的焦点所在。陈氏族谱中设立专门一卷，记载本家与他族之间的司法文书，时间断限从明代至民国。骡溪陈氏与榜山邝氏，世代姻亲，却时常因田土、山岭、水利争讼不已，所载司法文书多与之相关。这些记载对地方官僚、掾吏与宗族间的互动多有描写。宗族间的冲突，不仅在家谱中有所体现，对宏观历史亦有影响。民国时期报刊出现过相关的记载，如民国元年（1912），《申报》一则新闻报道了在湖南临武县两个村的宗族之间发生的大规模的械斗，双方购买了前清绿营裁撤后留下的军备，如同军队交战，当地知事率军弹压无效，并发生了劫狱、攻陷县衙等事件，在当时有着较大的影响。2013年4月，《潇湘晨报》再次报道湖南临武县地区两个相邻村落因为姓氏不同发生的"争路事件"，再次酿成械斗，可见，宗族之间的冲突，作为乡村政治的结构性存在，甚至延续至今。

① 葛剑雄. 家谱：作为历史文献的价值和局限 [J]. 历史教学问题，1997 (6)：3.

通过此次课题研究，我们不仅仅满足于对临武陈氏族谱的保存和记录情况做一个介绍性的描述，而是希望能够借此机会，以临武陈氏家谱、《临武县志》和《郴州府志》等地方志材料为基础，结合新的史学方法理论，尝试进行一次实证研究，提出一些自己的观点，形成原创的研究成果。

二、郴州地区的基本环境

（一）古代典籍中所见的郴州

其地多崇山大泽，引衡岳而带九疑，中州清淑之气，蜿蜒郁积于其间，亦天下佳山水处。　　　　　　　　　　　　——《舆地纪胜》引《郴州兴造记》

郴阳，自唐以山水名天下，有沈、杜、韩、柳相继发挥之。
　　　　　　　　　　　　　　　　　　　　　　——《郴江前集序》

郴州，古桂阳郡也。在湘之东南五六百里。其地皆山谷，实岭之北麓也。当五岭未开之时，郴为南方极远之地。今，南有广西，有桂，桂广犹为善部，则郴可知。　　　　　　　　　　　　　——张舜民《百咏诗序》

州在百重山之内。　　　　　　　　　　　——张舜民《南迁录》

郴之为州，北瞻衡岳之秀，南直五岭之冲。　　——陈纯夫《州学记》

郴环山而为州，在海峤之北，衡湘之南。　　——练亨甫《灵寿山记》

郴州之山川深阔，气象清润。控扼交广，襟带湖湘，诚一佳郡。
　　　　　　　　　　　　　　　　　　　　　　——阮阅《休跂》

郴，古郡也。号为楚之上游，而实岭麓斗僻之地。
　　　　　　　　　　　　　　　　　　　——吴仲权《皇华馆记》

郴，古桂阳郡地。其民俗，愿朴而劲。　　——宋伯潜《社稷坛记》

郡滨南州，风俗脆薄，不识学义。　　　　——《后汉书·循吏传》

衡之南八九百里，地益高，山益峻，水清而益驶。其最高而横绝南北者岭。郴之为州，在岭之上，测其高下得三之二焉。中州清淑之气，于是焉穷。气之所穷，盛而不过，必蜿蜒扶舆磅礴而郁积。衡山之神既灵，而郴之为州，又当中州清淑之气蜿蜒扶舆磅礴而郁积。意必有魁奇、忠信、才德之民生其间。　　　　　　　　　　　　　　　　　　——韩愈《送廖道士序》

州北瞻衡岳之秀，南当五岭之冲，控引交广，屏蔽湖湘。项羽谓怀王曰：古之帝者必居上游。乃徙义帝于郴。《形胜记》曰：州在五岭以北，万山之内，湘楚上游也。汉建初八年（83），郑弘为大司农，旧交趾七郡贡献转运，皆从东冶泛海而至，风波艰阻。弘奏开零陵桂阳峤道，至今为常路。此桂阳于楚、粤之交，有咽喉之重也。唐末，黄巢乱广南。高骈建议，请遣兵于郴州守险。时不能用。刘氏之据广南也，亦知守岭北始足以固岭南，乃规取郴、连二州，以重兵屯戍。宋将潘美南伐，自湖南进兵，先拔郴州，而岭南胆落矣。昔人云：韶、连二州，为粤东北门，而郴州又韶、连之北门也。
　　　　　　　　　　　　　　　　　　　　——《读史方舆纪要》

郴处岭，为湖南徼。宜章，又郴之南徼。其民宜淳愿忠朴，颇蒙悍劲，而不能为诈欺。不才之吏，不能拊循其民。又重侵渔之，民不堪命，则应之以不肖，其势也。夫淳愿颇蒙悍劲，而不能为诈欺，此侵渔之易以逞其志。而其积之已甚，有所不堪，则不肖之心涌发而无所畏忌，亦其势然也。

——《象山陆九渊记》

（二）郴州的风俗形胜

位于湖南南部的郴州市，罗霄山脉和南岭山脉纵横交错，长江、珠江水系分而流经。"北瞻衡岳之秀，南峙五岭之冲"，自古以来为中原通往华南沿海的"咽喉"。既是"兵家必争之地"，又是"人文毓秀之所"。东界江西赣州，南邻广东韶关，西接湖南永州，北连湖南衡阳、株洲，素称湖南的"南大门"。

境内地貌复杂多样，其特点以山丘为主，岗平相当，水面较少。山地丘陵面积约占总面积的四分之三。郴州境内总的地形地貌为东南面山系重叠，群山环抱；西部山势低矮，向北开口，中部为丘、平、岗交错。地势自东南向西北倾斜，东部是南北延伸的罗霄山脉；南部是东西走向的南岭山脉，由于地理环境的影响，在古代，较少与外部交流，故郴州民性淳朴刚直。

由于郴州一直远离中原政治中心，所以很少受到战争破坏，在明清以前就一直接受着因战乱流离失所的北方移民。郴州体现了湖湘文化与岭南文化的交融与发展。郴州是湖南的"南大门"，素有"楚粤之孔道"之称。长期发展中，郴州人既充分汲取了湖湘文化"敢为天下先"的豪气和自强不息的锐气，又继承发展了岭南文化开放包容的大气和拼搏进取的勇气。

临武县地处湖南省最南部，南岭山脉东段北麓，是湘南置县历史最悠久的县之一。战国时期设临武邑，汉高祖五年（公元前202）建县。北界桂阳，东连北湖、宜章，南邻广东，西靠蓝山，西北毗嘉禾。县境属丘陵半丘陵地区，东山山脉和西山山脉将全县分为珠江水系和湘江水系，东南部为盆地。

1. 由农耕文化发端而生成的勤劳、开拓精神

在郴州地区的本土传说中，神农氏曾在这片土地上"拾嘉谷创水稻于嘉禾，制耒耜教耕种于耒山"。《管子·轻重戊》载："神农作，树五谷淇山之阳，九州之民，乃知谷食，而天下化之。"清《衡湘稽古录》则载："天降嘉谷，神农拾之，教耕于骑田岭之北，其地曰禾仓，后以置县……今桂阳县北有淇江，其阳有嘉禾县。相传炎帝之世，天降嘉禾，帝拾之以教耕，以其地为禾仓。后置县，因名嘉禾。"这便是嘉禾县名称的由来。《古史考》中有"神农作耒""斫木为耜，揉木为耒。"《衡湘稽古录》中则记载："帝之匠赤制氏，作耒耜于郴州耒山。"耒山位于郴州汝城县城南五里，耒水发源于此，耒阳则得名于耒水，而传说中炎帝的工匠赤制氏就是在耒山制作了耒耜。

作为神农炎帝的子民，郴州人对农业生产极为重视。郴州万华岩溶洞入口存有南宋绍兴十八年（1148）《坦山岩劝农记》碑刻，记载时任郴州知军的赵不退于郴州各地劝农之情况，倡导了"务农重谷，天下之本"的思想，要求郡国司牧臣，"每岁之春，躬行阡陌，敦劝农桑"。著名理学家周敦颐曾于郴州担任县令一职，"办学校""兴教化"，也倡导"务农求本"。在农业文化中扎根成长起来的郴州人，世世代代养成了勤劳俭朴、

吃苦耐劳的优良品质。郴州境内大部分地区相对适宜农耕生产，山、丘、岗、平地相间，降水充沛，阳光充足。秦汉以后，当地的农业生产得到长足发展，其民风习俗也自然透露出强烈的农耕文化特征。

郴州众多的关于农耕生产的俗语，足以证明当地人对农业的重视。而关于商业、手工业等经济方面的俗语在数量上则与农谚数量形成鲜明对比，这些经济方面的俗语甚至含有蔑视之义。如"穷不读书，富不学艺"，只因旧时艺事被人们看不起，富家子弟无人学艺，而穷人家的孩子迫于生计，不得已而为之。"徒弟徒弟，三年奴婢"，道出了学徒地位的卑微。"打死狗仔来讲价""撵要猪仔照娘价"，则说出了商人的奸诈，以及人们对商人的厌恶。"三年出个状元，难出个会做生意的"，则说明郴州自古以来做生意的人不多，而有经济头脑，会做生意的人更少。

从农业与商业方面俗语的数量上与言语感情色彩的比较上可以看出，郴州的农耕文化有个显著的特征就是——重农轻商。这种传统的自给自足的小农经济模式，造就了郴州人"自足"的性格，以及思想上较为封闭、保守、安于现状、不思进取的缺点。

2. 由传统儒家思想教化而形成的忠孝仁义、敬老尊贤精神

郴州属于湖湘文化的重要组成部分，而且有着湖湘文化源头的地位。

周敦颐（1017—1073），字茂叔，号濂溪，汉族，宋营道楼田堡（今湖南道县）人。他一生为官31年，而居郴最久，先任郴县县令，后调桂阳（今郴州汝城县）县令。在桂阳任职四年后，调任京城大理寺丞。神宗熙宁四年（1071），再升任郴州知军，前后历十年，是在郴任职次数最多、时间最长、政绩卓著的官员之一。他在郴州兴学校，劝农桑，关心民间疾苦；他在官廨亲辟莲池，自种莲花，写出《爱莲说》，以莲花自况，倡导廉政清风；他的学说被后人称之为濂溪学，是宋明理学之源。

周敦颐在郴治政十年，一方面身体力行，践行其立人极的主张，并撰《爱莲说》，以文明志。另一方面，兴校讲学，宣传其儒道学说，进而发展为湘学之源、国学之源，这对郴州文化精神积淀与人文精神形成的影响是巨大而深远的。

郴州人特别强调"礼"，把"礼"看作是社会道德的标准。作为"礼"的重要组成部分，郴州人保持了尊老爱幼的优良传统。他们深知"树老皮多，人老经验多"，"三斤子姜，当不得一斤老姜"。同时，郴州人知道亲情的重要性，因为"金钱难买亲骨肉""亲人骨头香""不是黄泥不拦路，不是亲肉不巴骨"。

追求和谐也是礼仪文化的重要特征之一，这在郴州俗语中得到了充分体现。在郴州俗语文化里，人与人之间的和谐主要体现在郴州人为人处世不偏不倚。例如"十分弓，不拉满了""大话讲过头，有个米过喉"，这告诫人们不要过于争强好胜，要谦虚谨慎。"直木先伐，甘井先竭""树直逗倒，口直逗恼"，这是告诉人们"枪打出头鸟"，不要出风头，为人处世要平和。做事要"一碗水端平"，待客的礼数不能乱。郴州人知道，要与他人和谐共处，言语很关键。郴州人有时是"看人说话，看菩萨打卦"，有时则是"当面锣，对面鼓""打开窗子说亮话"。只有"有话说到明处，有药敷到痛处"才能有效平复隔阂，保持和谐。

3. 由佛仙文化传扬而发展的正直善良、悲悯包容精神

仙佛文化是道教文化、佛教文化和儒家文化互渗、融合的产物。

郴州，是盛产佛仙的地方。郴州山多，神仙也多。历来有九仙二佛之说，而按何琦先生在《郴州神仙文化探略》中的说法则更多，达43人，其中有道家名士18人，佛教高僧23人，神人2人。他们往往生前行善积德，乐善好施，解民厄难，死后人们建祠设坛以纪念。到清代时，不算纪念先师贤人的祠庙（如孔庙、关帝庙、濂溪祠等），郴民为佛道等众神仙所修的寺观庵堂，仅郴郡治（老郴县和郡治府地），就有寺30处，庵135处，山21处，堂4处，仙48处，观7处（这里用量词"处"，表明这些地方都是郴民用于求神拜佛、祭祀的场所）。众多寺观的长期存在，正是世代郴民神仙崇拜的具体表现。

崇仙礼佛在郴州非常普遍，第一是生活环境的影响，第二则是意识形态的因素。从环境上来看，郴州地处山区，容易受到猛兽和瘟疫的袭扰，老百姓因此期盼有神灵保佑，高人救赎。当有这样的高人出现时，无论儒释道，都会被顶礼膜拜。从意识形态上来看，郴州的仙神信仰众多，与佛道二教的进入和儒学的兴盛有关。因此，对九仙二佛的崇拜也就包含了儒释道的各派高人。正如清末时所撰的旧《郴县县志》所说："……苏仙范仙之孝，刘仲仙（刘瞻）之忠，大仙季仙之友（大仙刘日替；季仙刘助），成仙之慈，王仙之好善，柳侯之义，黄侯之勇，周佛朱佛之慈悲敏悟，皆与吾儒之道适相契合，即儒者殚心力而为之，且未易克臻斯境者，而又救火、施药、祈雨、救疫诸事，重庇乡间，生有益于前，殁有功于后，方将春秋祭享以酬报之。"前人早已看到，释道所做之事，恰与儒家仁义思想相契合，世所谓"三教合流"，这既合乎统治者的要求，也符合老百姓的利益，因而为官府所提倡和人民大众所接受。

4. 山水文化特征

郴州的地形以山地为主，80%左右的山地和丘岗构成了郴州1.94万平方公里的广袤土地。境内有耒水、米水、舂陵水、武水、集龙河五条主要河流，以及四百余条支流。山水相得益彰，山以水为分野，水以山为背景。韩愈在《送廖道士序》中说："衡之南八九百里，地益高，山益峻，水清而益驶。其最高而横绝南北者岭。郴之为州，在岭之上……，又当中州清淑之气。"郴州的山水文化体现在高峻的山，清澈的水之中。

郴州的山水资源造就了独特的山水文化。郴州人"靠山吃山，靠水吃水"，认为充满灵秀的郴州山水不但会给自己提供丰富的物质财富，还会给自己带来子孙满堂及连连好运。郴州被誉为"四面青山绿翠屏，山川之秀甲湖南"，这是"山上有花山下香，桥下有水桥面凉"，青山、鲜花、小桥、绿水构筑了一个令人神往的世外桃源。山水之间孕育着人们对自然的赞叹，人们对山水有着深厚的感情，"住山吃山，管好山""一年烧山十年穷""绿上荒山头，山下清水流"。

相关的成语谚语不计其数，如"高山岭上有黄金，就怕懒人不用心""志在高山，可摘月亮；志在丘墼，抓个泥巴坨""水深不响，水响不深""水不流变臭，人不学变呆""井水舀不干，知识学不完"等。

山水，化为了郴州人性格中的刚强与淳朴。郴州人性格刚正不阿，据《郴州市志》记载："古时，郴地偏僻，民性剽悍，民风淳朴"，郴州人认为"本分为人天不亏""大路不平有人铲"，与人相交要"心换心，一条心""宁可失钱，不可失信""要的只能是本分，让的只能是人情"。郴州人也有湖南人霸蛮的直爽，"吃肉不论，砍肉争秤""人情送匹马，买卖争毫厘""官司场上无父子，买卖场上无爹娘""待客杯杯满，打酒争一分""挑起牛肉街上卖，卖完牛肉再认亲"。他们也有韧性，不轻易服输，即使"没有脑壳，肩膀也要顶几下""头上插了野鸡毛，也要把它折下来"。

5. 移民文化特征

好山好水有利于吸引移民。据《郴县县志》记载："公元前 221 至前 206 年，秦始皇徙囚徒 50 余万，修筑郴粤驰道……"郴州是各地移民的大熔炉。此后，从汉代征战到晋代永嘉之乱，来自北方的移民徙入江南各省。移民迁徙影响到郴州，郴州的语言习惯也发生了改变，其中西南官话，成为郴州方言中最有影响的语言。这种状况一直延续到明清，其间江西向湘南地区移入了大量移民，从而使湘南的湘语染上了客赣方言的色彩。复杂多样的郴州语言，源于各地移民注入的新鲜血液，正是移民们带来的风俗，造就了郴州独特又多样的文化圈。由此可见，郴州俗语是多种方言交融的结果，体现出明显的移民文化特征。从郴州俗语表达的精神特质来看，这种移民文化特征也非常明显。

三、族权与政权：临武县宗族诉讼与械斗的演变

（一）绪论

中国古代在社会基层实行以宗族为组织单位的乡村自治的传统，北宋时期以《蓝田乡约》为代表盛行的"乡约"、南宋时期的《朱子家礼》和明清时期的"圣谕"，无不在强调乡村自治对于建立稳定的社会基层秩序的重要性。在 20 世纪，著名的社会学家如马克斯·韦伯、古德和费孝通，无不认为中国传统乡村基层社会一直处于自治的状态，只不过他们对于自治形态有着不同的理解，如韦伯的"村落自治"和费孝通的"长老统治"。[①] 但是二十世纪七八十年代以来，随着历史人类学方法的引入，多次田野调查的开展，以及越来越多的如家谱的材料进入视野，有很多学者提出了不同的看法，如田成有和秦晖等人，认为乡村从未实现过真正意义上的"自治"。[②] 而之后"华南学派"通过对明清时期华南地区宗族进行深入研究，郑振满就认为，"所谓的乡族自治，是指在国家法律和官府的授权之下，对乡族事务实行自我管理；在聚族而居的社会环境中，乡族自治主要表现为家族自治。"[③] 换言之，所谓的"乡村自治"，其实是在地方政府的授权下，宗族自我管理的形式，也就是说，"乡村自治"实际上是地方政权和宗族族权两重内容的互动。

湖南郴州的临武陈氏是一个非常具有典型性的研究对象，湘南地区宗族传统悠久且族谱材料多保存完好。其中非常值得注意的，是陈氏族谱中设立专门一卷，记载本家与他族间的司法文书，时间断限从明代至于民国。这些司法文书记录了宗族之间的诉讼与械斗过程。宗族诉讼和械斗的产生、处理和延续，事实上反映了乡村地区政治结构的演

---

① 马克斯·韦伯. 儒教与道教 [M]. 南京：江苏人民出版社，2003；古德. 家庭 [M]. 北京：社会科学文献出版社，2012 年；费孝通. 乡土中国 [M]. 北京：生活·读书·新知三联书店，1985.

② 秦晖. 传统中华帝国的乡村基层控制：汉唐间的乡村组织 [M]. 上海：复旦大学出版社，2004；田成有：传统与现代：乡土社会中的民间法 [M]. 北京：中国政法大学出版社，2005.

③ 郑振满. 清代闽西客家的乡族自治传统——《培田吴氏宗谱》研究 [J]. 学术月刊，2012 (4)：138.

变，诉讼是宗族接受政权的控制与调解的过程，而械斗则是政府信用破产，宗族用武力方式行使族权的过程。日本学者仁井田升在《中国法制史研究·家族村落法》中花了大量的篇幅记录这一时期华南地区的乡族诉讼和械斗的资料，而冯尔康先生在《中国宗族社会》中认为乡族诉讼和械斗的盛行，"反映了社会控制权由官方向民间的转移……这是清朝由盛转衰的重要标志之一"①。

本文试图以临武陈氏族谱中的司法文书材料为基础，辅以田野考察和地方志文献，以"诉讼与械斗"的演变过程来考察明清至今临武地区乡村自治中族权与政权的动态演变过程。

（二）环境与权力：临武陈氏的生存环境与乡村政治结构

临武县，隶属湖南省郴州市，地处湖南省最南部，为湖南地区置县最久的县邑之一，顾祖禹《读史方舆纪要》记载"临武县州东南百二十里。东至郴州宜章县八十里。汉置临武县，属桂阳郡。后汉因之。晋以后皆仍旧。隋属郴州。唐因之。如意元年（692），改县曰隆武。神龙初，复故。五代晋时，马氏省入平阳县。宋绍兴十年（1140），复置，属桂阳军。元属桂阳路。今城周三里有奇，编户三十三里。"从地理条件这个长时段因素来看，临武地区从明清至现代几乎没有大的变化。

根据《临武陈氏宗谱》（见下文图1所示）的序言，可知临武陈氏的始祖福建莆田义门陈公盛大致在公元10世纪末至11世纪初，即北宋初年时由福建迁到了临武骡溪，骡溪村位于临武城的东南方。在其叙事中说"见临武骡溪山川秀丽，土地肥沃，于是定居下来。"在宗谱之中，对于临武县形胜的描写也非常多，"县治四境群峦，望之葱秀，盖自衡岳分脉而南也。跨湘江，走郴桂，盘回五百里，真淑之气于此焉。穷诚楚表，伸膝而加岭南，足称势便，转臂还击，遂有上游。且西岭接九嶷之胜，华阴枕两粤之交，汉将制奇，秦人屯重，咸在兹矣。"宗谱中对宗族所居住环境的诸多溢美之词，其实蕴含了对生存环境的一种自我想象与建构，可以起到凝聚宗族的作用。

但是，临武陈氏所处为典型的山地丘陵区，在古代交通闭塞，且可供开垦的土地较少，农业并不发达。嘉庆《临武县志》记载："县多山谷，不通河道，赋役繁多，田地瘦薄，春雨淋漓，颇似饶洽，夏日炎蒸，辄易干涸，耕绩所得，仅免饥寒，别无羡余市之。……桂阳一郡，崎岖万山中，即使阡陌未开，亦当畸零参差之数，厥土高，厥田燥，涂泥坟植，地易龟坼。地既限于瘠薄，且壤连楚粤，家鲜盖藏，牵牛服贾，逐末者多，人事亦不齐。"

同时《临武县志·赋役志》又说临武地区"任土作贡以来，田分九等，赋即因之。临为荆楚边邑，厥土涂泥，厥田下中，厥赋上下。"临武地区田地贫瘠，却征税等级较高，明代万历时期实行"一条鞭法"后，临武地区上缴的除了正常的夏税、桑丝和秋粮外，还有课钞、商税、锡课，都要折银缴纳，清代除了丁银、粮外，经常有外额加征饷银，同时还有杂税。

---

① 冯尔康. 中国宗族社会 [M]. 杭州：浙江人民出版社，1994：113.

图1 《临武陈氏宗谱》

杜赞奇在《文化、权力与国家》中揭示过赋役繁重、经济基础的薄弱与宗族势力扩张的关系，并将其称为乡村地区的"经纪统治"。① 在封建帝国时期，当一个乡村地区整体经济条件不佳的时候，其获得的税收收入也会相应较少，除去上交给国家的固定部分，能用到乡村社会中进行建设义仓、兴修水利和维持治安的经费也相应较少，那么乡村地区的公共建设必然就会在很大程度上依赖乡村宗族势力。在《赋役志》的冗长记录中，临武县的大部分存留款项主要有三个方面，其中最为大宗的是县衙官员俸禄，第二多的是所谓"拨运费"，包括驿站和转运赋税的花销，而排最后的地方支出就是"祭祀杂支"，不多的经费里面包含了祭祀、文教人员补贴和社会福利等方面。与此同时，明清帝国控制基层社会、征税和维持治安的保甲制度，在经济基础不发达的乡村也较难奏效，因为在这种经济不发达地区征税困难，保甲制度中的征税者又是扮演着"掠夺者"的身份，很容易会受到乡民的抵制，于是乡民会更倾向于地方宗族长老这种"保护者"出面代为收缴，类似于今天的经纪人的身份。在《风俗志》中，就有记载道："临俗：地丁钱粮，素称乐输，然亦有逋欠，近则各村庄绅耆，一遵功令，定以五月半完，十月

---

① 杜赞奇. 文化、权力与国家［M］. 南京：江苏人民出版社，2003.

全完，逾期则议以罚数，且各乡隅，存公废私，有无措者，挪移充纳，故临武赋课，为楚南最。"经济基础的薄弱反而促进了临武县地区宗族的发展，使其更为凝聚和团结。

根据《临武县志·户口志》的记载，明代万历十年（1582），临武全县有户六千零八十一，口四万两千八百六十，到清嘉庆二十一年（1816），有户二万六千五百三十五，口十三万三千三百二十九。如今只是骡溪村人口就超过了六千，它也是临武境内首屈一指的大村庄，密密麻麻的房子连成一片长达数公里。村内巷子如蛛网复杂，如同一个小城镇，南福、渣塘、新白竹寨、老白竹寨、坪头岭、贝溪陈家、寨冲、增加山、黄寿湾陈家、西山陈家等等一大批村庄都是由它衍生而出的。整个临武陈氏繁衍至今，已有125个村庄，4万人左右的规模。但是实际上临武地区多山，土地资源有限，经济水平不发达，人口繁衍其实面临着很大的问题，在临武陈氏所居的流清水附近，还分布着其他很多宗族聚居的村落，如榜山邝家、乌溪洞刘家、李家、城南柳树街杜家等等。

弗里德曼在《中国东南的宗族组织》中已经指出宗族是具有明确血缘边界的组织，不同宗族之间具有排他性。[①] 宗族随着人口繁衍、规模的扩大，必然需要争取更多的经济资源，在临武这个土地资源有限，经济水平不发达的地区，宗族之间便会很容易产生矛盾，而且由"人多地少"这个基本矛盾，往往会扩展出很多其他层面上的矛盾，这种矛盾的产生和累积，杜赞奇将其称为"族权竞争"。

在山地地区，土地资源有限，农业基础薄弱，个人的力量很难争取到足够多的资源，因此愈发要依靠宗族，同时一个宗族的人口数量往往决定了这个宗族在乡村地区公务中的话语权分量，会影响到通婚地位、水利兴修、土地资源分配等等多方面，而宗族获得了更多话语权分量后，又会促进人口的扩张，形成循环效应。故而，宗族之间族权竞争的核心目标，其实就是资源和人口的增长。而宗族为了提升自己的竞争力，也需要团结、加强自身的凝聚力，因此在家谱书写中"祖训"和"家训"的重要性就被凸显了出来，其往往在家谱中占据了开篇首要的位置。在《临武陈氏宗谱》的"祖训"中，就有内容如此写道："最可憎者，朋党相残。不念同气，偏沦异乡。手足干戈，祖心忧伤。愿我族姓，怡怡雁行。通以血脉，泯厥界疆。"而在"家训"中，则有"戚友宜诚挚，敬老并尊贤。全家宜和睦，邻里莫相残。"

在临武地区，除了独特的自然环境和经济基础造成了此地宗族势力的强盛，不可忽视的还有文化方面的因素。根据《临武县志·学校志》的记载，临武的县学宫南宋时始建，后多次毁于兵难，明代自洪武二年（1369）至崇祯末，一直在办学，后亦毁于兵难，清代康熙四年（1665）复建，后办学至清末。在目前县学宫明伦堂残存的遗迹中有康熙九年（1670）颁布的《御笔圣谕十六条》，作为县学宫之办学主旨刻于碑上，首先四句便是："敦孝弟（悌）以重人伦，笃宗族以昭雍睦；和乡党以息争讼，重农桑以足衣食。"这说明在县学的教化中，敦孝弟、笃宗族被排在了首位。而在《临武陈氏宗谱》和《临武县志》当中，均记载了南宋时期骡溪陈氏建立的南薰书院，是当地第一所家族书院，后建有凌云馆等大小书房十多处，同时还记载了宗族学田分布的情形，无论是官方还是民间的教育，对宗族势力的加强也都起着促进的作用。

---

① 莫里斯·弗里德曼. 中国东南的宗族组织［M］. 刘晓春，译. 上海：上海人民出版社，2000.

如前所分析的，在临武地区分布的大大小小的宗族，会对临武地区的资源进行分配。在资源分配的过程中会产生族权的竞争，而一般情况下扮演着竞争仲裁者和调停者身份的是地方政府，这些族权加上地方政府的存在就组成了乡村的政治结构。以下将对临武地区的乡村政治结构进行分析：

临武地区乡村政治结构的一面是宗族势力。在临武地区，各个宗族的情况千差万别，各不相同，造成了发展的不平衡性，大的宗族如临武陈氏，宗祠、族谱、族田、族规等一应俱全，宗族活动频繁且隆重，对区域公务有着较大的话语权；而小姓寒门，则在区域公务中几乎没有影响力。《临武陈氏宗谱·舆地志》中记载了陈氏家族修建宗祠、祖厅、门楼、牌坊，建立书院，修造路桥，建立塔庙等情形，同时对于族内春秋祭祀之礼制，族田、祭田、学田之设立，亦有详细记载。通过笔者的实地考察，临武陈氏目前还有较多诸如祠堂等历史文化遗存，现存义门牌坊一座（明景泰时修），宗祠、祖厅合计七处，龙虎大庙、龙兴法堂（后改为舜帝古庙）、桥梁三座、凉亭三座。在这些遗存中尚有许多碑刻可供对照研究，计有祠堂碑记二块（清咸丰、光绪），法堂碑二块（清道光）、路碑一块（清道光）、凉亭碑文一块（清嘉庆）。宗族通过对地区公共设施的营造和宗族自身形象、理念和经济产业的经营，从而衍生出权力。

"权力"，根据福柯《规训与惩罚》中的定义，是指个人、群体和组织通过各种手段以获取他人服从的能力，这些手段可以包括暴力、强制、说服或者继承原有的法统和权威。宗族对内可以惩罚那些触犯族规、蔑视族权的族众；对外可以团结族众进行对外交涉、垄断封锁和暴力械斗。根据调查采访，临武陈氏的族人告诉我们，陈氏的宗祠（见图2所示），正是行使族权的核心场所，族中长老们在宗祠议事，并宣布重大的决定，抑或惩治触犯族规的人，当全族面临武力威胁时，长老会派人在全村鸣锣，然后族人们

图2 陈氏宗祠

拿起锄头、棍棒在宗祠集合，由领头者组织进行暴力行为。总而言之，乡村政治之发生，正是由于宗族在对内、对外行使族权。

地方县政府是乡村政治结构的另一面统治秩序。在《临武县志》的序言中记载这里的地方官员曾这样感慨道："县虽设为边属，日惟榷比钱粮，完缴公案，可无别事，其繁剧可知也。"在明清时期，临武毕竟是一个地处山区、位置荒僻的小县，一直到乾隆时期户数才破万，上级交代给地方官员的主要政务就是完成征缴赋税，除此之外几乎没有其他的大事派下。但临武地区向来以民风剽悍著称，杜佑《通典》就曾称"荆楚风俗，略同扬州，杂以蛮夷，率多劲悍。"到了明代桂见山《舆地图》中亦说此地"楚俗剽勇，鲜思积聚，于是四方流民失业者多赴焉，故其民率訾然而难治也。"而临武旧城邑志云此地民众"多务耕读，少事工商，朋友以义气为先，质朴近野，自昔而然"。如果抛开这些略带概括和修饰的语句，从《临武陈氏宗谱》的司法文书记录中更深入地来看，从明朝万历时期到民国，当地发生了很多次宗族之间的土地纠纷和矛盾对抗，以至于到了对簿公堂，甚至大闹公堂、杀伤人民的程度，明代天启四年（1624），知县徐太爷在给衡州府的申文中写道："生员鼓噪公庭，逞凶异变，请饬宪法，以禁乱萌事。三月廿四日，据民陈宿用以急救祖骸，告邝忠楚以欺国灭民诉卑职。亲往踏勘，回县吊审，不意生员陈、邝各恃衣冠众盛，统带无数，多凶勇上公堂，喧哗无忌，争先格斗，奋不顾身，杀伤三命，几不能免。"宗族对抗、大闹公堂的目的正是族权的扩张，可以这么说，乡村政治结构因为族权的存在而产生，又因为族权的扩张而变动，而这种扩张的边界受到了区域政权的制约。

不过，乡村政治结构中的政府这层又有不同的层级，在《临武陈氏宗谱》记录的案件卷宗中，康熙二十一年（1682）当临武陈氏和旁边邝家发生土地纠纷，双方自行协商无果的情况下，就会首先报告临武县长，由于临武县长的判决不利于陈氏，所以陈氏决定上书给湖南省的按察使司（臬司）。按察使司责令衡州府亲自重审，衡州府的判决依然还是有利于邝家，陈氏便再度上书，臬司便再度发回重审，最后衡州府只好要临武县长亲自勘察。县长最后便只得做出了一个调和的决定，双方各退一步，还原到发生纠纷之前的状态。

1843年在临武北边的耒阳地区，发生了数个宗族联合起来发动叛乱的抗税事件，造成了"耒阳暴乱"事件，震动了北京。当年湖广总督的奏折中详细记录了此事，最后还将耒阳地区的暴乱分子解送北京凌迟处死。临武县的知县，无疑是最靠近宗族核心的第一层，但根据明清时期的地方行政机构划分，临武县上又有衡州府一级的地方政权，这又外扩到第二层，衡州府在明朝时隶属于湖广布政使司，康熙三年（1664）以北部改称湖北省，省治武昌府，南部置湖南省，省治长沙府。衡州府一般会将地方政务的处理结果上报给省司，由省司最终决断，这相当于第三层。而涉及处决犯人和地方叛乱这等更为重大的事件，省司会上报中央，这相当于第四层。

总而言之，临武地区独特的生存环境深刻地影响了该地的乡村政治结构，形成了由宗族族权和政府政权共同组成的差序格局，这两种权力之间具体存在何种关系？是如何演变互动的？这是下一节我们重点利用《临武陈氏宗谱》司法文书所想要探讨的问题。

（三）诉讼与械斗：从张家坪案、邝家构讼案到临武大械斗

万历三十九年（1611）二月十三日，临武县衙门受理了一件看起来很小的案件，来

自县城南部陈氏宗族的陈宿用很早便来到县衙鸣冤，状告毗邻陈氏宗族的邝氏宗族族人邝纯忠、邝纪忠、邝义忠和邝义正等人，在陈氏宗族祖坟后面开了一沟水渠来引水灌溉，破坏了祖坟的龙脉，"擎天汇气，凶杀必然"，恳请县太爷做主。当时的强姓县太爷将此事当成了一件很普通的民事纠纷，在一位王姓庠生的陪同下，强姓县太爷亲自前往勘察了现场，发现这片叫做"张家坪"的地方，是四面环山中的一块平地，在平地北部是临武谢氏的田地，而南部则是临武邝氏的田地，而临武陈氏的祖坟正好在南部山腰上。以前邝氏田地就有旱季灌溉困难的问题，但并未采取任何行动，倒也相安无事，但近日因为邝氏族人邝义正为了使田能增产，便从山上引水灌溉，挖了一条水渠，正好流经陈氏祖坟的后面。勘察过后，强姓县太爷于是给出了一个颇为公正的裁决："邝自不得自直于陈，而当此破坏之迹，陈氏为祖坟亦为不便。本厅初欲以邝田让陈，而多其价，陈姓坚决不允。今据同庠生王上观，会于邝氏田头，新开一塘蓄水救旱，则旱田可以永济，而陈氏所费不过五两，其沟亦可填补无缺。两全之术，足见各生经济矣！"强姓县太爷一开始想要让陈氏干脆买了邝氏这几亩田，但是邝氏给出的价格让陈氏族人觉得这几亩田根本不值，因此后来又想让陈氏出钱为邝氏修建一个蓄水池并填补了那个水沟，但是陈氏族人依然觉得不公平，认为明明是邝氏先挖断自己的祖坟龙脉，凭什么还要自己贴钱为他们修塘填沟，而邝氏同样不愿意让出田地或者填补水沟，于是"好为生事，毁訾乡官"，遭到强姓县太爷"杖惩"，并责令邝氏、陈氏两家快点缴纳公务费用。这件小事于是暂时被压下了，陈氏最终还是答应了为邝氏修塘填沟。

但强姓县太爷万万没想到的是，天启四年（1624）三月廿四日，陈氏和邝氏族人又来到了县衙，时隔十三年，当时修建的蓄水池塘已经被堵塞，不能再蓄水，于是邝氏宗族的邝忠楚又跑到了陈氏祖坟的前面开了一条水渠，于是陈宿用又跑到了县衙状告邝氏。不过与上次不同的是，这一次陈、邝两家各自带了数十名族人来到县衙，都要求徐姓县太爷重新作出有利于自己的判决。结果公堂上徐姓县太爷还没来得及发话，在县衙外等待的陈氏、邝氏族人就开始喧哗，很快发展到了斗殴，进而波及了公堂上，当时陈氏族人陈太符、陈楚琯首先冲入公堂，纠打邝氏族人邝讼义等人，而邝氏族人也试图冲入公堂，一部分便在门口和陈氏族人打斗，更有甚者直接从县衙旁边的墙上跳入县衙内，当场就有人被打死。徐姓县太爷和一众衙役隶卒吓得魂不附体，四散逃避。之后在其给衡州府的申文中，文中的惊慌、愤怒与无奈透字而出：

> 生员鼓噪公庭，逞凶异变，请饬宪法，以禁乱萌事。三月廿四，据民陈宿用以急救祖骸，告邝忠楚以欺国灭民诉卑职。亲往踏勘，回县吊审。不意生员陈、邝各恃衣冠众盛，统带无数，多凶勇上公堂，喧哗无忌，争先格斗，奋不顾身，杀伤三名，几不能免。"尔时天翻地覆，子衿尽为强虏；卒惊叟避，提调何异蜉蝣。光景至此，功令何谓。看得民俗狂悍，以瑶民梗化，士子挟制有司，已非一日。似此衣巾攘臂，齐民景从，则三尺荡然，大乱将许。恳乞明宪法，弹压嚣风，庶几有司得以制命，士秩于庠，民安于野。缘系详夺事理，合就申禀，伏乞照验施行。

之后衡州府批文道：

青衿结队于县官之前，攘臂格斗，立伤三命，法纪荡然矣！

下令临武县县长详细禀告此事，徐姓县太爷在回文中说道：

> 陈、邝二姓均为本地望族。近日，邝姓复于陈坟前穿心取路，陈姓媾之不得，植之荆棘，不得，故告于县。是邝、谢二姓，复以阻浇粮田，树其帜矣。本县亲踏，二姓各恃衣巾，逞凶行殴于公庭，可为一时之大变矣！

衡州府非常重视此事，又将此事禀告给了湖广布政使司，湖广布政使司倪姓守道批复道："坟前行路，坟后开沟，邝、谢二姓，只图己便，而不顾伤人风水，蔑视官府，抑亦损害天理矣。且事由县审，两家格斗逞凶，公庭之上竟为聚殴之场，目中不知有三尺矣！依拟，陈淑夫与邝崇义，各拟杖，储库收缴。"于是衡州府便依据此批文，派遣吏卒追捕了邝氏和陈氏的一部分参与者，责令邝氏填沟并不得再讼，并依《大诰》杖责了陈氏和邝氏的参与者。

《临武陈氏宗谱》司法文书记录的发生于明代的"张家坪案"的大致过程中，有三点值得说明：其一，"张家坪案"的起因是陈氏和邝氏的土地纠纷，但这个土地纠纷是因为邝氏为了修建水渠挖断了陈氏祖坟的龙脉，站在陈氏的角度，邝氏修建水渠增产土地，是帮助邝氏的宗族进一步扩大，而挖断了陈氏祖坟的龙脉，则是对陈氏祖宗的不尊敬，也就是说邝氏的族权扩张是以侵犯陈氏族权为代价的；其二，当邝氏和陈氏发生了族权冲突时，从司法文书的记录来看，宗族之间首先有一个谈判的过程，然后陈氏采取了一定的阻止措施，在谈判无效的情况下，才诉诸官府，"陈姓媾之不得，植之荆棘，不得，故告于县"；其三，在第一次万历年间陈氏诉讼时，官府给出的判决是邝氏放弃水沟，陈氏出钱修建水塘，但其实两家都不满意，但县长强令执行，并杖责敢有非议者，之后十数年事件也没有升级。但是第二次天启年间诉讼时，两家就直接在公堂上发生了斗殴事件，甚至震动了省中，但是布政使司的处理结果，其实还是填沟杖责，然后退回到挖沟前的状态，相当于各打五十大板，哪怕是大闹公庭，"杀伤三命"，也并不能真正去处理这两个宗族。这也就是说，政权对族权的控制影响力，的确是随着时间在发生变化。明代朝政正处于日衰之时，这个时候，反映在乡村基层中，政权无力控制族权，被宗族大闹公堂，公然斗殴，这是时代转变的反映。

时间进入清代，在《临武陈氏宗谱》的司法文书记录中，在康熙二十一年（1682）又发生了一件"邝氏构讼案。"当年三月，邝姓宗族为了谋取临武陈氏祖坟附近的一块地，欲强行占据，当时临武陈氏进行阻止，于是邝姓宗族便纠合讼师，到县衙状告陈氏。邝氏欺负县官张太爷新任，通过将这块名为"鹿塘"的土地改名叫"下头岭"，然后诈称此"下头岭"是官地，状告陈氏侵占官地。与此同时，邝氏又贿赂了张姓县太爷的幕宾赵相公，促使张姓县太爷判决此地为官地。当时陈氏宗族不甘此判，派遣族人陈文荣到湖南按察使司去告状，后命发回重审，结果张姓县太爷的复文是：

> 业经卑职到山亲勘，虽有古冢数处，行皆坍塌，无树可攀，无碑可识，而陈姓一村云有墓，若无多证据，岂是其祖墓；而一任置之荒烟衰草，不为修葺，直待今春始一为祭扫之。况无地券可凭，惟凭家谱。彼手写之家谱，而遂借各色以有其地，此卑职所不能为之解也。在临武田少山多，凡山皆无赋。峰

峦旷互，相望其中，不无难耕之地。平荡之区，听民樵采卜葬。族众之家，若恃人多，择吉妄图，则朝廷咸得觊觎之矣！况当日卑职赴山审勘，聚观众老幼数十人，验之地形，采之舆论，陈桂亨等漫无凭据，实系官山。卑职从宽逐释，乃不思悔过，希图上渎宪聪，复有人鬼蔽聪之控，致烦提审。

张姓县太爷之后又反复三度行文臬司，解释此事并无冤屈，庇护邝家，结果陈氏宗族再度前往告状，于是臬司严牌差催：

> 为人鬼蔽冤事，照得陈桂亨词告邝桂忠等一案，檄行该县提审，屡催不懈，复发飞签提冤，经承及据，屡详严驳，该县一味藐抗徇延，法应指名揭参，姑再差催。为此，牌差本承驰去临武，着仰该县官吏查照先经屡催事理，刻将犯人邝桂忠等一千有名犯、证、词，限文到日，星速押解赴司，立等亲审定案。

由于臬司催急，张姓县太爷没有办法，只好将邝氏宗族涉及此事者押解到衡州府，结果衡州府署理此事的汤老爷和县长张太爷有旧，故而审理之后，依葫芦画瓢，维持县官所判，批文"应扔照拟，各杖不枉。"于是临武陈氏的陈桂亨再次前往按察使司处告状，于是臬司再次行文，称"本年十月初九日，据该厅呈祥临武县民陈桂亨等招罪缘由到司……合两参看，不能无疑，疑则难成信案，合行驳审。为此，仰厅官吏，遵照牌内事理，即拘一干原、被、犯、证，秉公执法，复加详审。"

衡州府接到了臬司此文，没有办法，只好将邝姓宗族和陈姓宗族中涉事者全部拘押审问，并录口供，呈送臬司。在这份口供中，由于有多人分头审问，终于审出是邝家刻意构陷陈家，妄图以旧坟无从辨认，强诬鹿塘为官地及诬陈氏属于非法占有，以此驱逐其迁坟离开，之后好自行占据。最后衡州府下达审语："此地非临武官地，原有古冢垒垒，但看到已久远无可稽考。今桂亨坚供系伊祖坟，应断桂亨户内，止许祭扫，嗣后不得再葬。陈桂亨、邝桂忠法应并究，姑念事在赦前，拖累已久，应否免拟，恩自宪出，非卑职所敢擅便。伏侯宪裁。"臬司批复"如详，立案缴"。此事至此算是告终。

"邝氏构讼案"的值得注意之处，是陈氏宗族的反复上诉。在康熙二十一年（1682）那个时期，邝氏买通县官构讼陈氏，但陈氏在遭受冤屈的状况下没有像天启时期那样采取武力械斗的方式来解决，而是反复向湖南省按察使司上诉，试图通过司法的途径来恢复清白，获得官方对自己土地占有权的认可。在这个司法诉讼的过程中，县官、府台和臬司，反复行文审问两个宗族的成员，并可以任意拘押解送他们，很明显在这一时期，政权的力量是非常强势的，以至于族权完全受制于政权。

这不由得让人想起王汎森先生在《权力的毛细管作用——清代的思想、学术与心态》中的研究，王汎森先生同样使用了福柯"权力"的概念，认为"权力"具有毛细管作用，这种毛细管作用是在非常隐秘的空间里展开、运作的，又是受人的心理驱使而产生的，因此往往处于一种"只可意会不可言传"的状态。因此王汎森先生巧妙选取了现象痕迹比较明显的清代为例，建构出了权力的毛细管作用展开、运作及淡化的具体过程。在《权力的毛细管作用——清代的思想、学术与心态》一书中，王汎森关于"权力的毛细管作用"主题的有三篇文章：分别是第七章《从曾静案看18世纪前期的社会心态》、第八章《权力的毛细管作用——清代文献中"自我压抑"的现象》和第十二章《道、咸以降思想界的新现象——禁书复出及其意义》，王汎森先生自己在序言中说："这三篇是一个连环套，它们讨论清代的政治压力，一方面是官方的禁制政策，另一方面是造成一种无边的氛围产生权力的毛细管作用。"这三篇文章构成清代社会中权力压抑思想情况的线索：顺治时期启其端，文字狱渐开，雍正时期为节点，文网渐密，曾静案是一个观察角度和个案研究。权力的压抑逐步展开，乾隆时期到了极点；后来文网渐松，到了道、咸时期禁书复出，权力的压抑渐渐淡化。康熙时期，正是清朝政府控制基层最为严密的时候，这种严密不仅仅表现在文化界中"文字狱"的盛行，更加重要的是表现为对乡村政治结构的影响，族权在政权的压制下完全不敢放肆。①

这种影响随着清朝政权的衰落而下降，根据《临武陈氏宗谱》的司法文书记录，在嘉庆十七年（1812）时，临武陈氏预备又去张家坪安葬族人，结果遭到了邝氏的阻拦，两方当场发生械斗，死者四人，而临武县县官上报衡州府后，由衡州府出面将主要参与者抓捕并处刑。美国学者孔飞力在《中国现代国家的起源》中则关注到了1842年时，在临武县的北边，同属于衡州府的耒阳县发生了一次暴乱事件。当时耒阳县的税史在征税时遭到了耒阳宗族的大姓段拔萃和梁人望等人的抵制，结果发生了冲突。后耒阳县的几个宗族联合起来组织抗税运动，并打造武器，发起武装暴动，最终发展到纠合部队武力进攻耒阳县城的程度，之后官军前来镇压，抓获225人，领头者被送入京城凌迟处死。孔飞力认为，这是清代的乡村税收体系崩溃的前兆，因为以往官方控制的税史和乡村宗族的包税者之间原本应该是合作的关系，以共同实现该地区税收能够稳定上缴。但是随着政权组织的衰落、当时土地所有权变化速度和人口流动速度的加快，乡村宗族的长老士绅包税者已经难以征足税款，而税史的强逼，只会促使地方宗族反抗。②

地方政权的衰落，加上宗族的反抗，最终可以使乡村政治结构中地方政权影响力到达崩溃的地步，临武地区地方政府政权影响力崩溃的标志性事件是发生于民国元年（1912）的陈、邝"临武大械斗"事件。在当时的《申报》有专门的版面报道了陈、邝"临武大械斗"事件：

> 湖南桂阳州属之临武县，居民习惯处于一村，有一村数百户者恃其族大丁多，稍有冲突，辄行械斗。现有陈、邝两村，距城一、二里，前数月彼此因事械斗，刀杀六人，炮伤三人，失踪四人。据各界传称，自去岁绿营裁撤后，居民多窃械而归，故械斗时无异军队，刀光曜日，枪声震天，兵队弹压，毫无惧色，反夺尸枭首而去。前任谭知事、罗营长及张、王两哨官几遭危险。事后会营勒缴凶尸，该村竟聚妇女数百裸体围噪，又有陈姓械斗，案知事拘押首恶陈德舒，而该村陈俊表竟统男妇数百执械闹署，直达签室，至将囚犯劫去，谭知事避匿仓中乃免。后邝村因杀伤不均，复谋报复，并开炉自铸凶器，日间炮声隆隆，新任知事谢昆莅任之后即严禁械斗，并亲赴陈、邝两村，谕令该村父老等约束其子弟，否则坐以纵容之罪。昨已拿获正凶数名，拟即会营捕治，并禀

---

① 王汎森. 权利的毛细血管作用［M］. 北京：北京大学出版社，2015.
② 孔飞力. 中国现代国家的起源［M］. 北京：生活・读书・新知三联书店，2013.

明都督，勒令枪械司、法司亦派员拨兵查办，以儆习风。

在《申报》的报道中，可以发现清朝末年陈、邝两家的械斗频率非常高，地方政府根本压制不住，这反映出政府信用破产，宗族频繁用武力方式来行使族权。而且在绿营解散之后，乡村宗族甚至敢去偷取枪械，以至于"兵队弹压，毫无惧色，反夺尸枭首而去。前任谭知事、罗营长及张、王两哨官几遭危险"。政府的武力镇压完全失效，宗族敢闯入公署，劫走被政府拘押的族人，而知事官却仓皇逃走，这不由让人想起明代天启年间的斗殴事件，政府在乡村的威权几乎完全破产。而之后新知事上任，做的第一件事就是"亲赴陈、邝两村，谕令该村父老等约束其子弟"，在政权衰落的乡村政治结构中，就只能依靠族权维持秩序了。

纵观明代万历至天启年间的"张家坪案"、清代康熙年间的"邝氏构讼案"和清末民初的陈、邝"临武大械斗"，可以很明显地看出乡村地区政治结构的演变。诉讼是宗族接受政权控制与调解的过程，而械斗则是政府信用破产，宗族用武力方式行使族权的过程。当整体政权强盛、政治影响力大的时候，乡村政权就会在乡村政治结构中占据主导地位，成为宗族之间解决问题寻求仲裁的对象，这时诉讼是主要的手段。但是当整体政权衰落、政治影响力缩小的时候，族权就会在乡村政治结构中占据主导地位，宗族之间的武装械斗等暴力活动就会成为主要手段。政权和族权，在中国古代历史上就在这种你进我退、我退你进中发展，成为乡村的主要秩序。

结　语

作为在城市当中成长起来的一代，我们以往在阅读古代史料时，对于宗族的影响力早有所闻，但当真正阅读到《临武陈氏宗谱》的材料时，还是非常难以理解居然还存在这种聚族而居、几千人规模的宗族，因此对于这种宗族的生存形态产生了极大的兴趣。不过《临武陈氏宗谱》2013 年续修宗谱时，所成十修宗谱收入临武陈姓村落 130 余个，字数就约 1100 万字，分 18 册，卷帙浩大，难以读完，而笔者作为外来者开展田野调查，在短时间内也很难完全感受到宗族生活的方方面面。因此在此次研究中，只能先选取其司法文书部分作一个研究尝试，这是笔者初次通过开展田野调查的方式来获取原始材料，也是在这个过程中第一次了解到"华南学派"的一些基本研究方法。以上的研究成果难免显得稚嫩，会有很多的问题，兹于下列出，以期今后继续开展调查活动时改进：

首先，宗谱这种材料作为记述本宗族人物的文献，还是带有较强的主观性，褒扬的成分居多，也会刻意塑造一些敌方的恶劣形象。因此在此次司法文书的研究中，其实还应该前往另一个当事方邝家那里查阅相关材料，两相比对，方可真正还原出事件原来的情况。

其次，在《临武陈氏宗谱》的司法文书记录中，只有单个的事件记载，之间缺乏有机联系，而且局限于事件本身。如果要对其做历史的研究，除了地方志等史料外，还应当广泛查阅整体历史材料，比如正史和实录，将这些如同一个个点一样的孤立事件联系起来，从而充实成一条线状的发展过程。与此同时，这些记录的时间往往并不明确，很多时候甚至有错漏，在使用这些文书材料之前应对其进行考证校订，这是一个很重要的步骤，只能留待以后进行。

最后，《临武陈氏宗谱》的司法文书材料是就诉讼论诉讼，从记载上来说是比较单向度的。在还原历史的过程中，应该综合考虑当时的经济、政治等各方面因素对此事件的影响状况，应该将地方志和宗谱中关于人物、地理等其他方面的记载都用上来。

总的来说此篇文章尚显粗疏，还有很多东西有待进一步的调查研究，希望将来能够有机会将这一问题进行更加深入的探索推进。

>> 老师点评

这是陈宛昕同学负责的国家"大学生创新性实验和创新训练计划（SIT）"项目的最终成果，获评 2018 年度湖南大学第三届大学生"十佳创新创业项目"。尤其值得一提的是，该成果也是当年入选的唯一文科类项目。宗族的演化可以说是古代中国社会基层组织发展的核心，家谱则是记录宗族历史的主要资料。如今对于宗族和家谱的研究，并不是为了给一姓一家作传、歌功颂德，研究问题的核心也不是家谱中真实与虚构的内容，而是以此为历史材料，还原对当时历史的认知和理解。

文章以《临武陈氏宗谱》《临武县志》和《郴州府志》等地方志材料为基础，结合新的史学方法，辅以田野考察，以"诉讼与械斗"的演变过程来考察明清以来临武地区乡村自治中族权与政权的动态演变过程。文章认为，在临武地区，除了独特的自然环境和经济基础造成了此地宗族势力的强盛，不可忽视的还有文化方面的因素。临武地区分布的大大小小的宗族，对临武地区的资源进行分配，在资源分配的过程中就会产生族权的竞争，而一般情况下扮演着竞争仲裁者和调停者身份的是地方政府，这些族权加上地方政府的存在就会组成乡村的政治结构。

文章以明代万历至天启年间的"张家坪案"、清代康熙年间的"邝氏构讼案"和清末民初的陈、邝"临武大械斗"三个具体案例为切入点，指出，乡村地区政治结构的演变，诉讼是宗族接受政权的控制与调解的过程，而械斗则是政府信用破产、宗族用武力方式行使族权的过程。当整体政权强盛、政治影响力大的时候，乡村政权就会在乡村政治结构中占据主导地位，成为宗族之间解决问题寻求仲裁的对象，这时诉讼是主要的手段。但是当整体政权衰落、政治影响力缩小的时候，族权就会在乡村政治结构中占据主导地位，宗族之间的武装械斗等暴力活动就会成为主要手段。政权和族权，就在这种彼此进退中发展，成为乡村的主要秩序。

总体而言，文章达到了原来的设计目的，较好地完成了原定计划。

但《临武陈氏宗谱》收入临武陈姓村落 130 余个，字数约 1100 万字，卷帙浩大，难以读完。而项目负责人及成员在进行田野调查过程时，短时间内也很难完全感受到宗族生活的方方面面。加上《临武陈氏宗谱》的司法文书只有单个的事件记载，之间缺乏有机联系，而且局限于事件本身，因此尚有进一步深入探讨之处。

论文指导老师、学业导师　杨代春

>> 老师点评

李悠然是岳麓书院历史系 2015 级的本科生，她从高中开始就对历史学有浓厚的兴趣，高考时通过湖南大学自主招生考试进入了湖南大学，成为千年学府岳麓书院历史系的学生。根据岳麓书院本科生导师制，那年 10 月的拜师典礼后，我成为她的学业导师。

初识时，她给人的印象有些内向，是个腼腆的女生。为了克服自己性格方面的不足，大学刚开学不久，她便申请加入了岳麓书院学生会宣传部，后来还成功地竞选上了院学生会的宣传部部长。那一年（2016）恰巧赶上岳麓书院 1040 周年院庆，学生会工作繁多，但与她共事的同学和老师们无不夸赞她办事认真、有能力。但是，学生会的工作并没有影响到她的学业，大学四年，她学习非常勤奋、刻苦，经常在教室自习到熄灯时间才回寝室休息。果然，她的付出得到了回报，大学期间，她以优异的学习成绩获得了两次校级奖学金。

大四时，她决定继续深造。与我商讨过后，她以四川大学的文物与博物馆专业为最终目标。我对她的这一选择并不意外，在大二、大三的两次考古考察课中，她对考古发掘和文物艺术方面表现出了浓厚的兴趣。功夫不负有心人，在那一年的研究生考试中，她以高分过线，成功跨考进入四川大学深造。

目前，李悠然同学正在四川大学历史文化学院攻读文物与博物馆专业硕士学位。国内的文博行业同中国历史息息相关、不可分割。因此，相信在接受了岳麓书院四年系统的史学训练后，她的知识储备会对她今后的专业学习大有裨益，也衷心地祝愿她能够向着自己的理想目标砥砺前行并有所建树！

学业导师　向桃初

>> 老师点评

陈忆颖同学是 2015 年通过自主招生，考入湖南大学岳麓书院的。大学四年间，都是由我担任她的学业导师。通过长期接触、交流和观察，我认为她是一名非常优秀的大学生。

从一入学，她就目标明确，有非常自觉的学习规划和努力方向。记得刚入学不久，她就告诉我对影视制作非常感兴趣，并说自己之所以进入书院学习，就是想在历史知识和哲学知识等方面打下坚实的基础，等本科毕业之后，就出国读研，专门学习影视制作。所以在大学期间，除了认真学习专业知识外，她还一直为出国留学做准备，并于大四时以 103 分的好成绩通过了托福考试。大四上学期，她去加州大学伯克利分校交流学习了一学期，所选课程也多与电影研究相关，通过努力学习，她不仅获得全 A 的好成绩，还获得了多位教授的认可，主动提出为她读研写推荐信，并向她推荐纽约帝势艺术学院电影研究硕士项目（NYU Tisch MA）项目。2019 年夏天，她终于如愿以偿，进入了全球排名前 30 的纽约大学，在 Tisch（帝势艺术学院）学院攻读电影研究的硕士学位。

因为有明确的努力目标，忆颖同学在大学期间非常刻苦，也非常自律，时间抓得很紧。记得好几次，她为了很好地完成课程论文和课程作业，每天都只睡四五个小时。也记得她同宿舍的几位同学成绩都很好，互相激励。由于刻苦学习，成绩优秀，忆颖在第一学年就拿到了一等综合奖学金。

但忆颖并不只是用功学习，她也勤于实践，注重调查研究，积极参加各种活动，力求全面发展。她跟陈宛昕等同学一起完成的"大学生创新性实验和创新训练计划（SIT）"项目之《宗族演化与家谱书写——以临武陈氏为例》只是其中之一。她在大学期间，还写作并发表了《〈太史公自序〉读后感》《浅谈〈鬼谷子〉之思想价值》《湘乡文化发展的历史与概况——〈湘乡县志·艺文志〉与〈湖南省志·艺文志〉之比较分析》等多篇论文。为了锻炼能力，忆颖还从大一起担任了班上的文娱委员，同时担任院学生会宣传部副部长、副主席，策划和组织各种活动。比如她连续两年担任了校史校情知识竞赛（湖大十大精品活动之一）的总策划，又利用自己所长，为学校和书院的许多活动拍摄制作视频，并作为书院新媒体微信公众号技术组成员参与微信微博建设。她也参加过"湖南大学礼敬中华优秀传统文化主题教育系列活动"的诗词朗诵大赛、湖南大学配音大赛（英语组）、书院本科生英语单词竞赛，并都获了奖。此外，她还多次参加志愿者活动，如做过岳麓书院举办的"全国高校国学论坛"的志愿者，做过岳麓书院1040周年院庆活动的志愿者，做过2017年"岳麓书院·朗读者"活动的志愿者，甚至还参加过五一广场地铁站志愿者活动。她曾被评为校级"三好学生"，我认为这正是她全面发展的结果。

总之，我认为忆颖的大学四年，是目标明确、刻苦用功的四年，也是无比充实、全面发展的四年。现在她进入了新的学习阶段，我相信，凭她的扎实基础尤其是其种种优秀品质，一定会取得更多更好的成绩，也一定会让书院老师们为她感到骄傲和自豪。

学业导师 李清良

>> 老师点评

荣昊给我的第一印象是比较内敛，寡言少语，对师长谦恭有礼。但是当我们讨论问题时，就会发现他能侃侃而谈，并且能深入问题的实质，有他自己独到的看法。

大一刚入学那段时间，荣昊交过一篇习作给我看，写的是关于柏拉图理念论的。我读完之后非常高兴，想不到一名刚刚从高中毕业的学生，一名进入历史系学习的学生，居然对古希腊哲学问题有这样清晰和深入的见解，可能某些哲学专业的本科生都未必比得上。后来我了解到，荣昊在高中的时候就对哲学很感兴趣，还在课余时间参加了高校哲学系教授的一些讲座和读书会，并且能听得津津有味，能体会到思辨的乐趣。真是难能可贵。也许正是因为对哲学的爱好，所以尽管大学学的是历史学专业，他却愿意选择我这位研究哲学的老师作为学业导师。

除了爱好哲学，善于思考，荣昊还有一个特长，那就是英语语言的学习能力。他的英语水平在他所在的班级上应该属于最好的那几位之一了，在他这个年龄段，应该都属上乘。从进入大一开始，荣昊就十分注重对英语的学习，花了比较多的时间学习英语和参加英语水平考试，包括同声传译，并且都取得了不错的成绩。因为多了一项专门的英语学习与考试，他的大学生活要比其他同学忙碌得多，当然也充实得多。而且荣昊也并没有因为花比较多的时间在英语上，而忽略历史学专业课的学习，他的专业课成绩在班上依然处于前列。

荣昊的父母都是从事金融行业的成功人士，这可能对他的职业生涯的思考和选择有很深的影响。从小受家庭氛围的影响，荣昊对金融也有着天生的亲近感。他也有意识地在金融学方面积累知识，考过金融从业资格证。

每每想到荣昊在大学阶段要学习那么多的知识，要比同龄人付出更多，我既担心他太辛苦，又担心他做不好。慢慢我就发现，他还是比较好地安排了自己的时间，每方面他都能做得不错。

2018 年下学期，荣昊获得学校"本科生出国（境）学习专项奖学金"，与来自全校不同院系的另外五名学生一道被世界顶级学府美国加州大学伯克利分校录取，获得了学期交流的机会。在这一学期的交流学习中，他坚定了在研究生阶段赴美攻读金融硕士的决心。

功夫不负有心人！在申请出国读研的过程中，荣昊同时被两所排名全球前十的高校美国霍普金斯和罗切斯特大学录取，最终他选择了罗切斯特大学，攻读金融学专业。我为荣昊在本科阶段短短的四年时间里取得的成绩感到高兴！

荣昊是一个目标性和计划性比较强的人。一旦设立一个目标，他就会订立计划，根据实现目标所需的条件和要求，一步一步脚踏实地地去做。他原本也是爱好历史学和哲学的，所以，每次导师见面会时的读书和交流，他都认真准备。毕业论文他还选择了魏晋玄学作为主题，并且得了优秀。虽然最终没有以此为专业，但是他都曾经认真对待过，并且在未来的人生中，他还会保有这一份爱好。我想，将来不论他从事何种专业，何种职业，对历史学和哲学的爱好，都会帮助他在那种专业和职业上做得更出色。

学业导师　陈仁仁

>> 老师点评

树晨是在大三的时候转到我名下的。因为他原来的学业导师调离，所以我就成为他大学本科后半阶段的学业导师。

树晨待人很真诚，心地善良，与同学们相处很融洽，也表现出良好的社会交往和实践的能力。树晨的家庭条件比较好，父亲是一名成功的商人，生意做得很大。但他的父亲并不指望他在学术上有多深的造诣，只希望他拿到学位，或者资助他出国学习，然后回乡跟他一起经商。如果是这样，树晨未来的生活可以看得见，会过得很优裕。但树晨还是想在专业上有更多收获，不想只是获得一张文凭而已。而且他不希望完全靠父亲来决定自己的未来，他希望靠自己的拼搏去创造。

进入大三，树晨开始思考自己的人生道路问题。他的学业成绩并不拔尖，他对历史学也并不是特别感兴趣，他不知道自己将来能做什么。他想跨专业考研生，又担心太难。如果说只需要像他父亲希望的那样，只要拿个学位就可以，对他来说应该不难。但是他还是希望学习一个自己感兴趣，并且在未来能够使自己在社会上立足，能愉快地把它当作事业来做的专业。于是，他迷惘了。

我一直认为，青春期有些迷惘是好事，这表明他在思考、在成长。完全不加思考地接受一切，不曾出现过迷惘的人生也许不是自己的人生。经过了反思的人生，才是自觉的，才是属于自己的人生。

可喜的是，我看到树晨一点一点地在进步。2018 年下学期，他获得了学校"本科生出国（境）学习专项奖学金"，与来自全校不同院系的另外五名学生一道被世界顶级学府美国加州大学伯克利分校录取，获得了学期交流的机会。这一学期的学习和交流，带给他不少触动和思考，他似乎更加明确了自己未来的人生走向，他似乎找到了自己需要什么。有了对自己人生的思考，有了对未来的信心。

树晨善于接受新鲜事物，在这方面很有眼光。我没有想到他会选择供应链管理专业作为自己攻读硕士学位的专业方向，我相信他是经过深入考察，经过深思熟虑的。但是2019 年年初，树晨申请出国读研失利。他申请的是国际名校华盛顿大学，与供应链相关的方向。因为这个专业方向需要参考相关的工作经验，而树晨完全没有这方面的工作经验，所以被拒了。有这个专业方向的高校并不多，所以树晨能申请的范围也不大。但是他还是坚持要学这个专业，要申请国际名校。

我对这个专业方向完全不了解，于是他就向我介绍。他说这个专业方向在国内高校尚属新鲜事物，因为涉及多个学科，具有交叉的性质，所以目前这个专业归口于哪个领域也还不太一致。供应链金融方面的公司也是近两三年才开始在中国出现。树晨以敏锐的眼光看到了这个专业方向的发展前景，并且毅然选择了这个方向来攻读硕士学位。我赞成他的选择，而且我相信，以他的学习能力和钻研精神，一定能学有所成，学以致用。

我祝愿他在接下来的出国申请中能够顺利！祝愿他能被自己理想的高校录取，能学习自己喜欢的专业！能接受更好的专业训练，更好地去创造自己的未来！

学业导师　陈仁仁

四、优秀课程论文

15

冲突与应对

——俞廉三抚湘时处理教案之态度

2015级　彭佳成

摘　要：衡州、辰州教案作为湖南地区的代表性教案，发生于"庚子事变"前后。在此阶段，湖南巡抚俞廉三对待教案的态度前后有所变化。在衡州教案中，俞廉三对教案的处置多有拖延，惩罚亦不严苛。但自"庚子事变"后，受清政府的督促、各国领事的胁迫及以张之洞为代表的士人风气的影响，在辰州教案中俞廉三的表现十分积极，办案效率显著提升，处置结果更趋严厉。可见，受多种因素的影响，以俞廉三为代表的地方官员对待传教士的态度处于动态变化之中，经历了由最初的反感敌视到尽力保护，对教案的处置也由拖延而日臻积极。

关键词：俞廉三；衡州教案；辰州教案

绪　论

20世纪初的中国，地方官吏大多由传统的科举考试选拔产生，对洋务并不熟悉。而"庚子事变"后，受多方因素的影响，官员对待涉外事务的态度有所变化。就教案而言，清政府加大了对办理教案不力官员的处置力度，并将此视为考核的重要标准，使整个官场对教案的态度发生转变。

俞廉三任职湖南巡抚前，历任湖南按察使、山西布政使、湖南布政使，活动区域主要集中于内陆，受外来文化的影响较少。可以说，在就职之初，俞廉三对待涉外事务的态度趋于保守。文中选取的衡州、辰州教案，是俞氏任职期间影响颇大的两个案件，分别发生于"庚子事变"前后，正值社会巨变。一方面随着《辛丑条约》的签订，清政府对反教活动明令禁止；另一方面，随着俞氏处理涉外事件经验的提升，他对教案的处置也日臻娴熟。

近年来，学界对教案的研究成果颇多。但不同时期，地方官员对待教案的态度处于动态变化的过程。这不仅反映官员个人的行为方式，也呈现出一个时期内社会制度、士人思想的变化。学者们在这方面的研究尚少。因此，笔者拟以俞廉三为中心，结合当时的社会背景，探究衡州、辰州教案中俞氏态度转变的具体表现与原因。通过对这一问题的探讨，试图深化对俞廉三的研究，呈现晚清湖南地区官员态度、社会风气之变化，丰富对近代社会转型的研究。

20 世纪以来，学界对于教案的研究成果颇丰，但对衡州、辰州教案的专题研究则相对较少。大致可分为两类：其一，从教案的起因、交涉过程、影响的角度出发，对教案本身的还原，代表性论著有：刘泱泱《辰州教案 90 年祭》①《义和团运动时期的湖南衡州教案》②，两文主要运用《意诚公文集》《俞廉三遗集》等资料，重点分析衡州、辰州教案的起因、交涉过程及影响。王士民《"东南互保"时期两湖地区教案研究》③，主要运用《张之洞全集》及西方文献记载，再现衡州教案的大致情形及中外交涉过程。王佩良《1902 年辰州教案的真相》④，在以往的研究上多有补充，主要探讨了教案爆发的原因、性质及对"真相"的还原；其二，从官员的角度出发，探讨他们对待教案的态度。主要以陈珠培《衡辰教案与俞廉三》⑤ 为代表，该文从湖南巡抚俞廉三的角度出发，探讨了俞氏在衡州、辰州教案中的不同表现，并结合社会背景对俞氏的行为做出评价。

此外，由于衡州、辰州教案发生于"庚子事变"前后，处于湖南社会转型的关键期。故而在讨论俞廉三对待教案的态度之时，还需全面了解中国教案史的发展与近代湖南的社会转型。对此，本文主要参考了以下三个方面：一、对教案的总体论述与个案分析。张力、刘鉴唐《中国教案史》⑥，整理了从唐代开始一直到近代的代表性教案，并对其发生的背景、原因与影响进行介绍。王如绘、戚其章《晚清教案纪事》⑦，分析了近代中国有代表性的教案。该书令笔者印象较深的是其第一章对近代中国教案发展阶段的划分，这可以使研究者更为清晰地把握教案在各个阶段内发展的特征。二、对教案与中国官绅士民各阶层关系的研究。主要以刘泱泱《近代湖南绅士与教案》⑧、吕实强《中国官绅反教的原因（1860—1874）》⑨、邓长春《晚清四川教务教案视野中的官绅民教及其互动（1860—1911）》⑩ 等论著为代表。这些文章中所探讨的官绅与民教之间的关系，为笔者撰写贺金声起义的部分提供了参考。三、近代湖南地区的转型的研究，以刘泱泱《近代湖南社会变迁》⑪ 为代表，该书对湖南社会转型时期的背景进行了详尽的介绍。

总的来说，教案研究一般或从教案本身出发，探讨其性质、内容及影响，或集中于

① 刘泱泱. 辰州教案 90 年祭 [J]. 吉首大学学报，1993（3）：92-98.
② 刘泱泱. 义和团运动时期的湖南衡州教案 [J]. 求索，1991（1）：134-140.
③ 王士民."东南互保"时期两湖地区教案研究 [D]，东北师范大学，2009.
④ 王佩良. 1902 年辰州教案的真相 [J]. 文史博览，2008（4）：10-11.
⑤ 陈珠培. 衡辰教案与俞廉三 [J]. 怀化师专学报，1993（3）：26-30.
⑥ 张力，刘鉴唐. 中国教案史 [M]. 成都：四川省社会科学院出版社，1987.
⑦ 戚其章，王如绘. 晚清教案纪事 [M]. 北京：东方出版社，1990.
⑧ 刘泱泱. 近代湖南绅士与教案 [J]. 求索，1992（3）：111-116.
⑨ 吕实强. 中国官绅反教的原因（1860—1874）[D]. 台北："中央"研究院近代史研究所，1973.
⑩ 邓常春. 晚清四川教务教案视野中的官绅民教及其互动（1860—1911）[D]. 四川大学，2005.
⑪ 刘泱泱. 近代湖南社会变迁 [M]. 长沙：湖南人民出版社，1992.

著名的教案活动、人物进行研究。关于地方官员与教案的专题讨论相对较少，部分问题有待进一步的研究。故而本文希望在前人研究的基础上，以史料为出发点，通过对俞廉三抚湘时期反教活动的爬梳，分析其对待洋教、教案态度之转变，以期加深对衡州、辰州教案与湖南巡抚俞廉三相关问题的研究。

一、衡州、辰州教案及其交涉

（一）衡州教案及其交涉

1900 年夏秋之间，受北方义和团运动的影响，湘潭、湘乡等地出现了群众的揭帖。7 月，衡州地区的民众谣传，传教士董哲西招纳一妇女入教，要求该妇女前往江东岸僻静之处洗沐入教。以此为导火索，当地传出教士"江边设帐，白昼裸淫"的言论，民众群情激愤，导致教案发生。案件的大致情形，在俞廉三的报告中有所记载：

> 六月初七八日，衡州府地方忽有匪徒倡众滋闹，该道府各院分投查拿防范，一时人多势骤，扰攘纷纭，防护不及，致南门外福音堂、北门外天主堂俱被放火焚烧，教民房屋亦有波及打毁之处。……查明华教士彭兰生及其家属均经该府县保护出境，洋教士明德避至衡山县属之马迹桥，任德高避至衡阳县属宋家町。经各该县陆续会同防营护送，现均已往汉口。沈姓教士经教民张祖益送往广东，俱未遇害。其董姓教士于初八日在天主堂内经匪徒殴打仆地，被烧殒命；范怀德及安姓洋人先在耒阳县属杉木桥地方乘船下驶，十一日船抵清泉县属港子口河干被匪徒瞥见，共殴身死，尸身毁弃无存。耒阳、衡山、常宁等县之礼拜所亦有损坏，均未伤害洋人。①

衡州教案爆发后，衡永郴桂道隆文、衡州知府裕庆曾对此事多加遮掩，有"前衡州道府禀称，由县细查，绝无一洋人被杀被捉"等语。② 直至 7 月 14 日，有两位华教士由衡州府逃至汉口，对法领事报告了衡州教案的大致情形，案情才得以披露。基于此，法方向中方提出照会，针对案件的处置提出三项要求："一、救被捉二洋人及查明女教士下落，妥为保护；二、将被害洋教士尸身起出，交堂收领安理；三、保护被难教民。"③ 7 月 19 日，英领事亦来电询问此事："衡州教士来信，有人传说现有上谕到衡，要将各堂封闭，以致众人将堂拆毁，请查禁。"见此情形，张之洞迅速向俞廉三发布电报："衡州教案，请速另派干员，迅速驰往确查，照法领事所说三条速办。"④ 在各国领事与张之洞的极力催促下，藩、臬两司于 8 月 17 日向张之洞报告了案件的真相。面对

① 中国第一历史档案馆，福建师范大学历史系（编）．清末教案：第 2 册·湖南巡抚俞廉三奏为查办衡州府属教案及参革不力道府各员折［M］．北京：中华书局，1998：924.

② 苑书义，孙华峰（编）．张之洞全集：第 10 册·致长沙俞抚台、湍署藩台、夏署臬台，岳州颜署道台［M］．石家庄：河北人民出版社，1998：8130.

③ 苑书义，孙华峰（编）．张之洞全集：第 10 册·致长沙俞抚台、岳州颜署道台［M］．石家庄：河北人民出版社，1998：8136.

④ 苑书义，孙华峰（编）．张之洞全集：第 10 册·致长沙俞抚台［M］．石家庄：河北人民出版社，1998：8146.

此种情形，张之洞明确表示："现既查明洋士确毙三人，该道、府、县前既疏防，后仍漠视，罔顾大局，咎实难辞。应就该道、府、县中择其平日不得力而此事贻误捏饰者先撤一人，以示薄惩。"①

8月30日，英领事再次催促："衡州府所属各教堂全被拆毁，教民统被拘拿，勒逼悔教。耒阳新市街教堂最巨，奉教者被逼凌虐尤惨，请电尊处饬查保全。"受此影响，张之洞电俞廉三称："大局如此，尚逼教民悔教，地方官当愚不至此。"希望俞氏告诫该地民众，不要再行反教之事，并称："此时毁堂易，将来赔款难也。"② 9月21日，英、法领事再次催促衡州教案的进展，并提出四点要求："一、严饬将告示即日全数撕净；二、另出保护告示，安抚教民，令其回家安业，不得逼令悔教；三、将道府分别撤参；四、速拿焚杀首要惩办。"③ 面对英法的步步紧逼，官员加快了案件处置的速度。俞廉三于次日向张之洞汇报称："衡州自教堂被毁，叠经严饬文武速拿首要，尽法惩办。因人数众多，急切难得主名。现获四名，一已正法，余三名尚在磨供。至道府所出告示，早饬揭毁，断不敢续贴。刻复委员四处搜毁，务使净尽，并出示安抚教民，各归安业，并禁匪徒扰累。"④

12月7日，俞廉三向清廷报告了案件的大致情况及拟处置的结果，并派洋务局蔡乃煌负责办理交涉事宜。但是，各国领事的不满并未就此平息，反而愈演愈烈。英方来电言："如不能到省，则在岳与蔡道会商"，⑤ 并派出兵轮威胁官员。受此影响，中方加快了案件处置的速度。最终于1901年2月，签订了"善后赔款条款"及"合同"。至此，衡州教案基本告一段落。

（二）辰州教案及其交涉

1901年，英国传教士胡绍祖、罗国荃进入辰州，建立教堂和医院。1902年夏秋之间，该地爆发瘟疫。8月，疫情蔓延，社会上人心惶惶。一时谣言四起，盛传疫病是由辰州府传教士投毒于民众汲水的井中所致，并造谣称传教士希望通过这种方法让更多人去医院看病，以达到传播教义的目的。之后，谣言进一步扩散，导致教案的爆发。

1902年8月19日，驻汉口英总领事法磊斯致电湖广总督张之洞称："接岳州来电，辰州地方有英教士二名被杀，现英兵轮司乃布正在岳州，饬令前往常德保护，并恳贵部堂还派员前去妥为保护。"⑥ 对此，清政府迅速作出反应，并于8月22日告知湖南巡抚："本日萨使来言，拟派汉口翟副领事乘坐施乃柏兵轮至长沙，请湘抚派一道员同行前往

① 苑书义，孙华峰（编）. 张之洞全集：第10册·致长沙俞抚台、湍署藩台、夏署臬台 [M]. 石家庄：河北人民出版社，1998：8230.

② 苑书义，孙华峰（编）. 张之洞全集：第10册·致长沙俞抚台 [M]. 石家庄：河北人民出版社，1998：8258.

③ 苑书义，孙华峰（编）. 张之洞全集：第10册·致长沙俞抚台 [M]. 石家庄：河北人民出版社，1998：8300.

④ 苑书义，孙华峰（编）. 张之洞全集：第10册·俞抚台来电 [M]. 石家庄：河北人民出版社，1998：8301.

⑤ 苑书义，孙华峰（编）. 张之洞全集：第10册·致长沙俞抚台 [M]. 石家庄：河北人民出版社，1998：8449.

⑥ 俞廉三. 俞廉三遗集·饬洋务局会同地方官将所在教堂教士顶为防范认真保护札 [M]. 手抄本，湖南省社会科学院藏.

常德再察情形，或由陆路，或换民船，径赴辰州查办教案等语。"① 据此，俞廉三派出俞明颐、庄赓良前往辰州查案。9月2日，翟兰思到达辰州，将此前捉拿的凶犯严加审讯。8日，双方代表在辰州订立合同十条，条款主要涉及礼葬教士、修复教堂、医治教民、缉捕严惩凶犯等，并决定赔款金额、官员惩办方案等具体事宜于汉口商谈中再议。

9月19日，俞明颐、蔡乃煌启程前往汉口与英方展开第二阶段的谈判。双方商定22日在驻汉口英总领事法磊斯处进行面谈。此次谈判的重点在于官员的处置方法及赔款方案。

就惩处方案而言，中英双方存在矛盾。据翟兰思电函称，英方希望将"刘良儒正法，颜武林斩候，张耀奎、赵玉田永革，吴积均永革，流五年。万兆莘永充极边"②。对此，中方认为惩处颇重。张之洞从引发民怨的角度提出"至惩办官员，必须轻减，方能了结。贵国所以欲求重办者，不过为儆戒将来起见。但若失之过重，中国官民必觉我为外人逼勒过甚，愤恨不平，结怨愈甚，反失本意"③。

与此同时，双方就赔款方式与具体数额展开了谈判。英方提出的赔款方案，具体如下："一、索常德开埠，欲将偿恤教士的赔款拨作开河经费；二、罚辰城官绅英金万镑，案即如此了结。"④ 对此，中方颇为不满。俞廉三在上奏中提及："其教堂原系租赁民房，业为修理，损失物件从丰估银，不过二千两，即优加恤款，尚可勉从。兹索英金万镑，且欲罚之官绅，在各官既经罢斥，断无力出资，瘠苦地方又何能责绅民集此巨款？"⑤ 但面对英方在外交、军事等方面的胁迫，中方只能迅速推进教案的处置进程。

最终，双方于11月3日达成一致，条款基本按照英方的要求拟定。主要涉及三个方面：一是官员惩办的问题；二是赔款的具体方案；三是儆戒碑的设立。至此，辰州教案告一段落。

二、俞廉三对待教案之态度

俞廉三，字廙轩。早年任太原知府、湖南按察使、山西布政使等职，任职区域多处内陆。1898年正月，调任湖南布政使。戊戌政变后，因陈宝箴被革职，俞廉三得以擢升湖南巡抚。俞氏任职湖南巡抚期间，一方面维护湖南地区的矿利矿权，主持岳州开埠。兴办新式学堂，组织学生赴海外留学，在一定程度上促进了"新政"的实施；另一方面，镇压唐才常自立军起义、贺金声起义等活动，维护了湖南地区政局稳定。

---

① 中国第一历史档案馆（编）. 清代军机处电报档汇编：第26册·发湖南巡抚电 [M]. 北京：中国人民大学出版社，2005：15.

② 中国第一历史档案馆（编）. 清代军机处电报档汇编：第28册·收湖南巡抚致外务部电 [M]. 北京：中国人民大学出版社，2005：5.

③ 中国第一历史档案馆（编）. 清代军机处电报档汇编：第28册·收署湖广总督致湖南巡抚、外务部电 [M]. 北京：中国人民大学出版社，2005：22-23.

④ 中国第一历史档案馆（编）. 清代军机处电报档汇编：第28册·收湖南巡抚致外务部电 [M]. 北京：中国人民大学出版社，2005：7.

⑤ 中国第一历史档案馆（编）. 清代军机处电报档汇编：第28册·收湖南巡抚致军机处、外务部电 [M]. 北京：中国人民大学出版社，2005：16-17.

1898 年正月俞廉三调任湖南布政使之时，周汉反洋教活动呈扩大化趋势，该事引起英方领事不满。受此影响，张之洞电陈宝箴称："周汉刊播谣帖，詈教生事，传提到省又复不服约束，毁物狂闹。当此教案波浪未平、朝廷宵旰忧劳之际，岂可再生枝节，必应速行惩办，以遏乱萌。"[①] 闻此，陈宝箴迅速将周汉缉拿归案。之后，陈宝箴以周汉为"疯病之人"[②] 为由，将其处以监禁。对于周汉的处置，陈宝箴认为："不如此则无以全大局，亦无以曲全周汉。"[③] 可见，出于稳定社会秩序、平息民意的考虑，陈宝箴对待反教行为的态度并非严惩，或有同情之意。虽然在此过程中，俞廉三并未直接参与案件处置。但陈宝箴对待反教行为的处理方法无疑会对其产生一定影响，这点从俞廉三处置衡州教案的态度上也可窥见。

之后，随着维新运动的失败，湖南巡抚陈宝箴因"滥保匪人"受到牵连而遭革职。1898 年 10 月 7 日，俞廉三奉上谕补授湖南巡抚之位。[④] 前文述及，俞氏担任湖南巡抚之前，任职区域多处于内陆。从朱批奏折中可窥见，俞氏对于商情、兵事的不自信，"查湖南地接边隅，事繁财绌。现当粤西剿匪，外防铤突而内消伏莽，在在须严，且岳州开埠有期，事属创始，民情素多固执，中外之成见颇深。臣于兵事、商情未能自信，才疏望浅，尤惧弗胜，虽竭虑以图维，恐难宽夫损越，惟当戒虚饰、求镇静，确核吏治，培元气以定民心，精察防营，除积习以实军伍"。[⑤] 可以说，在任湖南巡抚之初，俞廉三对涉外事务的态度趋于保守。

（一）对教案的处置

首先，从案件的规模来看，衡州教案波及范围更广，涉及的国家与人员也更多。就涉案地区而言，衡州教案发生时，正值义和团运动期间，多地发生了反教活动，"衡属衡阳、清泉、衡山、常宁、耒阳、安仁六县城乡，各处大小教堂三十余所，无不被毁。"[⑥] 而辰州教案仅涉及沅陵地区。从两案的交涉过程亦可发现，衡州教案涉及英、法两国，而辰州教案仅与英方进行交涉。

其次，从办案效率来看，衡州教案处置拖沓。该案于 1900 年 7 月发生，但直至 12 月俞廉三才向皇帝上奏案件详情及拟处置方案。然而，辰州教案于 1902 年 8 月，由英驻汉口总领事法磊斯致电湖广总督张之洞告知此事，随后两方即进入交涉阶段。接到消息后，俞廉三于 8 月 22 日迅速饬令张参将带兵勇前往辰州查案。[⑦] 同日，俞氏得知英国汉口副领事将赴辰州的消息，便立即派遣俞明颐、庄赓良前往辰州与之进行商谈。9 月

---

① 苑书义，孙华峰（编）. 张之洞全集：第 9 册·致长沙陈抚台 [M]. 石家庄：河北人民出版社，1998：7530.

② 苑书义，孙华峰（编）. 张之洞全集：第 9 册·陈抚台来电 [M]. 石家庄：河北人民出版社，1998：7532.

③ 王继平. 湘军集团与晚清湖南 [M]. 北京：中国社会科学出版社，2002：342.

④ 汪叔子，张求会（编）. 陈宝箴集：上册·光绪二十四年八月廿一日上谕 [M]. 北京：中华书局，2005：861.

⑤ 中国历史第一档案馆（编）. 光绪朝朱批奏折：第 13 辑·奏报湘抚到任日期并吁请入觐折 [M]. 北京：中华书局，1996：489-490.

⑥ 苑书义，孙华峰（编）. 张之洞全集：第 10 册·致长沙俞抚台 [M]. 石家庄：河北人民出版社，1998：8145.

⑦ 俞廉三. 俞廉三遗集·饬张参将带勇驰辰查案 [M]. 手抄本，湖南省社会科学院藏.

8 日，中英双方就案件真相与涉案人员惩办方案基本达成一致。

再次，从官员的惩办结果来看，衡州教案惩处颇轻。"仅将前任衡永郴桂道隆文、衡州府知府裕庆奏参革职，永不叙用。"① 在实施过程中，俞廉三还特意为此二人请旨，"除俟签约后抄约具奏外，谨先电乞代奏，请旨将该道府隆文、裕庆均革职，永不叙用。并恳圣恩，准赏坊额四字，以示矜恤"②。然而，在辰州教案中，涉案的主要文武官员均被革职，永不叙用，还有发配极边、处以极刑之人。俞廉三此次惩治手段之严厉，与衡州教案形成鲜明对比。惩办结果如下：

> 城守营都司刘良儒立斩；统领颜武林斩监候；驻防参将张耀奎、水师统领赵玉田革职，永不叙用；辰州府吴积均革职，流五年，永不叙用；署沅陵县万兆莘充发极边，永不释回。③

此外，张之洞、俞廉三两人来往的电报中，亦可窥见俞氏对待教案态度之转变。在处理衡州教案的过程中，张氏曾多次催促俞氏尽快将案件作结，在电报中有"英领事见尊处敬电颇有烦言，鄙人屡次苦口所言已尽，实恐累及阁下耳。若再不蒙采听，将来累阁下、累各官、累绅，鄙人实无术补救矣"④ 等语。然而，在辰州教案中，张氏却对俞氏赞许颇多："此案湘抚俞办理极为迅速认真，但将首要正凶缉获严惩，当尚不难议结……湘抚俞在湘察吏恤民，防边戢匪，廉洁公平，精勤稳练，实为难得。其调和民、教，实已不遗余力，且已督获多匪。"⑤ 可见，张氏对俞氏在辰州教案中的表现颇为满意。这或可从侧面体现俞氏在辰州教案处置过程中积极的一面。

（二）对贺金声反教活动的处置

除衡州、辰州教案外，在俞廉三抚湘时期亦发生了影响力颇大的贺金声反教活动。俞廉三对此事件的处置，或可从侧面反映出其对待教案、洋教的态度。衡州教案爆发之时，贺金声在乡发布揭帖进行反帝宣传，并于衡州府附近提供物资，以援助衡州人民的反洋教斗争。在此情况下，出于"暂予羁縻，免生他故；募集壮健，或可曲成有用之兵"⑥ 的考虑，俞廉三委任贺金声巡防营翼字右管带之职。但随着社会形势的转变，尤其是衡州教案的议结结果、《辛丑条约》的签订，令贺氏十分愤懑。从其向俞廉三进言的《辛丑上俞中丞书》中可见："一面札饬湘省各州县，凡遇一教案，必须凭理以断，百姓无理则惩百姓，教民无理则惩教民，而又必执我中国律例，平情定夺，无少宽假……一面照会各国领事，使转令在湘教士，遍饬湘中教民，俾各安本分，无生衅端，

---

① 中国第一历史档案馆，福建师范大学历史系（编）. 清末教案：第 3 册·湖南巡抚俞廉三奏报议结衡州教案情形折 [M]. 北京：中华书局，1998：26.

② 中国第一历史档案馆，福建师范大学历史系（编）. 清末教案：第 3 册·湖南巡抚俞廉三为请代奏衡州教案 [M]. 北京：中华书局，1998：16.

③ 中国第一历史档案馆，福建师范大学历史系（编）. 清末教案：第 3 册·湖南即补道蔡乃煌为汉口专差径投禀文事禀外务部文 [M]. 北京：中华书局，1998：493.

④ 苑书义，孙华峰（编）. 张之洞全集：第 10 册·致长沙俞抚台 [M]. 石家庄：河北人民出版社，1998：8495.

⑤ 苑书义，孙华峰（编）. 张之洞全集：第 11 册·致军机处 [M]. 石家庄：河北人民出版社，1998：8929.

⑥ 中国第一历史档案馆，福建师范大学历史系（编）. 清末教案：第 3 册·革职留任湖南巡抚俞廉三奏报邵阳附贡生贺金声刊布反教揭贴等情折 [M]. 北京：中华书局，1998：469.

而湘省素无教堂之处，无得再行添立，自种祸胎。此民教相安之道，能纾君父之忧之大端也"，又"生为行义起见，终望此策能行，以略济时艰；倘或朝廷不谅，竟以忠言取祸，则生亦得遂初志，不为憾鬼，此知己之赐，朽骨不忘者耳。"① 对此，俞氏十分震惊，并于 1902 年 3 月将贺金声调任至营务处提调，解除其兵权。在此情况下，贺金声借由母亲生病为由，回到老家邵阳。

之后，贺氏借"邵阳李元箸、尹正生等倡兴教堂，群恶蚁附，人情汹汹，实有不可终日之势"，② 加之辰州府附近爆发疫情为由，在当地发布《驱洋人劝各国教士文》，并于 1902 年 9 月 18 日在邵东县宣布起义。俞廉三听闻速将贺金声正法。随着辰州教案的议结、贺金声起义的镇压，1902 年 11 月 14 日俞廉三发布了《札保洋人》布告，重申对洋人的保护，并向各府州县提出三点要求："一、平时留意；二、事先预防；三、临时变通"。③

从俞廉三对待贺金声的态度中或可看出，这一阶段俞氏对待反教活动的变化。最初俞氏在处理贺金声支援反教人民的活动之时，采取了颇为温和的"羁縻之术"。然而，面对其发布揭贴，发动起义的行为，俞廉三采取了十分严厉的措施，迅速将其正法并镇压当地群众。

总的来说，俞廉三在担任湖南巡抚期间对待反洋教活动的态度处于动态变化之中，由"消极观望"到"积极惩办"，对涉外事务也由"生疏"日渐"娴熟"。这一方面与清政府的官方态度有关，另一方面也与其期望维持湖南地区稳定，保护个人利益有关。故而若要论其态度转变之具体原因，需从社会形势等多方面来进行综合考虑。

三、俞廉三态度转变之原因

（一）清政府的督促

在衡州、辰州教案中，清政府对待洋教的态度不完全相同。在衡州教案发生之初，国内尚处于义和团运动期间，清政府希望借由反洋教的力量与各国进行抗衡，并未明确提出对反教活动的惩治。此时，作为湖广总督的张之洞，在两湖地区实施"东南互保"，并在衡州教案发生后多次敦促俞廉三迅速将教案议结。但作为湖南巡抚的俞廉三，或是出于对国内形势尚未明确的考虑，在处理之时并不积极。

受此影响，衡州教案结束后，清政府对俞廉三进行了处罚。1901 年 4 月 20 日，清廷发布上谕："湖南衡州教案现已议结，惟俞廉三办理此案不免迟缓，……应各予以处分，俞廉三、松寿均著革职留任。"④ 该事对俞氏冲击颇大，使其对待教案、洋务的态度有所转变。衡州教案结束后，俞氏上奏中央政府，请允熟悉洋务的蔡乃煌留任湖南处

---

① 湖南历史资料编辑委员会（编）：湖南历史资料［G］. 长沙：湖南人民出版社，1958（3）：56-57.

② 中国第一历史档案馆，福建师范大学历史系（编）. 清末教案：第 3 册·湖南巡抚俞廉三为录呈邵阳县贺金声刊布反教禀文事咨呈外务部文［M］. 北京：中华书局，1998：473.

③ 札保洋人［N］. 顺天时报，1902-11-14（1）.

④ 中国第一历史档案馆，福建师范大学历史系（编）. 清末教案：第 3 册·著将办理湖南江西教案不力之俞廉三及松寿革职事上谕［M］. 北京：中华书局，1998：47.

理对外事务："蔡乃煌到湘以来，惩办一切事件，俱臻妥协。"① 可见，衡州教案议结后，俞廉三开始重用善办洋务之事的官员。这些人才的选用在湖南地区后续的教案交涉中，发挥了重要的作用，对辰州教案也产生了深刻影响。

此外，在义和团运动后，清政府与各国政府签订了《辛丑条约》，条约中规定："如再有怙恶不悛，私立仇教各会，持械格斗，公然劫掠，除为首之徒严密查拿尽法惩治外，其甘心从逆焚烧杀有据者，亦即按照惩办土匪章程治罪，决不宽待。"② 此后清政府对于反洋教活动有镇压的义务，所有参加反教活动的团体或个人，都将以非法论处。若官员在处置过程中存在办案不力或有意放纵反教活动发展的行为，则将被革职，永不叙用。

在辰州民教冲突发生前，清政府曾明令沅陵地方官员对传教士进行保护。这点在英方记载中也有提及。③ 但从教案爆发的情形来看，管事官员并未落实此项规定，《选报》将其行为总结为四点：

一、教士被戕处相距数家之远，华官曾派有兵士在彼保护，而教士之祸仍不能救；

二、该教会后面本有兵一营，亦不赴救；

三、府县署与该教会相距颇近，极可援救而不救；

四、现任辰州县令于一千九百年在常德为县令时，亦系不肯救护洋人者，将来凡有洋人处不准此种人为知县，不知能否办到，此吾洋人等不可忍耐者。④

可见，案件发生前，清政府曾明令地方官员对传教士进行保护，但在案件爆发之时却并未实施，这也是俞廉三在教案发生后立即将该地主要文武官员予以革职的重要原因之一。在后续的处置过程中，受《辛丑条约》及衡州教案的刺激，俞廉三对涉事民众、官员的处罚力度进一步加大，对待洋务的态度也日臻成熟，一改衡州教案中处置拖沓的作风。由此可见，清政府对俞廉三由"消极缓慢"到"严惩、严厉镇压"态度转变的影响。

（二）各国领事的胁迫

在衡州、辰州教案的处置过程中，各国领事的影响颇深。他们对官员施压的手段一般由言语威胁到军事压迫。言语威胁一般以要挟官员，要求其迅速惩办为主，恫慑力相对较小。但若涉及军事威胁，案件处置的速度则会大大提升。这一点在衡州、辰州教案中存在相似之处。

从各国领事对清政府的官方态度来看，在衡州教案中，英、法领事于1900年7月便向俞廉三提出了迅速处置的要求。但直至12月俞廉三才将案件的大致处理方案上报

① 中国第一历史档案馆，福建师范大学历史系（编）. 清末教案：第3册·湖南巡抚俞廉三奏请将湖南道员蔡乃煌仍留本省片 [M]. 北京：中华书局，1998：7.
② 朱寿朋（编）. 光绪朝东华录 [M]. 北京：中华书局，1984：4905.
③ The ChenChou Tragedy. *The Missionary Review of the World* [M]. 1902：934.
④ 辰州教案志闻 [N]. 选报，1902-28.

朝廷。而当 12 月下旬英方提出将派军舰来湘敦促案件推进之时，其处置速度才大大提升，并于次年 2 月迅速将案情议结。与之相似的是，在辰州教案中，最初英方以不参与外交事务为由胁迫中方，以加快案件处理速度。据《大公报》记载："本月十七日太后邀请各国公使游颐和园，只有英国公使未到，称要等到辰州教案议定后，才可与中国政府正常来往。"① 但此类外交抗议并未引起官员的重视。直至 1902 年 10 月 24 日，中方接到密电称英国将派遣军舰进行干涉："汉口税司密告魏道，英已备兵轮八艘入长江，四艘镇汉口，四艘取洞庭。"② 由此，案件处置进入快车道，并于 11 月中旬最终了结。

除了从外交层面对清政府表示抗议，各国领事亦对涉事官员进行威胁。在衡州教案中，俞廉三因未妥善处置案件，引起各国领事不满，最终落得"革职留任"的处分。在辰州教案中，俞廉三重用了善办洋务的官员蔡乃煌作为交涉代表。在谈判过程中，英方亦曾对蔡氏作出威胁。1902 年 10 月 13 日，军机处电报中有言："十九英萨使来晤，辰州教案办官一节，与湘抚效电相同，并增蔡乃煌永革。"③ 或出于中方的抗议与坚持，英方在后面的照会中，未提及蔡乃煌的惩处问题，有"来照词意甚为决绝，所叙罪名除蔡道未经提及，其余悉照原拟，毫无轻减"等语。④ 尽管如此，在案件交涉告一段落后，蔡氏也落得摘顶一月的处分。《俞廉三遗集》记载："本部院查蔡道办理此案，既未结妥协，应予示儆。念平日调和民教，保护教堂，尚属尽心。兹已申饬告诫，并摘顶一月，以示惩戒，而观后效。"⑤

此外，英方也对湖南巡抚俞廉三进行了威胁。一方面，其动用西方报刊宣扬"辰州教案所酿成的后果应由俞廉三负责，并称案件的爆发是因地方官办事不力所致"⑥。另一方面，西方国家联合提出抗议，"英、法、美三国认为俞廉三在处理教案的过程中办事拖沓，希望其以身体不适为由停职退休。"⑦ 英方在商谈过程中对蔡乃煌、俞廉三的做法，无疑会对中英双方的交涉产生影响。从之后的商谈结果也可窥见，中方答应了英方除常德开埠外的所有条件。

（三）张之洞的劝导

张之洞、俞廉三两人，因官职、出身的差异，在办理教案的态度方面有所不同。在衡州教案中，基于国内形势尚未明确的考虑，俞氏对案件处置并不积极。对此，张之洞曾多次督促其办理教案，以推进议结速度。这在两人的电报往来中多处可见"衡州一案尚未奉复，盼甚。今日英、法领事，又来催复，语意甚急"等语。⑧ 与此同时，张氏亦

---

① 时事要闻［N］. 大公报，1902-10-15（1）.

② 中国第一历史档案馆（编）. 清代军机处电报档汇编：第 26 册·收湖南巡抚致外务部电［M］. 北京：中国人民大学出版社，2005：44.

③ 中国第一历史档案馆（编）. 清代军机处电报档汇编：第 26 册·发署南洋大臣、湖广总督电［M］. 北京：中国人民大学出版社，2005：54.

④ 中国第一历史档案馆（编）. 清代军机处电报档汇编：第 26 册·发署两江总督、湖广总督、湖南巡抚电［M］. 北京：中国人民大学出版社，2005：58.

⑤ 俞廉三. 俞廉三遗集·照会英总领事蔡道办案未善摘顶一月以示［M］. 手抄本，湖南省社会科学院藏.

⑥ The new governor of ShanSi［J］. Riverine Herald，1903：2.

⑦ Affairs in China［M］. Argus，1903（2）：5.

⑧ 苑书义，孙华峰（编）. 张之洞全集：第 10 册·致长沙俞抚台［M］. 石家庄：河北人民出版社，1998：8300.

在电报中告诫俞氏，英、法领事已对其多有不满，并明言："英、法欲之惩治程度或不局限于县、府官员，有可能加之于地方大吏。"①

此外，张之洞亦使俞廉三对西方国家的态度发生变化。在衡州教案发生过程中，张氏曾提及"六月廿八日奉上谕：刘坤一等奏相机审势妥筹办法一折，朝廷本意原不欲轻开边衅，故曾致书各国，并电谕各疆臣及屡次明降谕旨，总以保护使臣及各口岸商民，为尽其在我之实，与该督等意见正复相同……如各国恃其兵力进犯各省，自应保守疆土，竭力抵御。即使目前相安无事，亦应严密筹备，以防意外之变，惟总不欲兵衅自我而开。"② 可见，面对政局混乱的状况，以张之洞、俞廉三为首的士人思想逐渐发生变化，对待外交事务的态度由最初的"以夷制夷，强调国家的主权"，转为"避免开衅，维护地方利益为要"。

结　语

清末教案频出，对外引发危机，对内导致民生哀怨，成为影响晚清社会的一大痼疾。一方面，中央政府对地方官员寄予厚望，希望其熟悉典章制度，抑制民教冲突。但另一方面，作为一个传统的封建王朝，清政府的工作重心仍在于内政而非外交，对于洋务、教案的熟悉，是在西潮入侵之下而被动产生的。

对于地方官员来说，反教活动、教会势力带给了他们许多困扰。首先，出于传统儒学教育的文化背景，他们对于西方基督教文明并不了解。其次，办理教案作为地方行政事务，处置是否得当，将直接影响到官员的仕途。这便在客观上要求地方官员加强与教会、教士之间的联系。然而，随着交往的日益增多，他们的观念和行为必然会产生变化。

由此可见，受多种因素的影响，以俞廉三为代表的地方官员对待传教士的态度处于动态变化之中，经历了由最初的反感敌视到尽力保护，对教案的处置也由保守转向积极。这其中虽有个人因素的影响，但更多的是在清政府的督促、西方文化入侵的大背景下被动转变的。因此，在评价某一官员对待教案的态度之时，不仅需考虑官员自身的才能，更要将其与中西国家的官方态度相结合，放之于社会转型的大背景中审慎待之。

>> 老师点评

此文为彭佳成同学的本科毕业论文，是在"中国近代史料选读"课程论文的基础上修改完善而成的。

2015 年，湖南大学启动了新修订的本科生培养方案。岳麓书院历史学科 1501 班新

---

① 苑书义，孙华峰（编）. 张之洞全集：第 10 册·致长沙俞抚台 [M]. 石家庄：河北人民出版社，1998：8341.

② 苑书义，孙华峰（编）. 张之洞全集：第 10 册·致长沙俞抚台 [M]. 石家庄：河北人民出版社，1998：8187.

开设一门"中国近代史料选读"课程，其目的在于使学生在本科期间接触相关史料，培养他们阅读史料及分析史料的能力。这门课程由我讲授。每次上课前，我均先发下档案、书信或报刊类史料，要求学生阅读，并提出问题。课程进行到一半时，我要求学生就 1902 年湖南境内发生的辰州教案撰写一篇论文，题目自拟，字数不限，但必须是档案、报刊及外文材料互用，同时将学校购买的《瀚堂近现代报刊数据库》《大成老旧刊》等数据库的查阅方法告知他们。彭佳成论文的内容就是分析、探讨时任湖南巡抚俞廉三对辰州教案的态度。

临近毕业论文的撰写时，彭佳成发信息给我，说她的毕业论文将在原"中国近代史料选读"课程论文的基础上加以修改和完善，希望我能给予指导。考虑到她的毕业论文与中国近现代史有关，同时也是我感兴趣的内容，故而答应了下来，同时要她把原来的课程论文发给我。

再次读完其课程论文后，我同她进行沟通，提出了几点建议，希望她予以考虑：

第一，既然是毕业论文，那就应与原课程论文有所不同，应将关注的范围扩大。换言之，俞廉三抚湘期间，湖南前后发生三次影响比较大的教案，即衡州教案、辰州教案和贺金声反教案。俞在这三次教案中的态度如何？是否完全一致？如果不同，原因是什么？故而建议她将题目改为《冲突与应对——俞廉三抚湘时处理教案之态度》。

第二，除贺金声反教案外，衡州教案和辰州教案涉及基督教不同的差会，因此，资料查阅的范围应进一步扩展。具体而言，除《申报》《大公报》《顺天时报》《清末教案》《教务教案档》《清代军机处电报档汇编》《张之洞全集》《北华捷报》（*North China Herald*），《教务杂志》（*The Chinese Recorderand Missionary Journal*）等资料外，还应查阅伦敦会、中国内地会以及意大利方济各会的资料，尤其是《俞廉三遗集》必须阅读。

第三，无论是衡州教案抑或是辰州教案，法国领事和英国领事均插手干预。尤其在辰州教案发生后，英国驻汉口副领事还亲自赴辰州与湖南地方官交涉。要厘清俞廉三对教案的态度，英法两国的态度不能不予以考虑。此外，直接受到攻击并有教士教徒伤亡及财产损失的英国伦敦会、中国内地会以及意大利方济各会的反应和态度也要纳入考量范围。

彭佳成很认真，也很勤奋。吸纳我提出的意见后，她在资料的查阅、论文的框架等方面颇费了一番功夫。这期间我们通过线上和线下的方式保持沟通和交流，主要涉及标题拟定、章节安排、文字表述等方面。文稿也往返三次修改，最后提交院答辩小组。

论文考查了俞廉三抚湘期间对待教案的态度，认为其在担任湖南巡抚期间，对待反洋教活动的态度处于动态变化之中，由"消极观望"到"积极惩办"，对涉外事务也由"生疏"日渐"娴熟"。这种变化，一方面与清政府官方的态度有关，另一方面也与其期望维持湖南地区稳定，保护个人利益有关。受多种因素的影响，以俞廉三为代表的地方官员对待传教士的态度处于动态变化之中，经历了由最初的反感敌视到尽力保护，对教案的处置也由保守转向积极。这其中虽有个人因素的影响，但更多的是在清政府的督促、西方文化入侵的大背景下被动转变的。因此，在评价某一官员对待教案的态度之时，不仅需考虑官员自身的才能，更要将其与中西国家的官方态度相结合，放之于社会转型的大背景中审慎待之。

总体而言，论文达到了原来的设计要求，也厘清了俞廉三对教案态度的转变及其原因。但是，有些问题的分析并未深入，稍显粗浅。

论文指导老师　杨代春

>> 老师点评

千年学府湖南大学岳麓书院是中国高等教育的瑰宝。她迈越古今，历史悠久；底蕴深厚，生机无限。总结其经验教训，并创新性转换与创造性发展，以服务于今日的文化教育事业，是我们的日常工作与努力方向。一直以来，我积极参与极具书院特色的本科生导师制的设计与实践，自 2009 年开始招收学生，成为本科生学业导师。2016 年，书院因年轻老师剧增，规定 50 岁以上教师退出备选名单。这样，2015 级的彭佳成就成了我的本科生关门弟子。

佳成看上去萌萌的，轻言细语，慢条斯理，待人诚恳，也很有主见。从大一开始，她便十分重视对基础知识的学习，努力提高自身的科研潜力。大二下学期她以负责人的身份成功申请到"大学生创新性实验和创新训练计划（SIT）"项目之"从窑湾历史文化街区看城市文化遗产的保护与再生"的项目。在项目执行过程中，她积极与当地各有关部门进行沟通，课余之时亦翻阅了大量文献，并及时与我沟通项目进展情况，最终于 2019 年成功结项。进入大二后，佳成进一步提升自己在各方面的综合素质，并获得了"研究生推免"资格，成功保送至中国人民大学历史学院深造。凡此种种，都表明经过系统学习，佳成史学基础扎实，表现出了较好的组织协调与科研能力，诚属可造之材。与"书香邓门"各位师兄、师姐交往时，也落落大方，至今犹记，她在湘潭窑湾现场为德国博士交换生戈麻丁耐心讲解的模样，很有亲和力。当然，在师门活动中，她更能够取长补短，提高自己，这正是导师制的目的所在。

希望佳成在今后的学习生活中戒骄戒躁，继续保持并发扬优良作风，争取取得更大的成绩。

学业导师　邓洪波

清季民初俾斯麦在华形象传衍

2016 级　宋佳鑫

　　摘　要：通过对清季民初俾斯麦传记和相关文献的分析，可看到俾斯麦形象传入和衍变的历史轨迹，进而丰富对近代中国社会文化的感知。俾斯麦对近代德国统一做了重大贡献，以"铁血政策"著称。19 世纪 70 年代以后，俾斯麦逐渐为中国人所熟识，并成为颇受尊崇的英雄。欧战爆发后，对"铁血政策"的批评日渐增多，俾斯麦的形象也产生了变化。俾斯麦形象的塑造和流变体现了近代知识分子对执政者的期待和挽救民族危机的渴望，也反映了"一战"前后部分国人对战争的反思。另，俾斯麦形象的传播与中德关系、国内环境也息息相关。

　　关键词：俾斯麦；形象塑造；铁血政策；民族主义

绪　论

　　在近代以来的西学狂潮中，西方的知识和文化在中国传播日广。以华盛顿、拿破仑和俾斯麦等为代表的西方政治人物相继被介绍至国内。经过数十年的发展后，晚清国人逐渐建立了完善的外国英雄人物系谱，其中便包括华盛顿、俾斯麦、彼得大帝和林肯等。这一群体在华形象的演变已经引起学界的注意，潘光哲在《华盛顿在中国——制作"国父"》一书分析了"华盛顿神话"的形成和复制过程，将华盛顿形象和中国现实政治困境联系在一起。同时他还阐述了"孙中山崇拜"的形成过程，他认为"华盛顿神话"的形成是孙中山走向"国父"圣坛非常重要的思想动力根源之一。① 赵少峰在《拿破仑形象在中国的塑造和传衍》一文中按照拿破仑形象的传入、晚清拿破仑在华形象和民国时期拿破仑在华形象的顺序详细介绍了拿破仑形象的传入和塑造。② 他充分运用了报刊、文集等相关史料，完整地展现了百年近代史上拿破仑在华形象的流变，但该文也

---

　　① 潘光哲：华盛顿在中国——制作"国父"[M]. 台北：三民书局，2006：139. 相关文章还有熊月之. 华盛顿形象的中国解读及其对辛亥革命的影响 [J]. 史林，2012（1）：88-103；张静. 华盛顿形象在晚清社会的形成与传播 [J]. 牡丹江教育学院学报，2014（5）：19-20.

　　② 赵少峰. 拿破仑形象在中国的塑造与传衍 [J]. 史学研究，2018（4）：39-48.

存在着罗列史料、缺乏深层次探讨等问题。①

　　值得注意的是，对于西方政治人物在华形象演变的研究多集中在华盛顿、拿破仑等几位人物上，针对俾斯麦这一人物的专门研究尚属少见，目前已有的研究成果较分散。如胡凯从国家形象构建的角度阐述了近代史上德国国家形象在华变迁的历程，并在论述王韬的《普法战纪》中对俾斯麦大为赞扬②；柯伟林探讨了俾斯麦及其铁血政策在民国时所受到的追捧③。事实上，研究近代中德关系的著作均会对俾斯麦略有提及，但总体而言，并没有专门研究的论著。

　　由于生活年代的原因，华盛顿、拿破仑等名字进入中文世界主要依靠的是报刊和传记，而"俾斯麦"最初进入中文世界则仰仗于清廷出使官员的记录，从最早的《初使泰西记》到《李鸿章历聘欧美记》，多位出使欧美的清廷官员都留下了关于俾斯麦的记录。此外，数位驻德外交官都曾和俾斯麦有过直接接触，并在他们的日记和回忆录中提及俾斯麦。他们笔下的文字也成为俾斯麦形象进入中文世界的重要源头。

　　此外，关于俾斯麦形象最丰富的史料类型则是当时的报刊。晚清时期报业迅速发展，承担着宣传政治主张、开启民智的功能。外国政治人物史是政论性报刊着重介绍的内容，"对外国杰出人物的介绍在晚清期刊传播的外国史学中占据相当大的比重"④，俾斯麦的传记文章时常见诸报端，在 1895—1911 年间，有数十种报纸刊发专门介绍俾斯麦的文章，它们关注点各不相同，在褒贬之中共同丰富着俾斯麦形象的内涵。当时的一些著名政论家都曾经在来往信件和著述中评介过俾斯麦的内外政策，这一部分史料则散见于相关人物的文集中。

　　研究俾斯麦在华形象的变迁需要对俾斯麦其人其事有更加充分的把握，徐健编译的《一百年来的俾斯麦传记》⑤ 梳理了 20 世纪以来国内外重要的俾斯麦传记，主要参考了英国泰勒的《俾斯麦：凡人和政治家》⑥。俾斯麦的回忆录《思考与回忆——俾斯麦回忆录》⑦ 也是本研究中的重要参考之一。本文将通过整理晚清民国时期——尤其是 19 世纪末至"一战"期间——的俾斯麦传记、评论，同时参考前人著作来具体分析俾斯麦在华形象的流变，阐发其中所包含的思想史和社会史意义，同时分析其原因。

一、俾斯麦形象的输入

　　正如前文提到的，俾斯麦形象的最初输入仰仗于国人出国游历的记录。1868 年，

---

　　① 关于拿破仑形象的文章还有左胜辉. 拿破仑形象在中国的早期接受研究（1816—1911）[D]. 北京外国语大学, 2019；石维娜. 近现代时期中国的拿破仑研究综述 [J]. 艺术科技, 2018 (5)：282-284；张齐政. 辛亥革命前中国思想界对拿破仑的评价 [J] 衡阳师专学报（社会科学）, 1991 (1)：83-89.

　　② 胡凯. 中德风云际会——始于 1840 年的德国在华形象 [M]. 上海：上海人民出版社, 2013.

　　③ 柯伟林. 德国与"中华民国"[M]. 陈谦平, 等译. 南京：江苏人民出版社, 2006.

　　④ 朱煜洁. 外国史学在近代中国的传播——以晚清期刊为研究视角 [D]. 苏州：苏州大学, 2015：74.

　　⑤ 徐健. 一百年来的俾斯麦传记 [J]. 德国研究, 2000 (3)：38.

　　⑥ 泰勒. 俾斯麦：凡人与政治家 [M]. 陈弹, 陈露, 译. 北京：中国法制出版社, 2011.

　　⑦ 俾斯麦. 思考与回忆——俾斯麦回忆录 [M]. 杨德友、同鸿印, 等译. 北京：生活·读书·新知三联书店, 2006.

清廷派遣蒲安臣使团出访欧美十一国，时任总理衙门章京、记名海关道志刚随团出访，他在《初使泰西记》一书中较早地向国人介绍了俾斯麦。1869 年末，蒲安臣使团来到德国，1870 年 1 月 4 日，志刚等人前往拜见俾斯麦。在书中，志刚称俾斯麦"其人身长语慢，好深沉而思考，欧洲之伟人也"。[①] 此时的俾斯麦已经率领德国完成两次王朝战争，已经是欧洲政坛举足轻重的人物，给志刚留下了深刻的印象。

　　志刚会见完俾斯麦后八个月，普法战争随即爆发。游历欧洲回国的王韬对这场战争十分关注，并专门撰写了《普法战纪》，该书文辞优美，记述细腻，在当时影响颇大。而操控整场战争的俾斯麦自然也是该书的主要角色之一。书中介绍俾斯麦称："伯灵世家子，少隶军籍，期满升于朝……其在位也，因才器使朝无倖位，野无遗贤，称郅治焉。"[②] 书中还记录了俾斯麦主持和谈的过程。王韬将俾斯麦视作中国传统良相的典型：在战场上"虑无不烛"[③]，在和议中折冲樽俎。此外，王韬在书中对俾斯麦多有褒美。

　　就笔者目前掌握的史料而言，19 世纪 70 年代是俾斯麦形象的初步输入阶段，志刚和王韬的书籍是较早向中国人介绍俾斯麦的著作。19 世纪 90 年代以后，中外交流日益密切，出使、任职于欧美的清廷官员迅速增加，他们有了更多的机会直接接触俾斯麦本人并留下了文字记录。其代表便是张德彝所著《五述奇》和蔡尔康根据李鸿章游历欧美所作的《李鸿章历聘欧美记》。

二、"天生人才，以翼世运"

　　1887 至 1890 年期间，张德彝随洪钧出使德国，并将这三年的所见所闻撰成《五述奇》一书。在这本书中，张德彝数十次论及俾斯麦，主要分为三种，首先是对俾斯麦内政外交政策的记录和评价，其次是俾斯麦在德国上下的地位，再次是俾斯麦致仕始末。张德彝曾数次面见俾斯麦，他形容俾斯麦的外表"玉面隆准，须发皤然，年逾古稀，精神益壮"[④]。书中还记录了俾斯麦关于烟酒专卖和禁止学习法语的政策，并根据他的主张将他归为"旧党中人"[⑤]。在俾斯麦致仕前后，张德彝也注意到了这件事，他写道："查毕相德国重臣，身仕三朝，勋崇各国，其一身之去就，关乎泰西之全局。德国之国势者，诚非浅鲜……其与德国友睦者，惟恐毕相一去或致离散之虞，其与德国有隙者，则深愿毕相之去，以为今而后可玩孺子于股掌之上，怦怦欲动之心，恐所不免。呜呼！如毕相者真可谓社稷之臣矣！"张德彝认为俾斯麦是身仕三朝的德国重臣，他的离职与否关乎欧洲国际政局。同时他还指出德皇威廉三世"虽励精图治，究无事功可见，且阅兵田猎等事朝东暮西"[⑥]。这段评论表明，张德彝是大体了解德国国内政局和欧洲国际政治状况的，同时也对俾斯麦在德国乃至欧洲政坛的地位有着清晰的认识。

---

① 志刚. 初使泰西记 [M]. 长沙：湖南人民出版社，1981：84.
② 王韬. 普法战纪 [M]. 清光绪二十四年（1898）中华印务总局石印本，1898：51.
③ 王韬. 普法战纪 [M]. 清光绪二十四年（1898）中华印务总局石印本，1898：11.
④ 张德彝. 五述奇 [M]. 李岩，点校. 芜湖：安徽师范大学出版社，2018：150.
⑤ 张德彝. 五述奇 [M]. 李岩，点校. 芜湖：安徽师范大学出版社，2018：25.
⑥ 张德彝. 五述奇 [M]. 李岩，点校. 芜湖：安徽师范大学出版社，2018：276.

张德彝于 1890 年结束任期归国，六年后，李鸿章来到德国并特地拜访赋闲在家的俾斯麦。席间李鸿章向俾斯麦询问："欲中国之复兴，请问何道之善？"俾斯麦答道："辱承劳黼铁纳丝明问，惜敝国去贵国较远，贵国之政平时又未尝留意，甚愧无从悬断。"① 俾斯麦以两国相距较远，平时未予留意来答复李鸿章，这和他担任宰相时德国的外交重心是相符合的。

尽管俾斯麦坦言对中国事务未曾留意，但他依然凭借自己的雄韬伟略和统一德意志的功绩吸引了晚清中国人的目光。一部分知识分子——尤其是维新派——根据救亡图存的需要，将俾斯麦塑造成了一个力挽狂澜的英雄形象。如果说志刚和王韬等人的著作仅仅是俾斯麦形象的初步输入，那么经过 19 世纪末政论著作、报刊的大量宣传介绍后，俾斯麦"天生人才，以翼世运"的英雄形象便得到了正式的确立。而他的"铁血政策"等主张也被部分国人视作救国良策而加以宣传。

1897 年，蔡锷考入长沙时务学堂，"习英文、算学，研究群经"，翌年，他写下《〈后汉书·党锢传〉书后》一文，在文中遍数古今中外英雄豪杰，称："德之灭于法也，俾思（斯）麦党出，而仇复矣。"② 将普鲁士在普法战争中的胜利归为俾斯麦的功劳。早期维新派代表人物郑观应曾撰有《与许君如山、杨君昭白论宪法》一文，强调宪法的重要性。在论及君主立宪制国家时，文章提到"德意志前皇威廉以坚苦卓绝之行，建联邦集合之举，又得贤臣卑（俾）思（斯）麦以为之佐，用能一战胜法，强莫与京"③。郑观应将俾斯麦作为普鲁士能够战胜法国、建立联邦的重要原因，并将此作为立宪政体优越的代表："此君主立宪效果之明验者也。"由此观之，俾斯麦等人开创经营的君主立宪制的德国为维新派提供了最初的理论来源。

梁启超作为维新派的代表人物，对俾斯麦极为看重。在他心目中，俾斯麦是"英雄"的典型。梁启超曾专门撰写《俾士麦与格兰斯顿》④ 一文，认为俾斯麦是"欧洲近世大政治家"，"俾公为谋德国之合邦，或行专断之政策，或出压制之手段，几次解散议院而不顾，几次以身为舆论之射鹄而不惧"，他始终抱定"统一德意志列邦"之主义，"初以此主义要维廉大帝而见信用，继以此主义断行专制扩充军备，终以此主义挫奥蹶法"。梁启超认为俾斯麦为既定目标坚持其抱定主义，"虽千山万岳一时崩拆而不以为意"。这一点和后来的俾斯麦传记作家的认识是相似的，可以说是认识到了俾斯麦性格中最重要的特点之一。⑤

梁启超认为俾斯麦的"铁血政策"是实现民族强盛的正确道路。俾斯麦执政之前，普鲁士"首创举国皆兵之法"，俾斯麦"复以铁血之政略，达民族之主义，日讨国人而训之，划涤其涣漫荣靡之旧习，养成其英锐不屈之精神"⑥，威廉二世即位后，才得以

---

① 蔡尔康. 李鸿章历聘欧美记 [M]. 长沙：湖南人民出版社，1982：67-68.

② 曾业英（编）. 蔡松坡集：上·后汉书·党锢传书后 [M]. 上海：人民出版社，1984：11.

③ 夏东元（编）. 郑观应集：下·与许君如山、杨君昭白论宪法 [M]. 上海：人民出版社，1988：323.

④ 张品兴（编）. 梁启超全集：卷 1·俾士麦与格兰斯顿 [M]. 北京：北京出版社，1999：338.

⑤ 泰勒《俾斯麦：凡人与政治家》（第 30 页）："他经常着眼于当前问题，而且当他正在遵循一条路线的时候，他会拒绝任何诱离它的气味。"俾斯麦的这种性格特点另见于多种传记作品。

⑥ 张品兴（编）. 梁启超全集：卷 1·新民说 [M]. 北京：北京出版社，1999：709.

以此为基础，实现帝国主义于世界。

晚清时期报业迅速发展，承担着宣传政治主张，开启民智的功能。报刊也是广大中国人了解认识俾斯麦最普遍的渠道。久居中国的传教士李提摩太曾专门译文介绍俾斯麦。文章将俾斯麦称为"当世一大伟人"，把他塑造成神机妙算、能预知未来的形象，"王欲跻普于日耳曼群国之上，沉几观变，念非败奥不为功。既使于奥，阴诇其隙，遂定蹶奥之计。"随后，俾斯麦任驻法使节，"王于奉使之余，周访法事，更定复仇之策"。① 如此生动的描绘其实已经与事实不符。李提摩太在《泰西新史揽要》一书中称俾斯麦"经文纬武"，此外还重点介绍他的忠君思想，"君王之位，惟天所赐，此理亘古不易，人奈何妄疑定理哉?"参政之后，每每"激昂慷慨，力助普王，以保大权"。② 《泰西新史揽要》曾被广泛用作教会学校和新式学堂的教材，同时也是广泛流行的社会历史教育读本，这本被梁启超称作是"西史中最佳之书"③的书籍如此推崇俾斯麦，对俾斯麦形象在中国的流传有着十分重要的影响。

中国人自办的报纸也曾专门发文介绍俾斯麦，1903 年，陈蜕庵在《新民丛报》发表《铁血宰相俾斯麦传》一文，对俾斯麦生平进行了全面翔实的介绍。陈蜕庵称俾斯麦为"能利用时势之英雄，而亦能抗逆时势之英雄也"。19 世纪，民族主义风潮席卷欧洲，俾斯麦乘此风潮而起，抱定"铁血政策"以造就德意志帝国。此为顺应时势；在面临自由主义大潮时，俾斯麦亦能"展其专断政略于自由漩涡之间，坦然成功而去"，此为抗逆时势，与舆论为敌。④

复旦大学的邹振环曾详细论述了"外国英雄人物系谱"的观点，他认为，在近代中国民族主义的风潮中，国人为了发扬民族主义，救亡图存，"着手编造中国'民族英雄'的光荣系谱"⑤，俾斯麦和华盛顿、拿破仑等人均为中国人"英雄系谱"的重要组成部分。在清末民初的俾斯麦传记中，多位作者不约而同地将俾斯麦和拿破仑联系在了一起。《德前相俾士麦王传》称俾斯麦"生于西历一千八百十五年四月一号，当中国嘉庆二十年二月二十四日。是年，英合各国水师与法国拿破仑第一皇之师，大战于华忒路，英胜而法蹶。欧洲君若民始脱法之羁绊。时王坠地，甫二月耳。"⑥ 《俾斯麦时代之德国》一文称："俾斯麦生于一八一五年，即滑铁卢战争之年也。一大英雄甫收幕，而一大英雄又来此世间，岂天之不欲此世界寂寞耶? 抑何巧也。"⑦ 拿破仑的形象早在 1837 年便传入中国，他的形象历经 60 余年流变，在时人心目中已成为"雄才伟略，诸侯稽首"的英雄人物，⑧ 梁启勋等将 1890 年致仕，去世未久的俾斯麦与之并列，足见俾斯麦在中国的影响。

① 李提摩太，译. 德前相俾士麦王传 [N]. 万国公报·卷 116 (13).
② 麦肯齐. 泰西新史揽要著：卷 8 [M]. 李提摩太，译. 上海广学会，1895：19.
③ 梁启超. 读西学书法 [M]. 北京：华文出版社，2002：468.
④ 陈蜕庵. 铁血宰相俾斯麦传 [N]. 新民丛报，1903：435.
⑤ 邹振环. "革命表木"与晚清英雄系谱的重建 [C]. 陈建华（编）. 历史文献：第 9 辑，上海：上海古籍出版社，2005：393.
⑥ 李提摩太，译. 德前相俾士麦王传 [N]. 万国公报·卷 116 (13).
⑦ 梁启勋. 俾斯麦时代之德国 [N]. 大中华，1915-1-2 (2).
⑧ 拿破仑最早被介绍到中国的时间尚未确定，据推测其传入时间应该在 19 世纪 20 年代至 30 年代之间.

在与西方英雄比较的同时，时人还试图将俾斯麦纳入传统治世能臣的系谱中。《湘报》所载《俾士麦小传》写道："法兰西，德之世仇也，德王威廉之父富利得力第三为法所虐。"随后即位的威廉誓复国仇却无可奈何，所幸有俾斯麦的鼎力相助，才得以战胜法国。作者称威廉一世得俾斯麦为相"固不啻勾践之于范蠡也"①。文末，作者又将俾斯麦比作"欧洲之管夷吾"。无独有偶，1909 年的《范蠡俾斯麦合论》一文也将俾斯麦和范蠡并列，"越生聚教训，阳事大，阴备战，不二十年而沼强吴者，范蠡也；以仅存之普合数十残喘小邦联成德意志帝国，掮奥大利而败法兰西者，俾斯麦也。是二子者诚军国之伟人而铁血之英雄哉"②。文章认为俾斯麦能够安于位、竟其志的一大原因是"与维廉帝同心同德"，更重要的原因则是德国为君主立宪国，俾斯麦功高震主，但以国民为后盾，才成就帝国伟业。管仲帮助齐桓公"九合诸侯，一匡天下"，范蠡则帮助勾践卧薪尝胆，灭吴复仇。两人均为中国传统政治话语中良相的代表，将远在泰西的一君一相比作传统政治中的明君贤臣，反映了晚清知识分子对俾斯麦认识的一个方面。

清末民初的俾斯麦在华形象寄托着国人救亡图存的愿望，但也有人关注着俾斯麦的实际主张并加以效仿。杨度曾于 1907 年撰写《金铁主义说》，该文的直接基础便是俾斯麦的"铁血主义"思想，"毕氏马克以普霸德，以德霸欧者，实全以兵力从事而为铁血主义之成功也"③。俾斯麦能够纯粹以军事力量称霸，是 19 世纪中叶世界经济战争"未至如今时之烈"之故，杨度认为 20 世纪初的世界更强调经济战争，"若仅以铁血为立国之主义，则将全国皆以军事部勒……则民智将日暗，而民德将日薄，因而民力因以不振，社会之经济状况必日即于萎败。"中国如果想要在这样的世界格局下立足，除了"铁血主义"外，更需要"经济的军国主义"，只有将经济实力和军事实力两者相结合才能真正地革新政治，开启民智，伸张国力。俾斯麦以"铁血宰相"号称于世，依据"铁血政策"提出自己的主张，可以说是认识上的一种深化。

进入民国以后，俾斯麦及政治主张也有其生命力，主张效法德国，建设民国的声音依然存在，梁启勋的《俾斯麦时代之德国》一文即是其代表。1915 年，梁启勋在《大中华》所发表的这篇文章对俾斯麦的一生进行了相当详细的介绍。文章首先介绍俾斯麦领导的三次王朝战争，梁启勋对俾斯麦的思想变化进行了细致的梳理，除了"铁血主义"，尤其着力于俾斯麦的君权主义、开明专制思想，还介绍了俾斯麦任内制宪措施。该文对俾斯麦对内政策介绍的详细程度远超晚清同类文章，对俾斯麦"草定新宪法，确定普鲁士权威"等工作给予了较高的评价。这也和民国初年的时代背景有着密切的关系。民国初年，破坏结束，建设开始，制定法律成为国家建设的当务之急，梁启勋着重介绍俾斯麦的法治措施正是顺应时代需要。同时他还指出："夫今中国人所最宜则效者为何事，则列强始建国时或始改政体时之事，是已其最近而最足使人兴起者，孰有若德国哉？"④ 明确提出民国应当师法德国，以资建设。

纵览清末俾斯麦形象输入中国及其传衍过程，从时间跨度来看，俾斯麦形象于十九

---

① 俾士麦小传 [N]. 湘报·第 81 号，1898：323.
② 陈宝年. 范蠡俾斯麦合论 [N]. 约翰声：第 23 卷：第 6 期，1912：7.
③ 刘晴波（编）. 杨度集·金铁主义说 [M]. 长沙：湖南人民出版社，1985：224.
④ 梁启勋. 俾斯麦时代之德国 [N]. 大中华，1915-1-2 (2).

世纪六七十年代借志刚、王韬等人之笔输入中国，初步进入中文世界，19 世纪 90 年代以后，改革派人士借俾斯麦表达维新改革的志向，寄托救亡图存的愿景。同时，报刊的大量介绍使得俾斯麦"天生人才，以翼世运"的英雄形象得以被国人广泛接受。值得注意的是，这一时期的政论文章和报刊对俾斯麦的介绍都集中于他的外交手段和成就等方面，对内政方针则鲜少提及，这一方面和俾斯麦本人专擅有关，另一方面和当时中国现状有关，晚清中国面临着严重外患，民族危机不断加深，这些自身因素都使得当时的知识分子对"外交家、军事家"的俾斯麦形象更加倾心。

三、欧战的历史渊源

晚清知识分子——尤其是维新派——为救亡图存而大力宣扬俾斯麦的事迹，主要着力点在于他统一德意志的成就，将其塑造成匡扶天下的英雄、贤相。在他的身上寄托自己挽救民族危机的愿景，"俾斯麦"已经不仅仅是万里之外的一位外国宰相，更是时人用以唤醒民族意识，呼唤时代英雄的工具。但正如前文所述，俾斯麦在华形象的变迁是国人主动选择的结果，同时也受到国际国内形势的影响。欧战爆发后，中国兴起反思战争，要求公理正义的呼声，关于战争的反思也上溯至俾斯麦，出现了批评"铁血政策"的声音。俾斯麦形象的一波三折，反映了国人思想变迁中的复杂面向。

"一战"爆发后，中国加入协约国集团，并派遣十数万劳工参战。战争结束后，对战争起因的反思，对德国扩张政策的批评蜂起，国人对俾斯麦多有批评，对他的"铁血政策"、扩张政策更是大加批评，这种声音既存在于知识分子群体中，也存在于大众传媒的宣传之中。1918 年，蔡元培在北大"国际研究"演讲会上以《大战与哲学》为题进行演讲，着重介绍尼采的强权主义、托尔斯泰的无抵抗主义和克罗巴金的互助主义。德国的战争政策归于尼采的强权主义，俾斯麦即其代表人物，"现在误用托氏主义的俄人失败了；专用尼氏主义的德人也要失败了"①，协约国获得了欧战的胜利。蔡元培曾留学德国，对德国素来抱有好感，曾提出过许多师法德国的教育主张，此时则公开质疑德国的扩张政策。

1917 年，《申报》刊登周瘦鹃的《俾斯麦传》一文，文章在介绍俾斯麦功绩的同时，将"一战"的爆发归于俾斯麦的影响："俾斯麦为欧洲历史中有数人物，以铁血宰相蜚声世界，闻其名者无不震其勋业。今日威廉二世之战血几染欧洲全土，未始非此老陶冶之功也。"② 另外，这种反思不仅见诸周瘦鹃一类的职业报人笔下，1920 年《教育月刊》刊登一名高等二年级学生的文章——《俾斯麦铁血政略论》，作者韩汉元认为"铁血政策""用于一时可矣，苟久远用之不特足为人类之害亦适以自戕而已"③，可用于一时但不能长远实行。此外，公理成为维持和平的主要力量，作者将"铁血政策"视为"强暴政略"，与公理相违背，自然难于实行于当时之世界。一言以蔽之，即"铁血

---

① 高平叔（编）. 蔡元培全集：卷 3·大战与哲学 [M]. 北京：中华书局，1984：203.
② 周瘦鹃. 俾斯麦传 [N]. 申报，1917-7-25.
③ 韩汉元. 俾斯麦铁血政略论 [N]. 教育月刊，1920-1-1（47）.

政略不可谓改良策也"①。

"一战"结束后，各种"主义"传入中国，虽然它们的主张五花八门，但要求公理正义，反对强权政治是大多数"主义"共同的呼声，在这样的背景下，俾斯麦及其"铁血政策"代表的强权政治受到抨击，也就不足为奇了。1922年成书的《中国军备与世界和平》一书中认为"卑（俾）斯麦式的爱国主义"虽然使得德国"操纵全欧洲，勋威赫赫"，但也是今日德国战败求和的根源，他主张"吾人之爱国主义当一反卑（俾）斯麦之所为"，提倡"国际的爱国家"，而反对"外则割夺人土地，内则以专制的手段"，只有这样才能"促进国际主义，而为大同主义之确实的准备"。《向导周刊》曾刊文："像梅特涅、毕士马克、克列满梭、鲁易乔治、哈定等为争一国的霸图和个人的勋名富贵，总是忍心害理拿弱小国和战败国当国际间的礼品……他们的功业固然悻成一时，可是亿万的被宰割的民族却永沦地狱历劫不复了。"② 在反对秘密外交和强权政治的背景下，俾斯麦自然也就成为首要的批评对象之一。

四、救亡图存中的"偶像崇拜"③

晚清以降，中国民族危机日益加深，救亡图存始终是摆在国人面前的重要议题。俾斯麦形象的塑造是近代以来救亡图存的需要。此外，近代百年以来，中国的各种思潮和主义层出不穷，但其背后有一条"虽不十分明显，却不绝如缕贯穿其间"的潜流，那便是民族主义思潮。④ 俾斯麦形象的塑造也反映了民族主义思潮的影响。知识界为了开启民智，唤醒国人，编造"外国英雄人物系谱"，采取"偶像崇拜"的方法，塑造英雄典型，俾斯麦形象的塑造便是一例，其形象日渐丰富以后，又成为民族主义宣传中具有代表性的符号。换言之，俾斯麦在华形象的塑造和变迁，既是西方文化影响下的被动接受，也是国人将其作为救亡图存的宣传工具的主动选择。

清朝末年，俾斯麦在近代中国被塑造为拯救民族和国家的英雄，被渲染成是以一己之力开创德意志帝国事业的"铁血首相"。在梁启超的英雄观中，"时势"和"英雄"的关系是一个重要的方面。俾斯麦为时势英雄，但同时"有俾斯麦然后有德国联邦"，梁启超在介绍俾斯麦的同时，亦表达对"中国俾斯麦"的期待："斯乃举天下翘首企足喁喁焉望英雄之时也。二三豪俊为时出，整顿乾坤济时了。"这句话可以说是反映了晚清时人共同的心声，他们介绍俾斯麦的丰功伟绩，天赋英才，其目的终归于自己民族的"俾斯麦"，对"他者"的评介中充斥着的是对"自我"的期待，在介绍德意志统一的过程中时刻思考的是如何挽救自己的民族。"通过几十年的西学传播，晚清中国人已经建立起外国英雄的人物谱系，如亚历山大、成吉思汗、彼得大帝、克伦威尔、林肯、明治

---

① 韩汉元. 俾斯麦铁血政略论 [N]. 教育月刊，1920-1-1（48）.

② 章龙. 重新宰割弱小民族 [N]. 向导周报，1923（39）.

③ 覃亢节在《晚清知识界民族主义思想宣传的"偶像崇拜"策略》（《兰台世界》2017年第24期，第98-100页）一文中指出，晚清知识界积极讲述岳飞、郑成功和冉闵等人的事迹，实际上是为达到排满的目的而采取"偶像崇拜"策略，本文在此借鉴"偶像崇拜"这一概念。

④ 罗志田. 乱世潜流：民族主义与民国政治·自序 [M]. 上海：上海古籍出版社，2001：1.

天皇、俾斯麦、伊藤博文等。"① 随着西方文化在中国的流传，此时中国人崇拜的已经不仅仅是秦皇汉武，更是俾斯麦、拿破仑等外国英雄。他们的丰功伟绩震撼了中国知识分子，又被中国的知识分子加以宣传，将他们的事迹作为宣传个人主张的工具。

中德两国类似的境遇也使得俾斯麦对中国的知识界有着特别的吸引力。俾斯麦通过王朝战争统一德意志，使日耳曼民族雄峙于欧洲大陆。这段历史对于苦苦寻觅富强之道的晚清知识分子来说无疑有着巨大的诱惑。德意志由弱到强的故事吸引着他们去剖析其中因果，发现俾斯麦的巨大成就，进而去鼓吹，终于成就了俾斯麦在中国的英雄形象。那么，这种"偶像崇拜"的策略是否有其效果呢？我认为孙中山和蒋介石是不得不提的两个显著案例。

众所周知，孙中山曾向往美式民主政治，历经数次失败，总结革命经验后，他的政体思想开始趋于保守，尤其是其晚年，"从狂热地追求美式民主共和制转而推崇德国俾斯麦式开明专制政体"②，这种追求的转向在他对俾斯麦的推崇中得到了充分的体现。孙中山认为俾斯麦是世界上最卓越的政治家之一，"在三四十年前，世界上的大事业，都是由于丕士麦造成的。世界上的大政治家，都不能逃出丕士麦的范围"③，而曾经四分五裂，国力屡弱的德意志正是因为俾斯麦而成为强国，"德国当时之所以强，全由丕士麦一手造成"④。他还称俾斯麦政府为万能政府："近几十年来，欧洲最有能的政府，就是德国丕士麦当权的政府，在那个时候的政府，的确是万能政府。"⑤ 在论及民权主义的时候，他指出部分民权发达的国家的发展反而不如专制国家，这是由于民权国家有历史遗留的问题尚未解决。就中国而言，便是"久处于专制之下，奴性已深，牢不可破，不有一度之训政时期以洗除其旧染之污，奚能享民国主人之权利"⑥，而这也正是孙中山提出训政思想的原因。

在《三十岁前的孙中山》一书中，黄宇和指出孙中山对万能政府的构想"不是开始于成长后读到德国历史，而是能追溯到更早的时期"⑦，其一是童年时父亲家长式的管理方法，其二则是集军政法大权总督治理下的香港，孙中山从1883年开始，曾在香港求学九年，香港的治理模式及成效给他留下了深刻的印象。这成为他后来万能政府思想的源头。如果说在香港的亲身经历给孙中山"万能政府"思想提供了实践基础，那么俾斯麦式君主立宪政体无疑为他提供了可靠的理论依据。

青年时期的蒋介石也曾经是俾斯麦的忠实拥趸。他在青年时便钦佩德国的成功，对日本军国主义与德国"铁血主义"思想向往之至，1912年前后，他曾经学习德语并准

① 邹振环. "革命表木" 与晚清英雄系谱的重建 [C]. 陈建华（编）. 历史文献：第9辑，上海：上海古籍出版社，2005：410.
② 董方奎. 评孙中山晚年政体思想的飞跃 [J]. 华中师范大学学报（人文社会科学版），2001（4）：33.
③ 孙中山全集：上·民权主义第四讲 [M]. 上海：三民公司，1927：79.
④ 孙中山全集：上·民权主义第四讲 [M]. 上海：三民公司，1927：80.
⑤ 孙中山全集：上·民权主义第五讲 [M]. 上海：三民公司，1927：99.
⑥ 中山大学历史系，孙中山研究室等（编）. 孙中山全集 [M]. 北京：中华书局，1985：324.
⑦ 黄宇和. 三十岁前的孙中山 [M]. 北京：生活·读书·新知三联书店，2012：417.

备到德国留学，以亲自考察德国成功的秘密，只是因为孙中山的劝阻而未能成行。[①] 蒋介石注重军队，20 世纪 20 年代后期仰仗军队力量打败党内异己力量，征服地方实力派。在军队建设方面，蒋介石推崇德国军制，向往德国军队的纪律、秩序、精准，这也反映在他主政后购进德式武器、聘请德国顾问等政策中。蒋介石对俾斯麦的崇拜还反映在其执政风格中，"他在自己办的《军声》杂志上发表过文章，盛赞德国的军事教育与训练制度，主张应向德国学习。他对德国首相俾斯麦的'铁血主义'政策十分崇拜"[②]，效仿俾斯麦的强权政治，主张将"铁血主义"作为中国的指导原则，以此来统一中国，抵御外辱。然而，俾斯麦时期的普鲁士正处于国力上升时期，面对德意志诸小邦有着压倒性优势，蒋介石亦没有俾斯麦那样高超的外交手腕和决心，其结果必然不会相同了。

俾斯麦及其"铁血政策"对一定历史阶段的孙、蒋都产生过影响，在孙中山心目中，俾斯麦是近代最优秀的外交家，蒋介石则对他的"铁血主义"心向往之。而这两人在中国近代政坛上又是十分至关重要的角色，"俾斯麦"对他们二人的政治思想的影响，又通过二人的行动影响到中国现实政治。

"一战"爆发后，中德交恶，对战争原因的反思等也导致俾斯麦的"偶像"形象日趋负面，被普遍认为是德国发动战争的历史渊源。国人对俾斯麦的褒贬和中德关系的变化有着密切的关系，德国的国家形象和俾斯麦个人在中国人心目中的形象始终是紧紧相连的。俾斯麦担任宰相期间，德国的外交重心局限于欧洲，在亚洲的殖民侵略甚少，国人对德国心存好感，对俾斯麦的评价也较高。欧战爆发后，中国加入协约国一方并对德宣战，从学习德国转变为批判德国，将协约国的胜利视为"公理战胜强权"，在对德宣战的大背景下，国内对俾斯麦及其"铁血政策"的批评逐渐增多。随着中外交流的加深和大众传媒的发展，民国初年的俾斯麦在华形象也更加丰满，内涵更加深厚，体现了国人视野的开阔和认识的深化。而到了 20 世纪 30 年代后，随着中德关系的日益密切和日本侵华不断加剧，俾斯麦及其"铁血政策"再度受到国人的追捧，俾斯麦形象得到了极大的丰富，并在舆论和政治领域被广泛引用。

五、余论

俾斯麦出生于 1815 年，去世于 1898 年。他从 19 世纪 40 年代开始步入政坛，于 1862 年"不次超擢，遂登首揆"[③]，担任普鲁士宰相。在接下来的十年中，他先后发动了三次王朝战争，并在 1871 年到 1890 年期间长期位居德意志帝国政坛中心，实现并巩固了德意志的统一，"没有哪个人能决定历史，但俾斯麦、拿破仑和列宁的确彻底改变了本国历史的进程。"[④] 担任宰相期间，俾斯麦几乎是以一己之力掌握了普鲁士和后来

---

① Pichon P. Y. Loh. *The Ideological Persuasion of Chiang Kai-Shek* [J]. Modern Asian Studies, Vol. 4, No. 3 (1970)：232.

② 马振犊. 南京国民政府时期蒋介石思想理论简析 [J]. 民国档案，2003 (1)：89.

③ 王韬. 普法战纪 [M]. 清光绪二十四年（1898）中华印务总局石印本，1898：51.

④ 弗里茨·斯特恩. 金与铁：俾斯麦、布莱希罗德与德意志帝国的建立 [M]. 王晨，译. 成都：四川人民出版社，2018：141.

的德意志帝国的外交政策，"在他成为首相之后······他唯一关心的是能在外交政策中自由行动"①。在他的引领下，原先分裂且弱小的德意志诸邦联合了起来，并迅速成为欧洲地缘政治中的重要力量。他的外交则以"铁血政策"著称于世，被誉为梅特涅之后欧洲最卓越的外交家。

俾斯麦执政期间专注于构建德国在欧洲大陆的霸权，德国加强对东方的关注又恰好是在其去职之后开始的，所以他对中国事物并未太过关心。但他依然凭借自己的雄韬伟略和统一德意志的功绩进入了中国人的视野。19 世纪 70 年代，"俾斯麦"开始出现在国人的笔下，初步输入中国。19 世纪 90 年代以后，在晚清知识界的描述中，俾斯麦是"天生人才，以翼世运"的贤相，被塑造成为寄托救亡图存的愿景的"偶像"。从孙中山和蒋介石的个案来看，这种塑造产生了深远的影响。值得注意的是，青年蒋介石认知中的"俾斯麦"是否就是历史上那个真实的俾斯麦呢？显然并不是。正如前文所提到的，李提摩太对俾斯麦在王朝战争中的表现的描述和事实明显不符。这也说明，近代知识界对俾斯麦的介绍有侧重点和选择性，部分认知是明显错误的、片面的。或许对于志刚和张德彝等人来说，他们心目中的俾斯麦形象的构建有相当部分来自其自身切实的体验，而蒋介石们认知中的俾斯麦，则经历了前人的选择和塑造，其实已经属于"文本中的俾斯麦"，而并非真正的俾斯麦了。在成为"偶像"的过程中，俾斯麦形象也出现了"失真"的现象。

"一战"前后，战乱促使时人对军国主义、强权政治多有反思，俾斯麦形象历经了跌宕起伏的过程。总而言之，中德关系和世界局势等都是俾斯麦形象传衍的宏观背景，从认知的主体和客体方面来说，俾斯麦形象的流变是其"本事"与国人的构建之间互动而共同孕育的结果。

>> 老师点评

近代以来，随着国人世界眼光的形成，对世界历史进程产生过重大影响的外国人物，如华盛顿、拿破仑、林肯、俾斯麦等人的事迹传入中国，并经历了再塑造的过程，从而构成了中国人世界知识的一部分。宋君佳鑫的论文《清季民初俾斯麦在华形象传衍》，探讨的就是德国政治家俾斯麦形象的传入与其演变的过程。有关这一问题，既有的研究成果早有涉及，但全面而集中的梳理则尚付阙如，故宋君的选题较有新意，也自然可以成立。

作者不仅搜集了近代以来国人译、著的多种俾斯麦传记，而且还征引了晚清、民国报刊中有关俾斯麦的许多零散论述，搜集资料的范围较为广泛，从而为论文的撰写奠定了扎实的史料基础。文章较为清晰地还原了俾斯麦事迹传入中国的过程，并使之与国人救亡图存的愿望联系起来；不仅描绘了俾斯麦初入中国的形象，而且还展现了这一形象在不同时期所经历的不断再塑造的动态过程，从而初步还原了俾斯麦形象在中国的传播史和接受史。作者的问题意识非常敏锐，尤其注重探讨导致国人笔下的俾斯麦形象演变

---

① 泰勒. 俾斯麦：凡人与政治家 [M]. 陈丹，陈露，译. 北京：中国法制出版社，2011：41.

的政治文化环境，并将研究的视野扩展至民国时期的抗日宣传、中德邦交，从而展现了更为宏大的历史场景。作者还注意到俾斯麦的政治理念、执政风格曾受到孙中山、蒋介石的推崇，则更加深刻地揭示出俾斯麦形象的传入对中国近代政治的影响。

在具体的论述过程中，作者指出俾斯麦形象的不同形态，或者其形象的不同侧面，是近代中国人在不同时期、根据不同的需要所赋予或强调的。作者发现，国人笔下一部分有关俾斯麦事迹的论述，已不符合甚至脱离史实，"部分中国知识分子对俾斯麦的认识是错误、片面的，在介绍俾斯麦的时候也具有很强的选择性，有失客观"，从而揭示出俾斯麦事迹的"本事"，与其形象在中国的接受史并不完全一致的现象。而中国人对俾斯麦形象的接受和塑造，则是另一层面的真相。作者在文中区分了这些不同层面的史实真相，并展现了不俗的见识。

论文仍有提高的空间。文中基本是以时间为序来编辑史料和展开论述的，有些重要问题并未得到凸显；与此同时，文章对一些重要史料的辨析力度尚显不够，而史料的剪裁也可以在现有基础上更加精细。今后的修改，可以更加凸显问题导向，摆脱完全的编年模式。

论文指导老师　刘会文

>> 老师点评

宋佳鑫同学是我院历史2016级本科生，我是他在校期间的学业导师。

佳鑫同学为人谦和，尊敬师长，乐观向上。他热心于学生事务，关心集体。在过去的几年中，他曾多次获得校级、院级荣誉。

在学习方面，他在入学之初曾经对未来的走向感到迷茫，大一、大二期间未能全力以赴地读书。好在大三期间，他及时确定了继续深造的目标。因学业成绩优秀，2019年9月他获得了珍贵的推免资格，最终赴中国人民大学攻读硕士学位。

《清季民初俾斯麦在华形象传衍》是佳鑫同学在听课过程中有感而发写成的一篇论文。近代史上，西学东渐，西方世界的种种文化、形象和符号为中国人所认知。西方政治人物形象在中国的传衍是其中的重要内容。以华盛顿、拿破仑等为代表的西方政治家群体被大规模地介绍到国内，成为晚清中国人的"外国英雄人物系谱"的重要组成部分。通过对晚清民国期间俾斯麦传记的分析，可以看到俾斯麦形象在华传衍的过程和影响，对了解近代中国国民启蒙、民族主义的传播等具有较大的意义。

该文已经构建起大致的框架，对晚清民国时期的俾斯麦在华形象做出了较为详细的论述。佳鑫通过多种报刊数据库检索史料，对近代报刊史料的运用较为充分。与此同时，论文也存在明显的不足，主要是对于除报刊外的史料利用较少，对于俾斯麦和李鸿章的会见等重要事件的考察有待进一步深入。总体而言，该文尚有一定的提升空间。

佳鑫同学喜爱写作，其作品往往引经据典，引人入胜，诙谐幽默，读后令人热血澎湃，印象深刻。他主撰的足球系列《官宣：能踢的都在这里了》《我们真的没有准备赢球的文案》《千年等一回》《这是最好的秋天》等曾在书院本科生微信公众号上推送，引起甚大反响。值得一提的是，该系列推送还获得了学校第二届新闻奖一等奖，可喜可贺！

　　佳鑫同学目前已经进入新的学府深造了，研究生毕竟不同于本科生，希望他今后能真正潜心读书，将更多功夫花在学业上，取得更大的成绩。

学业导师　许道胜